迎接党的十九大精品出版选题

院士之路

许智宏／顾问

黄　健／著

广西科学技术出版社

图书在版编目（CIP）数据

院士之路／黄健著. —南宁：广西科学技术出版社，2017.12（2020.4重印）

ISBN 978-7-5551-0907-5

Ⅰ.①院… Ⅱ.①黄… Ⅲ.①院士—生平事迹—中国—现代 Ⅳ.①K826.1

中国版本图书馆CIP数据核字（2017）第294625号

院士之路

许智宏 顾问
黄 健 著

策　　划：卢培钊 黄敏娴		组　　稿：方振发
责任编辑：方振发		助理编辑：苏深灿
特约编辑：韦林枚		封面设计：韦娇林 韦宇星
责任校对：夏晓雯		责任印制：韦文印

出 版 人：卢培钊　　　　　　　　　　　出版发行：广西科学技术出版社

社　　址：广西南宁市东葛路66号　　　　邮政编码：530023

网　　址：http://www.gxkjs.com

印　　刷：天津兴湘印务有限公司

地　　址：天津市子牙循环经济产业园区八号路4号东区A-4-1　邮政编码：301605

开　　本：787mm×1092mm　　1/16

字　　数：430千字　　　　　　　　　　印　　张：29.5

版　　次：2017年12月第1版　　　　　　印　　次：2020年4月第2次印刷

书　　号：ISBN 978-7-5551-0907-5

定　　价：68.00元

作者简介

黄 健 编审，教授，广西壮族自治区人民政府参事、广西壮族自治区决策咨询委员会专家；广西新闻出版局原党组副书记（正厅级）、副局长，广西第十一届政协文史和学习委员会副主任，广西文联第七、第八届副主席；新闻学、传播学硕士研究生导师。

著作《走近科学家》《追寻科学家》分别获国家级图书奖和"五个一工程"入选作品奖；专著《出版产业论》《新媒体浪潮》《全媒体风暴》《百年奥运》等5次获广西壮族自治区社会科学优秀成果一等奖和二等奖。曾获中共中央宣传部全国理论宣讲"先进个人"称号。还出版了《新媒体传播论》《思考出版》《"一带一路"与广西开放发展新格局》《触摸文明》《阅读世界》《阅读法兰克福》《阅读台湾》《岁月行思》《岁月如歌》《岁月记忆》等著作。主持多项国家社会科学基金重点课题和省部级重点研究课题。

任责任编辑的图书《当代中华科学英才》丛书获中央宣传部"五个一工程"奖，《邓小平科学技术思想研究》获第七届中国图书奖，《太空·地球·人类》获第八届中国图书奖，《国家重点建设工程》丛书获第十届中国图书奖，《中国南方洪涝灾害与防灾减灾》获第十一届中国图书奖，《中国少数民族科学技术史》丛书获第三届国家图书奖提名奖。

在报刊发表文章100多篇，《新媒体传播的现状分析与发展趋势》和《互联网环境下的版权保护》等论文4次获中华优秀出版物奖论文奖。

先后在中共中央党校、北京大学、南京大学、华中科技大学、华南理工大学、辽宁大学、广西大学等院校，中国台湾及越南、老挝讲学。

创新驱动战略是实现"中国梦"的根本动力

（序一）

何志礼

科学家，是一个散发着迷人光辉的字眼。采访、宣传、报道科学家的青少年时代、成长以及学习生活，展现他们的贡献、成就、人格，揭示他们的思想底蕴和精神世界，探索他们的成长、成功之路，以达到展示科学家风范、传播科学思想、普及科学方法、弘扬科学精神、理解科学价值的目的，这将有助于激发广大青少年和社会公众爱科学、学科学，像科学家那样学习和生活，培养科学素质，从而增强献身科学事业的信心和决心。为科学家立碑树传，弘扬科学精神，在当今中国是十分重要的。

2002年4月，我在中共中央党校省部级进修班学习，黄健在第18期中青班学习，朝夕相处，同一饭堂吃饭，经常在美丽的校园里散步相遇。4月17日，我应邀给中共中央党校全体教师和学员在大礼堂做了一场专题讲座——"纳米科学与技术"。当天晚上，黄健来到我的宿舍，来意有两个：一是做科学报告的采访，二是送我一本他写的院士报告文学集《走近科学家》。这部书记载了23位中国科学院泰斗级院士的科学贡献、人格风范、开拓进取和求真求实的精神。我则把2001年7月出版的专著《纳米科技现在与未来》送给他。黄健对纳米科技的研究做了深入的询问，回去还写了一篇访谈文章发表在《出版广角》杂志上。

2002年5月1日，黄健携他的女儿（当时还是高一学生，2004年考入北京大学）到我家做客。我想他带女儿来是为了让她感受访谈中所涉及的一些科学知识。在家里，我与黄健畅谈一番。他认真阅览了有关纳米科研的一些资料。

2004 年 9 月，黄健给我写信，信中说："在您的鼓励下，这两年又采访和撰写了 30 多位两院院士，在杂志上已陆续发表，拟结集出版，拟定书名叫《追寻科学家》，算是第一部《走近科学家》的姐妹篇。"

2005 年 1 月和 7 月，应广西壮族自治区党委、自治区人民政府的邀请，我先后两次去南宁做"时代前沿知识"讲座——"科技发展动态与科教兴国"，其间再次见到黄健同志，他把《追寻科学家》一书送给我。现在，黄健又写出了第三部关于科学家的传记《院士之路》。

在全球化和信息化的今天，科学事件、科学发明、科学发现、科学成就无时不在，科学技术已渗透到人们生活的方方面面，人们正在享受现代科学带来的文明和幸福。然而，科学的进步主要是依靠科学家来推动的，我认为，科学家＋社会体制＝社会经济结构，要认识社会就要认识科学的发展及其对经济社会的推动，还要认识科学家的历史贡献和主要背景。

20 世纪是科学技术突飞猛进的世纪，以量子论、相对论以及以 DNA 双螺旋分子结构模型的建立等为代表的科学成就，为现代科学技术的发展奠定了理论基础。大陆漂移和板块模型的提出，宇宙大爆炸学说的创立，更新了人类对地球和宇宙的认识观，为现代地球科学和宇宙科学的发展展现了新的前景。

飞机的发明，第一枚火箭的升空，孟德尔遗传规律的再发现，青霉素的发现，第一台电子计算机的诞生，第一只半导体三极管的发明，集成电路的出现，原子弹和氢弹的研制成功，第一座原子能反应堆的建成，激光的发现，个人计算机的发明，互联网的出现，"多利"克隆羊的降生以及纳米技术的广泛应用……这些日新月异的科学发现和技术发明，改变了人类对客观世界的认识，改变了人们的生产方式、生活方式和社会的经济结构。科学技术确实已成为第一生产力，成为人类文明进步的基础和动力。

21 世纪将是科学技术继续飞速发展的世纪，是经济全球化和知识经济的世纪。信息科技、生命科技将酝酿着新的突破，物质科学、数学及其应用将继续发展，发挥其基础学科的功能，人类对宇宙、海洋和地球深部的探索将取得新的突破，我们可利用的资源和空间将得以拓展。

当今世界，科学技术已经成为经济发展和社会前进的首要推动力，成为现代社会文明的象征。随着科学技术与经济、科学技术与教育的结合，科学技术向现实生产力的转化，科学理念、科学思维、科学精神在人们思想观念和学习生活方式中的不断渗透，我们生存的这个世界与科学技术的联系越来越紧密。

习近平总书记在党的十九大报告中回顾五年历史性成就和历史性变革时指出，"天宫、蛟龙、天眼、悟空、墨子、大飞机等重大科技成果相继问世"，再次体现了创新驱动发展是大势所趋，势在必行。

我们面临的挑战必须靠自己的力量，靠创新来驱动发展。创新驱动发展战略大力实施，创新型国家建设成果丰硕，要着眼于我国经济新常态、新的发展理念和实现中华民族伟大复兴"中国梦"的战略需求，要着眼我国创新发展存在的瓶颈制约和突出的问题来做好顶层设计。国家创新体系和创新型国家建设，打通从人才强、科技强到产业强、经济强、国家强的通道，打造国际竞争新优势。创新驱动发展战略是国家重大的战略决策，也是实施"两个一百年"目标和"中国梦"的根本动力。实施创新驱动发展战略需要动员全社会的力量。

蓦然回首，我们的目光穿过漫长的时间隧道，不难发现，人类摆脱茹毛饮血、刀耕火种时代的野蛮、蒙昧，揭开了文明史崭新的一页后，是冒着悠悠岁月里的风风雨雨，历尽艰辛地跋涉，才来到了现在这个知识大爆炸、高新技术突飞猛进的信息时代；同时也不难发现，在这个由蒙昧向高度文明转变的历史进程中，科学和教育这两者扮演了重要的角色，这正如恩格斯所说："科学是一种在历史上起推动作用的、革命的力量。"

爱因斯坦在《科学和社会》一文中指出："科学最突出的实际效果在于它使那些丰富生活的东西的发明成为可能，虽然这些东西同时也使生活复杂起来，比如蒸汽机、铁路、电力和电灯、电报、无线电、汽车、飞机、炸药等的发明。此外，还必须加上生物学和医药在保护生命方面的成就，特别是镇痛药的生产和食物的防腐方法。所有这些发明给予人类的最大实际利益，我看是在于它们使人从极端繁重的体力劳动中解放出来，而这些体力劳动曾经是勉强维持最低生活要求所必需的。如果我们现在可以宣称已经废除了苦役，那么我们就应当把它归功于科学的实际效果。"

人类已经进入21世纪。回顾20世纪人类所创造的物质与精神文明财富，其惊人的发展速度和规模，超过以往任何时期，而20世纪辉煌的科学技术成就是创造这一财富的重要根基，21世纪的人们享受着由科学发现与科技创新带来的从未有过的福利。

我认为，在当今世界的各类人群中，科学家是最应受到尊敬的一个群体。他们的力量最大，能改变人们的观念，改变生产和生活方式，改变整个社会面貌；他们的奉献精神最强，是他们把知识和智慧酿造成甘霖，洒向全世界，造福全人类；他们的思想境界最高，对自然规律的刻苦探索和深邃了解，是他们毕生的追求。今天，我们每一个人无不在享用着科学带来的恩惠，我们没有理由不去歌颂科学家的功德，没有理由不使科学家成为我们和我们的后代所崇敬和学习的榜样，没有理由不引导我们去追寻科学家的足迹，发扬他们的精神，继承他们的事业。

新闻出版工作者有责任、有义务在报纸、期刊、图书、广播、电视、音像制品、电子出版物、互联网等大众媒体中加强对科学家的宣传。

发挥大众传媒在宣传科学家当中的作用：第一，要增强新闻出版工作者的科学意识和对科学家题材的敏感性；第二，必须学习和掌握一定的科学技术基础知识；第三，新闻出版工作者要学会熟练运用生动形象的语言和深入浅出的手法来阐释复杂深奥的科技问题；第四，科技研究和科技管理部门要经常对新闻出版界"吹风"，对科技宣传报道提供宏观指导和必要的支持；第五，媒体中好的编辑、记者应该具有科学技术背景知识，同时又有较好的文字功底。

习近平总书记在党的十九大报告中指出："加快建设创新型国家。创新是引领发展的第一动力，是建设现代化经济体系的战略支撑。要瞄准世界科技前沿，强化基础研究，实现前瞻性基础研究、引领性原创成果重大突破。""深化科技体制改革，建立以企业为主体、市场为导向、产学研深度融合的技术创新体系，加强对中小企业创新的支持，促进科技成果转化。倡导创新文化，强化知识产权创造、保护、运用。培养造就一大批具有国际水平的战略科技人才、科技领军人才、青年科技人才和高水平创新团队。"

2016年5月30日，习近平总书记出席全国科技创新大会、"两院"院士大会、中国科学技术协会第九次全国代表大会时说："中国科学院、中国工程院是我国科技大师荟萃之地，要发挥好国家高端科技智库功能，组织广大院士围绕事关科技创新发展全局和长远问题，善于把握世界科技发展大势、研判世界科技革命新方向，为国家科技决策提供准确、前瞻、及时的建议。要发挥好最高学术机构学术引领作用，把握好世界科技发展大势，敏锐抓住科技革命新方向。'桐花万里丹山路，雏凤清于老凤声。'科技创新，贵在接力。希望广大院士发挥好科技领军作用，团结带领全国科技界特别是广大青年科技人才为建设世界科技强国建功立业。"

"两院"院士和广大科技工作者要发扬我国科技界追求真理、服务国家、造福人民的优良传统，勇担重任，勇攀高峰，当好建设世界科技强国的排头兵。让我们扬起14亿中国人民对美好生活憧憬的风帆，发动科技创新的强大引擎，让中国这艘航船，向着世界科技强国不断前进，向着中华民族伟大复兴不断前进，向着人类更加美好的未来不断前进！

在世界多极化、经济全球化、信息网络化和科学高度发展的今天，新闻出版工作者要借助于大众传媒手段和力量，重视对科学家的宣传，让公众理解和热爱科学家，提高中国公众的科学素养。

是为序。

献身科学　造福人类

（序二）

许智宏

　　2016年底，我到广西南宁考察并讲学，晚上与北大广西的校友们一起见面，期间黄健同志送给我他的著作《追寻科学家》一书，该书以报告文学的笔调，记述了34名中国科学院院士、中国工程院院士、中国科学院外籍院士的成长道路、科学精神、治学方法、科学贡献、爱国精神、人格力量、国际影响。当晚，黄健同志对我说，经过近十年的精心撰写和资料整理，打算在2017年底出版一部书名叫《院士之路》的科学家人物传记报告文学集，请我为这部著作写个序，我欣然同意。黄健同志长期热衷于对科学人物和科学事件的关注，经常写科学家方面的文章，在报纸期刊或博客上发表，对科学家抒发情感，呼吁呐喊尊重科学，理解科学家、尊重科学家、宣传科学家、走近科学家。

　　我国科技队伍规模是世界上最大的，这是产生世界级科技大师、领军人才、尖子人才的重要基础。要极大调动和充分尊重广大科技人员的创造精神，激励他们争当创新的推动者和实践者，使谋划创新、推动创新、落实创新成为自觉行动。要培养造就一大批熟悉市场运作、具备科技背景的创新创业人才，培养造就一大批青年科技人才。要营造良好的学术环境，弘扬学术道德和科研伦理，在全社会营造鼓励创新、宽容失败的氛围。

　　科学精神的形成并不是一朝一夕之事。科学精神是一代又一代的科学工作者在运用科学方法探索宇宙自然奥秘、追求世界本原的过程中形成的，是科学工作者在科学实践中不断升华出来的一种具有普遍社会意义的精神财富。正是有了这种精神，科学才成为一项神圣而迷人的事业，激励着更多的科学工作者投入这项伟大的事业。正如著名的科学史家乔治·萨顿所讲，科学精神要比科学本身给人类带来的物质财富更加宝贵，它是"科学的生命"，是科学活动的灵魂。

在全球化和信息化的今天，科学事件、科学发明、科学发现、科学成就无时不在，科学技术已渗透人们生活的方方面面，人们在享受现代科学带来的文明和幸福。然而，科学的进步主要是依靠科学家来推动的，要认识社会就要认识科学的发展及其对经济社会的推动作用，从而还要认识科学家的历史贡献和主要背景。当今世界正处于一个科学技术飞速发展的时代，科学技术已经成为经济发展和社会前进的首要推动力，成为现代社会文明的象征，正在深刻地改变人类社会经济发展和人们社会生活的方式。

习近平总书记在党的十九大报告指出："创新是引领发展的第一动力，是建设现代化经济体系的战略支撑。要瞄准世界科技前沿，强化基础研究，实现前瞻性基础研究、引领性原创成果重大突破。加强应用基础研究，拓展实施国家重大科技项目，突出关键共性技术、前沿引领技术、现代工程技术、颠覆性技术创新，为建设科技强国、质量强国、航天强国、网络强国、交通强国、数字中国、智慧社会提供有力支撑。""培养造就一大批具有国际水平的战略科技人才、科技领军人才、青年科技人才和高水平创新团队。"没有科学普及工作作为基础，科技创新将会面临断层。科技创新、科学普及是实现创新发展的两翼，要把科学普及放在与科技创新同等重要的位置。没有全民科学素质普遍提高，就难以建立起宏大的高素质创新大军，难以实现科技成果快速转化。希望广大科技工作者以提高全民科学素质为己任，把普及科学知识、弘扬科学精神、传播科学思想、倡导科学方法作为义不容辞的责任，在全社会推动形成讲科学、爱科学、学科学、用科学的良好氛围，使蕴藏在亿万人民中间的创新智慧充分释放，创新力量充分涌流。

如今，站在新的起点，我们比历史上任何时期都更接近实现中华民族伟大复兴的目标。中华民族伟大复兴绝不是轻轻松松就能实现的，需要科技强有力的支撑和科学家无私奉献的精神。

越发展壮大，遇到的阻力和压力就会越大。只有勇担重任，勇攀高峰，才能无往而不胜，"两院"院士是实现"中国梦"征程中的中流砥柱，是诠释"科学技术是第一生产力"的重要力量，更是科技领域的"领跑者"。

"功以才成，业由才广。"科学技术是人类的伟大创造性活动，一切科技创新活动都是人做出来的。面对世界新科技革命和产业变革日益兴起的态势，我们比以往任何时候都需要强大的科技创新力量。走进新时代，让我们高举习近平新时代中国特色社会主义思想旗帜，扬起14亿中国人民对美好生活憧憬的风帆，发动创新的强大引擎，令中国这艘航船向着世界科技强国和本世纪中叶把我国建设成富强民主文明和谐美丽的社会主义现代化强国不断前进。

是为序！

目　录

东方神农

——记中国现代小麦科学的奠基人、中国农业科学院原名誉院长、中国科学院院士金善宝

金善宝 农学家。浙江诸暨人。1895年7月2日生于浙江诸暨。1920年毕业于南京高等师范学校农业专修科。1926年毕业于东南大学农学系。1932年获美国明尼苏达大学硕士学位。1997年6月26日逝世。中国农业科学院研究员、名誉院长。从世界各地收集的3 000多份小麦材料中选出"中大2509"和"南大2419"，在我国长江流域等地的13个省、市推广，获得高产。育成了"京红"1号、2号、3号、4号、5号、6号、7号、8号、9号和"6082"等优质高产品种。对"北京春播—高山夏播—南方秋播"一年三代加速世代育种方法的研究，加速了新品种的繁殖工作研究。鉴定了从全国征集到的5 544个小麦品种，其中"云南小麦"是世界上独有的小麦新种，对小麦种类及其分布的系统研究，为中国小麦育种打下了基础。1955年被选聘为中国科学院学部委员（院士）。

　　我见到金善宝院士的时候，他已经是93岁高龄了。那是1988年冬天在北京，他作为著名科学家，应邀参加广西科学技术出版社召开的《当代中华科学英才》丛书编辑会议。金善宝身穿深蓝色的中山装，脚穿方口黑布鞋，一头银发，两眼慈祥和蔼，充满了长者的仁爱和科学家的睿智。他在会议上作了讲话，对我们的出版工作给予高度评价和充分肯定，这让我十分感动。金善宝就是这么一个人，只要对国家的科学技术发展有益，他一定亲力亲为，无论是在年轻的时候还是年近百岁的时候。听了他的发言，我随后采访了他，写下此文。

1988年12月，金善宝（左一）、汤佩松（中）、钱临照（右一）等科学家在北京图书馆会议室

华夏农耕

　　中国是世界文明古国之一，有着悠久的农业历史。早在六七千年前，中华民族的祖先就在肥沃的黄河流域、长江流域种植粟米和水稻等农作物。中国的农业专著不仅出现得早，而且数量、种类之多均居世界前列。据不完全

统计，2 000 多年来，中国撰著的古农书（包括现存的和已经散失的）总数达376 种，其中《氾胜之书》《齐民要术》等古农书中讲的代田、轮作绿肥、灌溉等经验，至今仍有重要的参考价值。这些论著，与国外的相比，起码要早数百年乃至上千年。可以这样讲，中国古代的科学技术是光辉灿烂的，也因此赢得了"世界文明古国"之称。

几千年来的农业耕作史表明，小麦一年只能种一次，收一次。难道就不能一年种两次或三次，让人类多收获些粮食以解决饥饿问题吗？金善宝作为中国农业科学院的老院长、干了一辈子的农学家，从春小麦冬季繁殖入手。江西的井冈山、庐山，广东的湛江，海南岛，云南的元谋，南方各地都留下他的足迹。经过反复的培育，他终于获得了育种的成功。小麦新品种的选育时间一般需要 8~10 年，而通过金善宝的培育只需 3~4 年，这一科研成果成为世界小麦育种史上的一块里程碑。

一生中，金善宝走遍了中国的山山水水，搜集小麦品种 5 500 多个；他又从引进的 3 000 多个国外小麦高产品种中，选育出平均单产名列世界前茅的"京红"7 号、8 号和 9 号，荣获全国科学大会奖。金善宝培育出的小麦新品种已遍植于神州大地，他著述的数百万字的专著，对世界小麦育种科学也堪称至宝。他有个当之无愧的称号——东方神农。

1983 年，金善宝在中国农作物学会第三届理事会闭幕式上讲话

立志学农

1895 年 7 月 2 日，金善宝出生于浙江诸暨。父亲金安浦是私塾的教书秀才。金善宝从小跟父亲读书。母亲是一位勤劳的农村养蚕能手。13 岁时，父

亲病故，家境日趋困难。在这样的境遇中，金善宝较早地懂得了生活的艰难。他经常帮助母亲采桑叶、养蚕、挖竹笋和砍柴。农村的劳动生活，使他深深体会到旧社会农民的疾苦，使他从幼年就掌握了农业基本劳动的本领，培养了他务农的志趣和树立了他为改变落后的农业生产面貌而奋斗的决心。

1914年，金善宝考入了绍兴浙江省立第五中学。毕业时，他想考大学，但家里的经济条件不能再维持他的学习了。经四处奔波，他得知南京高等师范学校农业专修科不仅不收学费，还供给学生伙食。农民的疾苦、求知的欲望激励他立志学农，他以优异的考试成绩被南京高等师范学校农业专修科录取了。母亲卖掉家中所有的蚕茧，给他购置行李，姑母资助29元钱，使这位山村的学子迈出了人生中关键的一步。

1921年，东南大学成立后，南京高等师范学校并入东南大学，农业专修科也改为大学本科。学校在南京市江东门外大胜关租地1 300亩，建立了农事试验总场，金善宝到该总场当技术员，一直工作到1927年6月。在此期间，他于1926年又回到学校补读一年，完成了大学本科农学专业的全部学业。

1927年秋，金善宝因不满校方对试验农工在工资方面的刁难而愤然离去，到宁波浙江省立第四中学教农业课，1928年春到杭州劳农学院（现浙江农业大学）任教。

留 美 深 造

1930年夏，浙江省教育厅公开招考出国留学生，金善宝应考被录取。

1930年7月，金善宝赴美留学。他站在轮船的甲板上，望着渐渐远离的祖国，思绪万千。拥有几千年文明的古国，素称以农立国，人民却不能丰衣足食。"民以食为天"，他决心为这个"食"出力、效劳。踏上美国的土地之后，他便开始追逐自己的既定目标。在康奈尔大学研究生院读研究生期间，金善宝争分夺秒地学习，但后来他感到读学位的办法，对他这个35岁的留学生来说，已经不适宜了，不能让一篇论文、一个学位占去自己在美国的有限时间。于是，他到明尼苏达大学边学习边直接参加作物育种研究工作。

他到美国留学的目的，是要了解国外的农作物育种方法、理论，掌握实际操作技术。他最大的愿望是能以自己的学识，为发展祖国农业做贡献，为提高中华民族的生活水平而献身。

在美国留学期间，他尝尽了一个贫弱民族处处受人歧视和凌辱的痛苦。在一次学校举行的聚餐会上，一个美国学生当着金善宝的面公然喊道："金先生，把这些剩饭拿去给中国人吃吧！中国人正饿着肚皮呢！"金善宝听后，心中感到莫大的侮辱，一种民族的尊严、祖国的尊严驱使他从心底爆发出愤怒的抗议。面对挑衅者，他进行了有力的回击："中国离这儿太远了，还是请先生拿到芝加哥公园里去吧！那里失业的人有的是，他们正需要这些。"1931年"九一八"事变后，日本侵占中国东北三省。为了维护祖国的尊严，做一个有骨气的中国人，1932年初，金善宝毅然离开了生活条件和工作条件都很优厚的美国，回到祖国的怀抱，决心为振兴祖国的农业而努力。

报 效 祖 国

1932年2月，金善宝学成从美国回到祖国。他先后在杭州浙江大学农学院和南京中央大学农学院任教。1937年7月以后，日本侵略者的铁蹄向我国内陆腹地步步逼近，当时在南京中央大学农学院农艺系任教授的金善宝，随校西迁到重庆沙坪坝。他和林学家、中央研究院院士梁希教授一起住在临时建筑的一间十多平方米的平房里，室内有两张单人床，一张两屉木桌，每人用一个抽屉。他俩年龄相差一轮，朝夕相处，情同手足，经常一起去听新华日报社组织的时事报告，有时直接聆听当时的中共中央副主席周恩来的演讲或参加座谈。

在日军侵华、中华民族面临沦亡时，金善宝旗帜鲜明，坚决反对内战，反对迫害，支持抗日。他节衣缩食，过着清贫的生活，却先后两次前往八路军驻重庆办事处捐款共200元，支援前方抗日将士。

金善宝在国统区工作和生活，当他听到解放区开展大生产运动时，立即将自己多年来精选的小麦良种，通过重庆新华日报社送往延安。他鼓励并亲自送自己的学生奔赴解放区。他先后两次到八路军驻重庆办事处找林伯渠同志，要求前往延安。后来林伯渠同志为他办妥了一切手续，并做了周密安排，但因同行的助手发生意外而没有成行。对于此事，金善宝一直感到很遗憾。

金善宝一生中最难忘的是抗日战争胜利后的 1945 年，中国共产党和国民党在重庆进行和平谈判期间的某一天，他和在重庆的几位思想进步的教授一起被邀请到嘉陵江边的张治中公馆，受到了毛泽东的亲切接见。金善宝十分关心毛泽东的安全，婉言劝说毛泽东早日返回延安，不要滞留重庆。

金善宝大半辈子生活在旧社会，对旧中国农业的状况体会深切。由于长期的闭关锁国，我国科学技术的研究遭到了极大的压抑和摧残。到 20 世纪初，帝国主义列强纷纷入侵中国，国内军阀混战，自然灾害频繁，人民处于水深火热之中，农业生产落后、退化。"国家兴亡，匹夫有责。"面对灾难深重的祖国，当时的热血青年，没有悲观消沉，而是以自己的实际行动投入救国运动中去。

小 麦 冬 繁

常规育种方法，一个小麦新品种的育成短则七八年，长则十多年。然而一个人的工作时间又有几个七八年？金善宝感到时间太宝贵了。他希望在有限的生命中能培育出更多的小麦品种。20 世纪 60 年代初，一个偶然的信息——匈牙利有关方面向中国政府提出，希望到中国云南地区进行玉米冬季繁殖，他猛然得到启示：玉米可以冬繁，小麦行不行？为了实现这一设想，金善宝制定了若干个方案。他和助手们先在北京地区进行春小麦夏繁试验，失败后，1965 年他又亲自到南方的高海拔地区进行调查研究，最终在井冈山获得夏繁小麦试验的成功，接着又在庐山获得夏繁小麦试验的成功。这一经验很快在全国各育种单位推广、应用，取得了显著效果。

在高山夏繁小麦成功的基础上，金善宝和助手们又经过严密地实地考察，进一步在广东湛江、海南和云南元谋等地冬季繁殖春小麦成功。至此，金善宝经过四五年的努力，终于实现了他长期以来美好的期望，使小麦新品种的选育时间由七八年缩短成三四年。

南繁北育，为的是加快育种时间，培育一个小麦品种通常需要七八年时间。如果按中国农业的自然条件，一般综合两代到三代，这样育种时间可缩短一半，可以最快出成果。金善宝倡导这项工作以后，全国一些小麦育种单位运用他所倡导的这种方法，到海南岛、云南去育种。

金善宝在小麦的分类上贡献很大。20世纪20~40年代，金善宝发表了有关小麦分类的研究论文，从2 200多个县搜集了5 500多种小麦，并把它们分门别类，为培养适合不同区域的麦种打下了基础。比如，长江流域种什么麦子合适，北方种什么麦子合适，长城以北种什么麦子合适。这是一个十分重要的基础工作。

1939年，金善宝和助手们从国外引进的3 000多份小麦材料中，通过系统选择方法，选出了适于四川盆地和长江中下游地区种植的优良品种——"中大2509"（又名"矮粒多"）和"中大2419"（后改名为"南大2419"）。这两个品种从1942年开始在四川推广，到中华人民共和国成立前近7年的时间，只种植100万亩左右。1950年以来，由于政府的重视和农民生产积极性的空前高涨，这两个品种很快在中国南方冬麦区扩大应用于生产。"南大2419"种植面积最大的年份曾达到7 000多万亩，主要分布在湖北、江苏、安徽、四川和河南南部小麦产区，云南、贵州和陕西南部有较大面积的种植，江西、湖南、广西、青海和甘肃也占有一定的比重。

金善宝选育的"南大2419"小麦良种，具有早熟、抗条锈病、抗吸浆虫、秆强抗倒、穗大粒饱、适应性广和一般配合力好等优点，因此，不仅是中华人民共和国成立后长江中下游冬麦区第一次品种更换时种植面积最大的良种，而且是30多年来中国小麦杂交育种中最主要的优良品种。

据不完全统计，到1983年，"中大2509"和"南大2419"这两个小麦优良品种在长江流域的种植面积还有100万亩左右，品种寿命长达40多年。

心 系 农 民

金善宝来自农村，对农民的疾苦有切身的体会和了解，对农业生产有着

1984年，金善宝在河南安阳考察小麦

特殊的感情。他始终把自己与农村生产和农民生活紧紧拴在一起。

1950年，长江下游洪水泛滥。据统计，仅华东地区各省受灾农田就达1亿多亩。这是中华人民共和国成立后的第二年，农业生产的好坏直接影响到广大群众的生活和情绪，影响到中国共产党在人民中的威信。金善宝主动为党、为政府分忧，一连几天废寝忘食，仔细地查阅各种资料，寻找抗灾救灾的应急措施和办法。根据华东地区历年来的气候变化及生产特点，他及时向华东军政委员会提出了多种植马铃薯和采取冬小麦移栽的抗灾自救办法。他的建议很快得到党和人民政府的重视，《新华日报》全文登载了他的合理化建议。金善宝还到南京郊区给农民做田间示范，使小麦移栽技术很快在南京郊区得到推广。

1951年春，苏北地区遭受了历史上罕见的冻害，100多万亩小麦被冻坏，情况万分紧急。当时江苏省委电话通知金善宝，要求他带领10多位各个专业的教授前往灾区，研究解决办法。接到通知后，金善宝不顾疲劳，连夜带领10多位教授赶往现场。看了现场，大多数教授都认为被冻坏的小麦没救了，因小麦分蘖地上茎秆均被冻死，建议翻掉改种别的作物。翻种虽然很简单，但是群众损失很大。还有没有别的办法？金善宝带领大家走访苏北、淮北十几个县，认真进行调查研究，学习、总结农民实践中的防冻救灾经验。最后，他们根据小麦分蘖节并没有冻死的情况，果断地向江苏省委提出适时浇水、增施肥料、加强麦田管理等一系列栽培技术措施的建议。经过广大群众的努力，当年苏北地区受冻害小麦仍获得亩产100多公斤的收成，减少了农民的损失。

金善宝善于根据生产的发展和需要，不断完善和修订自己的研究计划。

他刚调到北京时，冬小麦育种工作已成体系，研究力量较强，而春小麦研究和生产均较落后。因此，他决定把自己的主要精力放在春小麦的育种上。经过几十个春秋的辛勤努力，终于育成了一批春小麦新品种，为中国发展春小麦生产、改变春小麦生产的落后面貌做出了贡献。

据不完全统计，仅 1966 年以来，金善宝的足迹先后到过山东胶东半岛、山西雁北地区、内蒙古阴山地区、宁夏灌区、黄淮地区、太湖流域、河北坝上地区、太行山、西北黄土高原、西南云贵高原、海南岛及东北三江平原等地，进行小麦科研和生产的调查研究，为中国发展小麦生产、提高小麦育种水平做出了重要贡献。

理 论 建 树

金善宝 1932 年从美国留学回来后，一边从事农业教育，为国家培养人才，一边从事科学研究。他从搜集到的中国小麦农家品种中，最先筛选鉴评出"南京赤壳""武进无芒""姜堰黄皮""江东门"等优良品种，并进行了推广。后来，在中国小麦杂交育种中，这些品种曾一度作为主要的亲本利用。他发表的关于"大豆几种性状与油分、蛋白质之关系"和"近代玉米育种法"的论述，都是当时这些领域中较为先进的研究成果和试验方法，对促进大豆和玉米的应用研究有一定的推动作用。应当指出，金善宝的主要科研成就，是对中国小麦的分类和育种方面的贡献。早在出国留学之前，他已经在中国小麦的分类、开花时期的研究方面获得了相关成果。

1934 年，金善宝编著了 20 多万字的《实用小麦论》，这是中国第一本联系科研和生产实际，内容丰富的农业大学的小麦教科书。中国许多现代小麦专家，20 世纪 30 年代、40 年代，乃至 50 年代的农学专业、作物遗传育种专业的大学生，从中获得了关于小麦的基础知识和育种栽培的基本理论和方法。他和吴董成合著的《中国小麦区域》一文，是中国种植小麦按自然生态和品种划分区域的基础蓝图，迄今中国台湾及国外的一些教科书尚在引用。虽然随着小麦生产的发展和品种的更换，生态区域的划分已有一定改变，但这篇文献仍不失为重要的参考资料。为了总结中国小麦生产和科研成果，他主编了《中国小麦栽培学》，于 1950 年出版；在搜集、整理、鉴定和保存研究的基础上，为了更充分地利用我国小麦种质资源，他主编了《中国小麦品种志》，这是中国第一次为本国的现代小麦栽培品种立碑树传的历史性文献，于 1964 年出版，1985 年又改编再版；为了总结新中国成立 30 多年来小麦种质资源利用经验，从系谱分析上总结育种工作的成果，由他任主编、庄巧生研究员等任副主编，共同编写了既有实践经验又有理论分析的专著《中国小麦品种及其系谱》，于 1983 年出版；1991 年参与修订《中国农业百科全书》。

金善宝在我国小麦起源和分类研究方面独树一帜。他结合小麦生态型的研究，在理论与实践相结合上说明了许多问题，有些结果是前人未探讨过的新发现。20 世纪 50 年代，他从全国各地广泛征集到 5 544 个小麦品种，经几次种植研究鉴定，将中国小麦划定为普通小麦、圆锥小麦、硬粒小麦、密穗小麦和云南小麦 5 个种 126 个变种。中国普通小麦经他详细鉴定后，确认有 93 个变种，其中普通小麦 19 个变种和 6 个云南小麦变种是由他定名的。他通过对中国 5 个小麦种类的地理分布的科学研究，明确了中国云南是小麦种质最丰富的地区，也是中国小麦变异的中心。究其原因，高原地势复杂，"立体农业"的气候生态特点是形成品种变异的重要因素。为了掌握第一手研究资料，他曾 3 次去云南考察小麦生态情况和分布特点。他发现澜沧江流域是云南小麦新种的分布中心，这个地区在海拔 2 500 米处还能种植小麦。

注 重 实 践

金善宝对青少年朋友说，学习有两种方法：一种是向书本学，通过书本丰富自己的知识，以便在开拓科学技术和新的科学领域中，少走弯路；另一种方法是在实践中学习。他常说有两件事对他的教育是终身不能忘记的。

第一件事是在他大学一年级的暑假，作为学生到浙江农事试验总场进行生产实习。该场有一位从日本留学回来的农业技术员，整天泡在办公室里，不到田里去，脱离生产实际。有一次，他为包括金善宝在内的学生们示范配制防治作物病害用的波尔多液，原料是硫酸铜和生石灰，由于他很少实践，只是从书本到书本，结果配了半天也没有配出来，很是狼狈。

金善宝与青年一代在北京

第二件事是金善宝刚刚大学毕业，来到小麦试验场工作。秋播小麦时，一位技术工人在调节五行播种机前问金善宝："一亩地播多少斤小麦种子？"当场问得金善宝答不出来，弄得很尴尬。最后还是一位老工人将答案告诉了金善宝。

金善宝认为，光从书本上学还不够，必须结合中国农业生产的具体实际，认真、虚心地从实践中学。广大农民在长期的生产实践中蕴藏着丰富的农业生产经验，这些经验无论是在推动中国农业生产的发展上，还是在建设具有中国特色的现代化农业中，都是不可忽视的。

金善宝爱农作物是出了名的。他调到北京后，有一年冬天，晚上睡觉时听见外面刮大风，想起温室里的小麦，金善宝就再也睡不着了。他悄悄爬起来，瞒着家里人往外面跑，看到温室窗户关得很好，看到小麦在日光灯的照射下长势很好，他这才放下心来，回家后还风趣地对妻子说："我们小外孙寄养在邻居家，长得不也很好吗，你为什么常常要去看呢？因为小外孙是你的宝贝，而小麦是我的宝贝。"这是一个令人感动的故事，这也是中国当代青少年要学习的一种精神。

国 家 利 益

一直以来，金善宝时刻系念台湾农学界的老朋友、老同事，盼望祖国早日统一，并以实际行动为祖国的统一大业做贡献。1980年元旦前夕，他写了《向台湾科教界朋友贺新年》的文章，字里行间充满了怀故之情，倾吐了肺腑之言。这篇文章，香港的《大公报》《文汇报》《新晚报》，澳门的《澳门日报》以及美国纽约的《华侨日报》都相继登载，在国内外引起很大反响。其中，金老的一位学生来信写道："近读吾师在香港《大公报》发表的《向台湾科教界朋友贺新年》宏文，更为感人！""身居海外甚愿见祖国统一之能早日实现，而旅美学人向往祖国者亦众。倘国内能制订办法鼓励学人回归，为祖国尽一份职责，则定能踊跃响应，于四化当有补益。"这表达了海外赤子的一片爱国心。

1981年6月，在庆祝中国共产党成立60周年的前夕，金善宝以无比喜悦的心情，在《光明日报》上发表了题为《社会主义赋予农业科学新的生命》的文章，文章最后写道："回顾过去，展望未来，我深深体会到没有共产党就没有新中国，没有共产党领导实现社会主义，就没有新中国农业科学事业的重大发展。……我作为农业科技战线上的一名老兵，决心在有生之年为党为人民多做工作，同时以极其欣慰的心情，更寄希望于已经为中国农业科学事业做出了重要贡献的广大中青年农业科学家和科技人员，希望他们在伟大、光荣、正确的中国共产党领导下，为更快地发展中国农业生产和农业科学事业，为把我们伟大的祖国早日建设成为现代化的，具有高度物质文明、高度精神文明和高度政治文明的社会主义强国贡献一切力量！"

科学之光

——回忆中国现代物理学的奠基人、中国科学院院士严济慈

严济慈 物理学家。1901 年 1 月 23 日生于浙江东阳。1923 年毕业于南京高等师范学校数理化部和国立东南大学物理系。1925 年获法国巴黎大学硕士学位，1927 年获法国国家科学博士学位。1948 年当选为中央研究院院士。1955 年被选聘为中国科学院学部委员（院士）。1996 年 11 月 2 日逝世。曾任北平研究院物理研究所所长兼镭学研究所所长，中国科学院应用物理研究所所长、东北分院院长，中国科学院副院长、技术科学部主任、学部主席团执行主席，中国科学技术大学副校长、校长，全国人大常委会副委员长，中国物理学会理事长等职。中国现代物理学研究的开创人之一。在压电晶体学、光谱学、大气物理学、应用光学与光学仪器研制等方面取得多项重要成果。精确测定了逆压电效应并发现光双折射效应，发现石英扭电定律，发现压力减弱乳胶感光性能的现象。1946 年获国民政府为抗日战争胜利颁发的三等景星勋章。1988 年获法国总统授予的军官级荣誉军团勋章。

2016 年 11 月 2 日，是著名科学家、我国现代物理学的开拓者、中国科学技术协会名誉主席、中国科学院院士严济慈先生逝世 20 周年纪念日。严济慈先生生前对广西科学技术出版社十分关心和厚爱，曾 6 次参加广西科学技术出版社有关出版工作的活动。我们深深怀念这位伟大的科学家、教育家、社会活动家，坚定的爱国主义者。

关心科技出版

1993 年 2 月，严济慈院士（中）、卢嘉锡院士（左）和作者（右）在北京

严济慈对地处祖国边陲、经济文化相对落后的少数民族地区的广西科学技术出版社十分关心。1989 年 5 月，广西科学技术出版社正在策划、组稿大型少年儿童科普读物《少年科学文库》，经中国科普作家协会常务理事郑延慧、詹以勤介绍，约请严济慈先生出任《少年科学文库》顾问。严先生说："对少年而言，科学是最应受到尊敬的一门学科，科学的力量最大，能改变

人们的观念，改变生产和生活方式，改变整个社会面貌，我们要引导少年儿童从小学科学、爱科学、用科学。"这是广西科学技术出版社与严先生的第一次接触。严先生的一席话，使我们增强了出版《少年科学文库》的信心，并且受到了深刻的教育。

1992 年 4 月，我们把刚刚出版的《新编十万个为什么》赠送给全国"希望工程"，91 岁高龄的严济慈先生出席了捐赠仪式。中央各大新闻单位对此活动均做了报道，这对广西科学技术出版社的工作是极大的鼓舞和支持。

1992 年 9 月，广西科学技术出版社在北京人民大会堂举行《邓小平科学技术思想研究》出版座谈会，严济慈先生出席并与全体与会人员合影留念。

1993 年 1 月，广西科学技术出版社与中国少年报社联合举行"全国少年现代科技知识读书竞赛活动"，全国有 55 万人参加。严济慈先生在活动的发奖大会上，亲自给来自全国的少年儿童获奖者颁奖，并合影留念。

1993 年 2 月，严济慈院士（右一）、卢嘉锡院士（右二）、叶至善院士（左二）等出席全国少年现代科技知识读书竞赛活动发奖大会

1989 年，第 44 届联合国大会确定 1992 年为"国际空间年"，纪念哥伦

布发现新大陆 500 周年和国际地球物理年 35 周年，许多国家和国际组织开展了一系列活动来迎接"国际空间年"。在我社的倡议下，"国际空间年"中国筹委会组织了我国有代表性的著名教授、专家编写《太空·地球·人类》一书，作为我国向"国际空间年"的献礼书。严济慈作为中国空间科学学会名誉理事长、中国科学院空间委员会主任，于 1993 年 2 月为《太空·地球·人类》一书题写书名。1994 年，该书获第八届中国图书奖。

1993 年 1 月，严济慈应邀为广西科学技术出版社题写了社名。

1993 年 1 月，严济慈院士（右一）为广西科学技术出版社题写社名（左一为著名科学家卢嘉锡）

早年留学法国

1918 年秋的一天，严济慈告别了故乡浙江省东阳县一个不满 50 户人家的小村庄，告别了父耕母织的贫困家园，踏进了南京高等师范学校的校门。尽管他是以第一名的成绩被录取的，但他还是有些忐忑不安，一个从小连电灯都没有见过的农村孩子，只身一人走进了完全陌生的环境，谁能料到会发生什么事呢？

　　在校期间，每逢想到父母是靠借债供他念完中学的，严济慈就不敢有丝毫的懈怠。课余时间，他拼命吸吮各种知识琼浆，做了大量习题。他的老师何鲁、胡刚复、熊庆来等人对这个勤奋好学的农村学生很满意。光阴荏苒，5年间，严济慈顺利地通过了各种考试，1923年在南京高等师范学校数理化部和国立东南大学物理系同时毕业。当时，在中国大地上，爱国学生运动风起云涌，五四新文化运动举起的"科学"和"民主"的大旗，深深地吸引了他。"科学救国"的梦想促使他毕业后，于1923年用编写《初中算术》和《几何证题法》两本书的稿费及师友资助的一笔钱，乘船经印度洋、地中海到了法国。

　　在这之前，严济慈与东南大学的一位女学生张宗英邂逅。学生时代的张宗英勤奋好学，热心社会活动，五四新文化运动中，她担任了南京学生会评议会的主席，在北京女子高等师范学校读书时受到李大钊的教诲。1923年她和严济慈订婚。当年，严济慈离开祖国、年轻的未婚妻，来到具有2 000多年历史的名城巴黎。在巴黎，他无暇到风光旖旎的塞纳河畔漫步，雄伟的拿破仑墓和壮丽的凯旋门，也只是匆匆而过。时间对于严济慈来说，是那样宝贵。到法国后仅仅一年的时间，他就考得了巴黎大学3门主科微积分学、理论力学和普通物理学的文凭，从而获得巴黎大学的数理硕士学位；又过了两年，取得法国国家科学博士学位。后来，他的导师、新当选的法国科学院院士夏尔·法布里教授在第一次出席法国科学院例会时，在会上得意地向全体与会的院士们宣读了他这位杰出学生的博士论文《石英在电场下的形变和光学特性变化的实验研究》。

　　次日，《巴黎晨报》报道了这件事，并在第一版上刊登了夏尔·法布里教授和严济慈的照片。事情传开以后，许多旅居法国的中国人都感到很光彩，很振奋，其中就有画家徐悲鸿。

誉为科学之光

　　1927年夏，严济慈从法国乘船回国，在船上和徐悲鸿相遇。几年前，徐悲鸿已从传闻中和报纸上认识了严济慈，两人尽管是初次相逢，却一见如故。

在船舱里,他们谈起苦难的、正在遭受列强蹂躏的祖国,心中无比地悲怆和惆怅。

谈话中,徐悲鸿感叹说:"当今的中国,太需要科学了,太需要像你这样有真才实学的科学人才了!"严济慈听了,谦逊地笑了笑,他的心里,已经鼓起了奋进的风帆。

随后,徐悲鸿拿出画笔摊开纸说:"请坐下,让我给你画张像留个纪念吧!"少顷,徐悲鸿寥寥几笔就勾画出了严济慈那张年轻、忠厚、和善的脸。画毕,徐悲鸿在旁边用法文写了一行秀丽的小字:"科学之光 一九二七 徐悲鸿"。

严济慈把画像接过来,高兴地看了又看。过了一会儿,他们到甲板上散步,心情如同奔腾澎湃的海洋一样难以平静。严济慈对徐悲鸿说,回国后将致力科研和教学,让科学之光照亮古老的、苦难的祖国。两人从此成为莫逆之交。

严济慈学成归来后,在上海和张宗英完婚。两年后,两人同赴巴黎留学,回国后张宗英先后在中国公学和云南大学任教。在半个多世纪的漫长岁月里,无论是丈夫远在天涯,还是在国难当头的动荡日子里,张宗英都始终不渝地忠于爱情,独自一人挑起了生活的重担,抚育子女,恪守贤妻良母的职责。

1929年严济慈重返巴黎后,徐悲鸿在写给他的信中依然充满了敬仰之情,他从遥远的祖国给严济慈写信说:

慕光学长:

　　顷由尊岳以法国学府之大作见赐,欣幸。国人能与世界科学进化者只足下一人……弟碌碌度日,见闻日陋,引领西望,神魂俱驰。

尔后,在徐悲鸿愁苦寂寥的日子里,严济慈曾慷慨相助。

献身教育科学

留学归来后,严济慈成了明星人物,许多大学和科研机构都争着聘请他。于是,他在上海同济大学、中国公学、暨南大学和南京第四中山大学等4所大学同时教起书来,还抽空参加了筹建中央研究院物理研究所的工作。在这之前,中国在物理学方面只有教学,没有研究。在这之后,他便一跃跻身于学者名流之林。

严济慈走上数所大学的讲台，热情地给青年们讲述世界最新的科学技术成果，勉励青年们奋发学习，科学救国。在听课的学生中，有陆学善、钱临照、顾功叙、江仁寿、杨承宗、余瑞璜等。这些人后来都成就了一番事业，成为国内外知名的物理学家。

1929 年秋，严济慈再次到巴黎进修，夫人张宗英同行。两年后回国担任了北平研究院物理研究所的所长。在这里，严济慈以一个创业者和开拓者的姿态，对科学研究和人才培养倾注了大量心血。他勤勤恳恳地领导着青年工作者研究光谱学、压电晶体学和地球物理学，为使当时世界上最先进的科技在中国这片古老的土地上生根、开花、结果而辛勤地耕耘。

1935 年，严济慈当选法国物理学会理事，同时当选的还有居里夫人的女婿菲列德里克·约里奥和苏联著名物理学家卡皮察。

1937 年秋天，严济慈到巴黎参加国际文化合作会议，同时还参加了他的导师夏尔·法布里教授退休的庆祝会。庆祝会在巴黎大学礼堂隆重举行，参加者除法国科学界的知名人士外，各国科学界都派了代表。严济慈代表夏尔·法布里教授的外国学生上台讲话，他在一片热烈的掌声中赞美了这位法国著名学者诲人不倦的精神。严济慈讲完话走下主席台时，夏尔·法布里教授特地把自己得意的这位中国高足介绍给了与会的法国总统。

访问法国期间，严济慈还亲自带领钱三强到巴黎大学居里实验室，拜见了早年的同学、居里夫人的女儿约里奥·居里夫人。他向约里奥·居里夫人极力推荐这位青年，并希望予以多多关照和培养。钱三强后来果然没有辜负导师们的栽培，成为著名的核物理学家，为在中国发展原子能科学技术事业做出了卓越贡献。

强烈的爱国之情

"九一八"事变不久，法国著名物理学家郎之万教授来北平访问。在两个月的时间里，严济慈和他朝夕相处，带领他游览北平的名胜古迹。郎之万教授是位反法西斯的英雄，在法国每次群众游行中，他都奋不顾身地走在最前列。后来他因为参加反法西斯斗争而坐了3年牢，出狱后毅然加入了法国共产党。一天，他和严济慈来到北平北海边上的团城游览，忽然在一尊女菩萨的塑像前停住了，那女菩萨塑像被日本侵略者砍去了一只胳膊，缺的胳膊用红布包着。郎之万教授看了后动情地说："你看，她的脸上多么美丽、聪明、慈爱；相比之下，我们人类的脸孔不知多么丑，看了她的不幸，真要叫人流下眼泪！"

两位热爱和平的物理学家之间的友谊保持了许多年。

严济慈是一位有强烈爱国心的科学家，他不能容忍日本侵略者对中国的侵犯。因此，1937年他在访问法国期间，除参加学术活动外，还忙着从事各种抗日宣传活动。这时，为使中国人民抗击日本侵略者的正义事业能够得到国际上的支持，吴玉章专程从莫斯科赶到巴黎争取国际声援。严济慈怀着满腔爱国热忱，积极充当了吴玉章和法国进步学者郎之万教授之间的联络人。

1938年初春，严济慈从巴黎动身回国，途经里昂时，到里昂天文台台长杜菲教授的家里做客。在这里，他遇见了《里昂进步报》的一位记者，他愤怒地谴责了日本军国主义的侵略行为。次日，这家报纸刊登消息说，严济慈正率领着一批中国留法的学生回中国参加抗日战争，同时还登载了他的抗日言论。消息传到船上，有人提醒严济慈回国后不要在当时已经沦陷的上海下船，以免身陷图圄。为此，他被迫在香港上岸，在那里住了些日子，后来经越南回到了昆明。事情发生以后，他在北平的家也受到了日军的监视。

此后，他决定把设在北京的物理研究所迁到昆明，并设法通知妻子扶老携幼南下相会。

科学救国之心

一天，严济慈在昆明北郊黑龙潭把研究所的工作人员召集到一起，忧心忡忡地说："侵略者破坏了我们从事科学研究的条件，每个爱国的中国人都不能袖手旁观了。"他随即郑重地宣布："鉴于战时大后方非常缺乏和需要军用通信工具和医疗器械，我决定带领大家动手研制压电水晶振荡器、显微镜和各种光学仪器。"

中国的光学研究和光学仪器的研制工作起步了。在黑龙潭的一座破庙里，严济慈建起了极其简陋的实验室。起初，人也住在破庙里，后来研制出仪器卖了些钱，才在山脚下买了一小片土地，盖了几间房子。他和学生们怀着用自己的智慧和双手参加抗日活动的神圣信念，早起晚睡，兢兢业业地工作。他挽起袖子亲自动手磨镜片，做光学计算，装配起了一架又一架显微镜。昔日学者名流的风采，这时在他身上已经不见踪影，人们看到的是一个充满爱国热忱的农民儿子的质朴和真诚。

短短 4 年中，他领着大家共造出了 500 架 1 500 倍的显微镜，还造出了许多经纬仪和水平仪，训练出了一批人才。未来新中国光学仪器工业的雏形，就是这样形成的。

他还成功地用压电水晶研制出了进行军事通信不可缺少的大批振荡器。1946 年，他因此获得了国民政府为抗日战争胜利颁发的三等景星勋章。中国科学界获得这种勋章的只有两个人，那就是他和协和医学院的林可胜大夫。

新中国担重任

1949 年，解放军开进了北平。

一天，一位接管科研单位的共产党干部问道："严济慈呢？"

"他到南方探亲去了。"钱三强说。

"赶快打电报叫他回来！"

第二天，钱三强和顾功叙两人联名给严济慈打了电报。原来，他是因为害怕国民政府强制让他去台湾而暂时躲避到了香港。接到电报后，严济慈和胡愈之等人第一批从香港到达北平。随后，他的妻子和孩子们也陆续回来了。他的儿子严又光从清华大学数学系毕业了，严双光进了南开大学化学系，严四光进了燕京大学，还有严武光和严陆光也都先后进了中学读书。他自己更是忙得不可开交。全国民主青联请他参加代表大会并做专题报告，中华全国自然科学工作者代表大会请他担任秘书长，全国政协第一届会议请他去和国家领导人一起共商建国大计。最使他兴奋不已的是，作为一个科学家，他看到了自己在新中国的光辉前程。

一天，解放军通信兵部队的王诤托人求见他。

他纳闷："解放军找我，能有什么事情呢？"

王诤恳切地谈了来意，说："我们部队急需压电水晶振荡器，您能不能抽时间，协助我们建立一个制造压电水晶振荡器的车间？"

"可以，可以！"严济慈听了，连忙高兴地答应。

这样一件很普通的事情，在严济慈的思想上却掀起了巨大波澜。过去，徒有爱国志，却无报国门；如今，为国家效力，而受到了尊重。他心想：作为一个科学家，在新中国将大有用武之地了。

中国科学院成立后，他盼望能尽快回到科学研究中去，不料却出现了新的变化。一天，郭沫若院长到物理研究所看望他，宣布了一个他意想不到的决定。

"慕光，我们想请你担任中国科学院办公厅主任，你看怎样？"

"噢，不行，不行，我干不了！"这个任命太意外了，一时间，他还想不通。

郭沫若笑了，不解地问道："你真的是干不了，还是有别的原因呢？"

"那好，我就坦率地说吧。我认为，一个科学工作者一旦离开实验室，就是他的科学生命的终结。"

1993 年 1 月，王大珩院士（右）与严济慈院士（左）亲切交谈

郭沫若听了，哈哈大笑："慕光，你的话是对的。但是倘能使成千上万的人都进入实验室，岂非更大的好事？"严济慈听了，只好服从。

呕心沥血创业

刚诞生的中华人民共和国，百废待兴。中国科学院还没有一个分院。1952年，严济慈被派到沈阳。几年间，他不仅创办起了中国科学院东北分院，还从无到有，创办了光学精密机械、金属、土木建筑、林业土壤等一大批研究所。他从买地皮做起，日夜操劳。10多年后，他实现了"把关外的人才向关内送"的宏大理想，以东北为起点，使光学精密机械等新兴的学科逐渐延伸到上海、西安、合肥、成都等地，并发展壮大起来。

1954年，中国科学院成立学部委员会，严济慈担任了技术科学部主任。一天，各学部在中南海怀仁堂开会，严济慈报告工作时，毛主席和周总理都坐在下面认真地听。有时他还出席周总理主持召开的国务院的会议。由于他讲一口很浓的浙江话，坐在一旁的郭沫若院长常常成了他的"翻译"。

1958年，中国科学技术大学成立。郭沫若担任校长，严济慈和华罗庚分别担任副校长。这时，严济慈已经近30年没有教过书了。为了迅速给新中国培养出人才，他满腔热情地重新登上讲台，在该校兼教普通物理。许多年轻人还在中学读书时，就读过他编写的课本；他撰写的《普通物理学》是各大学的标准课本。为此，许多年轻人对他很崇敬。每逢他讲课时，中国科学技术大学的大阶梯教室里里外外都站满了人。听讲的不仅有该校的师生，还有北京各大学的年轻助教们。严济慈讲课，历来不主张事先照抄书本。由于功底深，他讲的课，大家听了都觉得容易理解、接受。

"你们猜，我为什么对年轻人这样有感情？"一天，他问身边的人。接着，他自答道："这是因为我的老师对我是很关心的，没有他们的栽培，我恐怕不会有今天！"沉吟片刻，他又略带歉意地说："比起当年我的老师对我的培养和关心来，我做得还是很不够的。"

李政道与中国物理学家在一起。前排左一为严济慈，右二为钱三强；二排右一为周光召，右二为何祚庥

重访欧洲传谊

1980 年 5 月，严济慈以近 80 岁高龄长途跋涉，再次访问法国。

飞机从北京起飞了。他坐在舷窗旁，回忆起 42 年前最后一次告别巴黎时的情景。最使他动情的，是那些曾经培育和帮助过他的法国老师、同学和同事。岁月流逝，如今这些人有的已经过世，有的还健在。想到就要和过去的好友们重逢，他非常兴奋。

次日，他在法国朋友的陪同下，出现在尼斯市郊索菲亚·安蒂波利斯科学城的国际会议上。

《尼斯晨报》曾这样报道他的这次访问："中国科学院副院长严济慈先生，在他的旅行箱里拿出了饰有龙和青蛙的鎏金瓷瓶。这个友谊的纪念品，对科学城是一个象征。它是最早的地动仪的模型。这个地动仪是中国科学家张衡于公元 132 年发明的。"

《尼斯晨报》还写道："严济慈先生从北京来并没有做无益的旅行，在刚刚成立的科学城国际科学委员会的外国同行面前，他阐述了有关基本利益的一些想法，考虑人类生存手段的通路，他特别主张使用适用技术，也就是根据各民族发展的程度和他们的风俗习惯，所真正需要的技术。"

会议结束后，他用一周时间访问了巴黎。

1980年5月12日下午，法国科学院举行例会。大厅里，灯火通明。身穿黑色燕尾服的侍者进进出出，空气里散发着各种鲜花的芳香。严济慈在中国驻法国使节的陪同下，笑容满面地走进了大厅。法国许多著名科学家见到这位久别的老朋友都非常高兴，争先恐后地走过来和他握手，其中有世称"高压电子显微镜之父"的杜普易。这位80岁高龄的法国科学院老院士，退休以后住在外省，听到严济慈访问法国的消息后，他特地赶来。另外，还有法国科学院原院长屈里亚特等也赶来了。

在欢快的乐曲声中，法国科学院前院长库伦教授走上主席台，说："我们当中，有许多人都非常了解严济慈教授。大家知道，他是在巴黎，在夏尔·法布里实验室，开始他的研究工作的。我们中的许多人，包括我本人，都读过或利用过严济慈教授关于臭氧吸收的出色著作。

"昨天，我和严济慈一起度过了非常愉快的几个小时，我俩谈起了许多往事。我想用几句话来说明他对法国的热爱，他热诚地怀念过去的老师，感激那些使他热爱物理和热爱科学的人们。这是经过时间和距离考验了的友谊。"

热烈的掌声过后，严济慈走上主席台致答谢讲话。这时，许多在座的老院士纷纷离开自己的座位，走过来和他紧紧地握手。半晌，他说："此时此刻，在这个庄严的集会上，我激动得找不出词句来表达我的情感了。"

他望着法国朋友们一张张期待的脸，动情地说："我由衷地感谢你们给我这个置身于法国科学界最杰出的人物中的机会，我重逢了年轻时代的朋友，尽管时间流逝，友情依然如故。我还认识了许多新朋友。你们给予我的接待，不仅是对我个人的好客，而且是法国学者对中国友好的表现。"

会上，严济慈自豪地告诉他的法国朋友们，他的古老的祖国，已经恢复了青春的活力，希望能够继续得到法国科学家们的支持和帮助。这次空前的聚会，一直进行到傍晚，才尽兴而散。

几天后，严济慈教授踏上了归国的旅途。

飞机起飞后，他透过舷窗俯视着渐渐变小的法国大地，不禁自言自语道："再见吧，法兰西！再见吧，热情好客的欧洲朋友们！"

飞机穿过连绵不断的云海，飞向东方。回忆起逝去的岁月，严济慈望着一轮火红的太阳，不禁默诵起了屈原那首深沉的诗："路漫漫其修远兮……"

不忘农民本色

1982年的一个明媚的春日，在中国科学院第四次学部委员大会上，严济慈以全票当选为中国科学院学部主席团执行主席，不久又担任了全国人大常委会副委员长。他虽然身居党和国家领导人的要职，却依然保持着农民儿子的本色。追忆往事，他念念不忘童年时代和青年时代提携过他的老师、同学和朋友，更是无限怀念陪伴他度过了艰难、漫长岁月的爱妻张宗英，在他的会客室里安放着张宗英的骨灰盒，在遗像的旁边写着："真卿吾爱，你永远活在我的心中！"

在严济慈教授漫长的一生中，妻子的勤劳贤淑，时时替他分忧，是他事业成功的重要原因；在他们的儿女们的心目中，他们的母亲无愧是外公当初所希望的"勉为贤妻良母"，他们的父亲无愧是"询为贞夫严父"。

如今，这位誉满中外科学界的老人离开我们已经20多年了，但他忠于爱情，无限忠诚地为了祖国的繁荣富强而不倦地工作的精神，仍在鼓舞和鞭策着青年一代。

严济慈先生热爱祖国和人民、热爱中国共产党、热爱社会主义、热爱科学，毕生为我国科技、教育事业和爱国统一战线辛勤工作，兢兢业业，无私奉献；他坚持实事求是，具有进取创新的精神和严谨治学、一丝不苟的作风；他热爱青年，提携后学，诲人不倦，甘为人梯；他谦虚质朴，平易近人，严于律己，宽以待人，生活俭朴，廉洁自律，是广大后生学人的良师益友。所有这些，使他赢得了广大科技、教育工作者的衷心爱戴和尊敬，成为中国科技、教育工作者的表率和楷模。他不愧为我国的科学泰斗、教育宗师。

　　我们一定要发扬严先生进取创新的精神和严谨治学的作风，不辜负他的期望，在学习或者工作的岗位上做得更加出色。

真正懂得爱因斯坦的中国学者

——记中国现代物理学的奠基人、北京大学原校长、
中国科学院院士周培源

周培源 科学家、教育家和社会活动家。1902 年 8 月 28 日生于江苏宜兴。1924 年毕业于清华学校。1926 年获美国芝加哥大学学士、硕士学位。1928 年获美国加州理工学院理学博士学位。1955 年被选聘为中国科学院学部委员（院士）。1993 年 11 月 24 日逝世。曾任清华大学教授，北京大学教授、副校长、校长，中国科学技术协会主席、名誉主席，中国科学院副院长，中国物理学会理事长、名誉理事长，中国力学学会名誉理事长，九三学社中央委员会主席，全国政协副主席等职。我国近代物理学的奠基人之一。主要从事流体力学中的湍流理论和广义相对论中的引力论的研究，并取得突出成果，是湍流模式理论奠基人。20 世纪 30 年代在美国参加爱因斯坦领导的广义相对论讨论班，研究并初步证实了广义相对论引力论中"坐标有关"的重要论点。为发展中国现代科学教育事业、开展国际学术交流与促进世界和平等做出了杰出贡献。1982 年获国家自然科学奖二等奖。

1973 年，"文化大革命"正在如火如荼地进行，这时的新闻报道中有一则突出的消息：毛泽东主席会见世界著名物理学家、诺贝尔物理学奖获得者杨振宁博士，周恩来总理、北京大学校长周培源陪同会见。

我当时正年轻，注意到周培源是一位十分可敬的科学家和教育家。1983 年，纪念毛泽东诞辰 90 周年，中央毛泽东思想研究会在广西南宁召开会议，周培源与中央毛泽东思想研究会的廖盖隆专程到广西南宁出席了研讨会，我有幸聆听了周培源的发言。1989 年，我主持编辑《中华之光——王选传》时，曾多次见到王选院士，谈话中王选院士多次提到在北大方正激光照排系统的研发过程中，得到时任北京大学校长周培源的鼎力支持和关心帮助。

1985 年 5 月 6 日，国家经济委员会在新华社主持召开"华光型计算机——激光汉字编辑排版系统"鉴定会。右二为周培源

由此，我开始注意收集这位伟大的教育家和科学家的言论及生平事迹。2004 年 9 月，我送女儿到北京大学读书，顺便参观了北京大学的校史展览和北京大学著名的大师之园——燕南园，回来之后思绪万千，感慨良多，特写下此文。

自 幼 聪 慧

1902 年 8 月 28 日，周培源生于江苏宜兴的一个书香门第。父亲周文伯系清朝秀才，母亲冯瑛，生有一子三女，周培源在家中排行第二。

周培源自幼聪慧好学。他的青少年时期正值五四运动前后，中国贫困、动荡，受列强欺压。这样的社会环境，促使周培源萌发了奋发向上、报效国家、振兴中华的志向。周培源中学时期在上海圣约翰大学附属中学求学。1919 年考入清华学校（现清华大学）中等科，相当于今天的初中。1924 年从清华学校高等科（相当于现在的大学一二年级）毕业后，赴美国芝加哥大学学习，于 1926 年获学士、硕士学位；1927 年到美国加州理工学院继续攻读，次年获理学博士学位。1928 年秋，周培源赴德国莱比锡大学，在海森伯（W. K. Heisenberg）教授指导下从事科学研究；1929 年赴瑞士苏黎世联邦工业大学，在泡利（W. Pauli）教授指导下从事理论物理研究。1929 年回国后，任清华大学物理系教授。

教 书 育 人

在清华大学物理系，周培源和其他几位著名教授特别赏识和培养王竹溪，王竹溪后来成为中国著名的物理学家。周培源在 1983 年写的《一代相知哭良友·吊王竹溪同志》一文中说："他听过我讲授的每一门理论物理的课程。我当时发现这位青年读书勤奋，善于思索，学习态度严肃认真，能深入理解物理概念并具有数学计算的特殊才能。在理论力学课上对难度比较大的一些问题他总是很快能抓住问题的主旨，算出它们的答案。这位优秀的高才生，引起了我的极大注意，所以在教学过程中遇到一些问题我就常常和他一起商讨。"

在清华大学毕业后，王竹溪在周培源手下做研究生，他又一次给了周培源导师有"杰出才华"的印象："他是我国最早的一位具有杰出才华的研究生，在短短几个月内，就出色地完成了一项流体力学的湍流理论的研究工作，并且把研究成果写成了一篇学术论文，于次年在《清华大学理科报告》上发表。"

王竹溪的这篇学术论文叫《旋转体后之湍流尾流》。后来这篇论文被剑桥大学一位流体力学家读到了，那位流体力学家很看好王竹溪的论文，提笔写下"有水平"的评语。1934年夏，王竹溪通过了第二届公费留学考试。

1962年，周培源与夫人在家中欣赏中国古代书画

1996年冬，我去北京大学组稿，不觉中走进了北京大学物理学院，前厅里立着王竹溪教授的半身铜像。当时我不知道这是谁的铜像，我想，既然已立了铜像，那肯定非一般人物，便向走进厅里来的一位学生问铜像是哪位著名人士。那位学生颇耐心地向我介绍："这是中国著名物理学家王竹溪教授的铜像。王教授是位了不起的物理学家，他很聪明，3个月学会德语，在北京大学任过副校长，是杨振宁先生在西南联合大学时期的研究生导师。中国物理学的名词术语都是他主持撰写，最后由他修改、审定的。他逝世时，李政道先生致唁电说，'世界上失去了一位大科学家，中国失去了一位良师'……"而王竹溪正是周培源门下最优秀的学生。

说起周培源教授，一位50多年前在清华大学听过他的课的院士说，在中学时就久闻周培源的大名，但第一次听他讲理论力学课时，误以为从初中到大学，牛顿力学都已学过3遍了，还能讲出什么新的内容。没想到周培源的这一课，就把学生们带到了一个全新的境界。他向学生们提出了一个我们从未思考过的问题：牛顿的三大定律可不可以归结为两大定律？这一下把学生们都难住了。然后，他一步步向学生们解释牛顿力学并不是孤立的没有内在联系的三大定律，一切物理理论都有它的内在逻辑。正是这"第一课"激发起这位院士对理论物理学的浓厚的学习兴趣。作为杰出的科学家和教育家，周培源培养了包括钱三强、林家翘、王竹溪、胡宁、郭永怀等在内的一批著名科学家。

师从爱因斯坦

1936~1937 年，周培源利用学校休假的机会，再次赴美国，在普林斯顿高等学术研究所参加爱因斯坦教授领导的广义相对论讨论班，并从事相对论引力论和宇宙论的研究。

1936 年，时年 34 岁的清华大学物理学教授周培源，风华正茂。他风尘仆仆地来到美国普林斯顿这个极为普通的小城镇。这里民风淳朴，风景优美，仅有几千人口。真正使小镇名声大噪的，是爱因斯坦于 1933 年秋受聘为普林斯顿高等学术研究所教授，并在这里举办广义相对论讨论班。当年在讨论班上，周培源认为，爱因斯坦本人在 1918 年引用谐和条件的近似式，求解线性化的近似引力场方程，获得确定的引力波解，预见引力波的存在，为什么不给引力论中的坐标赋予物理意义？他当面向爱因斯坦提出这一疑问，既然德·东德将谐和条件的近似式改写成数学上严格的表达式，郎曲斯又用这一严格谐和条件求得静态球对称引力场解，为什么众多相对论学者还都相信"坐标无关论"呢？1937 年，周培源在美国数学刊物上发表了《爱因斯坦引力论中引力方程的一个各向同性的稳定解》的重要文章，在引入各向同性的条件下，求得静止场的不同类型的严格解。

1937 年"七七"事变后，抗日战争全面爆发。周培源回国后，任长沙临时大学、西南联合大学物理系教授，并从事流体力学湍流理论方面的科学研究。1938 年，周培源在西南联合大学开始对充分发展了的不可压缩黏性流体的湍流理论进行研究。湍流运动是一种极为复杂的流体运动，对湍流运动基本规律的研究，100 多年来一直是未能解决的重要基础理论课题。

1943~1946 年，周培源利用休假，又一次奔赴美国，先在加州理工学院进行流体力学湍流理论方面的科学研究，后在美国国防委员会战时科学研究与发展局、海军军工试验站从事鱼雷空投入水的战事科学研究。

1945 年，周培源发表《关于速度关联和湍流涨落方程的解》的重要论文，对推进流体力学，尤其是湍流理论的研究产生了深远影响。在这篇论文中，周培源提出了两种湍流运动和方法，这一理论中的方程组较为复杂，在周培源提出这一理论的 20 世纪 40 年代，电子计算机尚未发明，因此当时要联立求解平均运动方程与脉动方程是不可能的。近些年来，由于高速电子计算机和数值计算技术的发展，上述周培源所提出的第一种解法在国际上发展成为湍流模式理论，受到了极大的重视并获得了很高的评价，被誉为"现代湍流数值计算的奠基性工作"。1946 年，周培源赴英国出席牛顿诞辰 300 周年纪念会、国际科学联合会理事会，并到法国出席第六届国际应用力学大会，周培源被第六届国际应用力学大会和新成立的国际理论与应用力学联合会选为理事。1947 年回国后，周培源继续任清华大学教授。

在 20 世纪 20~40 年代，周培源选定了爱因斯坦广义相对论引力论和流体力学的湍流理论作为自己科研和教学的主攻方向，在这两个艰难又充满趣味的前沿领域，他奋斗了 70 年。漫长的岁月，多变的尘世，他的科学指向始终沿着这个方向，从未动摇和转移过。晚年的周培源深情地回顾了这段经历：

> 20 世纪 20 年代，我曾研究过广义相对论引力论并取得了一些成果，在 40 多年专事流体力学的研究之后，又回过头来继续广义相对论引力论的研究；在引力论研究中，20 年代我曾提出"坐标有关论"，直到 90 年代仍在进行科学实验以充分地证实它；1975 年我提出了湍流理论研究中的"准相似性条件"，直到 1986 年还在进行实验验证工作；1945 年我提出湍流理论研究中联立求解平均运动方程与脉动方程这一困难课题，直到 90 年代仍在进行研究并已取得可喜进展。

梦 萦 清 华

1947 年 4 月，周培源回到了前途未卜的祖国，回到了魂牵梦萦的清华园。他很快沉浸到教授的角色中去，为年轻的学生们讲授理论力学，有时还在大礼堂里做有关相对论的报告。在清华大学的标志——典雅大方的清华园里，他盛名在外，社会上传说他是"世界上真正懂得爱因斯坦的半个学者"。他做报告时，校内、校外的听众慕名而来，大礼堂里座无虚席。周培源从同时性的相对性说起，一直讲到"钟变慢，尺缩短"，把大家引领到一个奇妙的科学境界之中。

1949 年 5 月 4 日，北平市文化接管委员会下达了通知，任命周培源为清华大学教务长。第二天，"文管会"又下达通知，决定成立清华大学校务委员会，叶企孙任常委兼主席，周培源、吴晗、费孝通等 8 人为常委。1950 年 4 月 25 日，国家教育部又对清华教务委员会做了调整，叶企孙为教务委员会主任委员，周培源、吴晗为副主任委员，周培源还兼任教务长。

情 系 北 大

1952 年暑假，中国的高等院校紧锣密鼓地进行院系调整工作，新学年伊始，新秩序基本框定。北京大学工科合并到清华大学，清华大学文理两科调入北京大学。原北京大学校长马寅初任新北京大学的校长，副校长汤用彤仍袭原职，周培源自清华大学校务委员会副主任兼教务长岗位调任新北京大学教务长。他的家亦从清华新林院搬至新北京大学燕南园，从此在这里度过近 30 年的人生重要时段。

新北京大学融汇了北京大学、清华大学、燕京大学等校的文理肌体，聚集了大批中国当代的文化大师与科学精英。他们如明星镶宇，银河曜天，使新北京大学熠熠生辉。校址亦自城内五四大街的沙滩迁至原燕京大学的所在地燕园，与清华园相邻。强大的教师队伍与秀美的校园构成最佳组合，使新北京大学成为中国一流的综合性大学。

1956 年，是中国知识分子心情相对愉快、心境相对平和的一年。1956 年春节后，毛泽东在中南海连续两次召开了知识分子座谈会，其中一次，北京大学周培源、冯友兰两人与会。周培源在毛泽东面前，直率地陈述了自己对中国科学院从高等院校抽调科研骨干的意见。他认为，大学，尤其是综合性大学，应成为教学与科学研究的基地，不能削弱高等院校的科学研究。毛泽东幽默地回答道："周培源要挖科学院的墙脚。"大家不禁为之哄然大笑。毛泽东接着正面阐述说："科学研究，除了主力军之外，一定要有同盟军，在高等院校还是应该教授治校。"毛泽东的这段话与周培源主张的教育思想颇为合拍。周培源主张的教育思想，从某种意义上讲，代表了北京大学当时的领导集体的共同认识，代表了马寅初校长等人的治校方针。

北京大学当时的氛围是团结、祥和的。北京大学的教授在国内是一流的，这支教授队伍中有冯友兰、严仁庚、褚圣麟、饶毓泰、朱光潜、王力、林庚、侯仁之等，他们都是中国一流的学者、科学家。

领略领袖风采

1964 年 8 月 24 日下午，毛泽东看了日本物理学家坂田昌一的关于基本粒子的一篇文章后，约请周培源及其在清华大学任教时的嫡系弟子于光远到中南海，谈论物质的无限可分性。毛泽东以坂田昌一的文章为依据，联系庄子的大胆推断"一尺之棰，日取其半，万世不竭"，从而肯定了"一分为二"哲学观点的正确性，表示自己对"合二为一"主张者的不满。毛泽东兴致勃勃，从科学、哲学、历史谈到政治、文学，高屋建瓴，尽显领袖风采。谈话行将结束时，周培源向毛泽东提供了有关科学发展的信息：中国在罗马举行的国际外科会议上宣布了断肢再植获得成功，美国人说他们摸不清中国科学技术的底，有点害怕我们。毛泽东听了非常高兴，敏捷地说："有点怕是好事，不怕倒不好了。我们有点怕美国，因为美国是我们的敌人；美国有点怕我们，说明我们是美国的敌人，而且是有力量的敌人。在科学技术上应该注意保密，不要让他们把我们的底牌摸去。"

1973年7月1日，物理学家杨振宁在参观了北京大学和中国科学院物理研究所之后，直言他们的理论水平很差，因此惊动了中央。7月14日，周恩来在会见以任之恭和林家翘为首的美籍华人学者参观团时说："杨振宁讲话实在，毛主席看了他的讲话后，称赞他。"周恩来又走到周培源面前，神情严肃地说："你回去要把北京大学的理科办好，把基础理论水平提高，这是我交给你的任务。"

坚 持 真 理

1971年4月，国务院科教组召开了全国教育工作会议，通过了一个纪要，其中提出了两个估计，即在中华人民共和国成立后17年"毛泽东的教育路线基本上没有得到贯彻执行""大多数教师的世界观基本上是资产阶级的"。这就等于给全国的教育工作和知识分子定了性，为"四人帮"在教育战线上的胡作非为找到了依据。

那个时期的中国广大知识分子被压得喘不过气来，他们敢怒不敢言，敢想而不敢讲。周培源先生深知广大知识分子的苦衷，只能用当时所能采用的方式，即在1971年底召开的高等教育工作会议上慷慨陈词，直抒己见，对"四人帮"的"取消论""代替论""无用论"进行了批判。此次发言被《人民日报》的一名记者约稿，于1972年5月写成了《对综合大学理科教育革命的一些看法》，后因"四人帮"的阻挠被转至1972年10月6日的《光明日报》上发表。《对综合大学理科教育革命的一些看法》一文反映了广大知识分子反抗"四人帮"倒行逆施的愿望，也反映了周培源教授一身正气、刚正不阿、直言不讳的风范。

这篇文章犹如空谷传音，石破天惊，赢得了广大知识分子的热烈响应，人们用"一石激起千层浪"来形容文章激起的"时代思潮"，挽救了濒临灭顶之灾的理科教育事业和基础理论研究事业，受到了国内外学者的敬仰。著名物理学家、诺贝尔奖获得者杨振宁教授在1977年的黄山会议上得知周培源教授发表的《对综合大学理科教育革命的一些看法》一文的前前后后以后，在他的笔记本上写下这样一段话："大家对周先生很佩服，因为他不怕压。"

固本求源

周培源具有远见卓识，集中表现在他对基础理论研究的高度重视并且勇敢捍卫。"文化大革命"中，中国的科教事业受到极大的摧残；"四人帮"垮台后，枯木逢春，百废待兴。周培源应中国科学技术协会之邀在北京展览馆剧场做了一场题为"自然科学基础理论问题的路线斗争"的报告，2 700 人的会场座无虚席。许多著名科学家，如严济慈、张维等也都到会听讲。周培源讲得激昂慷慨，有理有据，会场上一片肃静，许多人在做记录，并不时报以热烈的掌声。第二天，新华社和《人民日报》都做了报道，香港、澳门的报纸更是在头版显著位置以大字标题做了引人注目的报道。许多高等院校和科研院所等单位纷纷前来借听和复制录音，有的单位还组织了讨论。

北 大 校 长

周培源在科学界与教育界崇高的威望，他与"四人帮"和北京大学的"四人帮"代表聂元梓坚决斗争，表现出铮铮风骨，使他成为众望所归的北京大学校长人选。中共中央顺应人意，于 1978 年 7 月任命周培源为北京大学校长。

周培源在全国科学大会上讲话

北京大学的校长，不仅仅是一校之长，而且往往是某一时期中国思想学术界的代表人物，集中地反映了时代思潮的热点与重心。周培源不仅本人是一位著名的学者，而且周围还有一大群知名学者的认同和拥戴，在道德、学问上，于知识界起着领袖的号召作用。选择一名有资历、具有号召力的北京大学校长，也常常是领导者颇伤脑筋的事。有其位者不一定有其识，有其识者不一定有其位；有其位且有其识者，不一定有其时。集人和、地利、天时于一身者，北京大学校史上，恐怕只有蔡元培一人。马寅初生不逢时，壮志未酬。1978 年在北京大学全校党员干部会上，周培源激动地发表了就职演说：

我一定要把中央、国务院对我的信任作为对自己的有力鞭策。我已经 76 岁，为党工作的日子不多了。在本世纪末实现四个现代化的壮丽图景，我恐怕看不到了。但是，我一定要为实现四个现代化，发展科学、教育事业献出我的余年。我对北大是有感情的，希望能和北大的广大群众一起努力奋斗，早日看到北大成为名副其实的重点大学。

人生的辉煌总与生命的辛劳相伴随。周培源担任北京大学校长，历史的机遇赋予了他职责与荣誉，也给他带来繁重的负荷与不绝的烦恼，周培源在校长任上，举步维艰；然而，他的社会工作，却一路顺畅。1979 年 11 月，在九三学社六届一中全会上，他当选为副主席；在 1980 年中国科学技术协会第二次全国代表大会上，他当选为中国科学技术协会主席；1980 年 9 月，在全国政协五届三次会议上，他当选为全国政协副主席。

访 问 学 者

1978 年 10 月，周培源任中国教育代表团团长，访问美国并与之商谈互派留学生事宜。这是粉碎"四人帮"后中国第一个访美的教育代表团，在美国引起特别的关注。周培源所到之处，总有学生、朋友们前来拜访。他们为代表团出谋划策，提供各种信息。在美国访问期间，周培源会见了杨振宁、李政道、吴健雄、陈省身、林家翘、李振翩等华裔学者、科学家 200 多人。时任美国国防部长布朗还以加州理工学院前院长的私人身份，单独会见了周培源，叙谈校友之谊。周培源在美国广泛的社会关系和崇高的威望，显然给代表团带来了便利，并产生良好的社会影响，有力地促进了谈判的成功。这次访问达成了 11 项口头谅解，明确了"在 1978~1979 学年美方接受中方

500~700 名留学生、研究生和访问学者"，还特别明确了"双方鼓励两国的大学、研究机构和学者之间进行直接接触"。谅解中"访问学者"一词，英文为 visiting scholar，是周培源以他高超的英语水平及对中美文化的精湛了解而酌定的，解决了当时中国许多学者没有技术职称而要以什么名义去美国进修的一个难题。

1979 年，邓小平和方毅访问美国，在 1 月 31 日与美国总统卡特所达成的协议中，将周培源同美方达成的关于派遣留学生的口头谅解，未改动一个字，就作为正式协议加以签署，从而载入了史册。

1974 年 6 月，周培源院士率领中国科学家代表团出访

1980 年 4 月，周培源又率领中国科学院代表团，参加了美国科学院年会，并应美国物理协会之邀，做了关于湍流研究的学术报告。中国科学院代表团的访美活动结束后，周培源又承担起北京大学访美代表团团长的任务，率代表团考察了美国的哈佛大学、芝加哥大学、加州大学伯克利分校、麻省理工

学院和哥伦比亚大学等 17 所著名学府。访问结束后，周培源又到加拿大参加国际理论和应用力学大会。大会结束后，周培源还访问了加拿大的大学。回国途中，应希腊政府的邀请，周培源访问了雅典大学，直至 1980 年 9 月中旬才回到北京大学。

1981 年 4 月 2 日，《人民日报》发表了周培源署名的题为《访美有感——关于高等教育改革的几个问题》的重头文章。文章就我国的教育、科研体制改革提出了一些前瞻性的思想，犹如久旱的大地逢遇甘雨，使教育界人士欢欣鼓舞。

这篇文章既是周培源访美的体会，又是他长期从事高等教育工作的思考，也是他在即将告别北京大学之时，对中国高等教育体制的深层次的思考、对我国高等教育现状的系统论述。1981 年秋天，周培源卸下了北京大学校长职务，全家搬离了他生活近 30 年的北京大学燕南园。

科 学 决 策

1988 年，周培源率领全国政协赴湖北、四川视察团，从武汉溯江而上，对拟建的三峡工程进行了实地考察，认真听取了当地有关方面的意见。他曾两次到武汉参加三峡工程会议，并同会议全体人员前往三斗坪考察预选的大坝坝址。鉴于三斗坪的坝基是花岗岩，较 20 世纪 40 年代美国工程师所选坝址更合理，因而当时周培源是支持较快建设三峡工程的。但 20 世纪 80 年代以后，在阅读了全国政协调查团关于三峡工程的报告和许多其他有关材料后，周培源认为三峡工程

周培源与钱伟长、费孝通在一起

不仅仅牵涉工程技术问题，还牵涉经济、生态、社会、淹没区的矿藏，甚至军事、人防等许多问题，而且建设周期需要 20 年，这样，包括长期投资的利息在内耗资将以千亿计，而国家若在近期建设这项工程，必将延缓许多其他急需上马的建设项目，何况此项工程尚有不少重大问题有待研究论证，因此他建议要在综合国力明显允许的条件下，在十分严肃认真的科学研究的基础上，方可考虑三峡工程的施工问题。

1989 年，周培源以他个人的名义给党中央写了报告，据实提出了建议：从整体上看，三峡工程浩大，投资和移民数量巨大，非中国现时国力所能承受，即使建设，也宜待中国经济有了较大发展，并经全面地科学论证之后再考虑施工；如果为了增加发电能力或防洪需要，可先在长江上游开发其支流，这样投入较建设三峡大坝的小，也可获得与建设三峡大坝相当的效益。

1989 年 3 月，周培源在全国政协七届二次会议上发言，题目是《实现决策民主化科学化是当务之急》，他开宗明义地指出了深化改革的重要任务之一就是要实现决策的民主化、科学化，并且认为领导者的基本职责就是决策，而决策的正确与否将关系到民族的兴衰、国家的存亡。文章在正面列举了一系列正确决策的经验和一系列错误决策的教训之后提出了五条决策民主化和科学化的建议，并力图在三峡工程决策中付诸实施。周培源以一个科学家的严谨和一个正直知识分子的忠诚耿直，长期关心着中国的教育与科学事业，并为此鞠躬尽瘁。

1993 年 11 月 24 日，周培源因病在北京溘然长逝，享年 91 岁。

百 年 诞 辰

2002 年 8 月 28 日是周培源诞辰 100 周年纪念日，北京隆重举行了周培源先生诞辰 100 周年的纪念活动，《周培源文集》举行了首发式。《周培源文集》所编选的内容，是半个多世纪以来周培源在科技界、教育界及政治、外交、社会生活各个方面和各种重要问题上，经过独立思考和实验检验所发表的文章、讲话。正如该文集的编后记中所说，这些有远见卓识的文章和讲话，"清晰地反映了周老毕生热爱祖国，献身科学，奖掖后进，培养人才，坚持真理，无私无畏的精神境界和心路历程"，为发展我国的科学、教育事业留下了极其宝贵的精神财富。

2002 年 8 月 28 日，中国力学学会、中国物理学会、周培源基金会联合在北京大学举办"纪念周培源诞辰 100 周年科学论坛"。周培源先生的亲属、同事和学生共 400 多人参加了会议。时任全国人大常委会副委员长丁石孙、国家自然科学基金委员会主任陈佳洱、北京大学校长许智宏分别在论坛开幕式上做了发言，并为新落成的周培源铜像揭幕。

北京大学校长许智宏院士在发言中赞扬周培源一生为繁荣中国科技教育事业、为增进世界各国人民间的团结和友谊做出了不朽的贡献，是当之无愧的"科学巨匠""红色中国的物理学家""桃李满园的一代宗师""杰出的民间外交家"。诺贝尔奖获得者、美国哥伦比亚大学物理系教授、中国科学院外籍院士李政道也给大会发来电报，称赞周培源是一位非常杰出的科学家和教育家，是中国现代物理学的奠基人之一。

2002 年 8 月 28 日，全国政协办公厅、九三学社中央委员会和中国科学技术协会主办的"纪念周培源诞辰 100 周年座谈会"在人民大会堂隆重举行。时任中共中央政治局常委、全国政协主席的李瑞环出席了座谈会。中国科学技术协会、国家自然科学基金委员会、中国国际科技促进会、中国人民争取和平与裁军协会、中国物理学会、中国力学学会、北京大学、清华大学、周培源基金会等单位及来自无锡市、宜兴市的代表，周培源的亲属以及生前好友 150 余人参加了座谈会。全国人大常委会副委员长、中国科学技术协会主席周光召在讲话中说，周培源同志不仅对发展科学和教育事业、建设科技工作者群众团体贡献卓著，而且具有高尚情操和人格魅力，是中国科技工作者精神文明和职业道德建设的一面光辉旗帜。

2002 年 8 月 30 日，清华大学举行"周培源应用数学研究中心"成立典礼，清华大学校长王大中院士在致辞中说，周培源先生是清华大学的杰出校友，在林家翘院士的提议下，经过一年多的筹建，清华大学成立了周培源应用数学研究中心。清华大学已聘请国际著名应用数学家林家翘教授为该中心名誉主任，聘请世界知名应用数学家、美国布朗大学荣休教授谢定裕博士为该中心主任。

林家翘先生在中心成立大会上称赞周培源先生一直站在他那个时代的科学前沿，特别是应用数学领域，他研究的宇宙论和湍流理论至今仍受到关注。林先生说中心将追随周先生的智慧，在数学和经验科学的前沿及相关领域中，选择对未来科技发展可能产生重要影响并对探索自然规律有深远意义的问题作为研究内容。林先生说，应用数学中心以周培源先生的名字命名，就是要追随周先生的科学精神，周先生信奉的格言是"独立思考、实事求是、锲而不舍、以勤补拙"。周先生认为科学家最重要的是教育人才，他培养出的一批物理学家、数学家后来都获得了很大的成就，这就是科学家、教授应做的工作。

水晶电荷

——记中国金属物理学的奠基人、中国科学院院士
钱临照

钱临照 物理学家。1906 年 8 月 28 日生于江苏无锡。1929 年毕业于上海大同大学。1934~1937 年留学英国伦敦大学。1955 年被选聘为中国科学院学部委员（院士）。1999 年 7 月 26 日逝世。曾任中国科学技术大学教授、副校长，中国自然科学技术史学会名誉理事长、《物理学报》主编等职。研究发现了立方晶体滑移面间距随着晶体形变温度与晶体熔点温度之比的增加而加大的规律。在晶体位错理论、应用光学研究、多种仪器研制和推动位错研究的发展、研制高灵敏度拉伸机等方面做出了重要贡献，首创了 Green-Twymen 干涉仪研究光学精细结构的方法。在多项金属单晶研究中取得重要成果，在中国开创了电子显微镜在固体物理研究中的应用。在推进和开展中国科技史研究方面做出了重要贡献，第一次对《墨经》光学成果做了系统发掘和整理。

第一次见到钱临照是 1988 年冬天在北京，我在国家图书馆组织《当代中华科学英才》丛书编委会撰写编纂大纲，由中国科学院周发勤研究员请我国科学史专家钱临照审定大纲并担任丛书顾问。在这次会上，钱临照认真地对大纲做了审查，并就出版这套丛书提出了几点希望和建议。钱临照的讲话给我们以极大鼓励和鞭策。1991 年 2 月，《当代中华科学英才》丛书正式出版。在北京民族文化宫举行的出版座谈会上，钱临照应邀出席并即席发表了热情洋溢的讲话。中午，我与钱临照共进午餐，其间对这位我十分崇拜的院士、科学史专家进行了采访，写下此文。

1992 年 1 月钱临照（右一）与钱三强（右二）、卢嘉锡（右三）、周光召（右四）在一起

书 香 门 第

1906 年 8 月 28 日，钱临照生于江苏省无锡县鸿声乡。力学家钱伟长、钱令希，经济学家钱俊瑞，国学大师钱穆都出自此乡。小时候，钱临照与弟弟

钱令希均在其父钱伯圭所办的小学就读。钱伯圭早年肄业于上海南洋公学（上海交通大学前身），辛亥革命前夕在家乡创立鸿声小学，并在荡口镇鸿模高级小学任教。母亲华开森是无锡县荡口镇秀才华晓兰之女。钱临照因受其父亲办学的直接影响，从小就非常热爱学习。钱临照读高小时受国学大师钱穆的熏陶，而钱穆又是钱伟长的叔叔，在这样的环境中，钱临照除学习自然科学外，还喜读历史。钱临照的弟弟钱令希后来成为我国著名的力学家、中国科学院院士。钱临照受父亲的影响，从小就好学勤思，努力上进。

1925 年，钱临照进入上海大同大学物理系就读，深受老师胡刚复、严济慈等人的启发。1929 年 7 月大学毕业后，他先后在广东省兴宁县、上海市两地任中学教师。一年后，应阮志明教授之邀去沈阳东北大学物理系任助教。东北大学为张学良将军创办，资金充足，仪器设备完善。钱临照充分利用这些设备安排实验课。在东北大学期间，在教授们的指导下，钱临照在一架小车床上自己动手，利用废旧材料和零件制作仪器，制造了当时被认为难度较大的密立根油滴实验仪器和波长为 2 米的无线电波实验仪器。

1931 年"九一八"事变后，日军侵占东北，东北大学停办，东北大学师生被迫离开沈阳入关，钱临照面临失业。此时恰逢北平研究院物理研究所刚刚成立，虽然研究所的 4 名助理员编制已满，但钱临照仍被严济慈所长额外录用，并在严济慈的指导下步入科研工作领域，3 年内完成了两个课题：一是压力对照相乳胶的感光作用之研究，二是水晶圆柱体在扭力作用下产生电荷及其电振荡的研究。建所初期，经费短缺，人手不足，又值国难当头，广大爱国青年为抗日都有意学习一门有益于国防的技艺。针对当时简单的望远镜、显微镜全靠进口的困难，在严济慈的领导下，钱临照毅然选择了磨玻璃技术，试做简单的光学仪器。

留 学 英 伦

1934 年夏，钱临照考取中英庚子条款第二届公费赴英国留学生。同届的26 人中物理学工作者有李国鼎和朱应诜。抵达英国后，钱临照进入伦敦大学的大学学院学习，并在喀莱·富斯德实验室做研究工作，主要课题为水晶压电、流体力学、体心立方晶体的塑性形变。他的第一个研究课题是继续进行从国内带去的水晶圆柱体在扭力作用下产生电荷的实验，获得了重要结论：中空水晶圆柱体在扭力作用下产生体电荷。接着，指导教授提出了一个流体力学的题目，这是一个研究水槽中层流在横截面各点流速分布的题目。虽然此题目已超出钱临照当时的知识范围，但他愿意多接触各种研究课题，因此立刻高兴地接受了。

在英国留学期间，钱临照研究的课题和工作涉及了晶体的扭电现象、流体力学和固体强度等方面，他也因成绩斐然获得了伦敦大学颁发的喀莱·富斯德奖。奖品除获奖证书外，还附书3册，内有牛顿著作《自然哲学的数学原理》一本，他珍藏终生。钱临照在英国留学3年，三易研究课题，发表5篇论文。1937年春，指导教授让他将水晶、流体力学、体心立方晶体的范性形变三项工作的结果汇总成论文进行答辩。他的导师主动找他说："你可以写博士论文了，准备答辩。"出乎导师意料的是，钱临照经过思考后说："我不想答辩。"导师感到非常惊讶，不明其中的原因。原来钱临照的这个决定是由不久前发生的一件事引起的。当时，同做一个实验的来自印度的留学生受到英国导师的冷眼相待。这位印度留学生将自己留学3年多的研究成果写成论文请求答辩，却被导师无情地拒绝了。唯一的原因是当时印度还没有独立，还是英国的殖民地。这样的歧视，激起了钱临照的强烈义愤。他想，我来自半殖民地的中国，是拿着庚子赔款来留学的，也带有被外国人欺侮的烙印。士不可侮，他决心不拿殖民主义国家的学位，于是写信给国内北平研究院物理研究所的严济慈所长，表示不愿在英国拿学位，而希望拿到祖国的学位。尽管后来他的意愿未能实现，但他对祖国那份执着的爱却丝毫不减。多少年后，钱临照无限感慨地对学生说："回国后真想得个中国的学位，但当时我国尚未建立博士学位制。岁月蹉跎，而现在我当博士生导师了。"

留英期间，钱临照未忘祖国抗日需要，挤时间学习应用光学，包括磨玻璃和设计镜头。每年暑假他都在伦敦一家著名的光学工厂里勤学苦练，并从工人师傅手中学会了该厂特创的技术，用格林-特外曼干涉仪来修补光学部件中的缺陷。钱临照既努力学习和从事研究，又参加劳动，生活非常紧张。但他善于劳逸结合，所以他始终精力充沛。进入人生暮年之后，钱临照回忆起留学生活，他给还在台湾的李国鼎先生的信中述道："忆卅年代，同游英伦，兄在剑桥，我在伦敦，每逢假日，必聚首共游。"

1937 年 4 月，钱临照离开伦敦。

潜 心 科 研

1937 年 7 月，钱临照在柏林正准备继续进行晶体塑性的研究工作，日本在北平附近的卢沟桥发动了"七七"事变。知道了这一消息后，他即刻回国。此时北平已陷敌手，他不顾艰险，奉命设法将北平研究院物理研究所的许多箱仪器经越南海防运往昆明。1938 年夏，他到达迁至昆明北部黑龙潭的北平研究院物理研究所。在严济慈所长的领导下，他和林友苞等人建立了一个小型光学车间，由外厂负责加工金属部件，制成数百台包括有油浸物镜的高倍显微镜和供测量用的水平仪，分送抗日后方教学、医学和工程建设单位使用。制作显微镜物镜时，急需能测定毫米量级或更小曲率半径的球径仪。钱临照当时利用一架普通的游动读数显微镜成功地设计出能满足这个要求的设备。这是钱临照对中国应用光学的巨大贡献。

1939 年，在昆明中国物理学会学术报告会上，钱临照做了题为《晶体的范性与位错理论》的报告，他向与会者详细介绍了 1935 年泰勒发表的位错论文。这是位错理论在中国的首次公开介绍。位错理论在 20 世纪 30 年代发源于英国，成熟于 40 年代末，至 1956 年英国剑桥大学 P. 赫什等发表两篇论文，展示电子显微镜中观察到的位错图像与 1934 年泰勒的理论模型一致，得到国际学术界广泛的重视。而中国由于受苏联学术界的影响，位错理论一时无法推广。直至 1959 年，钱临照才开始在物理研究所内写讲义，讲授和讨论这个国际公认的学说。随后，钱临照和杨顺华合写了 10 万字的《晶体中位错理论基础》文章，赴全国性的晶体缺陷和金属强度讨论会报告。钱临照还和几位同事一起撰写了《晶体中位错的观测》。这两篇文章被收入《晶体缺陷和金属强度》一书中。钱临照为推动晶体缺陷理论在中国的发展做出了贡献。

1945年抗日战争胜利后，钱临照到中央研究院物理研究所工作，开始制作金属单晶体，还设计出一台高灵敏度的拉伸机，该机可测出10^{-5}米的应变量，供研究金属单晶微形变用。中华人民共和国成立后，钱临照这个测微球径仪的设计被我国众多的光学仪器厂广泛采用。

留 在 大 陆

1948年冬至1949年初，当时国民党所打的几个战役都已经失败了，南京的国民党政府惶惶不可终日，都在准备逃跑。国民党政府准备逃往台湾。国民党政府下令，要把所有的科研机关、学校搬到台湾去。当时的教育部部长朱家骅兼任中央研究院的院长，他要钱临照出来代理总干事。朱家骅也是留英的，在一次留英同学会上认识了钱临照，他十分欣赏钱临照的能力和为人，让钱临照出来组织专家搬到台湾去。当时在南京的所有研究所中，绝大多数所长和员工不愿去台湾，都在消极抵制，只有历史语言所的所长傅斯年把他这个所全部搬走了。数学所也搬走了，所长是陈省身，下面有一批非常好的年轻人。陈省身刚从国外回来，不了解国内的情况。陈省身的老师叫蒋利富，是南开大学数学系的主任，陈省身很尊重他的老师，蒋利富专门跑到南京，让陈省身搬到台湾。因为钱临照当时任中央研究院代理总干事，上面让他带领大家搬家，三天两头来，他只好让物理所的人员赶紧装东西。但大家都不听他的，商量怎么抵制搬家，采取一些办法，比方说磨洋工。钱临照对此也只能睁一只眼闭一只眼了。

其实，钱临照虽受命参与中央研究院的迁台工作，但他目睹国民党政府内部腐败，意识到中国共产党有光明前途，毅然留在大陆。

培 养 新 人

中华人民共和国成立后，钱临照欣然进入中国科学院物理研究所从事金属物理研究工作，在 1956 年完成锡单晶的微蠕变和铝单晶表面上刻痕所导致的滑移特征两项工作，并首次使用国内仅有的两台进口电子显微镜观察铝单晶的滑移带的精细结构。以上工作是与何寿安、刘民治合作进行的。同时，钱临照又与苏联专家 Л. И 华西列夫和杨大宇合作，进行预形变后铝单晶塑性的研究。

钱临照早在 1958 年中国科学技术大学建校时就一直给物理系的学生讲授普遍物理学，为培养中国年轻一代竭尽全力。那时，在郭沫若校长的领导下，严济慈、吴有训、华罗庚、钱学森等众多科学家纷纷到中国科学技术大学登台讲课。钱临照面对一二百学生讲授大课，声音洪亮，思路清晰，引人入胜。

1955 年，钱临照当选为中国科学院学部委员（院士）。1956 年，他参与中国科学院十二年科学技术发展远景规划的制订工作，任金属物理及精密仪器两个组的组长。1960 年，中国科学院物理研究所的金属物理室调整到沈阳并入金属研究所，钱临照被调到中国科学技术大学任教，仍兼任物理研究所的研究员。1979 年，钱临照担任中国科学技术大学副校长。1970 年，钱临照随中国科学技术大学从北京迁到合肥，此后他一直安心在合肥工作。1972 年，学校复课，时年 66 岁的钱临照重登讲台，热情地为学生传授物理知识。在他的带动下，教师们积极教学，努力提高教学质量。

1978 年，中国科学技术大学重建物理教研室。钱临照亲自主持制订全校的物理教学计划，精心挑选教学与科研水平高的教师主讲基础物理课；定期举办学术报告会，还特邀校外科学家来校做专题报告，活跃校内的学术气氛；规划实验室建设，鼓励和支持有新意的物理实验，并认真地对开设的物理实验逐个进行审定。钱临照还带领师生在短期内创建了固体微结构研究室、电子显微镜实验室和高压实验室等。他还全力支持创建结构成分分析研究中心实验室，此实验室于 1985 年发展为结构分析研究开放实验室。他平易近人，循循善诱。给学生印象最深的是，钱临照在教学中能不断改进教学方法，提高教学质量。在最初一个月的教学中，大部分同学反映听不大懂，钱临照利用休息时间和教师们一起研究，到学生中征求意见，及时认真查找原因。最终发现，由于大多数学生没有学过高等数学，自己讲的又比较深奥，所以学生听不懂。于是他反复研究了高中和大学里用的物理教材，上课时讲到那些要引用高等数学知识才能解决的物理运算，就连高等数学也一并讲了，这样，学生听起来就容易多了。

钱临照常常说："从本质上说，物理学是一门实验科学，就是说从实验出发来发现和验证物质结构和运动规律。物理学作为一门科学，从中世纪意大利科学家伽利略时代开始发展到现在，都是对物理实验结果加以理论分析、探讨，从而加深对物质内在规律的认识。"他还说："众多的科学家之所以能做出杰出的贡献，获得丰硕的科学成果。其共同点都在于能摒弃形而上学，而以敏于观察、勤于实验为信仰所致。"钱临照正是这样一位极其重视实验工作的物理学家，他亲手做了固体力学、流体力学等方面的大量实验，取得了不少研究成果。他在中国科学技术大学任教期间，十分重视实验课程和实验工作。

20 世纪 70 年代，钱临照倡导开办中国科学技术大学 1963~1965 年间入学的被称为红卫兵大学生的回炉进修班，年近七旬的钱临照热情地为进修班学生传授基础物理知识，主动让出或寻找校外的各种学术活动的机会，手把手地指导他们积极参与，盼望他们早出成果。这给进修班的学生留下了美好的回忆。

1978 年，钱临照积极支持创办中国科学技术大学少年班，并亲任少年班研究组组长。他认为，少年班学生是国家的宝贵财富，是未来的国家栋梁。1978 年，中国科学技术大学招收首届少年大学生。钱临照与少年班学生同堂听课，促膝谈心，鼓励他们经受风浪锻炼。钱临照还和少年大学生畅谈理想，一起讨论科学知识，启发少年大学生健康成长。

钱临照很重视对年轻学者进行科学道德的教育，要求他们立足祖国，放眼世界。为促进国际学术交流，钱临照一贯重视学习外语。早在"文化大革命"以前，他就主动约请一些年轻教师定时到他家里，热情地给他们讲授英语。即使在"文化大革命"中钱临照被隔离审查的日子里，他还耐心地对身边的年轻教师进行外语辅导。"文化大革命"刚结束，钱临照就积极组织大家开展翻译国外最新文献的活动，使参加者在外语及专业水平上都有了提高。

对出国留学深造的教师和学生，钱临照与他们始终保持着密切的书信联系，及时向他们介绍国内形势和中国科学技术大学的新貌，并盖上"月是故乡明"的印章赠予他们，希望他们早日学成回来报效祖国。钱临照还为他们尽早回校工作积极创造条件。

研 究 科 学 史

任何一个国家都有着自己的科学文化传统，而每个国家的科学文化传统也都有精华和糟粕部分。中国的古代文明灿烂辉煌，有引以为豪的"四大发明"。中华民族早在西方科学昌盛之前就有着卓越的科学成就。众所周知，传统的儒家文化对中国人的思想行为影响最大，儒家文化的保守性是中国近代不易吸收西方科学思想的最大原因。

钱临照年幼时深受国学大师钱穆的深刻影响，从小喜读文史书籍。抗日战争时期，钱临照在昆明黑龙潭寄居于史学研究所，每当物理研究所工作之余，得到史学研究所所长徐炳昶允许，可随意翻阅藏书。他无意中得到《墨经》一书，见书里有不少与现代科学知识相通的记载，尤其是关于几何学、物理学诸条。读梁启超著《墨经校释》一书，得知对这些科学记载尚未给予完善解释。在徐炳昶的鼓励下，他奋笔试写《释墨经中之光学、力学诸条》。此文校释《墨经》中的光学8条与力学5条，以揭示中国在先秦时代的科学知识。全文载于1940年的《李石曾先生六十岁寿辰纪念论文集》中。中华人民共和国成立初期，为弘扬祖国古代科技成就，《科学通报》和《物理通报》约请钱临照写白话文介绍《墨经》中有关物理学的内容。从此，国内研究《墨经》的文章不断发表。

1943年，英国学者李约瑟博士从英国来华，由缅甸入昆明，在昆明北部黑龙潭与钱临照相见。李约瑟是英国剑桥大学的生物化学家，1937年他招了3位中国留学生：王应睐（后成为中国研究人工合成胰岛素课题的主要负责人）、鲁桂珍和沈德章。这批留学生的聪明才华令李约瑟惊叹不已，并开始向往有着古老文明智慧的中国。他当时已经是著名的化学家，但仍十分努力学习中文，后半生不惜放弃自己的事业研究中国科学史。他在自己的巨著《中国科学技术史》中，以大量的史料说明："中国在公元前 3 世纪到 13 世纪之间，保持一个西方所望尘莫及的科学知识水平。""远远超过同时代的欧洲，特别是 15 世纪以前更加如此。"李约瑟博士有志从事中国科学技术史研究，与钱临照见面后，两人相谈甚欢。当钱临照告知《墨经》中有科学技术资料时，李约瑟博士惊叹不已，两人遂成文字之交。钱临照十分尊重李约瑟博士，1990 年底，年过 80 岁的钱临照还专程赴上海主持《弘扬中华优秀科学文化暨庆贺李约瑟博士九十寿辰》的学术报告会。

李约瑟（右一）、席泽宗（左一）、钱临照（左二）、严济慈（右二）在第三届国际中国科学史讨论会开幕式主席台上

春蚕到死丝方尽

钱临照一生爱讲真话。"文化大革命"中，钱临照被逼供、隔离审查，令他写承认自己是潜伏特务头子的交代材料。钱临照始终坚定地说："我只会写真实的经历，不会乱编。"钱老随中国科学技术大学自北京下迁合肥时，

多次伤感地说:"中国科学技术大学损失太大了,国家的损失更大。"面对中国科学技术大学天体物理研究涉及的"宇宙学""黑洞"等理论被无知的"四人帮"定性为唯心主义的资产阶级伪科学,并受"四人帮"写作小组公开载文批判时,刚从"反动学术权威""特嫌头子"中解放出来的钱临照挺身而出,不仅大胆参加中国科学技术大学天体研究活动,还在各种场合提出解释与申辩,竭力保护中国科学技术大学天体物理研究人员。

钱临照一生以周恩来总理为榜样,在他的办公室中始终悬挂着周总理的画像。他常说,我们要像周总理鞠躬尽瘁为人民一样竭尽全力地办好中国科学技术大学。唐代李商隐的诗句"春蚕到死丝方尽,蜡炬成灰泪始干",他就是这样实践的。

钱临照与李四光在20世纪60年代曾有过一段学术交往。事情发生于1950年李四光从国外归来,向钱临照出示过一块弯曲砾石。李四光为此奇异砾石,曾于1946年撰文载于英国《自然》杂志。李四光认为,此砾石在地球内部受高温高压,致使砾石弯曲,由其表面呈现纹理清晰,遂与钱临照讨论此事能否在实验室中加以验证。因做此实验需用极高的温度与压力,非当时实验条件所能达到而未果。1964年,李四光在北京紫竹院附近建立地质力学研究所,聘钱临照为该所兼职研究员。当时,地质力学研究所正在进行岩石在高压下表面产生电荷的实验,这是一个令人惊奇的新现象。钱临照想到20世纪30年代自己做过水晶圆柱体受扭力作用的实验,发现水晶在应力作用下产生体电荷的现象,但现在的样品并非水晶体,而是含有石英的花岗石。正拟进一步试验时,适逢广东省发生地震,研究所人员纷纷南下,实验被迫中断。不久,"文化大革命"开始,试验中止。钱临照认为这项工作可能发展成为地震的预测手段。20世纪80年代,钱临照再次将自己对上述试验的设想告知中国科学技术大学地学系的教师:"因地球内部发生变异,岩石受应力,达到一定程度,即发生地震,而应力先使岩石产生电荷,测量岩石内部的电荷,或许可作为地震预报的手段。岩石受压力破碎时发光,早在17世纪国外文献中已有研究,但在压力下产生电荷鲜为人知,此现象在理论上值得探讨。"

社 会 贡 献

钱临照一生致力物理学事业的发展。自 1943 年起的 40 年里，历任中国物理学会理事，《物理学报》编委、副主编、主编等。1960~1984 年曾任中国科学技术大学副校长。1980 年当选为中国电子显微镜学会和中国科学技术史学会首任理事长，兼任中国科学院、中国科学技术大学结构分析研究开放实验室学术委员会主任等职。他曾是第三届全国人民代表大会代表及中国人民政治协商会议第五、第六届全国委员会委员。1980 年，钱临照以 74 岁高龄加入了中国共产党。

1994 年，88 岁高龄的钱临照满腔热忱地与唐孝威院士共同发起，联合王淦昌、谢希德、谢家麟、冯端、卢嘉锡、唐敖庆、张存浩等 34 位院士向国家有关部门提出《关于集中力量全面建设、充分利用合肥国家同步辐射光源的建议》。1995 年，钱临照又积极参与共商中国科学技术大学的"211 工程"建设。1996 年 4 月，钱临照还欣然出席中国科学技术大学研究生教育工作会议的开

1992 年 1 月，卢嘉锡与钱三强、周光召、吴阶平和钱临照在北京

幕式。钱临照为中国科学技术大学的教学与科研的发展做出了重大贡献，为办好中国科学技术大学倾注了全部心血。

1999 年 7 月 26 日，钱临照怀着对科学的无限眷恋和热爱，走完一生的历程。为纪念这位伟大的科学家，2000 年春，在美丽的中国科学技术大学校园里，举行了隆重的安放钱临照塑像的仪式，塑像旁埋着钱临照的骨灰。钱临照永远活在中国科学技术大学的校园中。

周口店北京人的发现

——访中国旧石器考古学事业的奠基人、中国科学院
院士贾兰坡

贾兰坡 考古学家、第四纪地质学家。1908 年 11 月 25 日生于河北玉田。1929 年毕业于北京汇文中学。1980 年当选为中国科学院学部委员（院士）。1994 年当选为美国科学院外籍院士。1995 年当选为发展中国家科学院院士。2001 年 7 月 8 日逝世。曾任中国科学院古脊椎动物与古人类研究所研究员。1931 年入中央地质调查所新生代研究室并参加周口店北京人遗址发掘。1935 年接替裴文中主持这一地区的发掘和整理，获得重要发现，研究成果受到国内外学术界高度重视。认为北京人能够使用火，在体质特征与石器制造方面显示出进步性质，因而不能说是最古老的，最古老的人类是原始文化，应该到早更新世泥河湾期的地层中去寻找。深入探讨北京人及其共生的各种动物化石之间的关系，提出北京人在周口店生活期间曾经历过冷暖更替的气候变迁。20 世纪 50 年代以后，先后组织参加了一系列著名古人类、古文化遗址的发掘。80 年代提出的中国、东北亚及北美的细石器可能起源于华北的学说受到国内外学术界的瞩目。代表作有《中国猿人》《山顶洞人》《从猿人脑发展到现代人》《中国标准化石（脊椎动物）》《西侯度》《北京猿人发掘记》。

著作等身　心系科普

知道贾兰坡先生，是从小学教科书上学到有关周口店北京人的发现而知的。少年时代，对贾兰坡的名字耳熟能详。到出版社从事编辑工作之初，正值在柳州白莲洞柳江人古遗址举行国际学术讨论会会上，时任柳州白莲洞博物馆名誉馆长、北京自然博物馆馆长周国兴教授（贾兰坡先生的学生）再次介绍贾先生。贾兰坡详细地说明了广西柳江人的发现，填补了世界古猿人向现代智人的过渡人空白。那时，我便萌发了要出版一本有关柳江人专著的念头。在周先生的帮助下，柳州白莲洞博物馆馆长易光运和青年学者黄劲撰写了我国第一部研究柳江人的学术著作《古人类与柳江人》（该书获广西第六届桂版优秀图书二等奖）。

1995 年，正值新闻出版署规划"九五"重点图书选题，我此时任广西科学技术出版社的总编辑，为编制"九五"重点选题专程赴京，与时任北京自然博物馆馆长周国兴教授到了贾兰坡院士家中，策划编写我国第一部关于中国古人类的科普著作。

贾兰坡院士与作者讨论问题

记得是在 1995 年春天，北京街上玫瑰花和桃花争奇斗艳，柳树吐出了嫩绿的新芽，首都北京充满了勃勃生机。我们驱车到中国科学院古人类与古脊椎动物研究所大院与贾兰坡先生见面。初次见面，贾先生丝毫没有架子和盛气，给人的感觉是慈祥、谦和、善良、智慧，是一位和蔼可亲的大科学家。说明来意后，贾老表示十分支持编写出版《中国古人类》一书，欣然答应出任名誉主编并作序。贾老对我和周国兴教授说，《中国古人类》的写作体例应该是科普形式，读者对象是青少年，要用生动的事实来启发青少年，用科学思想和科学方法来教育青少年；书中的观点必须是最新的国际一流发现，通过这部书全面反映中国古人类的发源，以及世界古人类与中国古人类的关系。《中国古人类》图书选题后来被新闻出版署列入"九五"国家重点图书选题。

1998年5月，是广西科学技术出版社建社十周年，我社打算出版一本反映建社十周年历程的纪念画册，请国内资深两院院士为画册题词。我给贾先生寄了邀请题词的信，不久，收到了贾先生的题词，他写道："多出好书，为读者提供丰富的精神食粮。"贾先生的题词，对于科技出版工作者来说，是一个极大的鼓励。

1998年12月，我到北京参加第十一届中国图书奖颁奖大会，趁此机会，再次登门拜访贾先生。此时，贾先生刚刚度过了他的90华诞，党和国家领导人温家宝、周光召、宋健等给他发了贺信和贺电，杨遵义等20多位中国科学院院士亲临现场向他表示祝贺。贾先生的家里摆满了祝寿的花篮，充满了无限的温馨。

我见到贾先生，感到十分高兴。谈话中我请教贾先生："在您90岁生日之际回想往事，成功道路何在？"贾先生说："时常有朋友向我探询，成功的道路如何走法，并问我有什么妙诀或窍门，甚至，还以为我真有所谓的'天才'。其实，我什么都没有。我在过去的半个世纪里，虽然做了一些工作，但那是在学习和工作中，靠拼命拼出来的，即使有'天才'，如果不善于利用，也是无济于事的，有时反而更糟，聪明反被聪明误……"

贾兰坡在工作中

  1986年8月，贾兰坡在广东人民出版社出版的《当代大学生》丛书中的《著名科学家谈智力开发》一书中写过《莫等闲，白了少年头》一文，文中提到："当我进入中央地质调查所，被派往周口店帮助发掘时，对这项工作很感兴趣，自己立下宏大志愿，要做专家学者，因此也就没有什么可怕的了。一不怕碰壁，二不怕劳累。'劳累'两个字在我的字典里是找不到的。白天除做一般的事务外，一有空就跑到工地帮助发掘。白天工作，夜里读书。我的英文不行，但条件是好的，标本有的是，结合标本阅读有关专业的书，比较容易弄懂，即使只弄懂几句也感到高兴。万事开头难。学习开始阶段是我的一大难关，但有一种力量支持我，无论多大的难关我也敢闯……"

  1983年，由贾兰坡主编、上海科学技术出版社和香港三联书店在香港出版《人类的黎明》一书，贾兰坡在前言中也写过这样的话："幸而世界上世世代代有这么一批'傻人'，愿为追求真理而奋斗终生。在真理面前，他们每有所得就笑逐颜开，一无所获又愁容满面。我们相信，一个人想要为人类做出一些有益的事，就无法摆脱这种苦乐相兼的境界。但是他们从来不气馁，总是勇往直前地克服前进中所遇到的一道又一道难关。我们的先辈是如此，我们是如此，一代一代下去也是如此。一个人能否在短短的一生中为人类做出一些贡献，就看他对摆在面前的问题是知难而进，还是知难而退。"

贾先生最佩服的是那些不畏艰辛刻苦工作的人。他经常提到的杨钟健院士就是这样的人："当我们一起跑野外调查时，他爬坡快走不动了，总是一边吃力地爬，一边口中还念念有词：'不长他人志气，灭自己威风。'他在79岁时以'八十不老'勉励自己，写下了'年近八十心尚丹，欲和同辈共登攀'的豪迈诗句。"

无论做什么事，都应以"勤"当头，才有成功的希望。未见过贪懒、好玩、一心想投机取巧的人大事有成的。

听了贾先生的一席话，我感到他的话既朴实又充满了人生的哲理。他的人生说明了一种精神，即"人的一生全靠奋斗，唯有奋斗才能成功"。

随后，贾先生给我递上了几本新近出版的著作：《中国早期人类》《人类的黎明》《中国古人类大发现》《中国史前的人类与文化》《发现北京人》等。对于这些著作，国内外许多著名的报刊都发表了述评。捧着这些散发着油墨清香的新作，我看到了一位老科学家追求科学、热爱科学的赤诚之心。

我问贾老，流逝的岁月给你留下了什么？最珍贵的又是什么？贾老说："人的一生是短暂的，即使每个人能工作60年，掐指细算也只有21 900天，去掉工休日、节假日，再以每日工作8小时计算，人的一生用在工作上才有多少时间呢？所以，人最珍贵的是时间。

"人的一世，也并非在于吃喝玩乐、穿着打扮，而应该为祖国、为事业干出点成绩。所以我以工作为乐趣，把自己不知道的东西变为知道的，其乐无穷。

"我患有青光眼和白内障，每天要戴着老花镜和拿着放大镜写文章，的确很费劲，但我每写完一段或一节，都会感到高兴和愉快。

"进入90年代，我常为青年人写的著作作序。为青年人的著作作序，是对青年科学工作者的鼓励和支持。所以每当别人有求于我，不管认识或不认识，一般我都不拒绝。写序也很麻烦，你必须把文章都要看完，看明白，才好给人家指点。"

1994 年，贾兰坡院士在研究室工作

对贾先生主编的《人类的黎明》一书，香港《明报》1983 年 3 月 17 日以《精美的科普图册》为题，发表述评说：

  ……一个有希望的国家，她的出版物应该是尽善尽美的，多姿多彩的。现在搁在我手边的一册《人类的黎明》同样令我心情激动……这是一本精装的大开本图册，有部分是彩页，印刷十分精美，由香港三联书店出版。起初我感到美中不足之处，便是用的简体字，后来却又因此而释然。理解到这本图册的主要读者对象，应是中国内地的青年。内地青年可以读到这么精美的科学图册，应是首次，深信必会引动他们对于科学的兴趣——任何一种读物，印刷、设计与装帧的精美，都会使读者爱不释手……我将这本《人类的黎明》拿在手上，会产生一种自豪感，我已不是把它看作是某出版社的出版物，而看成是中国的出版物……《人类的黎明》编者是中国著名古人类学权威贾兰坡教授，现在香港博物馆展出的古人类化石，有一部分便是由他发掘的。

《周口店发掘记》的英译本将书名改为 STORY OF PEKING MAN（《北京人的故事》），日文译名为《北京原人匆匆来去》。1985 年第 2 期的《对外出版工作》（外文图书出版社）上发表了一篇《〈周口店发掘记〉将搬上日本银幕》的简讯：

> 《周口店发掘记》（日本译名《北京原人匆匆来去》）在日本出版后，受到读者的青睐，著作很快销售一空。日本电视工作者同盟（东京电视系统TBS）决定根据本书拍摄电视片《北京人匆匆来去》。该片导演太原丽子一行5人于1998年2月11~21日来我国拍摄，著名古人类学家、《周口店发掘记》作者贾兰坡在家接受了采访。正逢新春佳节，宾主在家吃了一顿饺子午宴，气氛热烈而亲切。

对贾先生所著的《中国古人类大发现》一书也有评论。1995年第3期《化石》（中国科学院古脊椎动物与古人类研究所主办）发表了署名文章，文章题目为《〈中国古人类大发现〉一书问世》，文中写道：

> ……贾兰坡教授在书中用通俗易懂的语言和引人入胜的情节，叙述了我国不同时期古人类化石的发现、发掘和研究的梗概，并按照人类文化发展的序列，阐明其性质，赋予了新的内涵……该书内容丰富，图文并茂……对于酷爱本门学科的读者来说，可谓如鱼得水，久旱遇雨，值得一阅。

香港1995年4月《读书人》月刊以《中国古人类大发现》为题发表了占3页版面的评论，其中有一段这样写道：

> 以贾兰坡的高龄，及对古人类学修为之深，很难要求他的文章能令初学者看得明白。但令人赞叹的是，这部近150页的《中国古人类大发现》，竟是一个娓娓动听的中国古人类历史故事。贾兰坡像在对一群年轻朋友讲话，告诉大家过往中外学者研究人类历史起源的重点，而他在中国的考古研究中，发掘了什么遗址，该遗址有何特点，并将发掘出来的人类头骨化石及生产工具做了详细图文解说，等等。

贾先生一生写了456篇文章，出版著作20部，未发表的有300多篇（册）。贾先生的文章及一些小册子也有很多是科普性的。他为这门科学奉献了近70年，他很热爱这个事业，希望后继有人，希望这门科学不断地前进和发展，所以除写一些学术论文外，在写科普文章方面，他也花费了很多精力。

　　贾先生极力宣传、普及这门科学，从上述的一些评论中，也可以看出人们是多么喜欢科普性读物。如果专写学术性的文章，在文章中罗列一大串专用名词，有谁爱看和看得懂呢？科普作品也许不被算作成绩，不算成绩就不算吧，真正有意义的人不是为个人成绩而活着，只要问心无愧就心满意足了。这就是流逝的岁月给他留下的珍贵财富。

　　当贾先生90岁时，他在古人类研究专业上干了60多个年头。他热爱这项工作，对这门科学充满了深厚的感情，希望能看到有更多的青年人投入这门学科的队伍中来，使这门科学后继有人，不断地发展和壮大；希望年轻人能超过老一辈，青出于蓝而胜于蓝，做出更大的成绩。继而，贾先生又跟我讲述了他为古人类研究苦苦奋斗一生的主要经历。

　　1995年4月18日，贾兰坡院士在美国探访挚友卞美年先生（左），畅谈20世纪30年代在周口店一起工作的情形

勤学苦钻　发现北京人

1931年春，一个偶然的机会，贾兰坡得知北平地质调查所正在招考练习生，于是他去报考，并以优异的成绩被录取，分配到地质调查所领导下的新生代研究室工作。

上班后，贾兰坡被派往周口店协助裴文中做北京人发掘工作。裴文中先生于1929年12月2日下午4时发现了第一个北京人头盖骨，在世界上引起了很大的轰动，贾兰坡为能在他手下工作感到十分高兴。他下决心要像裴文中先生一样，做出一番成绩。

贾兰坡十分明白，要想在这门科学上做出成绩，光有决心而没有专业知识是不行的，要想获得专业知识，就要有坚定不移的意志，就要有囊萤映雪的精神。贾兰坡是个练习生，虽在当时属"先生"行列，但很多琐碎的活他都得做：管账、给工人发工资、准备发掘工具、整理标本、编号、做发掘记录等。特别是做发掘记录，当时新生代研究室有个规定，发现了新东西，现场没做记录，到了研究室被发现的，就是漏报，就算失职。他每天都要到处跑，从不叫苦叫累，还养成了非常细心的习惯。尽管这样繁忙，他还要挤出时间学习。他向同事们请教，也经常跟工人一起挖掘，向他们学习挖掘技巧，学习辨认动物化石，很快就掌握了一定的基本专业知识。那时，古人类学和古脊椎动物学在中国才刚刚起步，就连裴文中等人也是边干边学。有一天，裴文中借来了一本1885年英国出版的《哺乳运动骨骼入门》，这成了他们的宝贝，因为当时没有一本这方面的教科书，他们先是轮流看，后用照相制版的方法复制了几本。贾兰坡英文底子薄，开始每天只能读半页、一页，但功夫不负有心人，他以坚强的毅力把全书"啃"了下来，工作更加得心应手，英文水平也有了长足的进步。新生代研究室为了培养他，送他到北京大学地质系进修，跟谢家荣先生学习普通地质学，这使他眼界大开。1933年，贾兰坡就被提升为练习员。

1935年，裴文中先生到法国留学，新生代研究室把主持周口店发掘工作的重任压在贾兰坡的肩上，这是为了进一步培养他，也是对他几年来工作的

肯定。1936 年 11 月，他在 11 天之内
连续发现了 3 个北京人头盖骨。新生
代研究室名誉主任、德国古人类学家
魏敦瑞得知这一消息后，高兴得连裤
子都穿反了。他在记者招待会上说：
"对于这次伟大之收获，我们不能不
归功于贾兰坡君。"

这次的发现，再一次轰动国内外。
金灿灿的光环照耀在贾兰坡的头顶，
他用这次伟大的发现迎来了自己 28 岁
的生日。

日寇占领了北京，坐落在协和医
学院晏公楼内的新生代研究室不能正
常开展工作。趁此机会，魏敦瑞又送
贾兰坡到协和医学院解剖科进修，系

1936 年 11 月 2 日贾兰坡在北京人遗
址洞口

统学习人体解剖学。贾兰坡非常珍惜这次学习机会，一头扎进解剖科，对人
体的骨骼、肌肉、神经各部分观察得格外仔细。他的白大褂里常装着人的两
只手的腕骨，没事就用手摸，分辨哪块是哪块，最后不但能一摸就知道，就
连左右手的都可以一摸无误。后来有人把人的骨骼和动物的骨骼都用报纸遮
盖，骨面上留有指甲盖大小的孔，他也能准确地分辨出哪个是人骨，连杨钟
健先生都感到惊讶。在杨钟健先生的鼓励下，贾兰坡写了一篇《如何由碎骨
片中辨认出人骨》的短文，后来发表在《科学通报》1953 年 2 月刊上。

1945 年，贾兰坡晋升为技士（相当于现在的副研究员）。中华人民共和
国成立后，新生代研究室归属中国科学院，建立了中国科学院古脊椎动物与
古人类研究所，他任副研究员、标本室主任、新生代研究室副主任和周口店
工作站站长，在周口店办过好几期考古训练班，他都亲自撰写讲义和授课，
并进行田野实习辅导，培养了一大批全国各地的考古工作者，后来这些人都
成了考古工作的骨干和专家。

1937年，贾兰坡（左三）和卞美年在贵州盘县

1956年，贾兰坡晋升为研究员，他从小小的练习生，攀登到了高层的研究领域。

尊敬老师　忠于科学

贾兰坡最大的特点是尊敬老师，忠于科学。他向师长们学习各种科学知识，又不被他们的学术思想所束缚。他常说："自己的头脑要围着事实转，不要叫事实围着自己的头脑转。"正是这种求实精神和创新精神，使得贾兰坡在科学工作上取得了一个又一个的突破。他研究了北京人使用的石器，发现当时的打制技术、石器类型都很先进，使用上有了明确的分工，并且有了使用火和控制火的能力等。他认为这不是最早的人类所能办到的，在北京人之前一定还有更原始的人类存在。1957年，他和王建写了一篇《泥河湾期地层才是最早人类的脚踏地》的短论，发表在《科学通报》第1期上。文中写道："……如果说泥河湾期是第四纪的初期，那么我们说在第四纪初期就有人类及文化的存在；如果说泥河湾期是第三纪的末期，那么我们说在第三纪末期就有人类及文化的存在。"不料，这篇 2 000 多字的短论，在中国引起了长达一年多的大辩论。参加辩论的人很多，最后谁也没能说服谁，但却给这门学科带来了很大的推动力。贾兰坡和他的同行竭力到野外寻找证据，相继发现了比北京人时代还早的"河文化"、距今 180 万年前的"西侯度文化"、距今 115 万 ~110 万年前的"蓝田人"头盖骨，充分证明了贾兰坡的推断。

贾兰坡在工作上有股犟劲，自己认为对的，总要坚持，哪怕你是国内外最大的权威。但他一旦发现自己错了，马上就改。他说不这样会"误人、误己"。

20 世纪 50 年代，贾兰坡的工作更多地转向周口店以外的地区，足迹遍及全国，特别是华北地区，投入的精力最多，收获也最大。60 年代和 70 年代，贾兰坡主持"西侯度文化""峙峪文化"和许家窑人遗址的研究，奠定了华北旧石器文化发展序列的基础。70 年代初，他提出了华北旧石器存在两

1979 年 1 月，贾兰坡在广东省西樵山下的深沟中

个以上不同文化传统的学说，即"匼河—丁村系"和"周口店第一地点—峙峪系"，首先提出了我国原始文化的继承关系。他还在河北、内蒙古及东北等地考察和研究后，提出中国、东北亚及北美的细石器可能起源于我国华北的论点。他的学术见解受到了国内外同行的重视，美国学者也认为这些论点"对北美考古是具有指导性的"。

1989 年，在美国西雅图举行的"太平洋史前学术会议"上，贾兰坡曾建议把地质年代表中的最后阶段"新生代"一分为二，把上新世至现代划为"人

生代"；把古新世至中新世划为"新生代"。1990 年，他在《大自然探索》上发表了《人类的历史越来越延长》一文，提出了"根据目前的发现，必将在上新世距今 400 万年前的地层中找到最早的人类遗骸和最早的工具，（人）能制造工具的历史已有 400 多万年了"的新论断。

1982 年，贾兰坡在安徽考证直立人头盖骨化石

60 多年来，贾兰坡凭着对本门学科执着的追求，苦钻苦学、孜孜不倦，积累了大量的科学资料和实践经验，撰写了 456 册（篇）学术著作和文章，在我国的古人类学、旧石器考古学、第四纪地质学等方面做出了突出的成绩和贡献。他曾被日本、美国、瑞士、阿尔及利亚等国家及中国香港、中国台湾地区邀请去讲学，并且都受到了热烈欢迎。

有人说他是"土老帽"遇上了好运气，没有进过高等学府，也没留过洋、镀过金，但有 3 个院士的头衔。至于"运气"，他认为就是"机遇"。的确，他遇到了非常好的机遇，一进地质调查所就能在一些国内外著名学者像步达生、魏敦瑞、德日进、杨钟健、裴文中等手下工作，还遇到了像翁文灏这样的领导。尽管他当时的地位很低，但领导从来没有看不起他，他们还手把手地教他。为了培养他，不但让他去北京大学地质系进修，还让他到协和医学院解剖科正式学习全部课程，平时对他的要求也很严格。他做得不好，会受到批评，但如果工作有点成绩，又会得到鼓励。

当年德日进让他用英文写一篇文章，他的英语基础很差，错误很多，整篇文章，德日进修改了三分之二，最后署名还是用贾兰坡一个人的名字。贾兰坡问德日进为什么，德日进笑了笑说："文章是你写的，我只不过帮你改了错句和错字，当然用你的名字。"这就是一位大科学家的风范和品德。贾兰坡确实很走运，他能在卞美年、裴文中、杨钟健这些科学家的身边工作。

在贾老家的小客厅里，挂着这些老一辈的中国地质科学的奠基人和开拓者的照片，贾老对我说："他们多已不在人世了，每逢遇到难题，看看照片，都会勾起我对他们的怀念。回想起他们在世时的音容笑貌，对我仍是一个很大的鼓舞。"

俗话说，"师傅领进门，修行在个人"。个人的努力，是成功的关键。年轻时，贾兰坡不但向老师们学习，在工作之余还会挤出时间读书，写下的读书笔记足足有100多万字。在实践中，他不断积累经验，将在书本上学到的理论，反过来又指导实践，就这样循环往复，不断前进。中国科学院原院长张劲夫讲过，搞事业要"安、钻、迷"，就会干好。所谓的"安、钻、迷"就是要安下心来，能够钻进去，达到迷恋的程度。贾兰坡就做到了"安、钻、迷"。

贾兰坡有鲜明的个性，不愿意跟在大专家、大学者屁股后面跑。尽管他们亲手把他培养出来，但对于他们在学术上的观点，贾兰坡常常用自己的头脑过一遍，对的支持，不对的，就大胆提出自己的见解。别人画好圈儿你就钻，决不会有什么大成就。但是一旦发现自己有错，就要敢于大胆改正，以免"误人、误己"。越是成了名的专家，就越应具备这种精神和勇气，这才称得上是"维护科学的尊严"。

20世纪50年代末60年代初，贾兰坡和裴文中关于北京人是否是最原始的人的争论，就是最好的例子。他与裴文中的争论纯粹是一场学术上的争鸣，这场争论不但没有影响他们之间的感情和关系，反而带动和促进了这门学科的发展。他对裴文中也更加尊敬了。

湖北省考古所李天元在郧县发现了"郧县人"之后，把头骨拿到中国科学院古人类研究所里来，让该研究所帮助修理。当时该头骨的整个头都还被钙质结核包裹着，只露出了一部分牙齿。贾兰坡发现其臼齿很大，很像南方古猿。他就说这好像是南方古猿。等到他的老朋友胡承志先生到武汉帮他们把头骨修出来以后，胡承志说，不是古猿，是直立人。李天元教授也认为是直立人的头骨。以后贾兰坡也承认这是直立人，他并没坚持自己的看法，事实就是事实，在没修出之前他并没看准。但其臼齿之大，与其他直立人有很大差异，其原因至今连与湖北省考古所合作研究的美国专家也没搞清楚。

半个多世纪，贾兰坡在旧石器考古学、古人类学、第四纪地质学等方面也做出了一些成绩，受到了国内外同行的好评。他先后应邀到中国香港、中国台湾地区及日本、美国、阿尔及利亚、瑞士等国家去讲学和进行学术交流，都受到了热烈欢迎和盛情款待。他从中看到了发达地区和国外在科研上的长处，有很多值得我们学习和借鉴的地方，也看到了我们的优势。

在台湾的台中自然博物馆，贾兰坡发现那里的科普工作做得非常好，声、光、像及电脑等高科技手段都用上了。在一个展示蚊子的展台前，蚊子模型的头被放大到直径足有 1 米，吸血的嘴直撑地板，使人一眼就能看清它的结构和它吸血的过程。立体剧场里演示火山爆发：火山爆发时，巨雷震耳，喷出的岩浆火花四溅，岩浆缓慢地顺山谷流下，激起的海水波涛汹涌。这种模拟逼真的景象，使人一目了然。在北京人展厅里，科研人员塑造了很大的北京人在洞内生活的景象，表现得非常生动，根本用不着解释。另外，还有肉食恐龙和草食恐龙的对话，不仅活泼有趣，还能唤起人们保护环境、保护地球的意识。台中自然博物馆每天，特别是节假日，都吸引着成千上万的孩子和大人去参观。

相比之下，大陆的博物馆多是在标本前放上一张标签，就像摆地摊一样，死气沉沉，叫人感到乏味，怎能激发起青少年的兴趣呢？

1995 年 4 月，贾兰坡应邀到旧金山和华盛顿参观了一些博物馆。给他印象最深的是美国人非常喜爱博物馆。不管是旧金山的亚洲艺术博物馆、自然科学博物馆，还是华盛顿的国家自然历史博物馆、航天博物馆等，参观的人都非常多。特别是星期天，人们很早就在博物馆前排起了长队，等候开门。

在亚洲艺术博物馆里，有一个很大的空间，中央放着大桌子，很多小学生围在桌前写着什么，书包放在地上。贾兰坡问了一位工作人员，才知道美国对博物馆这块教育基地非常重视，很多博物馆都有这样的房间供学生使用。小学生参观完后，老师给他们出题，他们就围在桌前写观后感。有的学生没看清楚，还可以跑去再看，回来再写。这不都是值得我们学习和借鉴的地方吗？

当然，我们也有自己的优势。我国地域辽阔，地层保存完好。越来越多的古人类化石和旧石器遗址相继被发现，一个个缺环被找到。很多国外的科学家都把眼光逐渐地移向中国，他们也都想跑到中国来看看，寻找人类的祖先。既然考古这门学科是世界性的，那么它就会受到各国科学家的关注。随着改革开放的不断深入，世界性的考古学科合作，为这门学科带来了一片光明的前景，也更能促进我国考古学科的发展和繁荣。

1978年，中国科学院院长方毅（右）到贾兰坡（左）的研究室参观

1980年，贾兰坡当选为中国科学院学部委员（院士）；1994年，当选为美国国家科学院外籍院士；1995年，当选为发展中国家科学院院士。一个仅仅上过中学的人能够获得3个院士的荣誉称号，不能说不是个奇迹，这说明贾兰坡的贡献和成绩得到了世界的认可。

有生之年 奉献光热

"春蚕到死丝方尽"，贾兰坡在有生之年，仍然在他的事业上奋斗不已，为发展我国的古人类科学、旧石器考古学奉献光和热。

1995年，美国世界探险中心（探险家俱乐部）推举他做一名会员，他说："这个俱乐部都是探险家，有第一次航天的，有登月球的，我算什么呀！别说探险了，现在就连小板凳我都上不去了。"他们笑着说："我们都知道，你钻过山洞，钻过3 000多个山洞，钻洞也是探险。不是说你还能不能再探险，而是你为探险事业做过贡献。"

90多岁高龄的贾兰坡的眼、口、手、脚都快不听使唤时，他仍然在奉献自己的光和热，依然把培养青年人成才作为大事，希望他们接好上一代人的班，在新世纪里挑大梁，做出更大的成绩。

1995年4月贾兰坡访问美国时，利基基金会在旧金山为他举行欢迎会，来自海湾地区的著名科学家、教授、作家、记者及旧金山华人代表有近百人。他在致答谢辞时说："我虽然老了，但我还希望在有生之年为这门科学做出自己的贡献。更多的工作应靠年轻人去做。他们思想开放，更容易掌握先进技术和方法，比我们老的更强。我愿意为他们抬轿子。"

60多年里，贾兰坡写了456篇（部）论著，有不少文章和著作是写给青少年读者看的。贾兰坡是从研究周口店开始的，他的命运、事业与周口店紧紧连在一起。青少年朋友可

1995年7月，贾兰坡在山顶洞前

能不知道有贾兰坡，但一定会知道周口店北京人遗址，这在课本上会学到。周口店北京人遗址不但被联合国教科文组织列为世界文化遗产，也多次被北京市列为青少年教育基地。在周口店北京人遗址里，发现古人类的材料之多、

背景之全，在世界上是首屈一指的。

保护好北京人遗址这个世界文化遗产，为越来越多的人所关注，这也是贾兰坡的一块心病。贾兰坡曾在一些文章中多次呼吁，除要保护好这个遗址外，在有条件的情况下，在遗址周围还应种上 50 万年前的树木和草丛，塑造出北京人打制石器、狩猎、采集果实和使用火的场景，逼真地再现北京人的生活，使参观者一进遗址大门就仿佛进入了 50 万年前北京人的生活场景。那样，北京人遗址会越来越受人们，特别是青少年朋友的喜爱，成为真正的教育基地。青少年对这门学科产生了浓厚的兴趣，就会有更多的青少年加入这支学科队伍中来，这门学科就会有更加突出的发展，才能再创新的辉煌。

1995 年 10 月 6 日，贾兰坡（左一）与单士元、任继愈、李克实在一起

贾兰坡在第七届运动会上亲手将点燃的"文明之火"的火种传递给了青少年，他们又一个个传递下去。"文明之火"与"进步之火"的火种将燃起熊熊的科技之光，照亮祖国神州大地。

揭开生命之谜

——访中国遗传学的奠基人、中国科学院院士谈家桢

谈家桢 遗传学家。1909 年 9 月 15 日生于浙江宁波。1930 年毕业于苏州东吴大学。1932 年毕业于北平燕京大学研究院，获硕士学位。1936 年获美国加州理工学院博士学位。1980 年当选为中国科学院学部委员（院士）。1985 年当选为发展中国家科学院院士和美国国家科学院外籍院士，1987 年当选为意大利国家科学院外籍院士，1999 年当选为纽约科学院名誉终身院士。2008 年 11 月 1 日逝世。曾任复旦大学教授。

20 世纪 30 年代初起进行亚洲异色瓢虫色斑的遗传变异研究和果蝇的细胞遗传基因图及种内种间遗传结构的演变研究，为现代综合进化理论的创立做出重大贡献。尤其是异色瓢虫等位基因嵌镶显性遗传和果蝇性隔离形成的多基因遗传基础的发现，引起了国际遗传学界的巨大反响，对我国遗传学工作起了推动作用。60 年代初在领导中苏合作的猕猴辐射遗传的研究以及 70 年代起致力于组织分子遗传学和植物遗传工程等研究，均取得了一些重要成果。

第一次见到谈家桢教授是在 1987 年，当时我在广西农业大学任讲师。谈家桢应广西壮族自治区人民政府的邀请到广西做学术报告，期间，时任自治区人民政府常务副主席王蓉贞和广西农业大学校长马庆生陪同和主持报告会。

1991 年，我在广西科学技术出版社工作时，到上海组织谈家桢的学生编写《新编十万个为什么》，由马庆生教授写了推荐信介绍我认识了谈家桢。谈家桢在上海陕西南路 63 号的寓所里热情地接待了我，并欣然答应担任《少年科学文库》的顾问，还亲自为《新编十万个为什么·生物工程卷》撰写了几篇稿件。1992 年，谈家桢任广西科学技术出版社出版的《生物学大辞典》名誉主编，并作序。

1998 年 2 月，谈家桢（右）与学生马庆生（左）在《谈家桢与遗传学》出版座谈会上

谈家桢教授住在一栋欧式二层楼房里，庭院里种植了花卉，还有高大的法国梧桐树。在二楼会客厅里，谈老给我讲述了他在美国留学、参加青岛"双百"方针会议的情况，受到毛泽东主席 4 次接见并鼓励他坚持真理，建立复旦大学生命科学院，1992 年 6 月率大陆科学家代表团首次成功访问台湾，以及关于基因工程、克隆技术、遗传学发展态势等情况。

在会客厅和书房，我还看到了谈老与邓小平、江泽民、朱镕基等中央领导合影的照片，与著名科学家钱学森、钱伟长、苏步青的来往信件和互赠题词，与其导师、诺贝尔奖获得者摩尔根在美国实验室工作时的合影。书房四壁都是书，摆满了世界各国授予的荣誉证书、奖章，书香无限，令人肃然起敬，激起了我对科学家的无限爱戴和崇敬。

1994 年、1995 年、1998 年、1999 年，谈家桢教授应广西壮族自治区党委的邀请，先后 4 次到广西，在南宁、柳州、桂林、阳朔、北海、宜山、合浦考察和讲学。每次都是我陪同谈家桢教授，先

1994 年 5 月，谈家桢（中）在广西北海

后考察了南宁青秀山风情区、北海银滩、合浦红树林保护区、柳州大龙潭风景区、桂林漓江、宜山原浙江大学旧址。谈家桢还给广西壮族自治区党政领导、大专院校、科技教育界、新闻出版界做了多场精彩的学术报告。

1998 年春节，春寒料峭，谈家桢教授在北京开完全国政协会议之后，专程到南宁做短暂考察。在邕期间，谈老先后考察了广西大学、广西科学技术出版社、广西药用植物园，并出席了自治区党委宣传部、自治区新闻出版局举办的《谈家桢与遗传学》出版座谈会。在邕期间，自治区党委书记曹伯纯、副书记马庆生，自治区人大常委会副主任李振潜、甘幼玶，自治区政协副主席陈雷卿、梁超然、陈震宇等领导同志分别会见了谈家桢。谈老虽年届九旬，却依然耳聪目明，慈祥而豁达，精神矍铄，思路清晰，行动敏捷，忆旧趣浓，谈锋甚健。

2000 年 9 月，我到上海出差，专程去看望了谈家桢教授，谈老夫妇在众仁花苑与我共进了午餐。席间，我告诉谈老，打算将我所写的关于近 10 年来我所接触过的两院院士的文章结集出版，请谈老作序并题词，谈老笑允。年底，

1998年2月，谈家桢在广西科学技术出版社做学术报告

谈老将序言和题词从上海寄给我，使我深为感动，深受鼓舞。

2000年9月，作者在上海谈家桢寓所里与谈老合影

谈家桢教授是国际著名的遗传学家，中国遗传学的开山宗师，他的人生

道路与中国遗传学的发展紧紧联系在一起，他的传奇经历被看作是中国遗传学发展的缩影。在我与谈家桢交往的 10 年中，深感他的科学成就斐然、品德崇高，他的精神风貌值得我们这一代人发扬光大。

教会学校启蒙　却怀疑上帝造人

谈家桢是国际著名遗传学家、中国遗传学的开山宗师，有趣的是他早年是在家乡宁波教会学校接受启蒙教育和基础学科教育的。谈家桢的父亲是宁波英国人办的邮政局里的一名小职员，工作勤快、负责，深得上司赏识，但他文化水平低，又不识英文，30 多岁时只能在县一级或市分支邮政局工作。在谈家桢四五岁时，他升任为二级邮政局局长，每月工资为大洋 100 余元。他认为，他经济生活的改善和社会地位的提高，全都因他进入了外国人办的邮政局，受益于教会，他相信教会办的一切事业，因而在孩子进学校问题上，他固执地把谈家桢两兄弟送进本地的一所教会小学，照他的话讲，以后会前途无量。12 岁时，谈家桢和哥哥一同进入英国教会办的宁波斐迪中学，每天早晨例行做祷告，《圣经》是重点课，必须熟练地背诵新约与旧约。谈家桢在读小学时已有这样的经历，他不但熟读《圣经》，而且还到教堂做礼拜。他觉得在教堂里听听圣歌，看看教民那股虔诚劲，很有趣。但他始终是一位身在教会而不信教的学生。他对《圣经》中谈到的上帝创造了人感到疑惑，他怀疑上帝并没有那么万能。究竟是上帝创造了人，还是人创造了上帝，这个疑问在他心里埋藏了很久，以至于当外籍教师提问他"人是谁创造的"问题时，他不愿用《圣经》上的教条来回答，但又不知如何回答为好，一时憋得脸色通红，自然受到外籍教师的一顿训斥。课后同学们都说谈家桢傻，说他应该按《圣经》上说的重复一遍就不会难堪了，谈家桢却坚定地说："虽然我现在不能回答这个问题，但我相信将来一定能正确地回答这个问题。"就是这一信念，指引谈家桢一辈子在探索生命的奥秘，最后大有作为。

1926 年 7 月，谈家桢以优异的成绩从中学毕业，并被学校免试保送进苏州东吴大学。他从一所教会创办的中学又踏进一所教会办的大学。在专业选择上，他曾想攻读平时基础最好的数学，但由于对生物学一直有浓厚的兴趣，特别是多年来悬在头脑中的那个疑团——人究竟是怎样变过来的——需要一个科学的解答，他选择了生物学专业。

20世纪20年代，中国学术界已由对达尔文进化论的兴趣转移到对孟德尔新遗传思想的介绍和传播上来，广大学者对孟德尔杂交试验的独特的实验方法和所得出的遗传规律感到耳目一新。对于当时有着强烈求知欲的青年谈家桢来说，也正是在这样的背景之下，从对达尔文进化论的浓厚兴趣，开始学习孟德尔遗传学说的新思想。

在东吴大学生物系，外籍教员泰斯克讲授的"进化遗传与优生学"课是谈家桢在东吴大学学习时留下最深刻印象的一门课程，这对他毕生致力于遗传进化论和优生学研究产生了很大的影响。同时，他还如饥似渴地阅读了一大批关于进化论、遗传学和优生学等方面的书籍，达尔文的原版《物种起源》也是在那段时间里读完的。他从这些书中，找到了"人是谁创造的"答案，并萌发了用遗传学原理改良人种的大胆设想。

谈家桢大学毕业时，获学校保送至燕京大学攻读硕士学位，师从闻名遐迩的美国摩尔根教授的弟子、一位从事遗传学教学和研究的教授李汝祺，开始了以亚洲瓢虫为实验材料进行色斑变异遗传规律的研究，并在一年半的时间里完成了研究论文，通过答辩获得了硕士学位。

按照李汝祺的意见，谈家桢把硕士论文分成各自独立的3篇。其中两篇与李汝祺联名发表在《北平自然历史公报》上，另一篇是整篇硕士论文的核心部分，经李汝祺教授的推荐，直接寄往摩尔根实验室。

谈家桢非常敬仰遗传学泰斗摩尔根，希望有朝一日能成为摩尔根的学生。摩尔根审阅了谈家桢的论文，甚为欣赏这位中国青年研究者的才华。他把论文转交给他的助手、国际著名的群体进化遗传学家杜布赞斯基教授。杜布赞斯基也曾想利用瓢虫的色斑多态性进行遗传进化规律的研究，但一直未能如愿。谈家桢的论文令他十分高兴，他直接给谈家桢写了一封热情洋溢的信，表示他对这个课题及已取得的成绩极为欣赏。后经摩尔根和杜布赞斯基的推荐，这篇论文在美国发表。自此，谈家桢与摩尔根及杜布赞斯基取得了联系。

　　研究生毕业前夕，谈家桢遇见了在协和医院工作的东吴大学姓施的老同学，当时谈家桢正准备离开北平返母校任教，这位同学在谈家桢的纪念册上写下了"中国的摩尔根"六个字。这不是简单的六个字，而是谈家桢为之奋斗了 60 年的座右铭。

　　1932 年，谈家桢回到母校东吴大学生物系任讲师。这年夏天，他同父辈好友的女儿傅曼芸结为伉俪，并在校内租了一幢二上二下的楼房，夫妻俩过着宁静的小康生活。但他从未放弃过去摩尔根实验室深造的意愿。他直接写信给摩尔根，表达了自己的意向。不久，谈家桢接到了摩尔根的回信，表示无条件地同意他到摩尔根实验室攻读博士学位。

1935 年，在美国加州理工学院的部分同学：前排左一为袁绍文，左二为谈家桢，左六为顾功叙；后排左四起分别为：殷宏章、朱正元、范绪箕、钱学森

　　1934 年，谈家桢远渡重洋，在美国加州理工学院生物学部摩尔根实验室深造，1936 年获博士学位。他是经典遗传学创始人摩尔根的入室弟子，在继承发展摩尔根遗传学说方面有杰出的贡献：20 世纪 30 年代，他开创性地从事果蝇种系进化和亚洲瓢虫色斑变异的遗传学研究，40 年代提出了"异色瓢虫色斑嵌镶显性遗传理论"，在国际遗传学界引起了巨大反响，受到了高度重视，

得到了良好的评价。

1937年，抗日战争全面爆发，谈家桢怀着科学救国之心返回祖国。在祖国，谈家桢一直致力开拓中国的遗传学研究，竭尽全力，到处呐喊，活跃在学术界的第一线，培养了大批人才。他一生辛劳，把自己的毕生精力贡献给遗传学，当之无愧地成为我国遗传学的带头人。

毛泽东一再关照　谈家桢身手不凡

年轻的遗传学在中国命运艰辛，若不是毛泽东一再关照，结果实在难以想象。

作为摩尔根的入室弟子，在20世纪50年代初"一边倒"强行灌输苏联米丘林生物学的高压下，谈家桢自然首当其冲，但他没有丧失科学家的勇气，断言回击了对他"资产阶级立场"的指责："我不能理解，科学与阶级立场有什么关系？"1956年，根据毛泽东"艺术上的不同形式和风格可以自由发展，科学上的不同学派可以自由争论"的精神，在周恩来的过问下，在青岛召开了一次遗传学座谈会，谈家桢就"遗传学的物质基础""遗传学与环境的关系""物种形成机制与遗传机制"等问题倾吐心声，提醒国人注意国际遗传学发展动向，并介绍了刚问世的分子生物学。

1957年3月，在中南海怀仁堂召开的全国宣传工作会议上，当时任中国科学院院长的郭沫若有意将谈家桢从复旦大学挖到中国科学院，而时任高等教育部部长杨秀峰则执意不放人，两位大学者都有些耳聋，形成了"两聋抢珠"的有趣场面，两人各执己见，互不相让。激烈的挖角争论引起了毛泽东的关注，结果由毛泽东出面调停，提出了"划条三八线，到此为止，以后科学院不得再从高校中挖人"的规定。之后的一个晚上，毛泽东指名要见谈家桢。当陆定一把谈家桢介绍给毛泽东时，毛泽东亲切地握住谈家桢的手说："你就是遗传学家谈家桢啊！"他听了谈家桢概述的不同学派在"青岛会议"上的讨论情况后说："过去我们学苏联有些地方学得不对头，应该让大家来搞嘛！"

1957年7月，"反右"进入高潮。当时上海有人已将谈家桢"内定右派"，当谈家桢正为宏愿又将成泡影而忧心忡忡时，毛泽东在上海又与他谈了一次话，并一语双关地说："谈先生，老朋友啦！"接着又风趣地说："辛苦啦，天气这样热，弦不要拉得太紧张嘛！"毛泽东的一句话，"内定右派"烟消云散。1958年岁首，在西子湖畔，毛泽东又与谈家桢等人共进晚餐，商讨科学技术赶超世界水平的问题。毛泽东问谈家桢："把遗传学搞上去还有什么困难和障碍？"谈家桢坦言："'双百'方针提出后，虽然复旦大学在开设米丘林遗传学课程的同时亦开设了摩尔根遗传学课程，但有些人把这些看成是统战需要，是对高级知识分子的照顾，依然有阻力……"毛泽东坚定地说："一定要把遗传学搞上去，有困难我们一起来解决嘛！"

1961年4月，毛泽东第四次接见谈家桢，鼓励谈家桢坚持真理，一定要把遗传学搞上去，要赶超世界水平。谈家桢后来回忆道："当时毛主席是那样的重视科学，关心知识分子，鼓励我们走向社会，深入基层，为社会主义建设服务；毛主席提倡'双百'方针，当生物学领域中用教条主义的方式对待米丘林学派和摩尔根学派时，毛主席却积极地鼓励我坚持科学，大胆开展遗传学研究。直到1974年冬天，毛主席已卧病在床了，他还派王震同志到上海看望和问候我，真是终身受惠，终生难忘啊！"1961年底，以谈家桢为所长的复旦大学遗传研究所正式成立。短短几年间，该所便在人体遗传学、植物进化遗传学、微生物及生化遗传学等基础理论领域取得了可喜成绩，辐射遗传学研究更已接近当时的国际水平。可是在"文化大革命"灾难中，谈家桢还是在劫难逃，无法幸免……待到严冬过去，他虽已入老境，但仍抓紧分分秒秒整顿研究所，重建实验室。1985年，谈家桢当选为美国国家科学院外籍院士，他是继华罗庚、夏鼐之后，第三个获此殊荣的中国科学家。1986年，复旦大学生命科学院成立，谈家桢任首任院长。1989年，复旦大学杭州校友会发起成立了"谈家桢生命科学基金会"，并颁发"谈家桢生命科学奖学金"。

海峡两岸血浓于水　与蒋纬国叙师生情

　　1990年，台湾浙江大学校友会通过台北科学会帮谈家桢办妥了大陆同胞旅行证，邀请他去台湾欢度八十华诞。然而台湾当局却以他的全国政协常委、上海市人大常委会副主任的身份为由拒绝他进入台湾地区。1991年，由台湾"中央研究院"院长吴大猷出面，仍再度被阻，直到诺贝尔化学奖得主李远哲教授与沈君山教授多方斡旋、交涉与疏通，才峰回路转，终于促成了以谈家桢为团长的大陆第一批杰出科学家于1992年6月8日赴台湾的访问。这一访问，标志着海峡两岸各领域的双向交流出现了突破性的进展。访台期间，最戏剧性的场面是谈家桢与他60年前任教苏州桃坞中学时的学生、国民党元老蒋纬国的重逢。师生俩以一口脆亮的宁波话畅叙别情，言语间充满了对故乡的怀念。分别时，蒋纬国带了礼物送给老师，其中有他自己设计的印有蒋纬国英文名字的丝巾和领带。随后又赠送给老师一只桌上型电子钟，钟面上刻着这么一段话："我们的基本立场是——出发点：一、海峡两岸都自认为是中国人。二、所以我们只需要一个中国。我们的愿望——国家战略目标：一、每一个中国人都有过好日子的机会。二、我国要受到全世界的尊敬。"现在，这只电子钟已被保存在中国革命历史博物馆里。在台湾8天的短暂访问，谈家桢广交旧友新知，他深为两岸有广阔的合作领域而受到鼓舞。他对岛内同行表示，考虑由两岸遗传学界共同投入一项为期20年的与美国人合作的研究计划，这是一个探讨各人种基因差异的长期项目，这个课题将对中国下一代的优生、对中国人口素质的提高产生巨大的影响。

夕阳红映话科教　世纪之交再奋蹄

　　四处求学的谈家桢乡音未改，说起话来，仍是一口浓重的宁波口音。访谈中，谈家桢论及的话题甚为广泛，其中有关生命科学与其他学科及社会发展的关系，是谈论的中心话题。他说，各个学科的互相渗透是当前科学发展的必然趋势，基础科学与应用科学休戚与共，自然科学与社会科学结为同盟。

他认为 21 世纪将是人体科学的世纪，生命科学将成为 21 世纪科学的主角。遗传工程的发展有着诱人的经济前景，它将导致传统工业结构的调整和改革，在解决人类面临的难题中发挥巨大的作用，并将迅速影响到工艺学、农学、医学等众多科技领域，给人类带来大量有价和无价的效益。

谈家桢大声疾呼"理、工、农、医"结合，他认为农学研究的对象是动植物和微生物，医学研究的对象是人，现代生物学的基础是现代物理学、化学和数学。物理运动和化学运动是物质的低级运动形式，有生命物质的运动是高级运动形式。因此，就现代生物学的发展而言，若缺少物理学和化学的知识支撑，现代生物学不可能得到突破性的发展。这就给大学教学提出了更高的要求。"理、工、农、医"结合的综合性教育，不仅适合我国经济改革的需要，也符合世界科技发展的趋势。

访谈中，谈家桢还提出了创办科技特区的设想。他说："科技特区是为了突破传统的科研体制，是科研体制改革的尝试。"科技特区有几个特点：科技人员是流动的，采用聘请制；它是一个纯粹的科研机构，职工的衣食住行由社会解决；特区将在加强与外国先进科学和技术的引进交流方面发挥其优势，吸收外籍华人投资、讲学、工作，手续简便，来去自由。科技特区建立后，将有可能在较短的时间里提高我国的科学技术水平，促进快出人才、多出成果，缩小与国外的差距。

谈家桢身体力行，主张科学家参与企业活动，把"产、销、用"三者密切结合起来；科技人员能较快掌握国际科技发展动态的职业优势，沟通情报，有的放矢地组织企业产品外销，避免盲目生产；学者可以利用参加国际学术会议的机会，直接向国外企业介绍工厂的产品，促进国际贸易和科学技术的交流，促进新技术、新设备的应用推广和设计制造。

谈家桢对广西早已不陌生，早在 1938 年，因当时日寇入侵，他便随浙江大学南迁，经香港、梧州辗转至柳州，盘桓数日，才又转至宜山（今宜州市），并在宜山工作、生活了一年多。当时是敌寇入侵，山河破碎，满目疮痍。时隔半个世纪，1987 年，他又沿着抗战时浙江大学的撤退路线，故地重游，后又再访广西，感慨颇深，而今是国家自强，山清水秀，一派繁荣景象。

谈家桢忆旧趣浓，谈锋所至，往事仍历历在目。

他说："广西可以说是我的第二故乡了，抗日战争时期我在浙江大学任教时就随校迁徙到过广西，自1987年后，我先后4次到广西各地考察。每次来，看到经济有了新的发展，城市建设和人民的精神面貌有新的变化，心里十分高兴。"

1999年5月，谈家桢夫妇与作者父女在广西南宁明园饭店畅谈，谈家桢赠送给作者一座铜雕——雄鹰凌空

谈及广西正在实施的"科教兴桂"战略，谈家桢认为这是一个十分具有科学性的发展思路。他说，经济发展必须依靠科技，依靠教育，科技和教育必须结合起来。教育搞好了，劳动者素质提高了，才能促进先进科学技术的广泛应用，真正实现科技转化为生产力的目标。谈家桢有不少学生在广西从事科研和教学工作，师生间的密切联系使他对广西在生物工程的基础研究和应用研究方面的进展及成果有较多的了解。他说，广西大学农学院及广西医科大学等单位的科研工作者在生物工程的研究和应用方面做了大量的工作，取得了不少成果，有些还在国内外产生了影响。今后还要加强，也希望政府

和有关部门多支持、多鼓励。

谈家桢语重心长地说，广西有丰富的野生动植物资源，一定要认真加以保护，并在此基础之上加以利用，使之为人类服务。广西发展生物工程具有得天独厚的优势，他希望广西的科技工作者在生物工程的研究和应用方面取得更大的进展和更多的成果，并祝愿广西早日实现"科教兴桂"的宏伟目标。

当年，年近 90 岁高龄的谈家桢以其对科学的杰出贡献，受到世界科学界的尊敬，先后被美国国家科学院、意大利国家科学院、发展中国家科学院授予院士称号，还是世界科学院院士及发起人，正如苏步青教授给他的题赠所言："名闻世界，寿比南山。"

1990 年，谈家桢（右）与钱学森（左）在中国科学技术协会三届五次会议上

安度幸福晚年的谈家桢，仍在为"把遗传学搞上去"作着擘画。1997 年 7 月，他针对世界上开展的跨世界"基因争夺战"，给中共中央写了关于"保护基因资源"的信。他在信中敏锐地指出，美国于 1990 年便开始绘制人体全部基因图谱，现在已领先了一步。信中提出，要保护我国基因资源，并要制定政策，营造良好环境，加快我国基因工程产业化进程。

江泽民总书记看到信后非常重视，做出批示："岚清、宋健、珮云同志，我仔细阅读了这份来信，我认为谈家桢同志的意见是十分恳切的，建议你们召开一次会议认真研究一下，提出解决的办法，人无远虑，必有近忧。我们得珍惜我们的基因资源。"

谈家桢在得知江泽民总书记的批示后，高兴地笑了。他相信，有党中央的领导，中国的自然科学事业一定会继往开来，在不远的将来，一定会赶上，甚至超过世界先进水平！

2008 年，作者应邀前往上海参加由复旦大学主办的谈家桢 100 周岁生日庆典，万钢、陈竺等院士前来祝贺，并发表热情洋溢的讲话。

2008 年 8 月，复旦大学举行谈家桢 100 周岁庆典，万钢、陈竺院士出席并讲话

夕阳无限好，我在邕江河畔聆听着谈老那颗不老之心在有力地跳动……是啊，在向现代化进军的征途上，他不倦的身影在深深影响着海内外的莘莘学子……

美丽的几何高山

——记现代微分几何的奠基人、中国科学院外籍
院士陈省身

陈省身 数学家。美国国籍。1911 年 10 月 28 日生于中国浙江嘉兴。1930 年毕业于南开大学，1934 年毕业于清华大学研究院。1936 年获德国汉堡大学博士学位。1937 年任西南联合大学教授。1943 年任美国普林斯顿高等研究院研究员。1946 年任中央研究院数学研究所代所长。1949 年任美国芝加哥大学教授，1960 年任加州大学伯克利分校教授。1981~1984 年任美国国立伯克利数学科学研究所首任所长。1984~1992 年任天津南开数学研究所所长，1992 年起任名誉所长。2004 年 12 月 3 日逝世。中央研究院首届院士（1948 年），美国国家科学院院士（1961 年），英国皇家学会外籍会员（1985 年），法国科学院外籍院士（1989 年），意大利林琴科学院外籍院士（1988 年）。曾获美国国家科学奖（1975 年）、沃尔夫数学奖（1984 年）等。

陈省身是 20 世纪伟大的几何学家，在微分几何方面的成就尤为突出，是高斯、黎曼与嘉当的继承者与拓展者。证明了一般的 Gauss-Bonnet（高斯-波涅）定理；建立微分纤维丛理论，并引入"陈省身示性类"，由此创立了整体微分几何；引进了几何的 G 结构，研究其等价问题；创立了复流形上的值分布理论；为广义的积分几何奠定了基础；等等。1994 年当选为中国科学院外籍院士。

2000 年冬天，应时任南开大学副校长庞锦聚教授的邀请，我到南开大学参观访问。南开大学是我心仪已久的著名大学，也是西南联合大学三校之一。访问期间，我有幸参观了南开大学林荫道深处的一座以"宁园"命名的小楼，这是一座浅黄色的两层小楼，坐落在大大小小的公用建筑之间。2000 年，陈省身教授回国定居，这里就成了他永久的居所。2002 年秋天，我再访南开大学，心潮涌动，想起了陈省身教授……

少 年 时 代

1911 年 10 月 28 日，陈省身出生在浙江省嘉兴县秀水下塘一座傍河而建的深宅里。这年，震惊中外的武昌革命波及浙江嘉兴，陈省身出生刚 9 天，就随母亲韩梅一起逃往乡下避难。父亲陈宝桢，1904 年中秀才，辛亥革命后，毕业于浙江法政专门学校，在司法界做事。陈宝桢、韩梅夫妇盼子日后能仿效曾子"吾日三省吾身：为人谋而不忠乎？与朋友交而不信乎？传不习乎？"的信条，遂为长子取名"省身"。

因为祖母钟爱，不放心陈省身进小学，陈省身小时候便由姑母在家教国文。他的父亲在外地做事，不常在家。有一年，父亲回来，教他认阿拉伯数字，学四则运算。父亲走后，陈省身做了很多数学习题。因此，他虽然没有上过初小，却能在 9 岁时轻易地通过考试进入秀州中学附属小学五年级。

1922 年，陈宝桢到天津供

陈省身全家合影

职，决定把全家接到天津。陈省身进入天津扶轮中学（现天津铁路一中）上学，仍然喜欢数学，觉得它既容易又有趣，做了霍尔（H. S. Hall）和奈特（S. R. Knight）的高等代数及温特沃思（G. A. Wentworth）和史密斯（D. E. Smith）的几何学和三角学书中的大量习题。他还喜欢看小说和写文章。

扶轮中学是一所管理严格、富有光荣革命传统和优良学风的学校。由于经费宽裕，教学设备好，肯用高薪聘请高水平的教师，学校办得有声有色。中学阶段是人一生中可塑性极强的时期。陈省身少年立志，中学时期开始形成广泛而有中心的兴趣和鲜明的个性。1924年秋，陈省身读中学三年级，学校分文、理、商三科授课。陈省身入理科，数学、物理、化学和生物课程的分量自然较重。北京高等师范学校毕业的校长顾赞廷，治学态度严谨。他很看重数学，亲自教中学三年级的几何课，而且教得很"凶"。陈省身在全年级学生中年龄最小，却是校长最得意的学生。这年夏天，14岁的陈省身中学毕业，父亲的同学、中国数学史家钱宝琮教授鼓励他直接报考南开大学的理科。他采纳了钱先生的建议。要念理科就得考解析几何，可是他在扶轮中学里并没有学习过解析几何。时值祖母去世，家里办丧事，生活环境很糟糕。这一切困难并没有让自主能力很强的陈省身退缩，他借来南开中学的解析几何课本，自学备考。结果，他不需要念预科就直接升入了南开大学。

南 开 求 学

1926年，15岁的陈省身考入南开大学数学系。南开大学孕育于新文化运动中，诞生于五四运动时期，校长是爱国教育家张伯苓。20世纪20年代中期，学校提出"理以强国、商以富国、文以治国"的教育方针，提倡通才教育，全校分文、理、商3个学院。当时南开大学理学院有物理、化学、数学、生物4个系。20年代后期，学校从艰难的初创时期转入短暂的发展阶段，实行通才教育，强调实用能力和开拓精神，构成了这个发展阶段的办学特色。陈省身念理科，第一年不选系。他先选了初等微积分、变通物理、定性分析、国文和英文5门课。

大学一年级的生活，陈省身过得很舒服。微积分、力学都由钱宝琮教，陈省身读得轻松自在。这一年，他常常看一些小说类杂书，也时常替别的同学写作文以消磨时间。1927年，陈省身的读书生活与态度有了很大的改变。那年算学系主任姜立夫从厦门大学讲学回来。陈省身因为厌恶实验而进了数学系，成了姜立夫的学生。姜立夫1919年毕业于哈佛大学并获博士学位，是中国的第二个数学博士生。他次年到南开大学创办算学系并任主任。姜立夫在人格上、道德上，被认为是近代的一个圣人。他教书极其认真，每课必留习题，每题必经评阅，使学生获益极多，

1930年，陈省身在天津南开大学获理学学士学位

对陈省身以后的治学精神也有很大影响。当时系里只有5个学生专修数学。

陈省身和另一位数学家吴大任都是姜立夫的得意弟子，姜立夫特意为他们开了许多当时被认为是比较高深的课，如线性代数、微分几何、非欧几何等。为了把陈省身这块璞玉雕琢成精美的大器，姜立夫让陈省身当助手，改大学一、二、三年级学生的作业和卷子，锻炼他的能力，又通过数学模型等实物加深他的学习体会。为了让学生学会组织材料，整理思想，并善于表达，姜立夫常常指定陈省身等学生研读文献，轮流报告。

1929年，陈省身当选为南开大学理科科学会委员，同时还是《南开大学周刊》学术组的骨干。在姜立夫的主持下，当时南开大学数学系的数学藏书在国内是首屈一指的。陈省身喜欢阅读，许多名著都曾开卷。在段茂澜老师的指导下，到1930年毕业时，陈省身已经能读懂德文、法文、英文的数学书籍，对美国的文献尤其熟悉。

清 华 深 造

20 世纪 30 年代，很多在国外获得博士学位的留学生陆续回国任教。虽然各大学数学系的水准有所提高，但陈省身觉得那时的教学形式颇像学徒制，很少鼓励学生自己创新，如果要在数学上有长进，必须出国深造。因为陈省身的父母无法供他出国念书，所以只有考公费才有机会出国留学。当时清华大学研究院规定，毕业后成绩优异者可以公费留学，因此陈省身在 1930 年从南开大学毕业后考进清华大学研究院。那时清华大学研究院的 4 位教授分别是熊庆来、孙光远、杨武之（杨振宁的父亲）和郑桐荪（后为陈省身的岳父）。陈省身随孙光远念射影微分几何学。陈省身去清华有一个重要的目的，是想跟孙光远做一些研究。孙光远原名孙镕，1928 年获芝加哥大学的博士学位，专攻射影微分几何学，是中国微分几何学的先驱者之一。从他那里，陈省身知道了芝加哥的威尔辛斯基创建的射影微分几何的"美国学派"。查阅过 1931 年斯佩里（P. Sperry）编辑的射影微分几何文献目录，在清华大学研究院，陈省身确定了微分几何学作为自己的研究方向。微分几何学的出发点是微积分在几何学上的应用，有 300 多年的历史。自从爱因斯坦提出相对论以后，大家想从几何里找物理的模型，不少几何学家在研究这方面的工作，可惜成就不大。微分几何的正确方向是所谓"大型微分几何"，即研究微分流形上的几何性质，它与拓扑学密切相关。

陈省身在清华大学的研究生生涯中，除必修课外，还选修了杨武之的群论和北京大学江泽涵的形势几何（即拓扑学），但其主要精力则是随孙光远研究射影微分几何。陈省身特别喜欢读哈佛大学的格林的论文，也如饥似渴地读过苏步青在仿射和射影微分几何方面的论文。20 世纪 30 年代早期，他在孙光远的指导下，就在清华大学《理科报告》和日本《东北数学杂志》发表了《具有一一对应点的平面曲线对》和《具有对应母线的直纹线汇三元组》等论文。这是陈省身数学事业的起点。论文隐含的哲理，几十年后仍在美国当代著名数学家格列菲斯关于网、阿贝尔定理及它们在代数几何的应用中产生共鸣。

留学德国

1934 年夏，陈省身于清华大学研究院毕业，以优异的成绩获得了美国庚子赔款公费留学的资格。陈省身再一次显示了他喜欢自由与独立，不落俗套的个性，用留美的公费留学德国和法国。这是一次重要而关键的选择。陈省身在他 23 岁时远涉重洋离开了祖国，来到了德国汉堡。

19 世纪，德国的数学领导着全欧洲乃至全世界，至 20 世纪初此势未衰。汉堡大学虽是第一次世界大战以后才成立的，但当时其数学系已很有名。数学系的教授除布拉施克外，还有 Artin、Hecke 教授，均极负名望。汉堡大学成为继格丁根大学以后新的数学中心。学校 11 月开课，10 月间布拉施克给陈省身一堆他新写的论文复印本。陈省身潜心研读，发现其中有一篇证明不全。布拉施克知道了以后很高兴，并嘱咐陈省身把它补齐。

布拉施克的助手凯勒（E. Kahler）博士写了一本小书《微分方程组论》，发挥法国大数学家嘉当（Elie Cartan）的理论。书中的基本定理后来被称为嘉当-凯勒定理。凯勒组织了一个讨论班研读他的著作。由于这个理论十分复杂，能坚持听下来的人不多。陈省身却坚持不懈地研读，从中获得了不少教益。由此，陈省身逐渐了解了嘉当在数学上的伟大之处。

陈省身在德国十分崇拜布拉施克教授，他跟随布拉施克研究微分几何学，一年多就完成了博士论文，内容是嘉当方法在微分几何中的应用。1936 年陈省身在德国获得博士学位。1936 年夏，陈省身公费留学期满，他又得到中华文化基金会一年的资助，经布拉施克的推荐，这年 9 月陈省身到巴黎追随几何大师嘉当进一步深造。当时嘉当的学生很多，学生要会见他只能在办公时间排队等候。两个月后，嘉当邀请陈省身每隔一周到他家讨论一小时。陈省身对这一小时的讨论非常珍视。他不仅从中学到了许多新东西，还学到了嘉当的数学语言和思考方式。此间，他还结识了法国布尔巴基学派第一代代表人物之一韦伊（A. Weil）。

1937 年"七七"事变后，日本侵华战争全面爆发，陈省身回到祖国，在昆明西南联合大学任教，直到 1943 年。近 6 年间，他一边协助姜立夫主持数学研究所的工作，一边潜心研读从嘉当那里带回的论文。

在西南联合大学任教

1937 年，卢沟桥事变后的第三天，陈省身接受清华大学的聘请，离开法国到清华大学任教授。他乘"伊丽莎白女王号"轮船横渡大西洋去纽约，再由加拿大温哥华转乘"加拿大皇后号"轮船回上海。途中得知日本侵略军已入侵上海，他只得在香港辗转至越南海防，然后与北京大学校长蒋梦麟及江泽涵教授结伴于 1938 年 1 月抵达昆明。

1938~1943 年，作为西南联合大学教授，陈省身在昆明生活了 5 年多的时间，正是而立之年前后，风华正茂，意气风发。

西南联合大学数学系由北京大学、清华大学、南开大学 3 校的数学系合并而成，人才济济，名流荟萃，师资阵容强大。陈省身在《我与华罗庚》一文中回忆初到昆明时的情景：

> 刚到昆明的时候，去了一群人，没有地方住啊。因为原来学校不在那个地方，所以我们借了中学的房子，那个中学很慷慨，拨出一房子让西南联合大学的人暂时住。所以教授像华罗庚、我，还有王信忠（他是日本史的专家），我们三个住一个房间。每人一张床，一个书桌，一个书架，一个椅子，房子摆得相当挤了，不过生活很有意思。三个人一清早没有起床就开玩笑，互相开玩笑。虽然物质上很苦，但是生活也很有意思。

当时正值抗日战争时期，西南联合大学偏居大后方，最缺乏的是图书设备和学术信息。好在陈省身的法国导师嘉当不断给他寄来有关微分几何论文的复印本，这些难读的东西让他受益匪浅。

1939 年 7 月，陈省身与郑士宁女士结婚，他便从单身教授宿舍搬出，借住于昆明大西门内大富春街一座中式楼房里。大西门离西南联合大学步行约 20 分钟，途中经过翠湖公园。陈省身常常与姜立夫先生同去学校，或者两人从学校一同回来，边走边谈，很是惬意。但是这种生活持续时间并不长，因他的夫人郑士宁怀孕要去上海分娩，所以 1940 年陈省身又重新过起了单身教授的生活。他们一群单身教授租了唐继尧花园的戏台，住在戏台上的是陈岱孙、朱自清、陈福田、李继侗 4 位教授，陈省身的房间是一个包厢。这段时间，陈省身在埋首教学、科研之余，每个周末都要到他的好友吴大猷教授家串门。他们在抗战后方昆明的快乐时光，如同流星般很快过去。1940 年秋天，日本空袭开始频繁了，人民的生活也更加困顿、艰苦，物价飞涨，经济萧条。1941 年 11 月，陈省身与吴晗、华罗庚、刘仙洲等 54 名教授联名要求提高薪俸。

抗日战争时期的昆明，因西南联合大学群英荟萃、人才辈出和学术团体、研究机构的建立，成为全中国最重要的研究中心。早在 1935 年，德高望重的姜立夫就受聘为中央研究院评议会评议员。1940 年，"新中国数学会"在西南联合大学成立，姜立夫被选为会长，理事有熊庆来、陈建功、苏步青、孙光远、杨武之、江泽涵、华罗庚、陈省身等教授，陈省身担任学会文书，华罗庚任会计。这年 11 月 25 日，中央研究院院务谈话会议有一项重要决议，议定设数学研究所筹备处，聘姜立夫为主任。翌年经中央研究院评议会通过，数学研究所筹备处在昆明成立。筹备处先后延聘了苏步青、陈建功、江泽涵、陈省身、华罗庚、姜立夫、许宝騄和李华宗等 8 位教授兼任研究员。陈省身在昆明的 5 年多时间，正是他获得研究成果的高峰期。除教学外，他还写了十五六篇数学论文，发表在国内外的学术刊物上，为国际数学界瞩目。美国普林斯顿高等研究院创始教授韦尔和维布伦（O. Veblen）邀请他去做访问、研究，法国青年数学家韦伊竭诚赞助，推动此项计划。那时太平洋战争已经爆发，去美国途中有风险，但陈省身执着地追求自己的理想——献身于数学事业，仍做出人生最重要的一个决定——应邀到当时世界数学中心美国普林斯顿高等研究院，开始为期两年的研究工作。

在普林斯顿做研究

1943 年 7 月，陈省身离开昆明，搭乘美国军用飞机经印度、中非洲、南大西洋、巴西，历时一星期，于 1943 年 8 月初抵达美国的迈阿密，从此开始了在普林斯顿高等研究院的研究工作。在两年时间里，陈省身发表了多篇震惊数学界的有关微分几何学的论文，成为现代微分几何学的奠基人。

陈省身来到普林斯顿时，已近初秋时分，红枫黄叶，随风飞舞。那里的许多科学家都参加第二次世界大战的工作去了，研究院内相当清静。陈省身想在普林斯顿干出一番事业来。在那里，他很快就见到了著名科学大师爱因斯坦。陈省身后来回忆道：

> 1943年，我从中国西南部的昆明到普林斯顿研究所，那是第二次世界大战激烈进行之时，爱因斯坦以非常的温暖和同情来欢迎我。
> 我能够时常同他讨论各种课题，包括广义相对论在内，是最大的幸福。

在数学精英荟萃之地普林斯顿，陈省身同韦尔、维布伦有过许多次长谈，开拓了眼界。但同他接触最多的，是只比他大5岁的法国青年数学家韦伊。他们的住地相隔不远，两人有许多共同的兴趣，对一些数学问题以及整个数学界有许多共同的观点。

1945年7月，陈省身在《埃尔米特流形的示性类》的论文中自然地引入复向量丛的示性类，后来被命名为"陈省身示性类"，简称"陈类"。这是他在一个星期日到图书馆翻阅学术期刊时突然出现的灵感。此文也发表在重要期刊《数学纪事》上，其中还给出了"陈省身示性类"一个漂亮的、用曲率张量写出的公式。

在普林斯顿的两年，陈省身写了10篇论文。这是他成果最丰饶、最重要的时期之一。1945年7月23日，陈省身再函清华大学梅贻琦校长关于请假继续留美研究事，信中说："校中需人迫切，可以想象，惟生习算二十年，苦心所在，不甘自弃，当为先生所谅。"次年初，《美国数学会通报》发表陈省身长达30页的重要论文《大范围微分几何的若干新观点》，论文指出了嘉当的联络的几何学思想与纤维丛理论有密切的关系，从而把微分几何学推进到大范围的情形。至此，陈省身作为国际现代微分几何奠基人之一的历史地位实已确立。

数 学 领 袖

1946 年春，抗日战争已经结束，陈省身重返祖国。当时中央研究院决定成立数学研究所，由姜立夫主持筹备。姜立夫聘陈省身为研究员，但姜立夫很快就去了美国，所以筹备工作就落在了陈省身的身上。1948 年数学研究所由上海迁往南京。当年陈省身被选为第一届院士，他是五位数学院士（其余四位是姜立夫、苏步青、许宝騄、华罗庚）中最年轻的一位。只顾潜心做学问的陈省身，没有注意到当时的内战局势，直到有一天，普林斯顿高等研究院院长给他发来电报，他才感

陈省身和家人在美国芝加哥

到国民党政府不会长久，所以应邀带着全家再次赴美。1948 年底，他先到普林斯顿，半年后受聘到芝加哥大学任教授。当时，他的好友、法国著名数学家韦伊也在那里。

20 世纪 40 年代初，美国的微分几何还处于最低点——"它已经死了"。陈省身一到美国，就在维布伦的微分几何讨论班担任主讲，其讲稿流传甚广。1949 年夏，他迁往芝加哥大学，成了孙光远当年导师莱恩的继任人。他在芝加哥大学开设大范围微分几何课程。

1950 年 8 月，第 11 届国际数学家大会（ICM）在哈佛大学召开，这次大会距在奥斯陆召开的上一届大会已经过去了 14 年。陈省身应邀在大会上做了题为"纤维丛的微分几何"演讲。它标志着中国数学家在 20 世纪中叶的现代

数学的一个主流研究方向居国际领先地位。在芝加哥大学工作 10 年，陈省身培养了"美国历史上一大批高质量的几何学博士"一共 10 人。陈省身的讲稿"微分流形"和"复流形"在美国各地流传，还迅速传到巴西、苏联和其他国家。

1960 年，陈省身迁往加州大学伯克利分校。次年当选为美国国家科学院院士。陈省身的到来，使伯克利成为一个"几何和拓扑的中心"。陈省身在加州大学伯克利分校，更加辉煌地开辟了"自己的道路"，直至耄耋之年。他在伯克利分校一如既往地"训练新人"，培养了 31 名高质量的几何学博士，其中包括 20 世纪 60 年代一流的几何学家温斯坦，以及后来的国际菲尔兹奖、克拉福德奖得主丘成桐。1970 年，他再次应邀在国际数学家大会上做"微分几何的过去与未来"的全会报告。

1984 年 5 月，以色列总统贺索亲自将 1983~1984 年度沃尔夫数学奖颁发给陈省身，奖状的引文：

> 此奖授予陈省身，因为他在整体微分几何上的卓越贡献，其影响遍及整个数学。

陈省身终于在美国建立了微分几何新学派，他推动了几何学在美国的复兴。1988 年，美国数学会隆重纪念数学会成立 100 周年，著名数学家奥塞曼写道："使几何学在美国复兴的极有决定性的因素，我想应该是 40 年代后期陈省身从中国来到美国。"韦伊则评价说："如果没有嘉当、H. 霍普夫、陈省身和另外几个人的几何直觉，本世纪的数学绝不可能有如此惊人的进展。"

1993 年 5 月，陈省身和丘成桐提出建议，希望中国举办一次国际数学家大会，并向时任中共中央总书记、国家主席的江泽民说了他们的想法。中国数学会第六届理事会的常务理事会对此进行了认真研究，做出了申办的决定，并向中共中央领导、国务院领导做了汇报，受到中共中央领导和国务院领导的重视。第七届理事会最重要的一项工作，就是在激烈的国际竞争中，排除干扰以压倒性的优势赢得了 2002 年北京国际数学家大会（ICM-2002）的主办权。中国数学会申办 ICM-2002 的工作，至此获得成功。

2002 年 8 月 20~28 日，4 年一次的国际数学家大会在中国北京举行，8

月20日下午3点，在人民大会堂举行开幕式，江泽民主席出席，李岚清副总理代表中国政府讲话。作为这次大会的名誉主席、受人仰慕的数学界前辈、年逾91岁高龄的陈省身先生，也在大会开幕式上做了极其精彩的发言。大会上，人们看到一个也许会成为经典的镜头，那是记者在大会会场上拍摄回来并编辑进节目中的镜头：陈省身在发言时，坐在他身边的国家主席江泽民亲自起身为陈先生调整话筒。我们为这个镜头所感动，当时会场上很多人也为此感动。

人 生 历 程

在陈省身一生漫长的教学道路上，一共办过三个研究所：第一个是中央研究院数学研究所（1946~1948年，中国上海、南京），第二个是数学科学研究所（1981~1984年，美国伯克利），第三个是南开大学数学研究所（1984年以后，中国天津）。

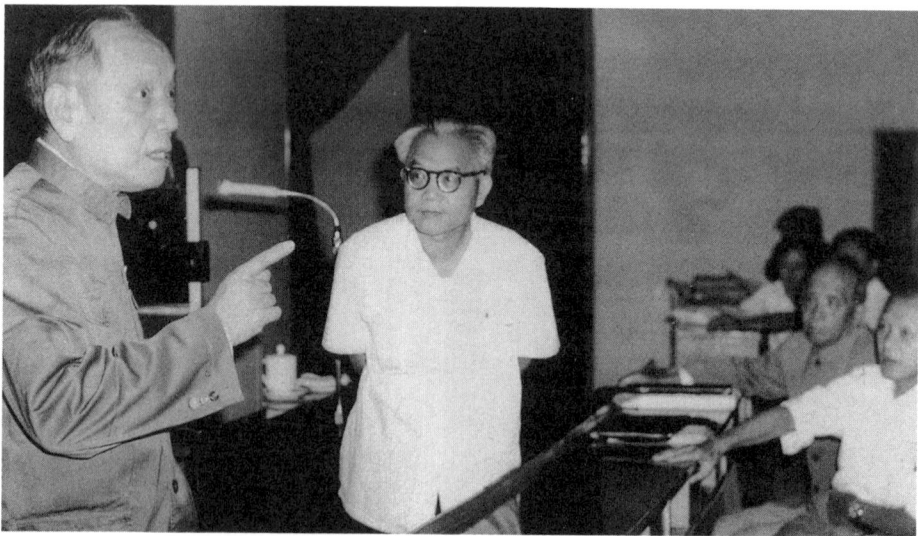

陈省身在"双微"会议上做学术讲演，吴文俊主持

1981年，陈省身、C.穆尔、I.辛格以及旧金山海湾地区的几位数学家向美国国家科学基金会提出在伯克利成立数学科学研究所的计划。经过激烈的

竞争，国家科学基金会宣布成立两个所，其中一个就是在伯克利的数学科学研究所，陈省身为首任所长，任期 3 年。

南开大学数学研究所，可以说倾注了陈省身晚年的大量心血。他当年在中央研究院的学生、中国科学院院士吴文俊先生说："刚开始的时候，南开大学数学研究所是一片空白，可是现在已经有了一大批人才。陈先生有一种可能在世界上都很少见的功力，他能一下子就把学生送到数学研究的最前沿。"

1984 年，陈省身应教育部聘请，任南开大学数学研究所所长，创办扎根国内、培养高级数学人才的基地。多年来，陈省身不顾年老体弱，奔波于中美两地。

陈省身一生应邀在国际数学家大会上做过 3 次报告，第一次是 1950 年在美国坎布里奇，第二次是 1958 年在英国爱丁堡，第三次是 1970 年在法国尼斯。国际数学家大会每 4 年开一次，同一个人被邀请做 2 次以上的演讲是十分罕见的。在国际数学家大会上还要颁发数学界的最高荣誉奖——菲尔兹奖。这个奖是颁给 40 岁以下且在数学上做出过卓越的、奠基性研究工作的数学家的。陈省身的学生丘成桐在 1982 年获得了这项奖。

家庭和朋友

陈省身与郑士宁的婚姻是由杨振宁的父亲杨武之促成的，他们于 1937 年在长沙订婚，1939 年结婚。郑士宁是东吴大学生物学理学士。1940 年她由昆明去上海待产，生下长子陈伯龙。但因战事，她无法回昆明，直到 6 年后全家才得以团聚。他们尚有一女陈璞，女婿朱经武是高温超导体研究的主要贡献者之一。陈省身家庭美满，夫人一向陪伴在旁，陈省身非常感谢她为他创造了一个平静的气氛进行科学研究。在郑士宁 60 岁生日时，陈省身特别为她写下一首诗：

三十六年共欢愁，无情光阴逼人来。

摩天蹈海岂素志，养儿育女赖汝才。

幸有文章慰晚景，愧遗井臼倍劳辛。

小山白首人生福，不觉壶中日月长。

1978 年，陈省身在《我的科学生涯与著作梗概》中写下了这样的话："在结束本文前，我必须提及我的夫人在我的生活和工作中所起的作用。近 40 年来，无论是战争年代抑或和平时期，无论在顺境抑或逆境中，我们相濡以沫，过着朴素而充实的生活。我在数学研究中取得之成就实乃我俩共同努力之结晶。"

1985 年陈省身与夫人在一起

陈省身和杨振宁是青年时代的好朋友，而杨振宁的父亲和郑士宁的父亲又是志同道合的好友。1949 年陈省身、杨振宁均在芝加哥，1954 年又同在普林斯顿。他们时常谈论自己的工作，却不知道他们所研究的是同一个"大象"的两个不同的部分。陈省身在 1946 年发表示性类的论文，1949 年在普林斯顿讲了一个学期的联络论。杨振宁和米尔斯在 1954 年发表了杨-米尔斯规范场论。下面是杨振宁送陈省身的一首诗：

天衣岂无缝，匠心剪接成。

浑然归一体，广邃妙绝伦。

造化爱几何，四力纤维能。

千古寸心事，欧高黎嘉陈。

王元院士和杨乐院士是陈省身的忘年交。2004 年 5 月 28 日一早，中国著名数学家——74 岁的王元院士、65 岁的杨乐院士及夫人黄且圆，坐车驶向天津。这条路对他们来说再熟悉不过了，因为受邀去讲学，他们经常要走这近 2 小时的车程。但这次毕竟和以往不同，除了讲学，他们还能在南开大学见到老朋友、93 岁的大数学家陈省身先生。王元说，杨乐和自己都已经不是第一次来陈省身先生家住了，"我住在这里就有三四次"。

陈省身在南开大学里的住所宁园是一栋独立的两层小楼，是学校专门为他建造的。杨乐院士的夫人黄且圆女士在描写陈省身的文章中曾详细描述过这栋小楼："宁园是一座浅黄色的两层小楼，坐落在大大小小的公用建筑之间，一不小心就会被忽略过去。这与树木葱茏、风景如画的海滨小城伯克利可大相径庭。"

1985 年 5 月，陈省身（中）获纽约州立大学名誉博士留影。左为张守廉，右为杨振宁

送 别 大 师

2004 年 12 月 3 日，陈省身在天津逝世，享年 93 岁。陈省身先生逝世后，胡锦涛、温家宝、朱镕基、路甬祥、周光召、钱伟长、宋健等同志通过各种形式表示沉痛哀悼，并向他的亲属表示深切慰问。12 月 4 日晚 6 时，一辆面包车停在陈省身灵堂的门口，车上下来一位面色苍白的老人，在两个年轻人的帮助下，她把一个花圈送到了陈省身先生的灵前。"这个花圈一定要放到前面，离陈先生近一点，这是他的一个交往了 70 多年的老朋友送的！"她向工作人员要求。原来这位慈祥的老人是沈琴婉女士，她此次专门代表她年近 96 岁高龄的婆婆陈鸌前来吊唁陈省身。

陈省身与陈鸌的先生吴大任曾是南开大学的同班同学，又先后在清华大学、汉堡大学同学，吴大任曾任南开大学副校长，70 年的风风雨雨让两家人建立了深厚的友情。由于陈鹗年长陈省身两岁半，两人经常以姐弟相称。

杨振宁、李政道、吴文俊、丘成桐、林家翘、张恭庆、谷超豪、杨乐等参加送别或以各种形式向陈省身的亲属表示深切慰问。

2004年12月12日上午10时，天津市殡仪馆仙苑厅，哀乐低回。覆盖着鲜花的陈省身先生一如平时从容安详。各界人士数千人排着队缓缓走过，向陈先生告别。

杨振宁从北京赶来了，谷超豪从上海赶来了，丘成桐从美国赶来了……王元、杨乐等10多名院士，来自北京大学、清华大学、浙江大学、复旦大学的数百名数学界专家学者专程集体赶来了。

正在兴建中国数学研究中心的浙江绍兴第一建筑公司的建筑工人们每人手捧一盆鲜花悼念陈省身。他们说，陈省身生前十分关心数学研究中心的建设，他曾到工地上去看过。

在大洋彼岸，陈省身曾工作过的美国休斯敦大学这天降半旗致哀。

陈省身这位20世纪伟大的几何学家确实把一生都投入数学里面去了。在南开大学数学研究所成立之际，陈省身曾深情地说："我把最后一番心血献给祖国，我的最后事业也在祖国。我要为中国数学的发展鞠躬尽瘁，死而后已。"

太空的萦梦

——记中国"导弹之父"、中国科学院院士、中国
工程院院士钱学森

钱学森　应用力学、工程控制论、系统工程科学家。1911 年 12 月 11 日生于上海，籍贯浙江杭州，1934 年毕业于国立交通大学。1939 年获美国加州理工学院航空与数学博士学位。1957 年被选聘为中国科学院学部委员（院士）。1994 年被选聘为中国工程院院士。2009 年 10 月 31 日逝世。中国人民解放军总装备部科技委高级顾问。中国力学学会、中国自动化学会、中国宇航学会、中国系统工程学会名誉理事长，中国科学院学部主席团名誉主席，中国科学技术协会名誉主席。曾任第七机械工业部副部长、国防科学技术委员会副主任、中国科学技术协会主席和全国政协副主席。

在应用力学、工程控制论、系统工程等多领域取得出色研究成果，为中国航天事业的创建与发展做出了卓越贡献。1956 年获中国科学院自然科学奖一等奖，1986 年获国家科技进步奖特等奖，1991 年被授予"国家杰出贡献科学家"荣誉称号，1999 年被国家授予"两弹一星"功勋奖章。

1992 年 9 月 3 日是我编辑生涯中一个难忘的日子。这一天，钱学森从《人民日报》上看到由薄一波同志撰写序言的《邓小平科学技术思想研究》一书由广西科学技术出版社出版的消息，便让他的秘书涂元季两次打电话到广西科学技术出版社，转达他的意见："购买几本《邓小平科学技术思想研究》，学习研究用。"邓小平科学技术思想研究是建设中国特色社会主义理论研究的重要方面，特别是邓小平同志科学技术思想这一研究成果，在一定程度上反映出我国当时有关邓小平科学技术思想研究的水平。这本书对广大科技工作者深入学习邓小平建设有中国特色社会主义理论，弘扬"科学技术是第一生产力"的思想，推动科技创新、科技与经济相结合，具有重要的参考价值。

89 岁高龄的钱学森戴着老花眼镜正认真地阅读有关资料

钱老的电话在广西科学技术出版社引起了强烈的反响，尤其使作为此书的责任编辑和策划者的我深为感动。钱老是科学界的巨擘，一生从事科学研究，硕果累累，但他却学而不倦，不断用辩证唯物主义、历史唯物主义和当代最先进的思想理论充实自己，认真研究马列主义、毛泽东思想、邓小平理论，尤其是"科学技术是第一生产力"的理论，并用以指导自己的工作。这种活到老、学到老的精神，真令人钦佩。而我们广西科学技术出版社地处祖国边陲南疆、少数民族地区，我社出版的书能引起钱老的关注，这对我社的出版工作是一个极大的鼓舞和激励。

晚上，我打开工作日记本，将这永远使我感动的事情记录下来。写完后，我的心情很不平静，我仿佛看到钱老拿着我责编的这本书，在认真地研究邓小平的科学技术思想。而钱老几十年的科学生涯，他那渊博的科学知识，那坚忍不拔的毅力，那一腔火热的爱国激情，像电影一样，一幕幕地在我眼前浮现……

梦系太空

1911年12月11日夜晚，一个不平凡的小生命伴随着辛亥革命的风暴来到了人间，他就是祖籍浙江杭州、曾到日本学教育、地理和历史、在上海成立"劝学堂"教授热血青年投身民主革命的教育家钱均夫的独生子钱学森。

生在不平凡年代的钱学森，从小就有不平凡的理想。当他与父亲游香山躺在草地上仰视蓝天时，他的心会随着盘旋高空的苍鹰在蓝天上遨游；当他听完父亲给他讲《庄子》中背负青天的大鹏鸟的寓言时，他便说他要学大鹏鸟到太空去翱翔，决不当胸无大志的小麻雀；当他跟父亲一起做了一只大蜈蚣风筝，长长的彩色蜈蚣摇头摆尾飞上高空时，他便说："我若能坐到蜈蚣身上多好啊！"

向往着太空的钱学森，似乎从小就懂得某些空气力学的原理。读小学的时候，他与小伙伴们一起掷飞镖。这飞镖是用硬一点儿的废纸折成的，头部是尖的，身上有一双向后掠去的翅膀，飞起来既像只小燕子，又像架小飞机。飞镖人人都会做，但不一定都能够飞得好。有的刚掷出去就一头扎进"太平洋"，有的则不向前飞，而是绕圈子向后飞。只有钱学森折的飞镖飞得最平稳、最远。小伙伴们不服气，一次次地比赛，又一次次地败下阵来。"你的飞镖里一定有鬼！"他们把钱学森的飞镖拆下来看，平平展展的一张纸，别的什么都没有。自然课的老师看到这种情形后，就让钱学森把自己飞镖的秘密告诉同学们。钱学森腼腆地说："我的飞镖没有什么秘密，我也是经过许多次失败，慢慢一点儿一点儿琢磨出来的。我折的飞镖用的纸比较光滑。飞镖的头不能太重，重了就会往下扎；也不能太轻，轻了尾巴就重，就会先往上飞，然后就掉下来。翅膀太小，就飞不平稳；翅膀太大，就飞不远，爱兜圈子。就是这些。""说得好极了，"自然课老师高兴地总结道，"小小飞镖中有科学道理，那就是一要保持平衡，二要减少阻力，并且要巧妙地借助风力和浮力。"自然课老师看着聪明的钱学森，打内心里感觉到他是块科学家的料。

钱学森深知，要实现自己的梦想，必须用知识武装自己的头脑。因此，他自幼就很勤奋地学习。

钱学森从小就有非凡的记忆力，表现出过人的聪慧。他3岁就能背诵百首唐诗宋词，还能用心算加减乘除。当然，好铁还需好火淬才能百炼成钢。幸运的是，钱学森有一个特别优良的学习环境。钱母多才多艺，经常给他讲古人精忠报国、发愤读书的故事；钱父是个教育家，博学多才，在家庭中为他营造了良好的文化氛围，并善于开发他多方面的才智，启发他树立远大志向。钱学森3岁时随父亲到了北京，上过蒙养院（幼儿园）、女师大附小、北师大附小和北师大附中。如果说幸福的家庭和北师大附小等环境为钱学森这棵嫩苗提供了沃土的话，那么，北师大附中则为他的苗壮成长提供了丰富的养分。

当时的北师大附中是一所很了不起的学校。校园里有一批不甘于祖国沉沦、矢志于教育事业的优秀教职人员，有一套完善而先进的管理和教学制度。当时的校长林砺儒实施了一套以提高学生智力为目标的教学方法，启发学生学习的兴趣和自觉性。化学老师王鹤清启发了钱学森对科学的兴趣，给他自由到化学实验室做实验的便利。国文老师董鲁安（于力）在课堂上常用较长时间来讨论时事，他的教学使钱学森产生对旧社会腐败的深刻不满和对祖国前途、人民命运的关心。此外，数学老师傅仲孙、生物老师俞谟（俞君适）、美术老师高希舜等，都对钱学森产生了很深的影响。这些老师为中学时代的钱学森在数、理、文等课程方面打下了良好的基础。在北师大附中读书的 6 年中，钱学森在班上差不多门门功课都名列前茅。

1929 年，钱学森中学毕业后，怀着实业救国的信念，考入国立交通大学机械工程系。上海交通大学实行的是中西结合的、严厉的教育方法，重考试分数，学期终了平均分数算到小数点以后两位。钱学森虽不满这里不浓的求知空气，但也不甘落后，每门功课必考 90 分以上，获得了免交学费的奖励。

1930 年暑假后期，钱学森得了伤寒病，在家里卧病一个多月，后因体弱休学一年。在这一年里，他第一次接触到科学社会主义。在养病期间，他不仅读了许多史书，也读了马克思的《资本论》、普列汉诺夫的《艺术论》、布哈林的《历史唯物主义》，还看了一些西洋哲学史、胡适的《中国哲学史大观》（上册）。这些书打开了他的眼界，使他看到了另外一个崭新的世界，也为他成为终生自觉的马克思主义者奠定了基础。休学期满回到学校，钱学森开始接触到共产党的外围组织，参加过多次小型讨论会。

1934 年暑假，钱学森从国立交通大学机械工程系铁道机械工程专业毕业后，考取了清华大学的公费留学，专业是飞机设计。依照关于清华留美学生的规定，钱学森 1934~1935 年到杭州笕桥飞机厂实习，随后又先后到南京、南昌的国民党空军飞机修理厂见习。

1935 年 8 月，钱学森从上海坐美国邮船公司的船离开祖国。临别前的一夜，他辗转反侧不能入眠。当时的中国豺狼当道，钱学森想的是暂时到美国去学些技术，来日归来报效祖国。但真的要离开祖国怀抱、告别慈爱的双亲时，他又有些依依不舍了；而父亲临别时给他的教诲，更使他细细品味着此次驶向大洋彼岸的使命和价值：

人，生当有品；如哲、如仁、如义、如智、如忠、如悌、如孝！

吾儿此次西行，非其夙志，当青青然而归，灿灿然而返！

根 在 中 国

钱学森在美国就读于麻省理工学院，在航空系攻读硕士学位。怀着报效祖国的远大理想，钱学森晨昏苦读，昼夜不倦，学习成绩在班上总是最突出的。这位来自中国的高才生，没有给祖国丢脸，一年以后，便以优异的成绩获得航空工程硕士学位。那时，他还不满 25 岁。

钱学森获得了成功，但接踵而来的是美国种族歧视对他的打击。因为学工程的一定要到工厂去，而美国的飞机制造厂不接纳中国学生实习和工作。美国当局的种族歧视，使钱学森强烈的民族自尊心受到了伤害，但更坚定了他为改变祖国的命运而发愤学习的决心。他开始转向航空工程理论，即应用力学的学习。于是他决定追随当时在加州理工学院的力学大师冯·卡门。

1936 年 10 月，钱学森转学到加州理工学院，开始了与冯·卡门教授先是师生后是亲密助手和同事的情谊。冯·卡门与钱学森第一次见面，仅寥寥数语，就对钱学森所具有的超越一般学者的智慧和极其敏捷的思维判断能力有一种异乎寻常的好感，当即表示愿意破格录取钱学森为他的博士研究生。这是一次具有决定意义的会面，冯·卡门这位"伯乐"识到了"千里马"钱学森，使钱学森跨越了在异国求知途中关键的一步，而正是这一步，使钱学森得以自由驰骋在应用力学、航空工程和火箭导弹技术领域，大展宏图。

在冯·卡门教授的指导下，钱学森的学术造诣与日俱增。冯·卡门教授教给钱学森从工程实践提取理论研究对象的原则，也教给他如何把理论应用到工程实践中去的方法。冯·卡门每周都主持研究讨论会和一次学术讨论会，这些学术活动给钱学森提供了锻炼创造性思维的良好机会。3 年后，钱学森取得博士学位并留在加州理工学院任教。

钱学森的成名作是 1940 年在美国航空学会年会上宣读的一篇关于"薄壳体稳定性"的研究论文。这是一个难度极大而实用价值同样很大的科研课题。钱学森后来的许多重要论述，引起国际动力学界越来越大的关注。

从 20 世纪 30 年代末到 40 年代期间，钱学森与冯·卡门合作研究的诸多成果，由他们共同署名，发表了多篇论文。他们共同创造的著名的"卡门-钱学森公式"，为航空科学史写下了光辉的一页。

所谓"卡门-钱学森公式"，又称"卡门-钱学森法"。这个公式第一次发现了在可压缩的气流中，机翼在亚音速飞行时的压强和速度之间的定量关系。这是空气动力学中的一项重大科研成果。如今，几乎每个从事空气动力学研究的人都熟知"卡门–钱学森公式"。

1942年，钱学森的研究工作已有了一定的成绩，此时由于战时军事科学研究的需要，美国暂时放松了对外国人的限制，故他得以参加机密性工作。1942年，美国军方委托加州理工学院举办喷射技术训练班，钱学森被聘请为这个训练班的教师，与陆、海、空三军技术员有了接触。后来美军从事火箭导弹工作的军官和工程技术人员，有不少就是这个训练班的学生。

1944年，美国陆军得知德国研制V–2导弹的情报，连夜研究对策，委托冯·卡门用最快的速度研制中远程导弹。冯·卡门接受任务后，确定由钱学森负责理论组的工作。钱学森提名中国留学生林家翘、钱伟长一道参加理论组的研究，进行弹道分析、燃烧室热传导、燃烧理论研究等工作。由于钱学森等人的卓有成效的工作，这项被誉为"美国导弹先驱"的计划，迅速被推上了研制轨道，一批"下士"导弹被制造出来，运往欧洲前线，变成了实实在在的对抗法西斯强盗的威慑力量，钱学森也由此被称为美国导弹事业的奠基人之一。

不久，钱学森被聘请为美国航空喷气公司的技术顾问。此时，他已经置身于美国军事科学的核心部位。

由于钱学森在空气动力学、火箭飞行理论、数学等领域的优异才能，1947年2月，他刚满36岁，便成了麻省理工学院最年轻的终身教授。当年，在麻省理工学院，每个系一般只有2~3名终身教授，因而晋升为终身教授的人科研成果非常显著，而且必须是担任副教授不少于3年时间的人。而钱学森当时只当了一年的副教授，并且是第一个走进麻省理工学院教授行列的中国人。此时此刻，他成了中国的骄傲。

1947年夏季，由于母亲的去世，钱学森向麻省理工学院请假，回到了阔别12年的祖国，安慰在上海病弱独居的父亲，并与著名军事理论家蒋百里的三女儿，一位在维也纳和柏林受过良好音乐教育的女高音声乐家蒋英结婚。这时，他的母校国立交通大学聘请他担任校长，但他没有接受。他满眼目睹的是国民党政府的无能与腐败，也零星听到来自共产党的消息，并因此看到了希望。他要返回美国积蓄力量，为心目中的新中国效力。

钱学森返回美国后，在麻省理工学院负责空气动力学、弹性力学等课程的教学任务，同时开始向发展火箭核能发动机的最新目标冲刺。一年后，他发表了世界上第一篇关于核火箭的论文，并在美国火箭学会举行的年会上进行了演讲，纽约等地的报刊纷纷报道了这一"惊人的火箭理论"。此时的钱学森，在美国正处于享有崇高荣誉的巅峰时期，他被世界公认为力学界和应用数学界的权威，流体力学研究的开路人之一，现代航空科学与火箭技术的先驱，著名的空气动力学家，工程控制论的创立者。

面对着这些荣誉，钱学森自豪地笑了。是啊，多年的屈辱和辛酸，多年的艰难和奋斗，用辛勤汗水浇灌出来的科技硕果，终于得到了国际上的承认，他为祖国争了一口气，他能不笑吗？他深知，他的荣誉不属于他个人，而是属于他的祖国。尽管那时的中国在国际上的形象是贫穷落后的，人民是愚昧无知的，但他多么希望自己的祖国成为一个强大而富裕的东方巨人啊！

1949年10月1日，他期待的这一天到来了，新中国诞生了，他报效祖国的时机到了！

钱学森开始准备回国。但他的举动遭到了麦卡锡主义长达5年之久的迫害。美国政府先是取消了钱学森参加机密研究的资格，然后以莫须有的罪名非法逮捕、监禁他，最后竟然软禁他。美国当局深知钱学森的价值，用当时的海军次长丹·金波尔的话来说，那就是"这钱学森无论在哪里，也都抵得上五个师""我宁可把这家伙枪毙了，也不能让他离开美国"。

漫长的5年岁月，并没有摧垮钱学森的铮铮铁骨。一部30万字的《工程控制论》在软禁期间问世了，成为这个领域中奠基式的著作。度日如年的他，在1955年6月，巧妙地避开了特务的盯梢，通过一小张香烟纸，寄托了恳请祖国助他还乡的深情。这封不寻常的信，传到在比利时的蒋英的妹妹手中，传到在北京的蒋英父亲的世交陈叔通先生手中，再传到周恩来总理手中。这年的8月1日，当王炳南大使在日内瓦中美会谈上出示钱学森的信时，美方无奈中允许钱学森离开美国。

回国前夕，钱学森同蒋英带着幼儿钱永刚、幼女钱永真向他的老师道别，冯·卡门无限依恋并动情地说："钱，我为你骄傲，你创立的工程控制论理论，对现代科学事业的发展，做出了巨大的贡献。孩子，你现在在学术上已经超过了我。"

听了这位科学巨擘的一席话，钱学森很激动。老师的话印证了 20 年前离开祖国时他父亲的谆谆告诫："当青青然而归，灿灿然而返！"

魂归导弹

1955 年 10 月 28 日，钱学森一家在上海与父亲团聚后到达北京。这位在国际上享有盛誉又饱经磨难的杰出科学家，站在天安门广场，深情地向祖国呼喊："我终于回来报效您了！"

1955 年，钱学森（右三）回到上海与家人团聚

次日，在中国科学院院长郭沫若举行的盛大欢迎宴会上，钱学森欣喜地接受了中国科学院副院长吴有训正式交代的由钱学森牵头组建中国科学院力学研究所的任务。

　　钱学森在哈尔滨参观中国人民解放军军事工程学院时，院长陈赓大将专程从北京赶回哈尔滨接见钱学森，他见到钱学森的第一句话是："中国人搞导弹行不行？"钱学森回答："外国人能干的，中国人为什么不能干？"陈赓大将高兴地说："好！就要你这一句话。"

　　从此，钱学森开始了他在新中国从事火箭、导弹、航天研究的不寻常的生涯。

　　这年的 12 月，钱学森接到周总理的邀请，在中南海向党和国家的高层领导人做一次关于火箭、导弹的报告。12 月 27 日，总参装备部部长方毅根据彭德怀元帅的指示，详细听取了钱学森关于如何发展我国火箭、导弹技术的意见。1956 年 2 月 17 日，在周总理的鼓励下，钱学森怀着对新中国国防事业强烈的责任感，给国务院写了关于《建立我国国防航空工业的意见书》，受到党中央的重视。国务院很快成立了以聂荣臻为主任的航空工业委员会，钱学森被任命为委员，并兼任导弹管理局总工程师、导弹研究院院长，完成周总理领导制定的科技发展纲要中的喷气和火箭技术的规划。

　　从此，中国的火箭、导弹事业步入了正式实施阶段。

　　新成立的导弹研究院，研究设备几乎为零，研究人员也只有钱学森是这方面的专家。钱学森白手起家，一点一滴地将知识传授给研究人员，带领着研究院以零为起点，一步一步地向世界尖端技术的高峰攀登。

　　1960 年 10 月中旬，在钱学森的亲自参与和直接领导下，我国第一枚仿制型的"东风一号"弹道导弹研制成功。这成功之路，是由 700 多个日日夜夜的鏖战铺就的。研究人员穿行奔走在风沙迷漫的大西北，顶烈日，冒沙暴，风餐露宿。11 月 5 日，在聂荣臻元帅现场亲自指导下，以张爱萍将军为主任，孙继发、钱学森、王净为副主任的试验委员会，在我国酒泉发射场成功地进行了这枚导弹的飞行试验。

　　当"'东风一号'精确命中目标"的报告声传来时，这位曾经在美国被无数鲜花、笑脸、掌声、地位、荣誉簇拥都没掉下眼泪的钱学森，却激动得泪水纵横。从零开始到零的突破，海外赤子的拳拳之心终于化作寥廓大漠蓝天上的一道漂亮的白色弧线……

1964年6月29日，我国第一枚自行设计的中近程导弹进行飞行试验获得成功。1966年10月27日，我国中近程导弹运载原子弹的"两弹结合"飞行试验成功，从此，中国拥有核武器的大国地位确立了。面对着这一胜利，聂荣臻元帅与钱学森再一次紧紧拥抱，任凭泪水飞溅，任凭激情宣泄。

钱学森曾说过："鸦片战争近百年来，国人强国梦不息，抗争不断。革命先烈为兴邦、为了炎黄子孙的强国梦，献出了宝贵的生命，血沃中华热土。我个人作为炎黄子孙的一员，只能追随先烈的足迹，在千万般艰险中，探索追求，不能顾及其他。"正是为了中华民族的强国梦，钱学森和他的战友们艰难地攀登在通向科技高峰的崎岖山路上，辛勤地耕耘在科技王国里，到达了一个又一个光辉的顶点，收获了一个又一个高科技的丰硕果实。从洲际导弹到远程运载火箭，从人造卫星到同步通信卫星，每一个成就都凝聚着钱学森的心血，饱含着他的超人胆略与天才智慧，他无愧于"中国导弹之父"这一光荣称号。

钱学森（左）和钱伟长（右）在全国交叉学科会议上

1993 年，《邓小平科学技术思想研究》一书获第七届中国图书奖。作为责任编辑，我的心潮难以平静，一是作为科技出版工作者，在研究邓小平理论，尤其是"科学技术是第一生产力"的理论方面能有一定的成果，填补了当时国内这方面理论研究的空白，并且该书获得了国家级图书大奖，得到了有关专家学者的好评；二是这一工作得到了著名科学家钱学森的关注。钱老那学而不厌，生命不息、学而不止的学习精神永远是我前进的动力。

1993 年，《邓小平科学技术思想研究》获第七届中国图书奖

留得丹心报暖晖

——记中国力学事业的奠基人、中国科学院院士
钱伟长

钱伟长 物理学、力学、应用数学家。1912 年 10 月 9 日生于江苏无锡。1935 年毕业于清华大学物理系。1942 年获加拿大多伦多大学应用数学系博士学位。1955 年被选聘为中国科学院学部委员（院士）。1956 年当选为波兰科学院外籍院士。2010 年 7 月 30 日逝世。曾任上海工业大学校长，上海市应用数学和力学研究所所长。全国政协第六至第九届副主席，民盟中央名誉主席。我国力学、应用数学、中文信息学的奠基人之一，也是中国科学院力学研究所和自动化研究所的创始人之一。

钱伟长创建了板壳内禀统一理论和浅壳的非线性微分方程组，在波导管理论、奇异摄动理论、润滑理论、环壳理论、广义变分原理、有限元法、穿甲力学、大电机设计、高能电池、空气动力学、中文信息学等方面都有重要贡献。1956 年、1982 年先后获国家自然科学奖二等奖，1997 年获何梁何利基金科学与技术成就奖。

2010 年 7 月 30 日上午，我在网上看到钱伟长先生逝世的消息，一下惊呆了，被周恩来总理称为我国科学家中成就卓越的"三钱"中最后一位科学家钱伟长与世长辞，一颗科学巨星陨落。钱伟长不仅是中华民族的骄傲，还是世界科学发展史上的骄傲。钱伟长被誉为中国近代"力学之父""应用数学之父"，留有"钱伟长方程""钱伟长方法""钱伟长一般方程""圆柱壳的钱伟长方程"。

钱伟长与广西出版事业的几件往事和每个细节，一幕幕立刻浮在我的眼前，提笔写作，追思我国杰出的科学家钱伟长，写下这篇不能忘却的纪念文章。

孩提时我根本不太清楚"科学"的准确含义，记得在小学二年级时，我在新华书店看到一套《十万个为什么》，出于好奇，我顺手翻看。谁知这套书一下子就把我给深深地吸引住了，一天到晚迷在其中。后来我又读了一本《科学家谈 21 世纪》的书，这本书对我来说，更有吸引力了，也太难忘了，这是一部科幻加现实主义的力作。从那时起，我对科学的理解已进入了萌芽时期。小学五年级时，我跟许多同龄的孩子一样，又记住了不知多少书报刊里那些被誉为科学家的人的名字，外国的有牛顿、爱因斯坦、达尔文、居里夫人等，中国的有"三钱"（钱三强、钱学森、钱伟长）。正是这"三钱"，使我国实现了"两弹一星"的零的突破，从此，中国在国际上的地位再也不像从鸦片战争到 1949 年之间那段历史那样那么低微了。少年时代，我的想法是这样的：这些大科学家都特别了不起，跟我们普通人是不一样的，而且遥不可及，何况我生活在祖国的边疆。然而，世界上的事情往往就是这样，今天遥不可及，明天也许他们就会在你的工作生活发生变化之时，悄然出现在你的眼前，或与你的工作发生直接的关系。

1988 年，我在广西科学技术出版社做编辑工作时，到北京组织《新编十万个为什么》和《当代中华科学英才》丛书的写作班子和顾问班子，光明日报社科学部主任周文斌提出建议，由他出面，聘请著名科学家钱伟长为两套书的顾问，最后钱伟长欣然答应了我们的请求，这对我们的工作来说是极大的鼓舞和鞭策。当时被聘为这两套书顾问的还有周培源、汤佩松、金善宝、卢嘉锡、钱三强、钱临照等老一辈著名科学家。作为生活、工作在祖国南疆，地处边陲，文化科技相对滞后的地区的我，在组织这两套书的作者队伍和写作计划中得到了那么多著名科学家的支持，特别是后来《当代中华科学英才》丛书获中宣部首届精神文明建设"五个一工程奖"，《新编十万个为什么》获"国家优秀科普作品奖"并成为全国六大城市优秀畅销书后，留给我的是一种永远的感动。两套丛书的成功运作能画上了一个圆满的句号，首先要感谢科学家们对出版媒体的理解和支持。这种心情只有当编辑的人才能切身体会到。

1994 年，钱伟长在百忙之中，又为广西科学技术出版社与光明日报社联合举办的"赤子情怀"征文活动题词并任顾问。这次征文活动历时半年，共收到介绍"两院"院士和中青年优秀科学家的文章 100 多篇，后结集出版，定名为《赤子情怀》。该书 1995 年被评为中南六省（区）优秀科技图书一等奖。

1996 年和 1998 年，我国南方发生了历史上罕见的特大洪涝灾害，全党、全军、全国人民奋力抗洪救灾。灾后痛定思痛。通过周密调查和认真论证，我组织了以张含英、刘仲桂等为首的国内一流水利专家编写了《中国南方洪涝灾害与防灾减灾》一书，得到了钱伟长的关心和支持，他欣然为这部专著题写了"依靠科学技术增强防洪减灾能力"的题词。1998 年底，在钱伟长的关心、支持下，《中国南方洪涝灾害与防灾减灾》一书获第十一届中国图书奖殊荣。

贫困的少年时代

1912 年 10 月 9 日，钱伟长出生在江苏省无锡县洪声里七房桥乡。当时，中国正处于辛亥革命推翻封建帝制、建立共和制国家、西学东渐的时候。钱伟长出身于一个具有良好国学功底、提倡创办新学的书香世家。钱伟长的祖父是晚清秀才，终生不得志，靠开设私塾为生，40 多岁就去世了。父亲钱挚和叔父钱穆靠从钱家的义庄领取粮食，艰苦求学。后来，父辈们先是在本村创办了钱氏私立又新小学，后来又到荡口镇的鸿模小学任教，以微薄的薪金承担着全家上下老小的生活。幼年的钱伟长就懂得了生活的艰辛,从小就一直帮祖母和母亲做各种家务活。16岁那年,钱伟长的父亲病逝,终年39岁,他随叔父在苏州中学读书。后来,叔父钱穆到北京大学与胡适同时担任中国通史的教授,成为著名国学大师,20世纪60年代被请到台湾做资政,继续研究国学。

苏州中学具有悠久的历史。校长汪懋祖、国文教师钱穆、西洋史教师杨人缜、中国史教师吕叔湘、地理教师陆侃舆、生物教师吴远迪、英文教师沈同洽、音乐教师杨荫柳、数学教师严晓帆等,都是有关方面卓有成就的专家、学者。老师们钻研学术的精神和丰富的知识,深有内涵的教育,精湛的讲课,对培养钱伟长积极探索文化宝库的能力和涉猎科学知识的兴趣,都产生了极大的影响。

从苏州中学高中毕业后,是继续升学还是去铁路或邮电部门谋个有稳定收入的固定职业,钱伟长处在人生的十字路口。父亲去世后,家庭经济日益拮据,学费都交不起。但是,钱伟长不甘心放弃学业,然而面对现实又无能为力。这时他得到一个消息:上海有位化学家叫吴蕴初,设立了"清寒奖学金",每年为全国12名成绩优秀的穷困学生提供上大学的资助。钱伟长决心要试一试,争取得到这份奖学金。

暑假,他一人来到上海,在1个月的时间内,他接连参加了清华大学、唐山交通大学、南京中央大学、武汉大学和厦门大学的升学考试。当时各大学分别自设考场自出考题,文科和理科都用相同的试卷。钱伟长虽然理科与英语的成绩一般,但在文史方面的专长却得到了充分发挥。清华大学的历史试卷有一道出人意料的题目:写出二十四史的名称、卷数、作者和注疏者。很多考生都被难住了,而钱伟长却得了满分。不久,他同时得到了这5所大学的录取通知书,还得到了吴蕴初先生的"清寒奖学金"。清贫的幼年生活和母亲的贤良勤劳、长辈的楷模,培养和造就了他自强不息、坚韧不拔的性格。高尚做人的教养,无畏、无私、坦荡的胸怀,这些潜移默化的影响,在他日后的成长中起到了积极的作用。

动荡的大学生涯

1931年9月，钱伟长接受了叔父钱穆的建议，选择到清华大学中文系读书。刚入学不久，即发生了"九一八"事变。他出于忧国忧民之心和"科学救国"的志向，要求读物理系，学习近代科学技术。物理系主任吴有训答应让他试读一年。虽然听英语讲课和阅读英文对当时的钱伟长来说非常困难，但他的数理课程考试已超过了70分，从此他迈进了自然科学的大门。理学院院长叶企孙，以及赵忠尧、萨本栋教授也常给他们上课。起初，钱伟长像学古文一样，熟读强记物理学的典籍。吴有训教导他，不要以为书本上的东西都是正确的，都已经完善了，每读一本书都要能够看到没有完成的部分，发现一些新问题。钱伟长学到了这一点，并且这一点成为他一生治学的特点。马约翰的体育课和经常的越野长跑，改善了他的身体素质，锻炼了他的耐力和意志。

在清华大学求学的4年，是钱伟长一生中关键的4年，他得到了后来进行科学工作所需要的坚实的基础训练。1935年清华大学毕业时，他与顾汉章合作的论文《北京大气电的测定》也已完成，并于该年6月在青岛举行的物理学会年会上宣读。这是我国自行测定大气电量的第一批数据，也是他们从事科学研究工作的开始。钱伟长师从叶企孙教授、吴有训教授，不仅学到了知识，更重要的是学到了治学方法——要善于发现问题，创造、开拓科研工作的广阔天地。同时，钱伟长从马约翰教授那里不仅得到身体健康和体育竞技的锻炼，更重要的是得到了耐力、冲刺、夺取胜利的意志的锻炼。

大学毕业证书拿到手了，"清寒奖学金"却随之结束，为了生活，钱伟长必须找到工作。毕业那年的夏天，恰逢中央研究院南京物理所招考一名实习研究员，钱伟长前往应考并以优异的成绩被录取。同时，他还考取了清华大学研究院物理系的研究生。为了获得继续学习的资助，他很幸运地以考研究生的优异成绩申请到"高梦旦奖学金"。

此后，他便在吴有训教授的指导下，从事X光衍射研究分析。在此期间，他参加了"一二·九"学生运动和民族解放先锋队，并组成自行车南下宣传队，从事抗日救亡的宣传并一路发动群众参加抗日救亡运动。在活动中，钱伟长和中文系女同学孔祥瑛相遇、相识、相知。日后，他们结成终身伴侣，在漫长的人生旅途上，相濡以沫，分享幸福，分担忧患。

1937年"七七"事变后，北平沦陷，清华大学向大后方转移，先到长沙，又迁到昆明。钱伟长因旅费问题先在天津英租界耀华中学任教一年。1939年初积足旅费，经香港、河内到昆明，在西南联合大学讲授热力学。在此期间，钱伟长完成了3篇光谱学论文，其中最具代表性的《对稀土元素硒的单游离光谱分析》（刊于《中国物理学报》英文版1939年第4卷第1期），这项工作开辟了我国稀土元素研究的先河，是20世纪40年代、50年代稀土光谱分析的基础性工作，受到国际物理学界的重视。此外，他还研究了弹性板壳的内禀理论。论文还未发表，他就参加了1939年7月进行的中英庚子赔款基金委员会第七届留英公费生考试（考场分设在昆明、上海、重庆）。招生名额是20个，报名人数却超过了3 000人。他所选择的力学专业只有1个名额，由于他和郭永怀、林家翘3人的考试成绩完全一样，经招生委员会再三斟酌，

1940年8月，第七届留英公费生在"俄国皇后号"邮船上。前排左起：林家翘、欧阳子祥、张乐军、宋杰、钱伟长、汪盛年、曹飞、曹隆；后排左起：易见龙、段学复、张孟休、靳文翰、张龙翔、朱承基、陈春沂、姚玉林、傅承义、谢安祜、沈昭文、李春芬、罗开富、郭永怀、林慰祯、韩德培

决定将 3 人同时录取，这就使总录取名额变成了 22 个。录取通知书要求 9 月 1 日在香港集中，尔后从港岛出发乘船前往英国攻读学位。

1939 年 9 月 2 日，英国对德国宣战，英国海轮被征用，轮船停开，他们由留英改派赴加拿大留学。轮船将途经神户，日本在护照上签证准许登岸游览。公费生一致认为，抗日战争期间，这样做有失国体，故全体愤然离船，返回昆明。延至 1940 年 8 月，钱伟长才赴加拿大多伦多大学，在辛格（J. L. Synge）教授的指导下研究板壳理论，1942 年获博士学位。在多伦多大学留学期间，钱伟长参加了加拿大国家研究院应用数学特别委员会关于雷达的波导管内各种天线的电阻电抗研究。钱伟长曾和凡因斯坦教授合作，发表了有关矩形板振动频率计算的论文；还和因菲尔德（L. Infeld）教授合作，研究了一些有关复杂三角级数的求和问题；同时还参加了因菲尔德教授的物理学演讲讨论班，主讲了 3 个课题，以后因菲尔德教授将讨论班的讲稿写成有名的《物理的演进》一书，在序言中曾提到钱伟长对该书的贡献。1943~1946 年，钱伟长在美国加州理工学院和喷射推进研究所，与钱学森、林家翘、郭永怀一起，随冯·卡门教授做航空航天领域的研究，受到冯·卡门学术思想的影响，在固体力学和流体力学方面取得了杰出成就。当时冯·卡门是航空系的主任，又是该校哥根海姆实验室喷射推进研究所所长，美籍匈牙利犹太人，曾在德国哥廷根大学做过研究工作，希特勒迫害犹太人以后，他逃离德国到美国加州理工大学兴建航空方面的哥根海姆实验室。在研究所和冯·卡门家里开展的学术讨论会，是富有民主精神和创造性的聚会。敢想敢说，勇于探索和创新这种学风影响了钱伟长的一生。

在美国加州理工大学时，钱伟长相继参加了冯·卡门教授创办的喷射推进研究，任研究工程师，从事火箭、导弹的

1940 年 6 月，钱伟长出国前和亲友留影。前排左起：钱舒秀（大妹）、钱穆（四叔）、钱伟长；后排左起：胡嘉生、华蘡和

设计和试制工作。

钱伟长主要从事弹道计算和各种导弹的空气动力学设计。他在初期的人造卫星轨道计算上做出了贡献。他以出色的研究，首次提出判明人造卫星在天际运行时由于能量消耗，每绕地球一周轨道将降低多少高度的简便计算方案，这些计算方法至今仍有实用价值。他还完成了火箭弹道的微分修正以及有关火箭的空气动力学设计、弹型设计、高空气象火箭研究等。他还不辞辛劳地奔走于研究所设在得克萨斯州爱尔帕萨的白沙基地，参加火箭、导弹试验，精细地分析各种弹道及空气动力学性能，提出了有关火箭、导弹落点的独到见解：运行火箭受到任何干扰都会缩短其射程。

在这个时期，钱伟长还从事了一些纯学术的理论研究，其中有两篇重要的论文。一篇是关于超声速对称锥流摄动法的，他曾在美国航空工程学会1945 年的年会上，宣读了论文的有关部分，这是世界上第一篇关于奇异摄动理论的论文。另一篇是在冯·卡门教授的指导下与其共同研究薄壁构件扭转问题而撰写的《变扭的扭转》，发表在美国 1946 年第 13 卷《航空科学月刊》上，署名"冯·卡门、钱伟长"。对于这篇论文，冯·卡门颇有一些感慨，在他的传记里有这样一段话："自从喷射推进研究所成立以来，我已经顾不上基础理论方面的工作了。这篇论文，也许是我一生中最后一篇关于固体力学的文章了。"又说，"这是一篇经典式的力学论文"。这篇文章曾受到欧美各国学者的重视。

义无反顾回祖国

1945 年 8 月 15 日，日本帝国宣布投降，中国人民取得了抗日战争的伟大胜利！经历战争创伤的祖国急需建设，隐约中钱伟长仿佛听到了祖国母亲的声声呼唤，他再也不能安心在异国他乡从事研究工作了。他一再恳切地向冯·卡门教授提出回国的请求，最后以探亲为由获得教授的同情，同意他回国看看那已 6 岁却从未见面的儿子，但叮嘱他要"早日回来"。

1946 年 5 月 6 日，钱伟长从洛杉矶乘船回到上海，受聘为清华大学教授，兼北京大学、燕京大学教授。1947年，有人带来美国有关方面邀请钱伟长全家赴美工作生活的信件，条件是忠于美国。钱伟长明确表态，予以拒绝。1946～1948年，钱伟长参加了反对美国扶蒋、反内战、反饥饿等进步运动。1948年，他骑自行车到石景山、良乡欢迎解放军，见到叶剑英、陶铸和钱俊瑞，带回中国共产党和解放军对清华大学师生的粮食补给和亲切关怀。

1949年1月，清华园解放。1949年2月，北平解放。1949年10月1日，毛泽东主席在北京天安门城楼上庄严地宣告中华人民共和国成立。革命的胜利，使人们沉浸在欢乐的气氛中，百废待举的建设任务，给人们一种动力。钱伟长以欣喜的心情庆祝中华人民共和国成立。1949年9月，清华大学成立校务委员会，原理学院院长叶企孙任主任委员，张复若、吴晗任副主任委员，周培源为常委兼教务长，钱伟长和费孝通任清华大学校务委员会常委、副教务长。1950年，钱伟长任中华全国民主青年联盟常委、副秘书长；1952年任清华大学教务长；1954年任清华大学副校长、中国科学院数学研究所力学研究室主任、中国民主同盟中央常委；1955年当选为中国科学院学部委员（院士），并任中国科学院力学研究所副所长、中国科学院学术秘书、中国力学学会副理事长；1956年任国务院科学规划委员会委员、中国科学院自动化研究所筹委会主任、波兰科学院外籍院士。以上工作大都是同时兼任，延续到1957年。同时，他还担任第一、第二届北京市人民代表大会常委，第一届全国人大代表。1952年参加中国文化代表团访问缅甸、印度，1955～1956年多次访问苏联、罗马尼亚、匈牙利、捷克斯洛伐克、民主德国，1956年参加波兰的力学会议和布鲁塞尔的国际力学会议。

1956年冬，在波兰驻华大使馆，钱伟长接受波兰科学院院士证书。左起：郭沫若、钱伟长、波兰大使

1954~1956 年，钱伟长参加了由周恩来总理亲自领导的制定我国自然科学 12 年规划的工作，任务重要，工作接触面极广。钱伟长负责几个专业的规划，他以高昂的热情经常通宵达旦地工作着。1956 年 4 月，规划工作结束后，他被任命为国务院科学规划委员会委员，并负责筹建自动化研究所和自动化学会。由于工作成绩突出，周总理公开赞誉钱伟长、钱学森和钱三强为"三钱"。之后，为宣传科学规划的精神和鼓舞同志们实现科学规划的斗志，钱伟长应各地领导同志和民盟组织的邀请，在北京、上海、广州、武汉、西安、太原等地做了关于"我国科学工作者的任务"的报告。

钱伟长也从不放松科研工作。在这几年里除发表论文外，他还出版了《弹性柱体的扭转理论》、《弹性力学》、《圆薄板大挠度问题》（1955 年获"国家科学奖"）。《中国历史上的科学发明》一书是钱伟长在参加中国人民抗美援朝慰问团，奔赴鸭绿江边慰问伤员时在火车上抓紧时间完成的。这不但是介绍科学史的著作，而且是向青少年进行爱国主义教育的书，1953 年由中国青年出版社出版。

在此期间，钱伟长对国家的教育体制、教育方法和教材内容等发表了自己的看法，在各种场合表达了自己的思想。

1957 年 1 月 31 日，钱伟长在《人民日报》上发表了《高等工业学校的培养目标问题》一文。6 月 9 日，《光明日报》未经同意而以钱伟长和曾昭抡等 5 人的名义，刊登了民盟中央向党中央汇报的"对于有关科学体制问题的几点意见"，造成了使人误解的舆论。1957 年 7 月，钱伟长被错划为右派，被撤销一切职务，停止一切工作，仅保留教授职称，降三级留用。从此，他长期受到不公正的待遇。他的儿子应届高中毕业，虽高考成绩优异，但却以不宜录取为由，被剥夺了接受高等教育的权利。在这一时期，钱伟长白天劳动，夜晚悄悄地凝神读书、构思、计算，进行科学研究，写了约 20 篇论文。其中《关于弹性力学广义变分原理及其在板壳问题上的应用》一文，将弹性力学中有关变分原理的研究向前推进了一步，是一项重要的成果。1964 年，钱伟长满怀信心地将该篇论文投寄给《力学学报》，却遭到退稿，理由是"不宜发表"。他只能将这份手稿和其他相同命运的论文稿、讲义稿一起放在书架上，任它们积满尘埃。1969 年，日本东京帝国大学航空系鹫津久一郎教授发表了《弹性力学及塑性力学中的变分法》一文，而受到国际上的重视和承认，文中所提出的主题、观点都和钱伟长的相同。这本来应该属于中国学者的荣誉，却因国内政治原因落到了日本学者的身上，教训惨痛。

"史无前例"的冲击

1966 年 5 月开始的"文化大革命"，钱伟长首当其冲。他胸前经常挂着沉重的宣罪牌，被剃光头，遭受着摧残和折磨……那时，除"臭老九"被批斗之外，校园里武斗激烈，刀影相见，硝烟弥漫。在这嚣张恐怖的环境里，钱伟长以坚强的毅力计算着"傅立叶三角级数之和"的大表。

1968 年，全国各学校的"资产阶级知识分子"统统被分批遣送到工厂接受劳动改造。钱伟长被送到北京特殊钢厂，和工人们同吃、同住、同劳动。他年近六十，两鬓见霜，在炼钢车间当炉前工，与 20 多岁的壮小伙子一样，推着装着 50 多公斤车料的推车，挥动着几十公斤的铁钎上料，师傅们看了都很过意不去。但钱伟长是个十分认真的人，他想既然是劳动，就要像个样子，再累再苦也要挺下来。他和工人师傅们朝夕相处，彼此增进了了解，工人师傅们逐渐消除了对这名"臭老九"的误解，看到了知识分子的一些本色而予以信任。以后，钱伟长参加了厂里的技术革新工作，和工人师傅共同研讨，设计了 1 000 吨油压机和 2 000 平方米的热处理车间，1970 年 4 月建成投产。经过这一段工作，钱伟长的思想感情发生了很大的变化。

1971 年，在周恩来总理的关怀下，钱伟长被召回学校参加外事接待工作。钱伟长先后接待了美国记者斯诺、法国名导演伊文思、英国名记者葛林等。在尼克松来访前夕，钱伟长还接待了先遣将军黑格。钱伟长接待的还有第一个华裔学者回国访问团，团长是任之恭教授，团员有林家翘、戴振铎、张明觉等，都是他在清华大学的老校友。时隔 20 多年，他们彼此相见格外高兴。

1972 年 10 月，随着"乒乓外交"的发展，毛主席决定派科学代表团访问英国、瑞典、加拿大、美国等 4 国，并指名要钱伟长参加。代表团出发前受到周总理的亲切接见。科学代表团访问 4 国回京后做总结汇报，钱伟长提出加强引用计算机的建议，并特别介绍了各国环境保护工作的情况、资料，提出建议。周总理亲自审阅后予以指示，从此开始建立我国的环境保护工作体系。

1974 年，钱伟长当选为第四届全国人大代表。

迎来科学的春天

1976 年 10 月，"四人帮"被粉碎。1978 年 3 月，全国科学大会召开，好像漫漫长夜中"忽如一夜春风来，千树万树梨花开"。举国上下无比欢欣地迎接这一伟大的历史性时刻。

1979 年，中共中央纠正了有关把钱伟长错划为右派的决定。

1980 年，钱伟长任全国政协常委并恢复为中国科学院学部委员（院士）；1981 年任中国中文信息学会理事长、《应用数学和力学》杂志主编；1982 年任上海工业大学校长、中国文字改革委员会委员；1984 年任上海市应用数学和力学研究所所长、中国民主同盟中央副主席；1985 年任全国人大香港基本法起草委员会委员；1987 年任全国政协副主席，《中国应用数学和力学进展》杂志主编；1988 年任澳门基本法起草委员会副主任委员、中国和平统一促进会会长、中国陶行知研究会会长；1990 年任海外交流协会会长。

钱伟长还先后担任漳州大学、沙洲工学院和暨南大学的名誉校长，并任华东工学院、江苏工业大学、成都电讯工程学院、西南交通大学、泉州华侨大学的名誉教授，还任美

1984 年冬，钱伟长（右）和老同学谈家桢（左）在北京相聚

国《应用数学进展》（*Advances in Applied Mathematics*）和《国际工程科学月刊》（*International Journal of Engineering Science*）、荷兰《分析和设计工作中的有限元》（*Finite Elements in Analysis and Design*）、英国《薄壁构件》（*Thin Walled Structure*）、乌克兰《应用力学》（*ПрикладНая Mexahuka*）等杂志编委，《中国大百科全书》总编委，《简明不列颠百科全书》（中文版）中美联合编审委员会委员，《辞海》总编委，重庆出版社《现代化探索》丛书主编，科学出版社《应用数学和力学》丛书主编。1977~1990 年，钱伟长从事环壳理论、广义变分原理、有限元、中文信息处理、薄板大挠度、管板、断裂力学、加肋壳、穿甲力学、三角级数求和等方面的研究。钱伟长先后共发表论文 200余篇，出版专著 15 种。

在教育事业方面，钱伟长开创了我国大学的第一个力学专业，主持筹建了中国科学院力学研究所和自动化研究所，开设了我国第一个力学研究班和力学师资培训班，培养了一大批优秀的力学专业人才。他们已经成为我国力学界科研和教学的骨干，为我国的机械工业、土木建筑、航空航天和兵工事业建立了不朽的功勋。在教学上，钱伟长辛勤耕耘、不断进取。在繁忙的公务中脱身与学生、青年具体地探讨如何攻难关、做学问，这也是他最大的快乐。他思维敏捷，见多识广，心地坦诚，经常有令人惊叹的新点子。他在 20 世纪 50 年代曾经指导了 18 名研究生和 10 多名共事的助手，以及三期力学研究班学员。其中，他和叶开沅等人的关系曾以"迷人的师生关系"为题被报道过。80 年代，他在 70 岁高龄之后，又创办了上海市应用数学和力学研究所和《应用数学和力学》（中文版、英文版）、《中国应用数学和力学进展》（英文版）两种杂志，继续指导了 38 名博士研究生、11 名硕士研究生。

在清华大学和上海工业大学办学的过程中，钱伟长从切身体会出发，特别重视培养学生的自学、阅读文献和钻研的能力，重视教学和科研的结合，重视理科和工科的结合，重视自然科学和社会科学的结合，重视学校为社会服务。1977 年以后，他不辞辛劳，走遍祖国大地，做了数百次讲座和报告，提倡科学和教育，宣传现代化，为富民强国出谋划策。1985 年以后，钱伟长又为香港、澳门回归祖国及和平统一祖国的大业奔走，献上他一颗忠诚的心。

改革求知志不渝

钱伟长是一位才思敏捷、性格耿直、勤奋工作的科学家、教育家和爱国者。

后来，钱伟长不遗余力地奔波于各地，做了几十场演讲或专题报告，其观点新颖，符合国情，深受各级干部和青年学生的喜爱。

作为上海工业大学的校长，钱伟长的办学宗旨是拆掉"四堵墙"，即拆掉学校与社会之间、校内各学科之间、教学和科研之间、教与学之间的"墙"。钱伟长也很重视强健学生的体魄工作，促进体育活动的开展，改进体育活动的条件。他认为，工科学生也应接触美育和艺术。他曾邀请剧作家黄佐临、音乐家贺绿汀、书法家钱君匋和王个簃等多位名家到校指导，在学校还成立了文化艺术中心，把各方面工作做得有声有色。

钱伟长很重视研究生的教育，培养他们的社会责任心和爱国心，教他们读文献，给他们出题目，经常和他们做阶段性的讨论。他认为，研究生和大学生的主要区别在于，大学生学到的东西，都是人家组织过、消化过、系统化了的东西，而研究生学的东西是正在发展的，其中不少问题还有争论的。这种正在发展的东西就是一篇篇发表在科技杂志上的论文。

钱伟长认为，科研是在"前人的肩膀"上攀登高峰的过程。"前人的肩膀"在哪里？就在文献、专利和各种科学技术和生产的情报资料当中。前人把科学

1993 年 1 月，全国政协代表团访问埃及，团长钱伟长（右）会见埃及教育部部长白哈丁先生

研究的成果写成论文或报告，就为后来者提供了"肩膀"。学术方面的期刊、会议、内部报告和专利，都是使科学工作者的成果社会化的重要环节。他很重视指导学生把自己的阶段性成果及时、恰当地以论文的形式发表，使他们自己置身于人类知识发展的长河中。

钱伟长认为，科学研究中的基础研究、应用基础、应用和开发之间是相辅相成、缺一不可的。他主张基础研究与应用开发必须宏观、综合、平衡，不仅是国家的全局，即使是个人的研究实践，都必须把这四种研究紧密有机地结合起来。要想在学术上有所创新，无论如何离不开基础研究。当一些部门的科研组织和安排出现急功近利倾向的时候，他就号召有志于基础研究的同志认定目标，安于清贫，把这个有意义的工作做下去。

钱伟长曾多次说过："在改革中要重视知识，这是一项重要的基础性工作。中国的绝大多数知识分子都是立志改革、振兴民族的志士仁人。'一二·九'救亡运动发生时，我已经是清华大学研究院物理系的研究生了。我和20多位同学一起，蹬上自行车，南下宣传抗日，我们到了很多城镇和穷乡僻壤，真正了解农村的贫穷。这激起了我们发誓要用学到的知识拯救古老民族的强烈愿望。那时候，我以为最好的道路是'工业救国'。从历史上看，中国关闭了几百年的大门。1840年鸦片战争后，帝国主义的洋枪洋炮轰开了中国的大门，国人才知道自己落伍了。首先觉醒的中国知识分子的优秀代表，他们纷纷探索救国救民的道路。戊戌变法、辛亥革命都有大量的知识分子参加。五四运动中，是中国的知识分子传播了马克思主义。但是在黑暗的旧社会使许多正直的知识分子对国民党政府感到失望。北平解放时，清华大学170多名教授、副教授只走了2个人，其中一个人还是外国人；5个院长，一个也未去台湾，有一个地位和胡适不相上下的著名教授，蒋介石把机票送到他手里，他也不走。文学院的陈寅恪，双目失明，精通典籍，人称4个'国宝'之一。蒋介石把他带到广州，广东临解放，他说什么也不走了，后来便留在中山大学执教。去了台湾的清华大学梅贻琦校长，也在1953年把他唯一的儿子送回清华大学，让他效力于祖国的水利事业。梅校长去世以后，年逾八旬的老夫人也回到了北京。'先天下之忧而忧，后天下之乐而乐'，这是中国知识分子最优秀的传统之一。作为生活在世纪之交的青年人，应该比宋人范仲淹有更宽广的胸怀，继承和发扬这种传统。"钱伟长教育学生要热爱祖国，要做有志气的中国人。1986年，他率全国政协代表团出访，在英国曼彻斯特与王大珩教授一同和留学生见面，以自身的经历和认识，恳切地叙说人民多么期望着祖国儿女学成归来参加建设，使不少听众为之动容落泪。

关于知识的问题，钱伟长还认为，改变我们现在的落后面貌的关键在于

1987年7月，钱伟长夫妇在华沙波兰科学院大楼前留影

重视知识。今天我们落后的一个重要原因是缺乏知识，尤其是有些人不主张用现代知识去改变面貌。从当今世界科学技术的发展趋势，更加看得出重视知识的必要性。现在有两种工业，一种是劳动密集型工业，如纺织、建筑等行业；另一种则是知识密集型工业，如电子计算机等一些高新技术行业。当代技术发展的趋势是劳动密集型向知识密集型转化。美国已经转得差不多了，日本还在转变之中。他们把劳动密集型的工业转给发展中国家，但是劳动密集型产业也是需要知识的。现代社会需要大量的知识，光靠体力劳动是建设不起现代化的。

钱伟长主张，青年人应该积极投身改革，站在改革的前列，但要牢记，不能胡改，因此青年人尤其要重视学习，要按照科学规律和国家的发展来进行改革。在知识经济的社会里，他提倡人人都要学习，3 年不学习就落伍了。他认为要给年轻人大量学习的机会，不能给年轻人的学习设很多门槛。要广开学路，特别要鼓励在职青年结合自己本职工作学习。生而知之者是不存在的，"天才"也是不存在的。才能虽然有差别，但成绩的取得来自于勤奋学习和实践。牛顿、爱因斯坦、爱迪生都不是"神童"，牛顿终生勤奋学习，很少在午夜两三点钟以前睡觉，常常通宵达旦地工作。学习也是实践，不断地学习、实践是才能发展的基础和源泉。只有坚持不懈地奋发努力才有可能成为科学家。钱伟长曾在他的科学论文选集的序言中写道："1977 年以后，欣逢党中央提出建设有中国特色的社会主义，改革开放，1978 年党中央召开全国科学大会，春风拂人，奋起之情油然而生。虽已年近七旬，还能为'四化'效力，感到无限幸福，我力图夺回久已逝去的良好岁月，极尽绵力，把一天当作两天过，夜以继日地工作着。"这就是一个优秀科学家的内心自白，这种精神感天动地。

钱伟长，这位出身清贫乡村、热爱祖国、追求进步的学者，走过一条坎坷不平的人生道路。由国学，而西学，进而学习马克思主义。他和祖国社会主义事业的联系越来越紧密。他超人的才华、坦率的品格和精辟的见解已经广为人知。钱伟长是中国近代力学的奠基人之一。他近 60 年从未停顿的辛勤耕耘和开拓，对中国应用数学和力学的发展，无论是在学科开创还是在人才培养方面，都做出了不可磨灭的贡献。

岁月流逝，斗转星移，每每想起钱伟长对广西出版工作的厚爱和关心，一种认真研究他的人生历程、科学贡献和人格力量的愿望便油然而生，而且愈来愈强烈，2000 年时我写了一部书《走近科学家》，详细地介绍了包括钱伟长在内的 30 位中国"两院"院士。

此时此刻，钱伟长已成为我们抬头仰望着的星空中的璀璨星斗，让我们一步一个脚印地追随着科学大师的足迹继续前行。

裂变之光

——回忆中国原子能科学事业的奠基人、中国
科学院院士钱三强

钱三强 核物理学家。1913 年 10 月
16 日生于浙江绍兴，籍贯浙江湖州。1936
年毕业于清华大学。1940 年获法国国家科
学博士学位。1955 年被选聘为中国科学院
学部委员（院士）。1992 年 6 月 28 日逝世。
曾任第二机械工业部副部长，中国科学院
原子能研究所研究员、所长，中国科学院
副秘书长、副院长、特邀顾问、数学物理
学部主任，中国物理学会理事长，中国核学会名誉理事长，全国
自然科学名词审定委员会主任等职。在核物理研究中获多项重要
成果，特别是发现重原子核三分裂、四分裂现象并对三分裂机制
做了科学的解释。为中国原子能科学事业的创立、发展和"两弹"
研制做出了突出贡献。在组织推动中国科学院和国家的科学研究
及国际合作等方面做出了重要贡献。 1985 年获法国总统授予的法
国荣誉军团军官勋章。1999 年被国家追授"两弹一星"功勋奖章。

2016 年 6 月 28 日，是杰出的科学家、我国原子能科学事业的奠基人、中国科学院院士钱三强先生逝世 24 周年纪念日。回想起他对中国原子能科学成就的功绩，尤其是他在晚年对科学技术出版事业的关怀和支持，我陷入深深的怀念之中。

从"红领巾"时代起，钱三强先生就一直是我心中十分仰慕的杰出科学家。那是在 1964 年 10 月 16 日，我当时还是小学五年级的学生，从《中国少年报》上看到中国成功地爆炸了第一颗原子弹的消息后，我知道钱先生是中国的核物理学家，当时看到我国有那么杰出的科学家为中国人增了光，我心里有一种不可名状的兴奋与自豪，很想一睹他的风采。这绝不是孩子气的冲动，我的这种心情并未因岁月的流逝而淡薄，而是一直伴随着我长大，一切恍如昨日。14 年后，在大学时代，我读了钱先生不少的书和文章，受益匪浅，钱先生的科学精神和高尚品质更是令我高山仰止，真希望今后能见到这位杰出的科学家。

1980 年 1 月 4 日，出席广州粒子物理理论讨论会时在从化合影。左起：钱三强、杨振宁、周培源、王蒀征、张文裕、王承书、李政道

1990 年，我孩提时代的愿望终于实现了。在这年春天，经钱三强先生的秘书葛能全和吴丽芸介绍，我见到了钱三强先生。当时，广西科学技

钱三强（左二）与李云玲（左一）、吴丽芸（右一）、作者在一起

术出版社正在组织编辑《当代中华科学英才》丛书，拟聘请钱先生任顾问并题词。经钱先生同意、吴丽芸秘书安排，我于 1990 年 2 月 23 日下午在中国科学院钱先生的办公室第一次见到了钱先生。钱先生待人和蔼可亲、爽直谦和，丝毫没有大科学家的架子，我同他无拘无束地交谈，亲耳聆听了他那闪烁着人类最深邃的智慧火花的教诲。在与他的交谈之中，我惊喜地发现，这位杰出人物果然人如其文，我脑际中的钱先生与我眼前的钱先生丝毫没有差别。钱先生听完我关于《当代中华科学英才》丛书的汇报后，充分肯定并支持广西科学技术出版社出版这套丛书。他说："出版这套优秀中青年科学家的传记有十分重要的社会意义，这对于全社会努力形成尊重知识、尊重人才的良好风气，树立一种重视科学、尊重科学、热爱科学和理解科学的精神，有不可估量的现实意义。"他还说："科学是靠人来做的，我们确实需要鼓励、表扬优秀的科技工作者，以振兴中华民族。"与钱先生的见面大约一个小时，最后，钱先生表示同意担任《当代中华科学英才》丛书顾问，并当即为丛书题词："继承和发扬中

华民族的优秀科学文化传统，振兴中国的科技事业。"临走前，钱先生说："现在为科学家树碑立传的出版社不多见，你们的精神可嘉，要把这件事情做好。"钱先生的关怀、支持和鼓励是对我们出版工作者的极大鼓舞和鞭策。

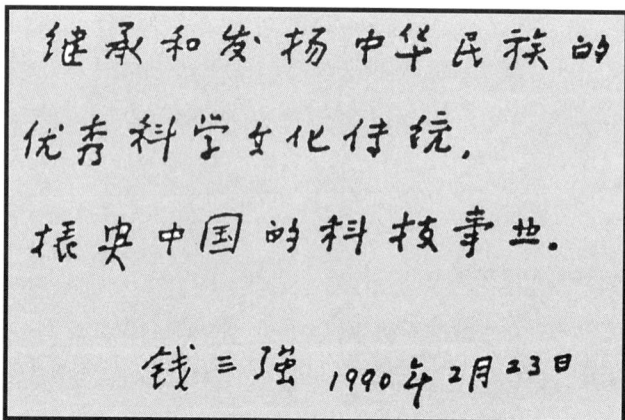

继承和发扬中华民族的优秀科学文化传统，振兴中国的科技事业。

钱三强　1990年2月23日

钱三强为《当代中华科学英才》丛书题词

我第二次见到钱先生是 1991 年 10 月。当时，广西科学技术出版社正在组织编辑大型少年科普图书《少年科学文库》（《新编十万个为什么》是文库中的一套书），拟聘请钱先生任《少年科学文库》的顾问并作序。当时，正值钱先生在北京主持中国科学院学部委员会议，经安排，钱先生在百忙之中抽空听了我的汇报，他非常支持这一工作。他说："科普工作很重要，科普工作的任务就是把科技知识、科学思想和科学方法传授给大众，尤其是传授给当代青少年，从而提高全民族的科技文化素质。社会进步和经济发展都离不开科普工作。"他还介绍了他所写的一本著名科普书《重原子核三分裂与四分裂的发现》（该书获第三届全国优秀科普图书荣誉奖）。之后，他欣然答应担任《少年科学文库》的顾问并撰写序言。1991 年 11 月 1日，我接到钱先生亲自从北京寄来的快递，内装钱先生为《少年科学文库》撰写的代序《致二十一世纪的主人》和钱先生给我的亲笔信。在信中，他着重强调了三点："第一，说《少年科学文库》是开启现代科技知识宝库的钥匙、缔造 21 世纪人才的摇篮并不夸张；第二，少年儿童朋友要想胜任驾驶时代航船，就必须从现在起努力学习科学，增长知识，扩大眼界，认识社会和自然发展的客观规律，为建设中国特色的社会主义而艰苦奋斗；第三，衷心地希望少年朋友一定为当好 21 世纪的主人，知难而进，锲而不舍，从书本、实

践汲取现代科学知识的营养，
为中华民族的科学技术实现
划时代的崛起，为中国迈入
世界科技先进强国之林而不
断努力。"字里行间透出老
一辈科学家对祖国未来的殷
切期望。

我第三次见到钱先生是
1991 年 12 月，当时广西科
学技术出版社正在编辑出版
中国科学院院长周光召（周

《当代中华科学英才》丛书出版后，钱三强（右一）
向作者表示祝贺（左一为陈能宽院士）

光召院长是经钱先生的推荐参加原子弹设计工作的，是我国第一颗原子弹的
构造设计者和主要计算者）主编的《跨世纪的中国科技》一书，请钱先生任
顾问并作序，钱先生欣然答应。他为此书撰写了《抓紧作准备，迎接新世纪》
的代序。他在序言中写道："时光太匆匆，伟大的 20 世纪正在一天天离去，
而更加绚丽的 21 世纪正在一天天来临。在这跨世纪的时刻里，当人们回顾即
将走完的这 100 年的历程时，一个共同的认识是：科学技术已经迈开大步登
上历史舞台，正推动着人类社会加速前进。在这世纪之交的时候，不少同志
在思考，中国该怎么办？对于
这个问题，我认为应从以下几
个方面着重考虑：

"首先，需要制定切合我
国实际情况的科学技术发展战
略，这项发展战略既要重视高
新技术发展计划，又应注意基
础理论的研究。

"其次，在实现发展战略
时，除要抓紧日常具体的人、

1946 年，钱三强在法国巴黎居里实验室做实验

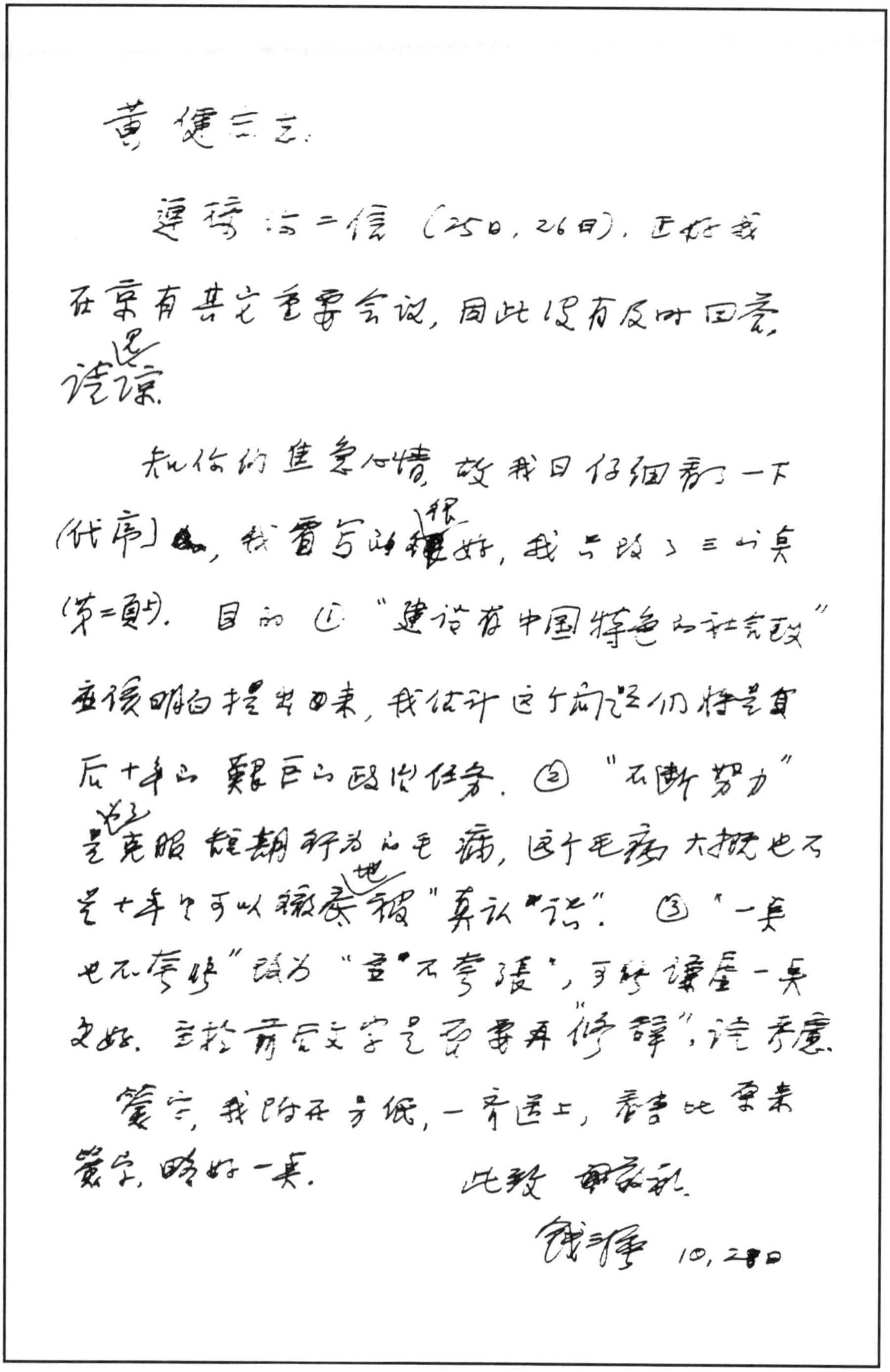

黄 健 三 兄：

迟奉 二信 (250、26日)，正在我

在京有其它重要会议，因此没有反叫回意，

请谅。

知你的焦急心情，故我日仔细看了一下

(代序)，我看写的很好，我只改了三小点

(第二页)。目的 ① "建论有中国特色的社会政"

重读明白提出口来，我估计这个问题仍将是身

后十年的 艰巨的政仗任务。② "不断努力"

是克服 短期行为的毛病，这个毛病 大概也不

是十年内可以缓慢得 真认 "话"。③ "一点

也不夸张" 该为 "亘不夸张"，可待 读完一点

文姑。至於前信文字是否要再 "修译"，请考虑

签字，我附寄另低，一齐运上，看看比要求

签字，略好一点。
　　　　　　　此致 敬礼。

　　　　　　　钱三强 10、28日

钱三强给作者的亲笔信

财、物的政策和管理措施之外，还要不断地更新观念，随着科学技术突飞猛进地发展，观念跟不上，就会使决策脱离形势。

"再次，在实现科学技术发展战略中，关键的因素是要发挥各类科技人才的作用。当前世界的各类竞争，归结到一点，就是人才的竞争。我们一定要培养好我国的跨世纪的科技人才。"

与钱先生的三次见面，使我终生难以忘怀。他给我的信件，也成了我最宝贵的财富。我深深地感受到钱先生是一个大睿大智的长者和诲人不倦、慈祥敦厚的导师。

钱先生治学严谨。他不仅学识渊博，思想活跃，而且脚踏实地，一丝不苟。尽管他早已闻名世界，但强烈的进取精神仍驱使他一直走在科学探索的前列。

钱先生不仅以自身的研究工作做出表率，而且身体力行，关心和支持科技出版事业，并在科技出版工作上直言不讳地发表个人看法，呼吁全社会关心科技工作者，重视对科技工作者的宣传。

在钱先生的关怀、支持和帮助下，《当代中华科学英才》丛书获 1992 年首届中共中央宣传部"五个一工程"优秀图书奖和第六届中国图书奖；《新

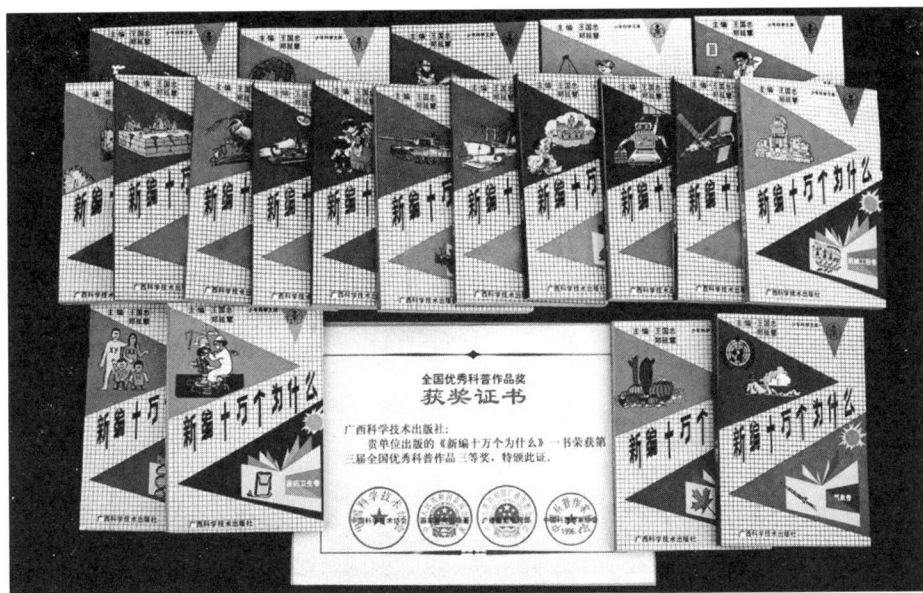

《新编十万个为什么》获第三届全国优秀科普作品奖

编十万个为什么》获第三届全国优秀科普作品奖、全国金钥匙图书奖和第二届桂版优秀图书一等奖；《跨世纪的中国科技》获第三届桂版优秀图书一等奖。

求 学 年 代

钱三强先生 1913 年出生于浙江绍兴一个进步文化人家庭，父亲钱玄同，五卅运动前后经常在《新青年》杂志上发表文章，是"五四"新文化运动的倡导者之一。钱三强从小就受到良好的教育和爱国主义进步思想的熏陶。1920 年，钱三强进入蔡元培任校长的孔德学校二年级就读。钱三强阅读兴趣广泛，深受孙中山《三民主义》《建国方略》的启发。1929 年毕业时，他立志考南洋大学（今上海交通大学）学电机工程，直接投身未来光明中国的建设。由于在孔德学校学的是法文，而南洋大学则用英文教本，他便先于 1929 年考入北京大学理科预科，以期适应英文后再考南洋大学。在这里，他常听清华大学教授吴有训、萨本栋在北京大学物理学兼课讲授的近代物理和电磁学，还阅读了英国科学家罗素（B. A. W. Russell）的《原子新论》中译本，从而对原子物理学产生了兴趣。原子核科学是一个非常神秘而诱人的学科，尤其在20 世纪 30 年代，这使他在 1932 年改变初衷考入清华大学物理系。

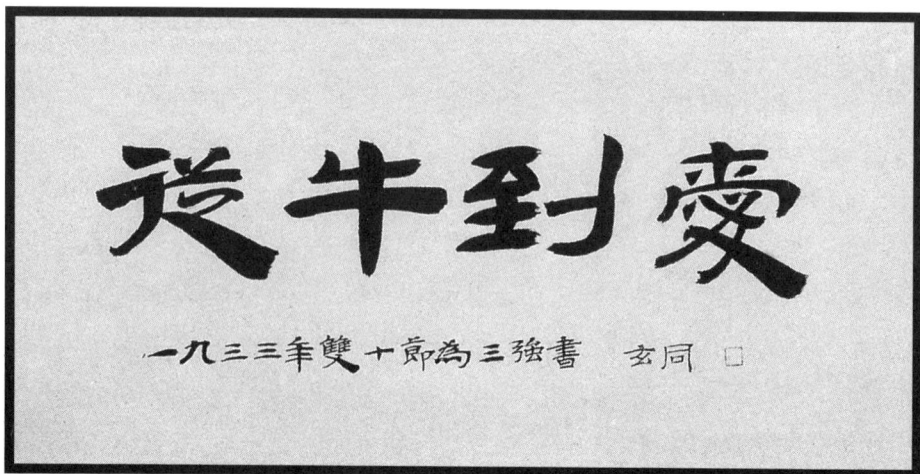

从牛到爱

一九三三年双十节为三强书　玄同

1933 年，钱玄同为钱三强题词，意谓从牛顿到爱因斯坦

在清华大学物理系学习四年中，钱三强在以系主任吴有训为代表的一批良师的精心指导下，注意理论与实际、动脑与动手相结合。他的毕业论文是吴有训亲自指导的，内容是制作一个真空系统，试验金属钠的表面对改善真空度的作用。

钱三强从年轻时起就具有强烈的爱国热情和正义感，积极参加"一二·九"爱国学生运动，反对成立伪冀察政务委员会。

1937年夏，赴法国留学前，钱三强（中）在北平与父母合影

1936年毕业时，钱三强选择了到北平研究院物理研究所工作。吴有训为之给北平研究院物理研究所所长严济慈写了推荐信。工作几个月后，在严济慈的支持与鼓励下，他参加了中法教育基金委员会组织的公费留法考试，获得了到巴黎学镭学的名额。

1937年夏，钱三强经过一个多月的海轮航行抵达法国首都巴黎。先期到达巴黎出席国际文化合作会议的严济慈亲自把他介绍给了伊莱娜·居里（Irène Curie）教授。钱三强的博士论文被安排在巴黎大学镭学研究所居里实验室和法兰西学院原子核化学实验室同时进行，两个实验室的主持人——诺贝尔奖获得者伊莱娜·居里和弗莱德里克·约里奥（Frèdèric Joliot）共同负责指导。钱三强没有辜负导师的信任，他勤奋好学、诚实开朗、乐于助人的精神得到普遍好评，工作进展迅速。1940年他获得法国国家科学博士学位。一年后受伊莱娜·居里的邀请，仍在两个实验室同时进行原子核物理和放射化学研究，并指导研究生。次年任法国国家科学研究中心研究员。

1945年，受伊莱娜·居里派遣，钱三强赴英国布里斯托（Bristol）大学鲍威尔（C. F. Powell）博士所在的威尔斯（H. H. Wills）物理实验室短期学习最新出现的核乳胶技术，并出席英法宇宙线会议。其间，在中国共产党旅法

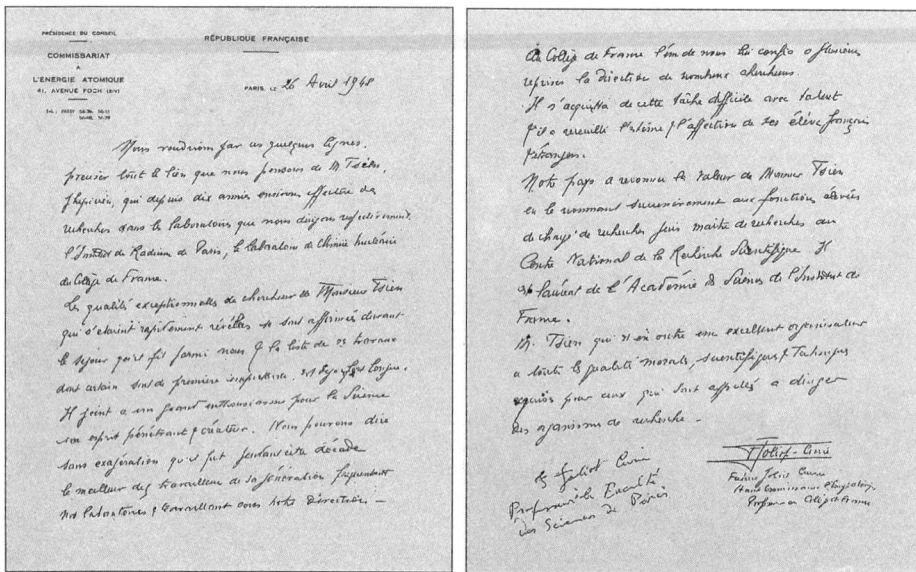

1948 年 4 月 26 日约里奥·居里夫妇对钱三强科学工作和精神的评语

支部的安排下，钱三强在伦敦会见了邓发将军。从此，钱三强对争取中国的命运与前途，以及自己的责任感，开始有了新的认识和实践。

铀核裂变

1946 年春，钱三强与清华大学的同学何泽慧博士在巴黎结为伉俪，并开始了共同的科学生涯。钱三强领导一个研究小组，其中有何泽慧和两名法国研究生参加，他们利用核乳胶研究裂变，经过反复实验和上万次的观测，发现重原子核三分裂和四分裂现象。同年，钱三强获得法国科学院亨利·德巴微物理学奖金。1947 年，钱三强升任为法国国家科学研究中心研究生导师。

1948 年夏，钱三强与何泽慧携刚半岁的长女一同回国。回国后，他拒绝南京政府的挽留，坚持到北平，接受清华大学理学院院长叶企孙和周培源教授的邀请担任清华大学物理系教授，同时与何泽慧、彭桓武积极组建北平研究院原子学研究所，并任所长。

1949 年 3 月，钱三强参加以郭沫若为团长的中国保卫世界和平代表团，出席第一次世界和平大会（在布拉格和巴黎同时举行）。行前，根据钱三强的建议，中共中央领导十分重视发展科学技术，在当时财政极其困难的情况下，仍拨出 5 万美元，由钱三强带到国外购买核科学研究急需的仪器设备和图书资料。尔后，钱三强还先后随同郭沫若出席了在华沙举行的第二次世界和平大会和在奥斯陆举行的世界和平大会执行局特别会议，陪同宋庆龄和郭沫若出席了在维也纳举行的第三次世界和平大会。1952 年，钱三强参加反细菌战国际科学调查委员会，赴朝鲜和我国东北调查美国使用细菌战的事实，为和平正义事业做出了积极的贡献。

1952 年 3 月，钱三强（左一）、郭沫若（右一）出席在奥斯陆举行的世界和平大会执行局特别会议

报 效 祖 国

中华人民共和国成立后，钱三强积极参加了中国科学院的组建和调整工作，先后主持中国科学院计划局和近代物理研究所的工作。1953 年 3 月，钱三强率领由 26 名专家学者组成的中国科学院访苏代表团，对苏联近百个各种

类型研究机构、10 余所大学，还有厂矿、农庄、博物馆等，进行了广泛、深入的考察，历时 3 个月。代表团回国后进行了认真总结，并在北京、上海、南京、沈阳等地科学界做了传达。访苏代表团对中国科学院以后几年的工作有很大的推动。

1954 年 1 月，钱三强作为留学归来的高级知识分子，光荣地加入了中国共产党。中国科学院院长郭沫若挥毫书赠马克思《资本论》法文译本序言中的一句名言给钱三强，向他祝贺。

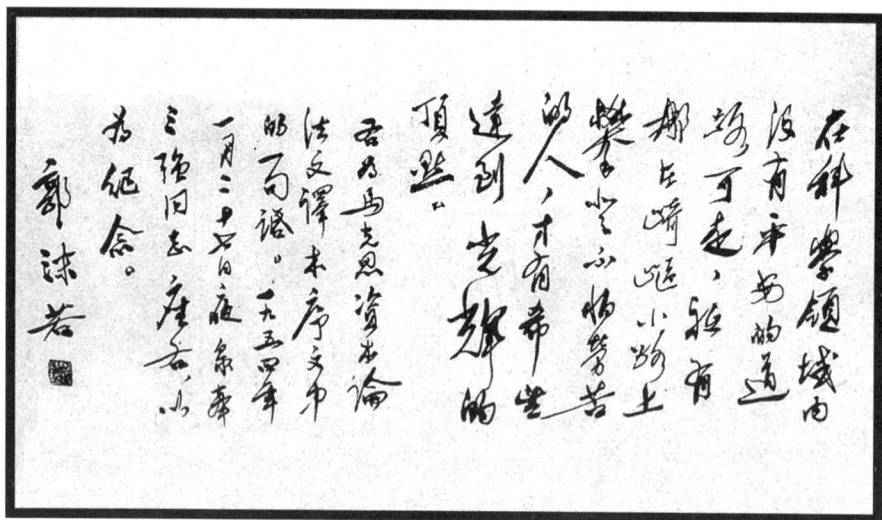

1954 年 1 月 27 日，郭沫若先生欣闻钱三强被批准加入中国共产党后录赠的马克思语录

1955 年 1 月 14 日，周恩来总理亲自打电话，请物理研究所所长钱三强、地质部部长李四光到他的办公室，分别仔细询问了我国原子核科学研究的现状、人员、设备和原子反应堆、原子弹原理以及铀矿勘察情况，薄一波副总理陪同参加接见。1955 年 1 月 15 日是一个富有历史意义的日子，这一天，钱三强和李四光被请到中央书记处的会议室，毛泽东主席要亲自听取这方面的汇报，刘少奇、周恩来、朱德、陈云、邓小平、彭德怀、彭真、陈毅、聂荣臻、薄一波等都参加了会议。毛主席对钱三强和李四光说："今天，请你们给我们上一课……"就在这次会议上，毛主席发表了著名的哲学观点：物质是无限可分的，质子、中子、电子也应该是可分的。

1956 年，国家成立主管原子能工作的工业部（先为第三机械工业部，后改称第二机械工业部），宋任穷任部长，钱三强为副部长之一，兼任中国科学院副秘书长。1958 年，中国科学院近代物理研究所改名为原子能研究所，实行第二机械工业部与中国科学院双重领导，钱三强仍兼任所长，很好地实现了科学院与工业部的协作。

1959 年 6 月，苏联政府单方面撕毁协议，撤走专家，使我国正在开展的尖端技术项目陷于十分困难的境地。党中央及时做出"大力协同，依靠自己的力量发展原子能事业"的指示，钱三强积极响应，原子能研究所全力转入建立原子能工业的阶段，不仅承担了繁重的科技攻关任务，还选派和推荐优秀科技专家王淦昌、彭桓武、郭永怀、朱光亚、邓稼先、周光召、于敏、黄祖洽、陈能宽、胡仁宇等到第二机械工业部有关院、所、厂负起科技领导责任。同时，钱三强和中国科学院其他领导裴丽生、秦力生和谷羽等率领工作组到我国东北及上海等地安排落实任务，广泛调动中国科学院的力量，在铀矿评价、采选、铀化学化工、铀同位素分离、扩散分离膜的研制及高效炸药等方面组织联合攻关，使许多关键问题得到解决，终于使我国第一颗原子弹在 1964 年 10 月 16 日试爆成功。但 3 天后，钱三强被派往河南信阳农村参加社会主义教育运动，继而在"文化大革命"中被作为"反动学术权威"受到审查、批判和斗争。在逆境中，他对真理坚信不疑，对事业执着追求，从未消沉懈怠。

再 做 贡 献

粉碎"四人帮"后，钱三强从第二机械工业部回到中国科学院参加领导工作，先后任副秘书长、副院长，兼任浙江大学校长。他主持领导了恢复学部委员的活动和增选工作，并先后率团访问了澳大利亚、罗马尼亚、南斯拉夫、法国、比利时、荷兰、美国。他主张学习外国经验要结合我国的实际，不赞成机械照搬。1982 年，钱三强当选为中国物理学会理事长，同年被任命为全国自然科学奖励委员会副主任和全国学位委员会副主任，为评选国家第二次自然科学奖和我国学位制的建立，进行了大量卓有成效的工作。

1985 年，钱三强因健康原因辞去中国科学院副院长职务，任特邀顾问，兼任全国自然科学名词审定委员会主任，为我国"文化大革命"后的自然科学名词审定工作奠定了基础。同年，时任法国总统密特朗亲自签署文件，授予钱三强法国荣誉军团军官勋章，以褒奖他曾经在法国取得的成就和为中法友好做出的贡献。

1985 年 5 月 20 日，钱三强在法国驻华大使馆接受马乐大使代表密特朗总统授予的法国荣誉军团军官勋章，此为授勋证书

1986 年，钱三强当选为中国科学技术协会副主席，兼任促进自然科学和社会科学联盟委员会主任。1988 年再次当选为全国政协常委，并任全国政协科学技术委员会副主任。

钱三强先生被认为是中国原子能科学事业的奠基人。在 20 世纪 50~60 年代，我国的科学技术与外国交流完全被封锁的情况下，他以非常顽强的毅力，带领国内仅有的一批核科学专家，建立起一个包括核物理、核化学和核理论在内的科研队伍，并利用从国外带回的器材，成立了中国的核实验研究室。

1992 年，邓小平同志在"南方谈话"中指出："高科技领域，中国也要在世界占有一席之地……大家要记住那个年代，钱学森、李四光、钱三强那一批老科学家，在那么困难的条件下，把'两弹一星'和好多高科技搞起来。"

钱三强先生长期担任中国原子能科学研究院院长，这个研究院是我国综合性的核科学技术研究基地，在我国原子能事业发展过程中，在技术基础和人才培养两个方面，他做出了杰出的贡献。他不愧是中国原子能科学事业的奠基人。

2000 年 6 月，我应《博览群书》杂志主编武宁先生之邀，写一篇介绍钱三强先生的生平及他对广西科学技术出版社的厚爱的文章，以表达对他深深的怀念和纪念。但是，我又不免忐忑不安，因为我知道，钱先生的科学成就灿烂辉煌，学术思想博大精深，绝不是我这支秃笔所能表述其万一的。钱先生虽然永远离开我们了，但他充满辩证哲理的学术思想是他留给我们的最宝贵的精神财富。他的名著《重原子核三分裂与四分裂的发现》中有许多精辟的论述和独到的见解，无不闪耀着智慧的光芒，钱先生的学术思想将为后人的理论研究和探索提供一种科学方法。尤其是钱先生晚年对广西科技出版事业的关怀、支持之恩将永远铭记在我们的心中，他的言传身教将永远指导、激励我们努力去做好科技出版工作。

1988 年，钱三强、何泽慧携外孙女在北京中山公园

光 学 之 魂

——访中国光学事业的奠基人、中国科学院院士、
中国工程院院士王大珩

王大珩　应用光学家。原籍江苏苏州，
1915 年 2 月 26 日生于日本东京。1936 年
毕业于清华大学。曾任中国科学院长春光
学精密机械研究所研究员、所长、名誉所
长。1955 年被选聘为中国科学院学部委员
（院士）。2011 年 7 月 21 日逝世。

我国光学事业奠基人之一。在国防现
代化大型光学观测设备研制方面有突出贡
献，对我国的光学事业及计量科学的发展起到了重要推动作用。
20 世纪 50 年代创办了中国科学院仪器馆，以后发展成为长春光学
精密机械研究所。领导该所早期研制我国第一埚光学玻璃、第一
台电子显微镜、第一台激光器，并使其成为国际知名的从事应用
光学和光学工程的研究开发基地。1986 年和王淦昌、陈芳允、杨
嘉墀联名，提出发展高技术的建议（"863"计划）。还与王淦昌
联名倡议，促成了激光核聚变重大装备的建设。提倡并组织学部
委员主动为国家重大科技问题进行专题咨询，颇有成效。1992 年
与其他五位学部委员倡议并促成中国工程院的成立。1999 年荣获
"两弹一星"功勋奖章。

在联合国大会上，专门把某项科学活动作为议案提出并通过的情况是不多见的，然而，在 1989 年初召开的第 44 届联合国大会，根据有关国家提议，正式宣布 1992 年为"国际空间年"，因为 1992 年正好是哥伦布发现美洲新大陆 500 周年，又是"国际物理年"35 周年。1989 年，经国务院批准成立了"国际空间年"中国筹委会，由原国务委员兼国家科委主任宋健任名誉主任，著名科学家、中国光学事业的开拓者和奠基人、中国科学院院士王大珩任主任，组织和协调国内外的空间活动。中国筹委会组织了一系列的活动，如举办空间科技电视讲座、青少年国际宇航夏令营、"国际空间年"展览，发行"国际空间年"纪念邮票，以及出版空间资源开发的学术专著，等等。

王大珩院士在黄山

与"863"计划结缘

1989 年 5 月，《科技日报》在头版连续刊登了有关"国际空间年"的专题报道，我通过报社的记者找到了中国科学院空间办主任、王大珩院士的

"863" 计划的四位倡议者：王大珩（左二）、王淦昌（右一）、杨嘉墀（右二）、陈芳允（左一）

助手潘厚任教授，建议出版一本代表我国一流科学家全面、深入研究和系统总结空间科学技术发展水平和成果的学术著作。潘厚任曾于 1986 年 3 月受王大珩委托，起草了著名的《关于跟踪研究外国战略性高技术发展的建议》（即"863"计划倡议书）的前半部分，当时作为"国际空间年"中国筹委会主任王大珩先生的助手，主持空间办的工作。听了我的建议，他立即向王大珩先生汇报了此设想。王大珩先生听了汇报之后，表示要大力支持广西科学技术出版社这一工作，并对编辑出版这部著作的基本内容和整体设计提出了明确的要求。8 月，王大珩先生亲自出面，约请了"863"计划的倡议者杨嘉墀、陈芳允和著名科学家林兰英、陈述彭、吕保维、王希季等 14 位院士，组成《太空·地球·人类》一书的写作班子。1990 年 5 月，《太空·地球·人类》编纂工作会议在中国科学院技术科学局召开，会议正式确定王大珩任总主编，撰写总序和总论；吕保维院士任第 I 部分主编，撰写《日地物理篇》；陈述彭院士任第 II 部分主编，撰写《人类生活的星球篇》；杨嘉墀、陈芳允院士任第 III 部分主编，撰写《当代空间信息科技篇》；林兰英院士任第 IV 部分主编，撰写《微重力材料科学与空间生命科学篇》；王希季院士任第 V 部分主编，撰写《空间资源的开发篇》等；并由王大珩

黄 建 同志：

《太空·地球·人类》一书是奉献给国际空间年的中国出版物，我国奉献给空间年的礼物之一。这本书颇有社会意义，但很可能赔钱，这种书赔不赔出版取决于编辑的眼光和判断。你的确有准了，并通过科技日报社找到中国科学院空间办潘厚任副主任，要求出版这本书，提出了创意并希望委托广西科技出版社出版。正是在你的鼓舞之下，我们才下了编写的决心，并且决定聘请空间科技方面的有代表性的专家教授执笔，这其中有些我是陈芳允、杨嘉墀、吕保维、林兰英、陈述彭等，知名教授也有不少，如航天专家王希季教授等。在我们拟定范围内，发挥了作者的积极性，在百忙之中撰写各个部分，形成既是统一的一册书，又是各领域专家不同风格的著述。这本书反映了当代世界空间科技发展的最新动态和发展前景，这也在序言中有所表述。

本书是许多作者共同创作的，难免在稿件编排上有不足之处，都要你和其他编辑同志反复核稿，稿件已寄去，但反复了不止一次，真正高质量的成书还须你们做出很大努力。希望排印力求严整规范善始善终，待稿过排你们一校之后转以连寄给我们一份，对内容做一次最后订正。

此书今年杀青与读者见面，无疑是对空间年活动的一个贡献，对广大读者的贡献，也是您个人努力的结果。没有您的鼓舞我们还真难下编写的决心，通过您的努力，我们也看到了广西科技出版社的科技发展服务的方针。

我是国际空间年中国筹委会主任，特向你和出版社表示谢意。希望你们做出更大的贡献，更出色的成绩。

王大珩

一九九二年七月十六日

1992 年 7 月，王大珩给作者的来信

和潘厚任统稿定稿。

1990 年 8 月，经广西壮族自治区新闻出版局报请新闻出版署批准，《太空·地球·人类》一书被确定为国家“八五”重点图书选题。《太空·地球·人类》一书出版后，作为“国际空间年”中国筹委会的礼物，曾被送到联合国总部以及美国、日本和欧洲各国，引起了国际空间界和宇航联合会的极大关注。1994 年，《太空·地球·人类》获第八届中国图书奖、首届广西“桂花工程”奖和第四届桂版优秀图书一等奖。

1994 年，王大珩主编的《太空·地球·人类》获第八届中国图书奖

1995 年 2 月，我怀着喜悦的心情向王先生汇报了《太空·地球·人类》一书的出版和获奖情况，得到王先生的表扬和鼓励。王先生说："在现代科学技术文明发展过程中，尤其是在高技术研究中，科技出版是推动科学研究、实现科技实验和培育科技人才的关键环节，是记录、发布和传播科学技术知识的主要手段。人类的每一种新发现、新发明和科技进步都得靠科技出版物来传播和体现。《太空·地球·人类》一书的出版，必然会促进我国航天事业和空间开发的发展步伐。"

科学的启蒙

王大珩祖籍江苏吴县，1915 年 2 月 26 日生于日本。父亲王应伟是一位天文与气象学家，早年旅居日本，辛亥革命后回国，先后在北京观象台和青岛观象台工作。王大珩在北京和青岛读中学时，常常跟随其父去观象台观测天文和气象，对使用科学仪器产生极大兴趣。他父亲感叹当时国内尚不能制造精密仪器，曾成功研制风力计。这些少年时代的科学熏陶，对王大珩日后去国外研究应用光学与光学玻璃，回国后致力中国的光学事业与仪器制造工业不无影响。

王大珩从事光学工作是带有偶然性的。抗日战争全面爆发初期，王大珩在汉口巧遇第六届中英庚子赔款留英公费生招生，有幸考取了应用光学专科，一生从此与光学结缘。

在英国留学期间，王大珩了解到光学技术在国防事业中具有重要的战略价值。早在第一次世界大战期间，光学仪器就已应用到战术观测上，交战各方在光学技术上进行了激烈的角逐。当时德国的光学技术最先进，蔡司光学仪器厂蜚声世界。英国为了制造先进的光学仪器，专门从瑞典请来光学技术专家。第二次世界大战前，希特勒上台，为了称霸世界，其战略部署之一就是大力发展光学工业，占据世界市场。第二次世界大战爆发后，战争的需要迫使盟国大力发展光学工业。英国把光学工业列为战略工业，制造光学玻璃的原材料即含铁量低的石英矿成了战略物资。光学玻璃制造技术一向保密。

王大珩因战争之机得以进入英国昌司玻璃公司，参加有关的科研工作。

王大珩 1936 年毕业于清华大学物理系，1938 年考取留英公费生赴英国帝国理工学院攻读应用光学。1941 年转入雪菲尔大学，在世界著名玻璃学家特纳（W. E. S. Turner）教授指导下专攻光学玻璃。1942 年受聘于伯明翰昌司玻璃公司从事研究工作，直至 1948 年回国。

王大珩在英国学习和工作 10 年。他在最早发表的一篇关于光学设计的论文里，论述光学系统中各级球差对最佳焦点位置的影响，创造性地提出了用低级球差平衡残余高球差并适当离焦的观点。该文中所阐述的一些思想，至今仍是大孔径小像差光学系统，如显微镜设计中像差校正和质量评价的重要依据，多次被国内外有关著作引用。日本著名学者小仓磐夫对王大珩青年时代的这篇学术论文给予了高度评价。

光学与国防

第二次世界大战期间，光学仪器受到交战各国的重视，光学玻璃的制造技术是保密的。在第一次世界大战期间，俄国曾派人到昌司玻璃公司学习光学玻璃的制造，被英国人百般糊弄、嘲笑。以后，列宁领导的苏维埃政权在科技上的第一个新措施，就是成立国家光学研究所，它一直由军事部门管辖。苏联的光学玻璃，是靠这个研究所的科技人员独立自主地研究开发出来的。

在第一次世界大战期间，美国也因不能自己制造光学玻璃而处于被动。于是，美国科学家毅然决定自己开拓研究，并写出了世界上第一本光学玻璃制造专著，在一定程度上公开了制造光学玻璃的秘密，并有所创新。

第二次世界大战期间，希特勒梦想称霸世界。作为一项战略部署，德国想利用光学技术的优势，大力发展光学工业，占据世界市场，限制了敌对国家光学工业的发展。早在第二次世界大战之前，德国就以制造光学仪器出名。德国的照相机充斥世界市场。诚然，当时的英国要维持其光学工业是很困难的。20 世纪 30 年代经济萧条时期，英国年生产光学玻璃最低时才 32 吨，而一旦战争爆发，需求量骤增至千吨以上。光学工业若没有战略储备，得不到国家有关部门的扶持，就难以生存。王大珩在英国昌司玻璃公司任职期间，有关光学玻璃的研究开发经费，就是得到政府补助的。光学玻璃是关键材料，光学工业被列为英国的战略工业。他在昌司玻璃公司的许多研究成果没有公开发表。他是英国最早研究稀土光学玻璃的，曾获得过专利。他用光谱方法研究了光学玻璃的吸收与脱色，研究了玻璃中三氧化二砷、三氧化二锑与氧化铁作用而达到化学脱色这一课题。他研究了光学玻璃不同退火条件对折射率、内应力、光学均匀性的影响，改进了退火样品折射率微差干涉测量方法；发展了 V 棱镜精密折射率测定技术，获英国科学仪器协会第一届青年仪器发展奖，并在英国制成商品仪器。后来他在国内把 V 棱镜折光仪进一步研制推广，至今仍是许多光学玻璃实验室和工厂的基本测量仪器。

1948 年，王大珩回国。他先到上海，后在大连大学创建应用物理系并任系主任。1951 年，中国科学院聘请他去北京筹建仪器馆。1952 年，仪器馆在长春正式建成，后来改名为长春光学精密机械研究所（简称"长春光机所"），

王大珩（右二）与学生母国光、王之江、吴国琛在一起

他被任命为馆长、所长。30 余年，长春光机所在他的领导下，发展成为我国应用光学研究与光学仪器研制的摇篮。该所最早在国内建立起现代光学仪器的各种技术学科基础，为国家培养并输送了大批光学科研骨干。现在国内知名的光学专家有许多在长春工作过；国内几个光学专业研究所都与长春光机所有渊源；国内不少光学工厂前期的产品都来自长春光机所的科研成果。

光学设计是仪器馆最早取得成绩的科研领域。王大珩亲自领导建立了光学设计组，并举办过多期全国光学设计训练班。不少在这里受过光学设计启蒙教育的人，后来成为很有成就的光学科学家。

光学玻璃是仪器馆成立之初的重要科研成果。在我国第一炉光学玻璃的研制中，王大珩运用他在英国工作的经验，在玻璃配方、退火及测试技术方面做出了贡献。

王大珩在查阅资料

1958 年，仪器馆以研制成功当时属于高精光学仪器的"八大件"而闻名全国科技界。这是王大珩创办仪器馆以来倾注全部心血的结晶，是他在仪器馆内注重技术基础的建立和培养了一批富有朝气的青年科技人员的结果。这些年来的积累，也孕育了 1961 年我国第一台激光器的诞生。

"两弹一星"功臣

从 20 世纪 60 年代开始，王大珩和他领导的长春光机所转向以国防光学技术及工程研究为主，先后在红外和微光夜视、核爆与靶场光测设备、高空和空间侦察摄影等国防光学技术领域做出了重要贡献。他参加了我国第一次核爆炸试验，指导改装了普通高速摄影机用于火球发光动态观测；他为建立国防光学工程的学科基础而最早在国内领导开展大气光学研究；他在太阳模拟器的研制中提出了先进的技术方案。特别是在靶场光测设备的研制方面，他主持了多种型号的研制工作。

20 世纪 60 年代初，为适应国防工程的需要，国家提出了"150"工程，即研制大型精密光学跟踪电影经纬仪。就我国当时的技术水平而言，完成这个任务有很大困难。在这项工程中，王大珩任总设计师，经过 5 年的不懈努力，终于研制出了超过原来设计指标的我国第一台大型光测装备，开创了我国独立自主地从事光学工程研制和小批量生产的先河。

1980 年 5 月，在我国向南太平洋发射远程运载火箭试验中，长春光机所等研制的激光、红外、电视、电影经纬仪及船体变形测量系统两项光学工程，出色地完成了火箭再入段的跟踪测量任务。该所独立解决了当时世界远洋航天测量的稳定跟踪、定位、标校和抗干扰等技术难题。

由于王大珩在我国国防光学科研中所做的贡献，1980 年他被授予"全国劳动模范"称号。1985 年"现代国防试验中的动态光学观测及测量技术"获国家科学技术进步特等奖，王大珩是首席获奖者。1999 年 9 月，王大珩被中共中央、国务院授予"两弹一星"功勋奖章。

20 世纪 70 年代初，我国着手发展彩色电视广播事业。为培养彩色电视专业人员，1973 年广播事业局在长春及西安举办了彩色电视学习班。

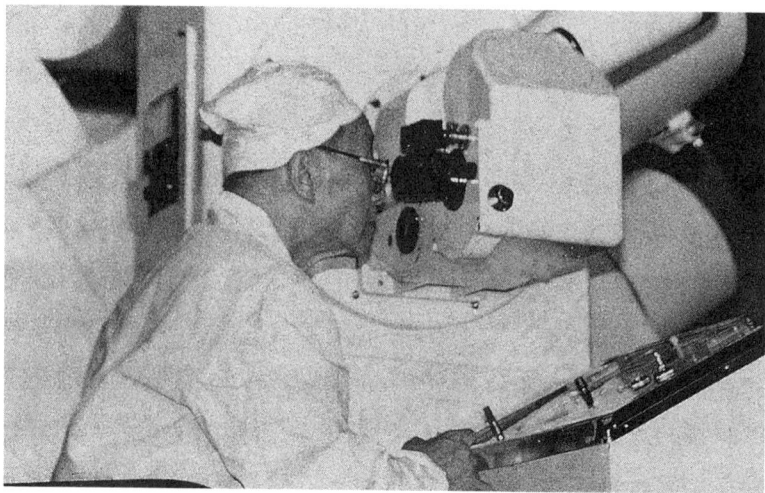

20 世纪 90 年代初，王大珩在中国科学院光电所实验室

1975 年，由中国科学院和国防科工委联合组织，王大珩主持编写了全国第一个遥感科学规划，推动了我国遥感技术的迅速发展。1980 年，王大珩主持召开了长春遥感试验学术会议，出版了《长春遥感试验论文集》和《长春遥感试验典型图像分析》。

王大珩还是我国计量科学研究的开拓者之一。20 世纪 50 年代，国家计量局初建，他被聘为技术顾问。1977 年，我国参加国际米制公约组织。在 1979 年的国际计量大会上，他当选为国际计量委员会委员。1978 年中国计量测试学会成立，他当选为副理事长，1983 年当选为理事长，1989 年被推举为名誉理事长。

王大珩热心教育事业，特别关心国内光学专业人才的培养。他建议在大学设立光学仪器专业。1958 年，他倡导并创办了我国第一所光学专业高等院校——长春光学精密机械学院，兼任院长。1978 年，他受中国科学院委托，筹办哈尔滨科学技术大学，兼任校长。20 世纪 80 年代，王大珩每年都招收博士研究生，亲自指导，特别是对博士论文的审阅严格，修改极其详尽。他已为长春光机所、清华大学培养博士十余名。

王大珩是全国光学界公认的学术权威和组织领导者。1955 年中国科学院设立学部时，他被选为第一批学部委员（院士）。他曾任国家科委光学学科组组长，主持制定历次全国光学发展规划。他倡导成立中国光学学会并任第一、第二、第三届理事长。他创办《光学学报》并任第一届主编，在创刊号上发表论文《我国光学科学技术的若干进展》，回顾了中华人民共和国成立 30 年来光学技术发展的历史，提出了今后发展中需注意的几个问题。

王大珩从事科学活动的领域是很广的，方式是多样的，贡献是多方面的。一个科学家可以通过不同的方式，在不同层次上对社会的科学技术进步做出贡献。许多科学家终生在自己的科研领域勤奋耕耘，著书立说，发明创造。他们的科学成就打上了个人的标记，汇入科学技术发展的历史长河中。也有不少科学家，特别是在一个国家的科学发展初期，他们是先行者，他们在科学园地中披荆斩棘，给后来者开辟领域，指引道路；他们不直接从事耕耘，而是把自己的智慧与努力融入别人的科研成果中。

中国的光学与应用光学研究，光学技术与光学工程的开发，从无到有，不断发展、提高。在解决国防建设与国民经济所提出的科学技术问题中，在参与国际交流与竞争中，都显示了我国光学科研的水平与实力。在这当中，凝聚着王大珩这位光学科技先驱者所付出的辛勤劳动。

1996 年 8 月，我到北京再度拜访了王先生，并谈及"863"计划话题。谈起"863"计划，王先生仿佛看到了中国高技术发展的宏伟蓝图，兴奋之情溢于言表。他说，1996 年是我国实施"863"计划 10 周年，10 年来，"863"计划突破了一大批重大关键技术，缩小了同国外先进水平的差距，结合了经济建设需求，推动阶段成果商品化、产业化，为改造传统产业、培育新兴产业做出了贡献；凝聚、培养和造就了新一代高技术研究开发人才，组织和建设了一批高技术研究开发应用中心，极大地增强了中华民族发展高技术的自信心，引导并带动了中国高技术的全面发展以及相关科学技术的进步；开拓了中国发展高技术的道路。王先生的兴奋之情感染着我，中国科学事业的发展更让我激动不已。

王先生又深情地回忆起"863"计划的缘起。那是在 1983 年，美国里根总统提出战略防御倡议（SDI 倡议），除了为争雄世界并显示威慑力量，也是对美国发展高技术的一次积极倡议，同时也是对世界各国高技术及国力发展的一次挑战。SDI 的实质，在现实性上比较渺茫，但是从威慑目的出发，提出了战略性方向，从而对一系列前沿技术展开了论证及可行性研究，不管最终目标能否达到，但在高技术的各个方面肯定会有新的突破，这无疑会壮大一个国家高技术的实力。

各工业先进国家纷纷提出相应的计划：欧共体的尤里卡计划，日本的科技计划，苏联的对策计划……

谈到这里，王先生显得很激动，他说："虽然通过'两弹一星'已建立起了高技术的初步基础，积累了一定的经验，但对此不能置之不理啊，我们要提出采取对策的设想，要树立起迎接挑战的信心。

20世纪90年代初，王大珩在中国科学院办公室

　　"1983年，党和国家开始考虑迎接新技术革命的对策。同年11月，国务院经济技术研究中心组织全国上千名专家进行为发展新技术的研究，提出了长达150万字的'中国迎接世界新技术革命浪潮挑战和机会对策的研究'。

　　"鉴于当时的情况，陈芳允同志与我商量，向最高领导写一份'发展我国的战略性高技术'的建议，由我起草，并与杨嘉墀、王淦昌商量定稿。在准备报告的过程中，得到张宏同志的支持，建议于1986年3月2日送上，3月5日就得到邓小平同志的批示：'此事宜速作决断，不可拖延'。"

　　经国务院组织专家进行再三的周密论证，1986年11月18日，国务院发出"高技术发展计划纲要"的通知。"高技术发展计划纲要"即"863"计划，于1987年2月正式组织实施。称为"863"计划，正是因为建议的提出和邓小平同志的批示是在1986年3月做出的。对于"863"计划的基本精神和实质，王大珩谈起来如数家珍，其基本精神：

　　第一，事关国际上的国力竞争，我们不能置之不理；

　　第二，对关系到国力的高技术，首先要争取一个"有"字，有与没有大不一样；

第三，鉴于我国的经济情况，从事高技术的规划与范围无法与工业发达国家相比，因此，必须"突出重点，有限目标"，强调储备与带动性；

第四，积极跟踪国际先进水平，要能进入所涉领域的国际俱乐部，占有一席之地；

第五，发挥现有高技术骨干的作用，通过实践，培养人才，为下个世纪的发展做好准备；

第六，时不可待，要有紧迫感，发展高技术是需要时间的，抓晚了就等于甘居落后，难于再起。

"863"计划的实质：

1987年3月，王大珩在北京科技活动中心工地

第一，战略性的，影响国力的，有迫切需求的。

第二，预研先导性的，面向21世纪的高技术化生产。

第三，有限项目，目标明确，但是要有带动作用。

第四，按照小平指示"军民结合，以民为主"。在风格上，提倡"公正、献身、求实、创新、协作"。

在谈到"863"计划的实施时，王大珩说，它包括7个高技术领域15个主题：

第一，生物技术。高产、优质、抗害动植物新品种；新型药物、疫苗及其治疗技术；蛋白质工程。

第二，航天技术。面向下一个世纪的空间技术发展的预研工作，如发射运载手段、空间技术应用，等等。

第三，信息技术。智能计算机系统；光电器件及集成技术；信息获取与处理；先进通信技术。

1991 年，王大珩在听取总参谋部工作汇报

第四，激光技术。强激光领域及有关的问题。

第五，自动化技术。计算机集成制造体系（CIMS）；智能机器人。

第六，新能源技术。燃煤磁流体发电；先进核反应堆。

第七，新材料。光电信息材料；耐腐蚀、重量轻的结构材料；特种功能材料；耐高温、高韧性、高强度复合材料；特种工艺（因为没有经费安排，微电子技术未列入）。

对这些技术领域，我们可以这样理解，正如国际上一般理解的那样，是指现代科学技术的前沿，对发展国民经济和国力有较大影响，有明确的应用目标，是多种技术综合集成的技术领域。但是，由于前沿技术在不断更新，高技术也是有时间性的，当某项高技术被普遍地用于正常生产时，就不再"高"了，而新的"高"又出现了。

对"863"计划实施 10 年来的进展情况，王先生作了详细的介绍："863"计划经过"七五"入轨，"八五"攻坚，已卓有成效。参加"863"计划总人数达两万多人。

为了积极开展工作，除利用已有基础外，已新建立了 8 个研究发展中心，它们是（民用方面）计算机集成制造系统实验工程中心、智能计算机系统研究开发中心、机器人研究开发中心、光电子工艺中心、基因工程疫苗中心、基因工程药物中心、基因工程生物制品中心、新储能材料工程开发中心。10年安排课题2 800多个，到1995年底已鉴定成果1 398项，其中550项达到国际先进水平，已应用475项，已形成产品133项。在国内外重要刊物和学术会议上发表论文2万余篇。已经取得的主要成就如下。

1. 生物技术。两系杂交稻，已推广300余万亩，平均单产提高10%以上，最高单产达730公斤；玉米与固氮大豆、抗虫棉花等，将开始大面积推广；基因工程生物疫苗有突破性进展；治疗恶性肿瘤药物，乙型肝炎的生物药物、疫苗已在不同程度上投产。部分项目已处于国际领先地位，基因治疗达到国际领先水平。

2. 信息技术。"曙光1号"与"曙光1 000"高性能计算机达20世纪90年代国际水平，正在投产；中文智能接口进入国内外市场；大功率激光器、高速光通信系统有重要进展；合成孔径雷达完成型号预研，实现了计算机图像显示；2.16米望远镜、红外自适应系统已初见成效，提高了地面观测星体的分辨本领；航空遥感实时传输系统已应用于防灾；半导体量子阱激光器件技术过关。

3. 自动化技术。CIMS获国际奖，已用于18家不同产业，已有成效；6 000米水下机器人深海试验成功；机器人装配线用于顺德电扇电机装配，并进一步推广至汽车行业；核工业机器人、六维机器人、爬壁机器人等示范样机问世。

4. 新能源。高温气冷核反应堆已开工；快中子堆已立项。

5. 新材料。人工非线性晶体及激光晶体、高温超导材料均属国际先进并有所领先；高技术研究及军工配套材料达国际水平，如航天隔热材料、高性能固体推进燃料、耐高温高强度材料等。

6. 其他领域。大型"神光"激光器系统的研制成功，使我国成为少数具有聚变实验装备的国家之一，由此产生的X光激光研究处于国际先进或领先水平。利用航天环境进行半导体材料制备，取得了国际瞩目的成果；对植物种子进行搭载实验，使青椒、番茄、稻谷取得明显增产的效果。

　　总之，"863"计划实施至今成绩卓著，现在正在总结经验，以利再战。初步看来，有以下几点：①在指导思想和措施以及计划内容上，是经过慎重考虑的，是正确的，因此在实施上未出现有大转弯等现象；②在一些领域提高了国际声望、缩短了差距，并开始在国际上占有一席之地；③提高了高技术研究水平，在一定程度上增强了国家的科技实力，从而更加增强了我国自主开发高技术的信心和能力；④开始带动了相关领域和行业的技术发展；⑤培养了45岁以下的研究人员千余人，培养了决策层次的专家数百人，提高了专业管理水平，有数十人被选为科学院或工程院院士。

　　最后，谈到"863"计划的发展趋势时，王先生说成果的涌现，使转化为生产力成为迫切的任务，邓小平同志及时发出了"发展高科技，实现产业化"的号召。经过一段时期，"863"计划的实施锻炼提高了我国的科研能力。除了必要的跟踪，已有条件更加强调创新工作，因为只有创新，在市场上才有竞争力。

　　国际上正迅速在"信息高速公路"上发展，推动着经济与社会的进步，我国正面临着信息设施的技术挑战，这是我国在发展高科技中必须考虑的问题。

　　海湾战争启示我们，高技术应用于军事仍然是发展高技术的主要动力，我们不能掉以轻心，落后就要挨打。

　　改革开放，技术引进，在一定程度上促进了我国科技进步和生产力提高。但也要看到外商把我国看作他们技术产品的市场（只包括一般的高技术，真正的高技术是进口不到的），我们必须在高技术上努力保持自主权，这是提高我国国力所必需的。

　　我国总的科研水平，特别是高技术，较之先进国家还有较大的差距，我们必须有效地贯彻"科教兴国"战略，在高技术应用于关键领域方面加速赶上去，加快产业化的步伐。

王大珩（前排右一）陪同宋健（前排左一）检查机器人工程研究开发中心

根据近年来的发展趋势，不同领域的发展情况有了变化，我们应对计划做适当的滚动与调整。

据了解，国家正在制定"863"计划的新一轮五年规划，并且看到发展高技术并非一时之计，因为世界正在飞速发展，我们稍一懈怠，就有滑下去的危险。因此国家正在考虑下世纪的高技术发展问题。相信党和国家贯彻"科教兴国"战略，我国的高技术科研及其产业化将会不断地取得辉煌成就。

当访问行将结束时，我情不自禁地说："王老，在新中国'两弹一星'的成功和光学事业的发展和应用中，您做出了巨大贡献，值得世人永远尊敬。"王老却谦虚地说："我在光学方面的一些成绩是在党和国家领导人的关怀和支持下取得的，是集体智慧的结晶，如果这些事情值得记录的话，功劳要归于大家，我只是工作者中的一员，绝无可以自诩之处。我们缅怀周总理和聂帅，对建设现代化社会主义强国的总目标，对发展我国国防科技事业的亲切关注和支持；我们敬佩小平同志批示'863'计划的远见卓识。回忆我们这些埋头苦干

1995 年 2 月，王大珩与作者在北京中关村的公寓合影

的科技工作者，我由衷地感到生逢其时，得以有用武之地。在十年'文化大革命'的日子里，由于聂帅提出要保护一批科学家，而我在被保护之列，我们长春光机所由于承担重要的国防任务而特别指示得到'军护'（是全国唯一的'军护'单位），对此更是铭记在心。这使长春光机所在困难的环境下，凝聚着一股不顾个人安危的强大力量，坚持不懈地为国防建设而日夜奋战。我也想借此来安抚那些不幸牺牲的同志，如王子馨、刘正经、余杰等亲密战友。对于我本人来说，当时光机所党委书记贾力夫同志和我的助手龙射斗同志，以党员的正义感在极端困难的条件下保护着我，我永远铭记并感激。"

王大珩渊博的知识，严肃认真的工作作风，对培养后来者不遗余力的精神，让我肃然起敬。他是我们科技工作者心中的一面旗帜。正是因为当今中国有一批像王大珩这样的科学脊梁，我相信中华民族科学技术实现划时代的崛起为时不远。中华民族一定可以实现伟大的复兴，巍然屹立在世界的东方。

探索元素的奥秘

——记中国非线性光学晶体材料的奠基人、中国
科学院原院长、中国科学院院士卢嘉锡

卢嘉锡 物理化学家。1915 年 10 月 26 日生于福建厦门，祖籍台湾台南。1934 年毕业于厦门大学化学系。1939 年获英国伦敦大学哲学博士学位。1955 年被选聘为中国科学院学部委员（院士）。1985 年当选为发展中国家科学院院士。1987 年获伦敦城市大学名誉科学博士学位，同年获比利时皇家科学院外籍院士称号。2001 年 6 月 4 日逝世。曾任中国科学院福建物质结构研究所研究员、所长，中国科学院院长、特邀顾问，发展中国家科学院副院长，全国人大常委会副委员长，全国政协副主席等职。他早年设计的等倾斜魏森堡照相的 Lp 因子倒数图，曾为国际 X 射线晶体学界普遍采用。创建中国科学院福建物质结构研究所。1973 年在国际上最早提出固氮酶活性中心网兜模型，之后又提出过渡金属原子簇合物"自兜"合成中的"元件组装"设想，在他的组织和领导下，还系统地提出一些 $[Mo_3S_4]^{4+}$ 簇合物的"类芳香性"本质问题，使中国化学模拟生物固氮及有关原子簇合物的合成和结构化学研究跻身于世界前列，该项目获中国科学院自然科学奖一等奖和国家自然科学奖二等奖。1999 年获何梁何利基金科学与技术成就奖。

在我的编辑生涯之中，一共有 3 次机会与卢嘉锡院士在一起。第一次是 1991 年在北京民族文化宫参加《当代中华科学英才》丛书出版座谈会，卢嘉锡和严济慈、钱三强、钱临照、周光召、王选、梁栋材等著名科学家参加了会议，我有幸负责陪同卢嘉锡。第二次是 1993 年由共青团中央在人民大会堂安徽厅举办的全国少年现代科技知识读书竞赛发奖大会上，我再次负责接待和陪同卢嘉锡。第三次是 1993 年在人民大会堂举行的向"希望工程"捐赠《新编十万个为什么》仪式上，我又一次见到卢嘉锡，并与他长时间交谈。卢嘉锡的生平事迹和科学精神深深感染了我，故写下此文以作怀念。

1993 年，作者与卢嘉锡、严济慈在北京

嘉 天 之 锡

1915 年 10 月 26 日，当福建厦门美丽的鼓浪屿的海浪拍打着日光岩的时候，一位名叫卢东启的私塾老师喜得虎虎有生气的男孩。卢东启给爱子起了

个乳名叫"阿狮"。这个男孩长大后，成为中国科学院院长、中国科学院院士，他的名字叫卢嘉锡。

卢嘉锡的五代祖先原是福建闽西永定客家人，后来全家迁居台湾，父母都是在台湾出生的。1895 年，台湾被日本人占领后不久，全家被迫迁回大陆，并定居厦门。阿狮长到学龄时，当私塾老师的父亲卢东启决定接纳他为入门弟子。然而，此时的阿狮还没有正式名字。卢东启翻阅着古书，忽地从《诗经》中看到"嘉天之锡"的句子，便欣喜若狂，取"嘉锡"二字为儿子名字。塾学之后，卢嘉锡还念过一年小学和一年半初中。他自上中学后，对自然科学极有兴趣，尤其酷爱数学。虽然他少年时期受到正规教育的时间不长，但他仍考取了大学预科。一开始，他许多必要的数理化知识都残缺不全。代数只学到了一元二次方程，平面几何只学过圆的几条定理，三角只学过很少的几个恒等式，立体几何根本就没有学过。他全凭自学，把中学的课程都补齐了。

弃 数 修 化

卢嘉锡 1928 年考入厦门大学预科时还不满 13 岁，两年后进入该校本科就读。在选系时，他曾决定主修数学，辅修化学。正当他选择专业的时候，一位留美教授出现在他的面前，对他的一生产生了重大影响，这位教授就是厦门大学理学院院长、化学系主任张资珙。

卢嘉锡在厦门大学的第一个学期一晃眼就要结束了。一天，他正准备期末考试，张资珙来到他的身边，拍着他的肩膀说："把你的主修专业改为化学如何？"老师的问话，使他开始认真思考未来的主攻方向。张资珙曾语重心长地告诉学子，化学家的化学分子式应当是 C_3H_3。这里的 C、H 不是化学元素碳和氢，也不是一种碳氢化合物，而是指 clear head（清楚的头脑）+ clever hands（灵巧的双手）+clean habit（整洁的习惯）。受到张资珙教授的影响，卢嘉锡从第二个学期开始改为主修化学，辅修数学，但他对数学的兴趣并未降低。从此，中国化学界多了一位科学家。

卢嘉锡在厦门大学预科念书期间，由于现代科学技术源于西方，科技的传播方式以英文书刊为主，因此当时课本全是英文的，老师上课根本不讲中文，全部讲英语。起初的几个星期，卢嘉锡在课堂上被老师叫起来回答问题，一点也听不懂，直发懵。老师气得发脾气、骂他，他还是听不懂，一时很苦闷、很着急。这种英语教学方式对卢嘉锡产生了激励作用，从这以后他就加倍地努力学习，除认真听课外，还抓紧时间自学，一是看英文小说，二是坚持用英文写日记，结果只用了三年半的时间学习英语，他的英文水平就达到了"四会"：会读、会听、会说、会写。后来，他考取公费留英和到其他国家学习，都没有语言上的障碍，可以和外国学生一样听课、交谈。卢嘉锡常常跟青年学生讲，英文一定要争取尽快过关，只要英文过了关，再学其他外文就易如反掌。

1933 年，时年 18 岁的卢嘉锡，在本科学习已经 3 年了。有一次上物理化学课，区嘉炜老师像往常一样，喜欢考考学生，便出了几道考题，其中有一道题目特别难，许多人不知所措。结果，只有卢嘉锡一人能做出来。然而，等考卷发下来的时候，卢嘉锡这道题只得了四分之一的分数。他感到很委屈，一连几天都不高兴。原来，他把答案的小数点点错了地方。区嘉炜并没有立即批评他，待他气消了，便找他谈话，恳切地对他说，不要看不起一个小数点，将来工作上如果也这么不小心，点错了小数点，就可能使造好的房屋倒塌、架起的桥梁崩溃。老师离去后，卢嘉锡陷入了深思。他想，这道题不仅仅是一时的疏忽，如果解题时能认真对照所给的条件，就会发现计算结果在数量级上不合理，就能够及时纠正错误。

庚 款 留 英

1934 年，卢嘉锡以十分优异的成绩从厦门大学毕业，被推荐参加了公费赴英国留学的考试，但是他的第一次考试失败了。1936 年，卢嘉锡又做了认真准备，但第二次考试还是没有考上。当时报考公费出国留学的人多，招收的人少，考化学学科的人要比其他学科多。卢嘉锡没有灰心和放弃，仍然十分努力。经过孜孜不倦的准备，他决定考第三次。他相信功夫不负有心人，铁杵也能磨成针。

1937年，他终于考取了公费留学，来到英国的伦敦大学化学学院学习，在著名化学家萨格登（S. Sugden）指导下进行人造放射性方面的研究。卢嘉锡仅花了两年时间在伦敦大学念研究生，1939年秋，时年24岁的他获得伦敦大学物理化学专业哲学博士学位，成为中国最早最年轻的核化学家之一。他撰写的《放射性卤素的化学浓集法》博士论文，发表在英国学术权威杂志《化学会志》上。他的导师萨格登颇为赞赏他的才华和能力，国际上承认他是最早对此课题进行定量研究的学者，也是首次成功分离放射性高浓缩物的化学家。

大 洋 彼 岸

卢嘉锡才华出众，取得博士学位的他并不满足于现状，他当时的心愿就是到世界上最优秀的科学家身边深造。在萨格登的推荐下，卢嘉锡又横渡大西洋到了美国。在美国6年半的学习研究中，他以客座研究人员的身份在洛杉矶的加州理工学院从事结构化学研究工作。在这里，卢嘉锡跟随后来两度荣获诺贝尔奖的鲍林教授学习。第一年是公费学习，一年后，公费学习期满，但是鲍林教授希望卢嘉锡能留在这个科学的新领域里多进行学习和研究工作，这样卢嘉锡又在这里进行了4年半的结构化学研究。

1943年底到1944年初，第二次世界大战到了关键性时刻，卢嘉锡到华盛顿附近的马里兰州研究室，参加美国战时军事科学研究工作，在燃烧与爆炸研究中做出了成绩。不久，他又回到加州大学和加州理工学院从事统计热力学和结构化学的研究工作。他还在美国国防研究委员会第十三局所属的马里兰州研究室中工作，取得了燃烧和爆炸两方面的突出成就，获得了科学研究局颁发的成就奖。这一年，他28岁。

厦 门 大 学

在美国生活是很舒适的，科研的环境和设备是一流的，但卢嘉锡从来没有忘记自己是个中国人，他千方百计地争取回祖国参加建设。1945年底，抗日战争刚结束，他立即结束旅居美国6年半的生活，在太平洋漂泊了两个星期，回到了阔别多年的祖国。这年卢嘉锡只有30岁。

回国后，他先是在厦门大学担任化学系教授兼主任。他满腔热情地抱着"科学救国"的理想回到国内，可是当时满目疮痍的祖国使他一度灰心，连年内战，民不聊生，国民党政府腐败无能，已面临全面崩溃，一个满腔热忱的青年学者根本就得不到从事科学研究工作的支持。卢嘉锡过着极为清苦的生活，全家人难得温饱。在最困苦的日子里，他的妻子用他们的结婚戒指换了一袋米。这对结婚戒指上刻着他们两人的名字和结婚年月，为了生活把这样珍贵的纪念品卖掉了，卢嘉锡心里有说不出的难过。

1946年和1948年，卢嘉锡应浙江大学校长竺可桢和理学院院长胡刚复的邀请，到浙江大学讲授物理化学课程。他学识渊博，见解独到，讲课生动活泼，成为最受学生欢迎的教授。

1949年，卢嘉锡被委任为厦门大学副教务长和理学院院长，他为厦门大学化学系的崛起和使厦门大学跻身全国重点大学做出了很大贡献。

1955年，他当选为中国科学院学部委员（院士），是当时中国最年轻的学部委员（院士）和一级教授。1956年，卢嘉锡实现了自己人生的最大愿望——加入中国共产党。

党和政府对卢嘉锡委以重任，1956年和1962年先后两次让他参与制订中国科学技术远景发展规划的工作，卢嘉锡和著名化学家杨石先、唐敖庆等人，为促进中国化学科学的发展做了许多工作。1958年以后卢嘉锡参加了福州大学的创办工作，1960年正

卢嘉锡（左）与周培源（右）、华罗庚（后）在一起

式担任福州大学副校长。

新中国成立初期，卢嘉锡想一头扎进科学研究中，但想到祖国建设需要大批人才，他愉快地接受了教书的任务，亲自给浙江大学、厦门大学和福州大学的学生上课，辅导阅读。由于师资不足，他常常连续上课长达4小时，课余还要指导研究生，回到宿舍里还和同学们一起探讨问题。

科 学 态 度

在学习上，卢嘉锡认为要持之以恒，循序渐进，不要想一口气吃成一个大胖子。科学有自己的规律，不能走捷径，不要想一步登天；要脚踏实地，一步一个脚印，养成严谨的科学态度。他主张青年人要多动脑、多动手。他认为，在培养人才方面，应注意培养两种人：一是能做出突出贡献的科技人才，二是勤勤恳恳、兢兢业业占领一个领域并开拓这个领域的科技人才。只有培养出多方面的科研人才，我们的科学事业才能兴旺发达起来。卢嘉锡提倡勤学苦练。学文学，要多写文章；学外语，要多看、多写、多听、多讲；学数理化，要多做习题。说到做习题，卢嘉锡认为，做题可以检验自己的能力，加深对基本概念的理解。俗话说，熟能生巧，在这方面没有什么诀窍，从来没有光看书不做题就能学好功课的。卢嘉锡年轻时就做过许多习题。遇到难题做不出时，往往吃饭、走路都在想，甚至晚上睡觉做梦还在解题，这样解出的题印象特别深刻。当选为中国科学院院长之后，他还能做出一些微积分难题，这全靠当年苦练的功底。

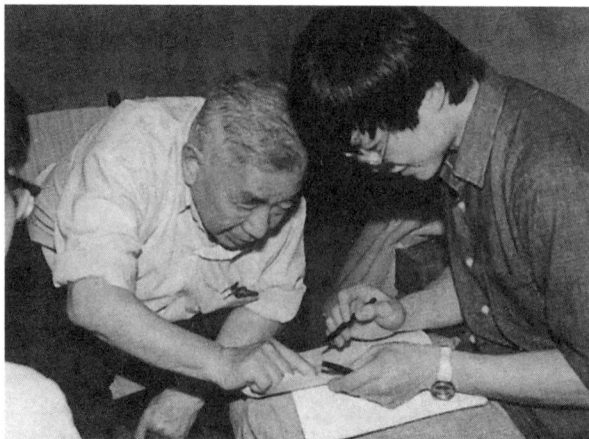

卢嘉锡在辅导博士后

在思维方法上，卢嘉锡强调，要学会比较、鉴别，善于归纳，求同寻异，由此及彼。学外文要经常和中文比较，看看两种语言哪些句法是相同或相类似的，哪些句法则是完全两样，甚至词语顺序掉了个头的。学元素周期律，要注意哪些性质表现出周期性，更要注意到哪些性质不存在周期性。这样一比较，认识就深刻得多。习题不能做了就算。做完习题最好想想，解这些题用了哪些方法，什么样的题可用类似的方法求解，运用哪些新学的内容，与以前解题的方法有什么不同，有什么新的提高或改进，这样才能使学到的知识融会贯通。如有标准答案，要特别注意分析自己的错处。如果是概念理解错误，或是模糊混淆，今后遇到类似地方就要多加注意。卢嘉锡刚到英国时写过一份研究报告，导师看过后说，文章写得相当通顺，但冠词的使用还不够恰当。后来他就特别留意，英文中哪些地方用定冠词"the"，哪些地方用不定冠词"a"，哪些地方不用冠词。这样过了一段时间，他就熟悉了冠词的用法，用英文写出的文章纯正、流利，导师和同事们都很赞赏。

卢嘉锡还认为，学习中总难免有些问题自己搞不懂，就要请教别人。请教时最好不要把问题问"透"，就像迷路时不要闭着眼睛让人牵着走，而是问个方向自己走一样，请人在关键地方点一下，然后自己去思考。这样虽然会费力些，但收获大得多。

卢嘉锡在工作中

探 索 元 素

20世纪60年代初期，卢嘉锡领导的科研队伍在过渡金属络合物、硫氮系原子簇化合物、硫氰根络合物以及晶体材料等方面都取得了可喜成果。他还为我国人工全合成结晶牛胰岛素的晶体结构测定做出了重要贡献。

"文化大革命"期间，卢嘉锡一度被剥夺工作权利，受到不公正的对待，直到 1972 年才重新担任福建物质结构研究所的领导工作。在以后的 10 多年时间里，他用自己的学术思想为福建物质结构研究所确定以过渡金属原子簇合物和新技术晶体材料为研究重点。

1972 年，卢嘉锡和吉林大学唐敖庆教授、厦门大学蔡启瑞教授共同参加了全国化学模拟生物固氮协作研究，1973 年他提出固氮酶活性中心的网兜模型，即"福州模型Ⅰ、Ⅱ"（同年蔡启瑞提出"厦门模型"），这种过渡金属原子簇结构模型设想的提出比西方国家的至少要早 4 年。

1973 年，卢嘉锡在他主持和修订的两份报告中，建议有关部门应该特别加强结构与性能之间相互联系的研究工作，其中 BBO 晶体的发现并成功研制，曾荣获 1987 年中国科学院科技成果特等奖。BBO 晶体被誉为是中国人按照自己的科学思想创造的、得到世界公认的最优秀的紫外倍频晶体。

1977~1978 年，卢嘉锡在国内首先倡导开展过渡金属原子簇合物研究，并把簇合物结构化学中的韦德（Wade）规则推广到类立方烷型原子簇方面。

誉 满 科 海

卢嘉锡作为一位在国际科学界享有崇高声望和具有卓越科技活动才能的科学家，为加强中外科技界的友好合作做了大量工作，增进了我国科学家和外国科学家之间的相互了解与合作，提高了中国科学院在国际科技界的地位。

1984 年卢嘉锡被任命为欧洲文理学院院士，1985 年被任命为比利时皇家科学院外籍院士，1985 年被授予英国伦敦城市大学名誉科学博士学位。1978 年，卢嘉锡作为台湾代表团团长出席了全国科学大会。1999 年 10 月，卢嘉锡获何梁何利基金科学与技术成就奖。

卢嘉锡是中国科学事业的杰出领导者之一。1981 年 5 月，在中国科学院第四次学部委员会大会主席团首次会议上，卢嘉锡被推选为中国科学院院长，后兼任院党组书记。在担任中国科学院院长的 6 年时间里，他坚持邓小平科学技术思想，认真贯彻党和国家在改革时期的科技方针，采取了一系列重要措施，使中国科学院的基础科学和应用科学取得了新的历史性进步和明显效果。他积极推动中国科学院的全面改革，实行所长负责制，对科研工作进行分类管理，多方开展横向合作，创办开放研究实验室等，力图使中国科学院真正成为全国自然科学的综合研究中心，使中国科学院对国家经济建设和科学发展做出重大贡献。他坚决贯彻"尊重知识，尊重人才"的方针，努力为中青年科技工作者的脱颖而出创造条件，培养造就了一大批新一代科技英才。1985 年，已届古稀之年的卢嘉锡当选为发展中国家科学院院士和理事会理事，1988 年当选为发展中国家科学院副院长。他广泛开展活动，促成了发展中国家科学院第二次大会在北京召开。这次大会对于促进发展中国家之间以及发展中国家同发达国家之间的科技合作与发展，增进科学家之间的友谊，扩大我国在国际上尤其是在发展中国家的影响，维护世界和平，都具有重要意义。

老骥伏枥，志在千里

——记中国泌尿外科的奠基人、中国科学院院士
吴阶平

吴阶平　医学家。1917 年 1 月 22 日
出生，江苏常州人。1937 年毕业于北平燕
京大学，获理学学士学位。1942 年毕业于
北平协和医学院，获医学博士学位。1980
年当选为中国科学院学部委员（院士）。
1992 年当选为发展中国家科学院院士。
1995 年当选为中国工程院院士。中国医学
科学院名誉院长，中国协和医科大学名誉
校长，北京医科大学泌尿外科研究所名誉所长、教授。2011 年 3
月 2 日逝世。

肾结核对侧肾积水的研究使一些无法挽救的肾结核患者得以
康复，在国内外医疗实践中得到证实。开创对输精管结扎手术中
灌注远段精道的技术，使手术即时产生避孕效果。肾上腺髓质增
生的研究在医学上确立了一种新的疾病，得到了国际上的重视和
承认。肾切除后留存肾代偿性增长的研究，纠正了对肾切除长期
存在的一种不全面的认识。

从学生时代起，我就经常听说吴阶平这个名字。大概是在 1974 年，我国人民都在关注周总理的健康，吴阶平作为周恩来医疗组组长，又是著名泌尿科医生，自然会引起人们的注意。当时，人们的心里都有一种认识和接触吴阶平的期望。

吴阶平在办公室

真正认识并接触到吴阶平是在 1989 年。这年，为组织编写《当代中华科学英才》丛书和《少年科学文库》，由我国著名的科普作家、北京少年儿童出版社副总编辑詹以勤引见，我们约请吴阶平担任丛书和文库的顾问。当时，全国正在恢复科学普及工作，吴阶平非常关心、支持科技出版工作，欣然同意担任顾问，并对科技出版工作的严肃性、科学性和知识性提出了十分重要的、有益的意见。此后，吴阶平先后 3 次参加了广西科学技术出版社组织的活动。我作为这些活动的主要组织者之一，目睹并感受到吴阶平广博的学识、高尚的人格、平易近人的作风和充沛的精力。

1991 年 1 月 31 日，吴阶平与周光召、钱三强、卢嘉锡、钱临照等著名科学家，在北京参加由我社举办的《当代中华科学英才》丛书出版座谈会。在会上，吴阶平发表了热情洋溢的讲话，充分肯定了出版优秀科学家传记的历史意义和现实作用。

1992年4月18日，我社在北京人民大会堂向全国"希望工程"赠送优秀科普读物《新编十万个为什么》，吴阶平、严济慈、裘维蕃等著名科学家出席捐赠仪式。

1992年9月，吴阶平和严济慈等著名科学家出席了我社在北京人民大会堂举行的《邓小平科学技术思想研究》出版座谈会。在会上，吴阶平深情地回忆了邓小平同志的丰功伟绩，高度评价了"科学技术是第一生产力"的著名论断，论述了在我国现阶段"尊重知识，尊重人才"的极端重要性。

尤其令人难忘的是，1992年和1993年我与吴阶平的两次见面和谈话。

1992年9月，吴阶平因右手骨折，在中国协和医科大学附属医院住院，詹以勤同志和我一同去位于东单的协和医院看望吴阶平。吴阶平虽然在住院，但仍忙于工作，桌上摆满了书籍、文件和病例。在医院的会客室里，我们受到吴阶平的热情接待。我们和他面对面地坐在沙发上，毫无拘束地谈话。这次谈话的主要内容是国家已批准科技类出版社可以出版性医学、性教育方面的图书，出版者应如何把握好出版内容。作为中国性医学、性教育的权威，吴阶平说，与许多国家相比，中国的性医学、性教育起步比较晚，新中国成立后，直到70年代末80年代初才将这项工作提到议事日程并逐渐展开。1982年，由他主持编译了《性医学》，该书成为中国在解禁有关"性"问题后公开出版的第一本专著。由于对性思想的长期封闭，读者对这样一本公开发行的医学图书争相购买，甚至出现了盗版书、黑市书，价格翻了好几倍。吴阶平强调说，性教育要适时、适度、适量，要注意客观效果。性教育是一把"双刃剑"，有正负效应。他批评了一些出版社、期刊社出版有关性方面的图书和刊物太多、太乱，没有按国家的规定限定医学专著内容，从封面到内容都很不得体，甚至格调低下。他说，作为科技出版社应注意把好这个尺度，兴利除弊，在普及性教育的同时，要严肃地捍卫性道德。

1993年4月，为组织编辑出版《外科手术图谱》一书，由吴阶平的学生、泌尿外科研究所所长郭应禄陪同，我来到位于东四南大街卫生部宿舍的吴阶平家汇报编辑情况。宿舍大院里古树参天，环境十分幽静，给人一种惬意的感觉。吴阶平的工作排得很满，见面安排在上午9点至9点30分。一进入吴阶平的家，首先映入我眼帘的是整个墙壁靠着高大的书橱，正面悬挂着一幅周恩来12寸的黑白照片——一幅永远也不会褪色的照片。书橱里还摆放着周恩来1975年赠送给吴阶平的一架石英钟，书橱上摆满了中英文图书和各类图谱。吴阶平不仅精通医学，而且对出版工作也很了解。在谈到引进版手术图谱时，他说，现在我国有些人缺乏知识产权的意识，拿着别国的图书未经授权就翻译出版，没有版权意识，对书稿内容缺乏科学的判断力，对什么是好书、对什么是符合我国实际情况并应用得上的医学书把握不准，翻译粗制滥造，容易误人子弟。他希望出版工作者和医务工作者一样，对待工作一定要采取认真、踏实、严谨的态度。

两次与吴阶平的直接谈话，都给我留下了十分深刻的印象和美好的回忆。他谈锋甚健，知识渊博，记忆很好，逻辑思维能力强，待人热情爽快，没有任何架子，总是神采奕奕，容光焕发。

1992年4月，吴阶平和作者在一起

通过几次接触谈话，近年来我常常在思索：吴阶平为什么医疗水平高超且品格修养高尚？我想除从小受到良好的家庭教育之外，也许还有另一个原因，那就是从1957年起，吴阶平在周恩来身边工作了近20年。如果说周恩来是中国传统意义上的道德完人，凡是和周恩来有过接触的人都会受到他人格魅力的吸引，那么近20年一直在周恩来的直接指导下工作的吴阶平，耳濡目染，其精神、情感、道德乃至日常生活中为人处世的一些小节无不渗透着周恩来的影响。正因为如此，无论是作为著名的医学家，还是作为党和国家主要领导人的保健医生，抑或是作为行政领导乃至全国人大常委会副委员长，吴阶平都闻名遐迩。吴阶平有着传奇般的身世，走近他，人们会惊喜地发现，他有许多引人入胜、令人难以置信的动人故事。

医 学 世 家

1917年1月22日，丙辰年除夕夜的最后一个时辰，吴阶平出生于江苏常州，取名泰然，以阶平为号。幼年的吴阶平在江南水乡温暖的大宅院里度过了美好的时光。3岁那年，他随父亲来到上海，后来又去天津。尽管生活环境多变，但他一直受到良好的教育。

吴阶平的父亲吴敬仪是一位经营有方的企业家，母亲郑霞是一位善良温柔的农家女子。享寿九秩的父母赋予他敏捷的身手、温和的性格和战胜灾殃百病的顽强生命力。6岁左右他便在父亲办公桌旁读《史记·项羽本纪》，看《三国演义》。10岁前他接受的是私塾教育，读四书五经，也学习数学、英语。父亲思想开明，处事务实，经常给他讲为人处世之道，讲办事要多动脑筋，强调要善于与人合作共事，有容人之量，这些都潜移默化地影响了吴阶平的一生。父亲主张子婿学医，以姐夫陈舜名、长兄吴瑞萍为先导，吴阶平和两个弟弟吴蔚然、吴安然及近亲30余人，先后选择了以医护工作为终生事业，成为国内少有的医学世家。

校 园 骄 子

吴阶平于1933年毕业于天津汇文中学，作为保送生进入北平燕京大学医学预科。1935年冬他积极参加"一二·九"运动。像父兄所希望的那样，1936年，吴阶平考取了北平燕京大学，并于次年获理学学士学位。1939年初，他因患肾结核症，切除右肾。在休学疗养期间，他阅读世界著名医学科学家传记，很受启迪。入秋重读三年级，他立志要学习真本领，做一个好医生。他曾担任学生会主席，表现出团结群众的能力和应变的口才。1941 年 6 月，他以优异成绩被评选为"学生司仪"（student marshal），按照协和医学院的历届传统，姓名镌入荣誉金牌。协和医学院是我国著名的医学家摇篮，创建于 1917 年，一个世纪来，它培养了许多优秀的医学人才，对中国的医学教育、医学科学和医疗卫生事业的进步和发展都起到很大的作用，协和的历史同时也反映了过去几十年欧美医学对中国医学的重大影响。1942 年，吴阶平获医学博士学位，是泌尿科学家谢元甫教授刻意栽培的高足。这年，吴阶平刚刚 25 岁。

心 系 祖 国

1948 年，吴阶平在美国芝加哥大学学习，师从现代著名泌尿外科专家、诺贝尔奖获得者哈金斯（C. Huggins）教授。1947 年 11 月，吴阶平赴美进修。飞机在离徐州约 45 公里远的上空，右翼突然起火，在田野上迫降，幸而触地的刹那，右翼因碰撞而飞离远处。他急从机舱跃出，尽管身受轻伤，但是立即抢救其他乘客。他从上海乘船远航，旅程终点是芝加哥。建立于 1891 年的芝加哥大学，享誉天下，在百年校史上载有 54 位教授获得诺贝尔奖。吴阶平的导师哈金斯是 1966 年度诺贝尔生理学或医学奖获得者。

1979 年，吴阶平在美国与导师哈金斯教授重逢

吴阶平在他的指导下从事临床和科研工作，深受哈金斯器重。当他结束进修时，哈金斯以优厚的待遇、良好的工作条件恳切挽留，并许诺把他的家眷接来美国。吴阶平婉言谢绝，于 1948 年 12 月飞回故里，迎接新中国的到来。

1949 年，吴阶平在北京大学医学院任外科副教授，筹划建立泌尿外科。1951 年，当中国人民志愿军在"三八"线上浴血奋战时，他作为北京市抗美援朝志愿军手术队队长，率领一支精干队伍奔赴长春，在后方医院工作，荣立大功。

1952 年 8 月，吴阶平参加九三学社。1953 年当选为中华医学会理事、外科学会全国委员会委员，并担任《中华外科杂志》副总编。1954~1966 年间，历任北京市第一、第二、第三、第四、第五届人大代表。1955 年任北京医学院第一附属医院副院长，多次被评为先进工作者。1956 年加入中国共产党。1957 年晋升教授。1960 年 3 月，他在北京大学第一医院首次做肾移植，移植肾存活数星期，这在国内属创举。同年调到北京第二医学院，任筹备组主任。机构新立，他发挥行政管理才能，建章立制，调动各方面的积极性。此后 10 年间，历任该院副院长、院长。1964 年他为友谊医院筹划建立泌尿外科，20 世纪 70 年代又为之建立肾移植基地。

1969 年吴阶平当选为中国共产党九大代表。1970 年起多次被任命负责中央领导同志的医疗保健工作，同年 10 月调至中国医学科学院任副院长。1973 年当选为中国共产党十大代表。1976 年起担任毛泽东主席遗体的保护工作。1978~1988 年历任第五、第六届全国政协委员。1980 年当选为中国科学院学部委员（院士）。1982 年被任命为中国医学科学院名誉院长。1984 年当选为中华医学会会长。1985 年被任命为中国协和医科大学名誉校长。1986 年当选为中国科协副主席。1992 年当选为九三学社中央委员会主席。1993 年当选为全国人大常委会副委员长。

他是中国医学科学院一级教授、名誉院长，中国科学院生物学部委员，中国协和医科大学名誉校长，北京医科大学泌尿外科研究所名誉所长，中华医学会名誉会长，第七届全国人大代表，教科文卫委员会委员，国务院学位委员会委员，中国科协副主席，九三学社中央委员会主席，中国计划生育协会副会长，《中国大百科全书》总编委会副主任，《中国医学百科全书》编委会副主任，《中华泌尿外科杂志》主编，《中华医学杂志》英文版顾问。他还是国际计划生育联合会中央委员会副主席、东南亚和大洋洲地区主席，世界卫生组织人类生殖专门项目科学技术顾问组成员（1985~1990 年），比利时杨森科学研究理事会中国理事会主席，国际内分泌外科医生协会会员，北美透析和移植学会荣誉会员。1995 年当选为欧美同学会会长。

重大贡献

吴阶平在科学上的突出贡献，是在临床医学方面将科研的对象、目标和成果融合于临床工作之中，直接提高诊断与治疗水平，并提出了几方面有创见的理论。

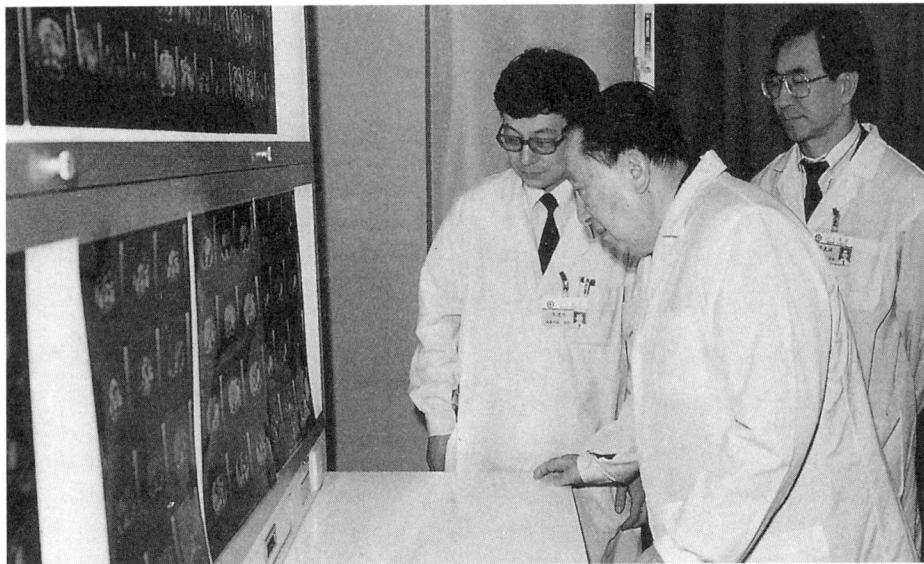

吴阶平和医生们一起研究病例

第一方面，20世纪50年代初期双肾结核仍很常见，吴阶平的研究证明有一部分病人实际是一侧肾结核，而对侧是肾积水，但被医生误诊为双肾结核。这样，肾结核便成为可治之症，每年可挽救数以千计的病人。这个发现是吴阶平在查出常规诊断中的一种错误理解和提出新诊断方法的基础上获得的。

第二方面，1956年我国开始重视计划生育，吴阶平对已有百余年历史的输精管结扎术提出了一项技术改进，有利于推行男性绝育手术，同时也为其他学者在这方面的创造性贡献提供了重要的补充。这项研究成果是吴阶平在系统考虑所谓经典手术中的不足而取得的。

第三方面，1960年吴阶平遇到一例经病理证实的肾上腺髓质增生患者，但国际上不承认有这种疾病。他经过16年的积累，对17例病例进行观察探讨，证明确有这种疾病。吴阶平提出的独特见解被国际学术界所接受，确立了一种

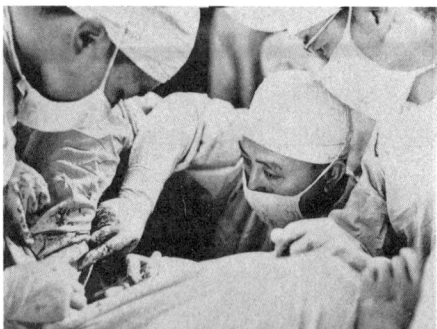

吴阶平专心致志地为患者做手术

新病种，在医学上做出重要贡献。吴阶平取得这一成果是由于未因其罕见而轻视自己的观察。

20世纪70年代，吴阶平还设计了一种特殊的导管应用于前列腺增生手术，使经膀胱进行的前列腺增生切除术后，不必留置尿道导管，减少了术后出血量，减轻了患者的负担。这种导管被称为"吴氏导管"。

第四方面，从20世纪80年代开始，吴阶平研究肾切除后对侧肾的代偿性增长。这一研究是为了纠正传统中对肾切除安全性的一种过于简单化的观念。研究尚在继续深入中，已取得的成果证明肾切除的安全性决定于留存肾的代偿性增长程度，而后者受多种因素影响，其中有的因素在临床上是可以设法控制的。这一成果是在打破传统观念，认真分析肾切除后患者的实际情况取得的。

在学术领域，吴阶平取得了斐然的成就，曾先后7次荣获全国科学技术奖；撰写的中文、英文、俄文医学科学论文共计150多篇；担任主编或副主编的医学著作有21部，其中担任主编的有13部。

白 衣 特 使

在吴阶平的医学生涯中，参加国外的医疗、学术活动占据了相当重要的位置。从20世纪50年代开始，吴阶平就代表中国参加各种国际会议，或被指派为外国元首治疗。如受周总理委托，1954年到朝鲜为金日成主席会诊。1962~1965年，曾往返印尼5次，采用中西医结合疗法，为印尼总统苏加诺治病，未动手术就使苏加诺的左肾恢复了功能。1969年为越南主席胡志明治病。1981年率医疗组到菲律宾为马科斯总统治病。尤其是为苏加诺治病成功的消息传开以后，整个印尼为之振奋，吴阶平被当作"白衣天使"，受到特殊款待，并获得印尼"伟大公民"国家二级勋章。1965年正值印尼国庆，在首都雅加达举行的阅兵仪式上，吴阶平被苏加诺点名安排坐在他的身边。

20世纪80年代中期以来，吴阶平还担任美国泌尿外科学会荣誉会员、美国医师学会荣誉会员和其他学术团体的荣誉会员，这是中国医学科学在国际舞台上占有重要地位的一个标志。一位医学家在国际大舞台上要树立自身及本国良好的形象，协调好各个国家、地区之间的关系，并非容易之事，需要有极强的政治敏锐性和快速的反应能力，吴阶平是中国的骄傲。

1996年11月，吴阶平被授予英国爱丁堡皇家外科医师学院荣誉院士称号

获"伯乐奖"

1987年6月13日，吴阶平获北京医科大学授予的首届"伯乐奖"。他的学生曲绵域校长、他的第一个研究生顾方六等人在颁奖会上讲话，纷纷祝贺老师获奖。

这一天对于吴阶平来说，是终生难忘的。多少年的追求，终于看到自己培养的学生能独当一面、开花结果，他十分兴奋。科学研究是一个相互协作的集体事业，既要有伯乐识千里马的慧眼，选出人才，又要把人才及时选拔到领导岗位，使他们在竞争中大展拳脚，充分发挥自己的聪明才智。吴阶平曾多次说过，他平生获得的奖励不少，但最珍视"伯乐奖"。毋庸置疑，对于这位医学家而言，在50余载的从医从教生涯中，获得过无数奖励。他曾在1984年获得巴黎红宝石荣誉奖章，1987年又荣获巴黎红宝石最高荣誉奖。

吴阶平（右）和康克清（左）在一起

在吴阶平的医学生涯中，与党和国家领导人的生活工作有密切联系。如1972年开始任周总理医疗组组长，后来主持毛泽东主席的遗体保护工作，接着又与其弟吴蔚然一起为邓小平的健康而努力，

还给多位中央领导当过保健医生。作为一代医学科学家、教育家，吴阶平和世界上许多著名的科学家不同，随着他的医学造诣不断提高，他与政治也靠得越近，他在医、政两者之间达到了完美的统一。

吴阶平在谈到自己的成长过程时说，尽早认识实践、思考、知识的自觉结合至关重要。三者缺一不可，思考是结合的关键，从重视思考到善于思考的过程，要认真学习辩证唯物主义，在实践中认真总结自己的学习体会。三者的自觉结合是提高业务水平所必需的，也是提高思想政治水平，树立正确的人生观、世界观、价值观所必需的。

在人生道路上是没有终点的。作为自然界中的一个人，在自然更替中会逐渐衰老，但作为有社会意识的人，你却会不断地成长和完善，不断前进，一直从必然走向自由。吴阶平的人生道路充分说明，个人的能力、学识只有与社会和国家的进步、发展紧密相连，才能发出璀璨的光芒。

大地的骄子

——访中国现代人文地理与经济地理学的开拓者、
中国科学院院士吴传钧

吴传钧　人文地理与经济地理学家。1918 年 4 月 2 日生于江苏苏州。1941 年毕业于中央大学地理系，1943 年获该校硕士学位。1948 年获英国利物浦大学博士学位。1991 年当选为中国科学院学部委员（院士）。2009 年 3 月 13 日逝世。曾任中国科学院地理研究所研究员、副所长，中国地理学会理事长，联合国大学（东京）校长顾问。主要从事综合经济地理（含国土开发整治）和人文地理研究。提出经济地理学是具有自然—技术—经济三结合特点的边缘科学；地理学研究的核心是人地关系地域系统的发展过程、机理和结构特征、发展趋向和优化调控，这些学术观点推进了地理学的基础理论研究。代表作有《中国农业地理总论》《1∶1 000 000 中国土地利用图》《国土开发整治与规划》《现代经济地理学》《中国经济地理》。获国家科技进步奖一等奖 2 项、中国科学院科技进步奖一等奖 3 项。

吴传钧在家中

巧遇吴传钧院士是在 1989 年春。当时，我去上海出差，到华东师范大学组稿，刚好遇上时任广西柳州市科协主席、我初中的地理教师顾钧祚老师，他到上海参加全国地理学会理事会议。他告诉我，中国地理学会理事长、著名地理学家吴传钧出席并主持会议。出于职业的敏感和对地理的爱好，我向顾老师提出引见吴先生的请求。就这样，在顾老师的帮助下，吴先生欣然答应了我的采访。3 月初的上海已进入初春，但因北方寒潮的侵袭，仍下着飘飘小雪。尽管室外冰天雪地，但会客厅里却是暖洋洋的。吴先生在此热情地接见了我，并侃侃而谈了半个多小时。吴先生知识渊博，谈锋甚健，为人谦恭，一副学者的风范，给人留下十分深刻的印象。当谈到他自己的导师、中国地理界老前辈胡焕庸先生时，吴先生肃然起敬，十分凝重地说，胡老一辈子从事地理研究，培养了中国一代代优秀的地理人才；他"学业并重，创造事业"的教诲，至今仍在地理界影响深刻。

1998 年，正值广西科学技术出版社建社 10 周年，我时任社长，去函邀请吴先生为我社题词。吴先生在百忙之中欣然写下了"繁荣科技出版，为四个现代化服务"的条幅，激励科技出版工作者增强社会意识和责任意识，对我来说，这是极大的鼓舞和鞭策，令我终身难以忘怀。2000 年春，我赴京参加会议，抽空给吴先生打了个电话。此时，吴先生已是 82 岁高龄，但公务仍十分繁忙。经安排，4 月 26 日上午，我在中国科学院地理科学与资源研究所见到了吴先生。当时，吴先生正在主持该所落实中国科学院"知识创新"工程首批基地研究员的评审工作。在会议期间，吴先生抽出一个多小时和我谈论关于我国的经济地理、人文地理、环境资源、北京沙尘暴及西部大开发等问题，并详细地介绍了他的成长道路、学术成就、治学经验及今后打算。从京回来后我写了一篇访谈录，以飨读者。

吴传钧 1918 年 4 月生于江苏苏州。1941 年毕业于中央大学地理系，1943 年获该校硕士学位。1945 年考取公费赴英留学。1948 年获英国利物浦大学博士学位。历任中央大学和英国利物浦大学讲师，原中国地理研究所副研究员，中国科学院地理研究所研究员、副所长。1980~1983 年任联合国大学校长顾问，1988~1996 年任国际地理联合会（IGU）副主席，1990 年起任中国地理学会理事长，兼任若干所大学地理系教授。1991 年当选为中国科学院学部委员（院士）。他是我国现代人文地理学与经济地理学的学科带头人，为推动中国地理学界与国际地理学界的合作与交流，以及地理学的发展做出了重大贡献。

吴先生长期从事地理学的综合研究，早在 20 世纪 50 年代就提出，经济地理学非一般所说的经济科学，而是与自然科学及技术科学密切交错，具有自然—技术—经济三结合特点的边缘科学；80 年代他提出地理学的中心研究课题是人地关系地域系统的发展过程、机理和结构特征、发展趋向和优化调控，这些研究课题推进了地理学的基础理论研究。他还对土地利用和国土研究与规划提出了系统的理论和方法。

吴先生多次率中国地理学家代表团参加国际学术会议，出访过 20 多个国家。他曾任美国出版的《中国地理学者》、香港出版的《亚洲地理学家》、德国出版的《地学季刊》的编委和顾问。他出版了《中国农业地理总论》《中国土地资源》《中国区域规划》《土地与水资源管理》《中国地理学》等大量中英文著作，参与编写的《中国海岸带与海涂资源调查报告》和《中华人民共和国农业地图集》获国家科技进步奖一等奖，主编的《中国农业地理总论》《1∶1 000 000 中国土地利用图》《中国地理利用》等专著获中国科学院科技进步一等奖。他还编著了《国土开发整治与规划》《现代经济地理学》《中国经济地理》等书。

2000 年 4 月，作者向吴传钧院士请教学术问题

求 学 时 代

吴传钧的家庭是一个书香门第。父亲吴曾善当过司法官，后在东吴大学教授法律，曾任苏州律师公会会长，并在苏州、上海两地兼营律师业务，同时还是著名的书法家，苏州虎丘山门题字"古吴揽胜""别有洞天"均为吴曾善所书。母亲是一位贤妻良母型的家庭妇女。二老对子女的教育比较严格，向其灌输"万般皆下品，唯有读书高"一类的人生哲学。成年以后，吴传钧又接受了"教育救国""科学救国"等思想，这些也许就是他为什么一辈子从事文教和科研的原因了。

吴传钧少年时代就对地理科学产生了浓厚的兴趣，在初中时听地理老师介绍孙中山先生的《建国方略》，大意是说为了发展我国实业，大规模地建设国家，不仅要在沿海建设一系列的大港口，在内地具备条件的地方开设工厂、开发矿藏，还要把铁路修到祖国的四面八方，把贫穷落后的中国变成繁荣昌盛的国家。孙中山先生描绘的这种美好前景，激发了他学习地理的兴趣。后来他就读于江苏省立苏州高级中学，校长是我国著名的地理学家、后任中央大学地理系主任的胡焕庸先生。1936 年吴传钧中学毕业后，考入中央大学地理系，开始专攻地理学。

抗日战争爆发后，中央大学从南京迁到重庆沙坪坝，学习环境相当艰苦。1941 年吴传钧大学毕业后又考入中央大学研究生院地理学部。吴传钧在胡焕庸老师的指导下学习，1943 年毕业，获得该校第一个地理专业硕士学位，随后留校当讲师。1945 年赶上招考公费出国留学的机会，其中有地理专业一个名额，吴传钧经过努力应试，终于被录取。由当时英国文化协会驻重庆代表、著名人文地理学家罗士培（P. M. Roxby）介绍，他进入以研究远东地理为中心的英国利物浦大学进修，1948 年取得博士学位。1949 年秋，吴传钧学成回国，被当时的中国地理研究所所长林超延聘到该所工作。

初 露 锋 芒

吴传钧对地理科学的所有研究领域都有着广泛的爱好。最初他侧重于农业地理和土地利用的研究。考虑到我国人口多、耕地少的国情，他提出了为使全国人民丰衣足食，发展农业生产是最根本的任务的重要观点。农业生产和地理环境的关系比国民经济其他部门都要密切得多，是国民经济的基础，因此，地理学为农业服务可以展其所长。他在国内外大学所写的 3 篇毕业论文，都是有关农业地理方面的。大学毕业论文《中国粮食地理》是在抗战时后方粮食紧张的情势下写的，1942 年由商务印书馆在重庆出版，这给吴传钧从事写作以极大的鼓舞。硕士毕业论文是《四川威远山区土地利用》，通过著名地理学家翁文灏和黄国璋先生的评审，1944 年发表在四川银行《经济集刊》上。博士毕业论文 Rice Economy of China（《中国稻作经济》）是根据当时中央农业试验所提供的分县农业统计，经过分析研究之后写成的，得到了英国人文地理学家达尔培（H. C. Darby）和经济地理学家斯坦普（Dudley Stamp）两位教授的指导。

新中国成立后，中国地理研究所改组为中国科学院地理研究所。40 年来吴传钧一直致力于地理研究，先后在中国科学院研究生院和一些著名大学的地理系讲授经济地理和人文地理。

成 就 斐 然

在地理研究领域里，吴传钧研究农业地理大都从土地利用入手，他认为土地利用是人类生产活动和自然环境关系表现得最为具体的现象，通过研究土地利用不仅可了解到农业生产的核心问题，而且还可以了解人地关系的主要问题。新中国成立后，吴传钧进行的第一项研究就是"南京市土地利用调查"，他绘制了我国第一幅大比例尺彩色土地利用图。20 世纪 50 年代又结合黑龙江流域综合考察，进行了东北农业区划和土地利用研究。70 年代初他参加了大兴安岭地区农荒地资源考察，又到我国东南部的浙江、江苏、福建 3 省和西北部的甘肃、青海、新疆 3 省区进行了农业生产典型调查。70 年代后期，吴传钧发起组织全国各地理单位编写《中国农业地理》丛书，他主编了其中的《中国农业地理总论》一书，1980 年由科学出版社出版。80 年代初受中国科学院委托，他主持全国 1：1 000 000 土地利用图的研究与绘制工作，1990 年由科学出版社出版，为国家进行土地管理和农业生产规划提供了重要依据，同时也为世界各国绘制全国性土地利用图带了一个头。

吴传钧对地理学其他领域的研究是根据国家各个阶段的经济发展形势而确定的。例如，新中国成立初期为了配合铁路建设，他负责进行了兰州—银川—包头新铁路线的经济选线工作；为了配合水利建设，他参加了黄河流域初期规划工作。20 世纪 50 年代后期，中苏两国科学院为开发黑龙江流域水利资源，组建综合考察队，他参加了有关生产布局工作；受中国科学院竺可桢副院长的指派，到苏联生产力研究委员会系统学习地理综合考察方面的经验。60 年代初期，地理所经济地理研究室受中共中央华北局计委的委托，

1982 年，吴传钧在新疆阿勒泰考察国土资源

调查华北地区工业布局问题，他负责工业用水的调查。到了 80 年代初，中央把国土开发整治提到国家议事日程，吴传钧认为这项任务的很多内容，如资源评价、生产布局、环境综合治理、地区国土规划等都是地理工作者的分内工作。国土开发整治的总目标是理顺、协调好人类生产活动和地理环境的关系，而根据他的理解和认识，地理学就是以研究人地关系的地域体系为核心，它和国土开发整治的地域性和综合性相结合的特点完全一致。国土开发整治任务可以说给地理工作者提供了大好的用武之地。因此，他在号召地理界的同行们为国土开发整治服务的同时，也把自己的科研重点转到这一方面。

学 术 论 点

从中国地理学的发展全局来看，吴传钧认为有两个方面需要加强，首先是地理学的各个分支发展不平衡，特别是新中国成立之初按照苏联的模式来发展地理学，强调自然地理而忽视了人文地理，当时在"左"的思潮冲击下，甚至把人文地理学视为资产阶级唯心主义的伪科学来批判，以致我国地理学出现了畸形发展的局面。经过"文化大革命"，到 1978 年，国家战略重点转移到了现代化建设上，社会经济发生了巨大变化，人地关系向广度和深度发展，人文地理研究的重要性日益为社会所认识，中央有关领导同志曾先后在不同场合多次提出，干部的培养要注意学习地理知识，尤其是人文地理知识。在国家"六五"计划中，明确规定要加强人文地理研究。近年来，他协同胡焕庸、李旭旦两位老师，积极为发展人文地理研究而工作。其次是新中国成立以来我国地理学强调应用，他们有计划地组织全国地理界的主要力量为社会主义生产建设服务，的确也做出了不少贡献，这个方面无疑是正确的，但美中不足的是未能在实践基础上总结经验，难以上升为理论，以致地理学本身的理论建树显得十分薄弱。他常要求青年同志在进行一项研究工作之后，要提出三方面的成果才算完成任务：一是根据任务的要求而写出调查研究报告；二是系统汇总调查地区的素材，写成区域地理资料；三是总结工作的经验和体会，写出有关的理论文章。这样要求的目的，无非是期望通过任务的完成

1990年，吴传钧（左二）以国际地理联合会（IGU）副主席身份主持亚太国际地理大会

来带动学科的发展。吴传钧根据自身实践的点滴体会，发表了一些理论见解。例如，关于经济地理学的性质和范畴问题，过去我国地理界不少同志受苏联经济学家的影响，断言经济地理学是经济科学，而且是研究以生产配置为中心的生产地理学，而吴传钧则认为经济地理学是一门和自然科学及技术科学关系十分密切的社会科学，也可以理解为是具有自然—技术—经济三结合特点的边缘科学，同时主张经济地理学的研究不能局限于以生产配置为中心的狭义的生产地理学，而应当是以研究经济活动的地域系统的形成过程、结构特点和发展趋向为中心的广义的经济地理学。这些论点再加上近年他提出的地理学以研究人地关系的地域系统为中心等论点，都是发前人所未发，为地理学的理论建树提出新的论点。

新 的 奉 献

吴先生在年逾古稀时最关心两件大事：一是如何开创我国地理事业的新局面；二是如何更好地培养一大批专业的、青出于蓝而胜于蓝的青年地理工作者。为了开创新局面，除本职工作外，吴先生还兼任一些有关的业务组织工作。在研究所内，他先后当过学科组组长、研究室主任、副所长、学术委员会副主任。在研究所外，他担任中国地理学会等五六个全国性学术团体的理事长、常务理事、秘书长或顾问，以及《地理学报》等七八种全国性地理学术报刊的主编、副主编、编委或顾问，还受聘于一些名牌大学地理系和地理研究所，任兼职教授、研究员或顾问。特别是在主持中国地理学会的工作以来，他对推动和协调地理界有计划地进行某些全国性学术工作做出了一定的贡献。我国自1978年实行改革开放政策以来，吴先生代表我国地理界，曾先后出访了美国、日本、西德、意大利、匈牙利、泰国、澳大利亚、巴西、法国、英国、西班牙、东德、加拿大、捷克、荷兰、比利时、新加坡、马来西亚、新西兰等国家，参加国际学术会议或进行短期讲学；曾担任过联合国大学（东京）校长顾问，组织该校和中国科学院共同召开的"土地资源评价和合理利用（1981）"和"地区发展规划（1983）"等国际学术讨论会。在1984年于巴黎召开的第25届国际地理大会上，吴传钧周旋于各国代表团之间。经过协商和斗争，大会恢复了我国在国际地理联合会（IGU）的会籍，总算了却了他的一桩心愿。在1988年于悉尼召开的第26届国际地理大会上，吴传钧被选为国际地理联合会副主席。多年来，吴传钧一直积极参加国际学术交流活动，虽然付出了大量的时间和精力，但收获很大，增强了发展我国地理学的信心。他认识到我国地理学在当今世界不能说是落后，相反，在某些领域还居于领先地位，但又不能不承认我国地理学理论建树相对薄弱，在工作和手段方面与发达国家还存在不小的差距。为了对外宣传我国地理学的成就，他将《中国地理学》等书刊对外发行，并担负美国《中国地理学者》、香港《亚洲地理学家》和德国《地学季刊》等地理学术专业期刊的编委工作。

为了培养青年一代的地理工作者，吴传钧除了经常到有关大学讲课或做学术报告，还自1960年开始培养硕士研究生，1981年开始招收经济地理、人文地理和国土整治等专业的博士研究生，1988年开始接纳博士后进修生。近年来，吴先生和新招入的研究生在第一次谈话时总先谈立志问题。他强调青年人不可无志，而且要立大志，有了理想，才能一步一步向着这个目标奋斗，以求卒抵于成。吴先生认为，地理研究是一种脚踏实地的工作，不仅要"读万卷书"，系统吸取国内外专家学者的宝贵经验，而且要"行万里路"，多做野外考察，多做社会调查。吴先生从20世纪40年代初在四川调查土地利用开始，有时徒步，有时骑马，有时蹬自行车，不辞辛苦，跑遍了全国，取得了大量第一手资料，再加上在世界各大洲考察的经历，使他对地域差异性具有深刻的印象，这也许就是他对地理研究最有发言权的原因。他要求青年一代不怕苦、不怕累，争取一切可能的机会到大自然中去，到基层去，多多考察、访问、调查，以求取得感性认识，再通过阅读他人的著作，加深理解，知所取舍。只有通过实践才能获取真知，才能增长才干。他常常把自己工作中成功或失败的经验教训告诉学生，让他们少走弯路，以提高学习和工作效率，在学术和品行两个方面都能够健康成长。

在谈话即将结束时，吴先生说到了人们关心的两个重大问题，一是当今人类面临着协调人口、资源、环境的关系问题。这是可持续发展的核心内容，也是现代地理学研究的中心内容。吴先生说，过去我们说中国地大物博，但我们人口众多，各种资源的平均水平很低，就是水资源稍微好一些。中国的土地面积有960多万平方公里，但有2/3是山地、高原、盆地，平原地的质量也还要认真分析；干旱面积大，年均降水量300毫米以下的土地约占全国土地面积的1/3。中国人口众多，1996年人口普查有11.3亿人，文盲占1/5，个别地区占30%~40%。这涉及人口的素质，人口素质不高，人均资源少，破坏性就更大，直接影响到我国"四个现代化"建设。无论做什么事，都要辩证地看问题，既要看到我们的优势所在，也要看到劣势。气候也一样，我国属于季风气候区，气候多变，夏天洪水泛滥，冬天寒潮多，地震频发且分布广，如此种种。

在谈到第二个问题即西部大开发时，吴先生说，党中央决定西部大开发是十分正确和英明的，西部经济社会比较落后，尤其是基础设施很落后。但西南、西北的自然资源十分丰富，这是西南、西北的优势所在。对此，吴先生十分风趣地打了个比喻："东西运出来是'金银财宝'，运不出去是'树皮烂草'"。还有水资源和水利设施的问题，在西部开发中是十分重要的。中国有56个民族，大部分分布在西部，在西部开发中，如何使文化融合，创造中华民族的共同文化，还有很多工作要做，有很多东西没有充分挖掘出来。还有一些认识要端正，如中国幅员辽阔，东西部在文化、自然资源、经济、气候等方面差别很大，因此发展西部要因地制宜，才能健康发展。如林地"以粮为纲"是违反原则的，全国千篇一律，草场被破坏，畜牧业被破坏，蔬菜基地也被破坏，这样的决策缺乏地理差别观念。

又如，过去只知道陆地国土，不知道海洋国土。海洋国土又叫海洋专属经济区，领海外的 200 海里范围内，沿海国有优先开发和管理权，中国有 300 万平方公里海洋国土，今后很多资源要从海洋补给。在西部开发中，同样不能忽视对海洋的研究和开发，否则会影响到现代化建设。

年逾古稀的吴先生兢兢业业工作的精神，令人十分钦佩。地理学方面的深厚修养，科学研究的丰厚成就，使这位学者卓然立于科学殿堂。作为中国地理学会理事长，我国现代经济地理学和人文地理学的学科带头人，吴传钧先生成就斐然。他为推动中国地理学界与国际地理学界的合作交流和地理学的发展做出了重大贡献。当我问及吴先生还将工作到何时的时候，他乐呵呵地说："只要国家需要，我就生命不息，工作不止。"我一直认为，吴先生的精神源泉在于他对地理科学的热爱和对祖国的热爱。这位毕生钟情于大地山川并为地理学做出了不可磨灭贡献的杰出学者，其事业和科学精神正如大地一般，永恒和无垠。

请历史不要忘记他们

——访中国自动检测学的奠基人、中国科学院院士
杨嘉墀

杨嘉墀 空间自动控制学家。1919 年 7 月 16 日生，江苏吴江人。1941 年毕业于上海交通大学。1949 年获美国哈佛大学博士学位。1980 当选为中国科学院学部委员（院士）。1986 年与王大珩、王淦昌、陈芳允联合向中央提出了发展我国高技术的倡议（"863"计划）。1999 年荣获"两弹一星"功勋奖章。2006 年 6 月 11 日逝世。

杨嘉墀是我国著名仪器仪表与自动化专家，中国自动检测学的奠基人，中国自动化学会和中国仪器仪表学会的创建人之一。他领导并参与了我国导弹和原子弹自动化测试系统以及人造卫星控制系统等一系列重大科研项目的研制工作，取得了重要科研成果。由他领导并参与研制的项目"核爆炸检测技术和设备"，为我国首次原子弹试验和以后的两次原子弹试验的成功做出了突出贡献。由他主持并参与研制的卫星姿态控制系统，为我国卫星回收试验的成功做出了突出贡献。

　　我很小的时候，就崇拜科学。上小学时，听老师说过很多外国著名科学家的事迹。1964 年我国第一颗原子弹成功爆炸，1967 年我国第一颗氢弹成功爆炸，1969 年我国第一颗人造卫星升空，这些都给我极大的震撼。当太空里响彻《东方红》的音乐之声时，我欣然感到中国也有很伟大的科学家，他们光辉伟大，思想深邃。我幼小的心灵中，充满了对他们的崇拜之情。然而，我觉得他们像天空的星星一样，十分的遥远，尤其是"两弹一星"的功勋科学家，更是可闻而不可及。

　　岁月如梭，斗转星移。1988 年，我从大学毕业到广西科技出版社从事编辑工作，主要工作就是同科技界的专家，尤其是科学家和"两院"院士打交道，约请他们为出版社撰写反映科技发展前沿的专著或传播科学知识、弘扬科学精神的科普读物。由于工作的关系，我与科学家们的距离更近了，我由此结识了许多的科学家，杨嘉墀就是其中一位。

　　我和杨嘉墀院士的第一次交往是在 1990 年。

　　1989 年召开的第 44 届联合国大会，正式宣布 1992 年为"国际空间年"。经国务院批准，成立了"国际空间年"中国筹委会，由王大珩院士和庄逢甘院士任正、副主任，在国内开展了一系列的活动，如举办国际空间展览、发行纪念邮票、出版有关空间的著作。受"国际空间年"中国筹委会的委托，我约请了王大珩、杨嘉墀、陈芳允、林兰英、吕保维、陈述彭、励惠国、王希季等 14 名科学家编撰《太空·地球·人类》一书。杨嘉墀编写了其中《当代空间信息科技》一篇，对空间信息系统与有关技术的发展、空间与教育的关系作了详细的介绍。在组织这部书稿的过程中，我对能认识杨嘉墀这位国家"863"计划的倡导人感到十分荣幸，对我的工作来说，也是一种莫大的鼓舞和鞭策。《太空·地球·人类》将付梓之际，著名科学家、全国人大常委会副委员长严济慈题写了书名，国务委员、国家科委主任宋健为这部书题写了"大力开发空间资源，为发展经济，保护环境和社会进步服务"。

　　1994 年，《太空·地球·人类》获第八届中国图书奖和第四届桂版优秀图书一等奖。

　　1998 年，我主持广西科学技术出版社的工作，我社在成立十周年之际，

2000 年 9 月，作者和杨嘉墀在北京亲切交谈

决定编辑社史画册《春华秋实》，并约请国内著名"两院"院士题词，杨嘉墀院士欣然为我社题写了"多出好书，为科教兴国战略作贡献！"。这是我第二次接触杨嘉墀院士。

2000 年 9 月，我参加第八届国际图书博览会期间，专程到北京中关村杨嘉墀的寓所拜访他，并赠送给他《春华秋实》画册。同时，汇报我撰写《走近科学家》一书的计划。

2000 年底，我收到杨嘉墀的来信，信中寄来了有关资料和他给《走近科学家》一书的题词。

回想往事，心潮涌动，我更感慨科学之伟大、科学精神之伟大、科学家之伟大。20 世纪中国的发展，离不开这些平凡而伟大的科学家，是他们使中国真正屹立于世界的东方，没有"两弹一星"的功勋者，就没有"两弹一星"，振兴中华和强国之梦也就无从谈起，清代落后挨打的悲剧很可能会重演。人们不会忘记历史，高举"民主"与"科学"两面大旗，呐喊了多年的口号，真正有了自己的民主和科学是在 1949 年以后，祖国和人民不会忘记这些伟大的科学家。

我抑制不住自己内心的激动，思绪万千，疾笔题写，把杨嘉墀先生的科学精神、杰出贡献和治学方法介绍给读者，希望读者从中受到有益的启示。

求 学 年 代

1919 年 7 月 16 日，杨嘉墀生于江苏省吴江县震泽镇——江南五大桑蚕镇之一。祖父杨晓帆经营蚕丝出口。当时蚕丝业还很原始，完全是手工操作，杨嘉墀幼年就是在这样一个生产和经营蚕丝的环境中成长的。1930 年左右，我国蚕丝业日趋衰落，杨嘉墀随其父母迁居上海，于 1932 年考入江苏省立上海中学，选读工科。他在中学期间学习到一些机器制造方面的知识和技术，为其毕生从事仪器和实验室设备的研究打下了一定的基础。1937 年，他以优异的成绩考入上海交通大学电机工程系。在交大四年，正值抗日战争，因此他的学习和生活是在外国租界里度过的。从上海交通大学毕业后，他和几名同学一起去西南大后方，经过长途跋涉来到昆明，应聘到西南联合大学电机系担任助教。在任教期间，他边工作边学习，有了更为扎实的理论基础。他负责指导学生的实验课，当时仪器设备极其缺乏，他就动手研制了一些仪器，并和同事一起安装了一部业余无线电台。1942 年，他转到中央电工器材厂工作，在留德工程师许德纪的指导下从事载波电话的研制工作，于 1945 年做出了中国第一套单路载波电话的样机。由于工作成绩突出，1945 年厂里推荐他参加公费出国学习的统考，考试后被录取。但由于战争方面的原因，直到 1947 年，他才进入美国哈佛大学工程科学与应用物理系学习，1949 年获博士学位。在写研究生论文期间，他研制了一台模拟式傅立叶变换仪，用来研究网络的时域特性和频域特性之间的关系，也用于数学和其他科学研究工作。在美国留学期间，杨嘉墀发奋学习，刻苦钻研，除在哈佛大学读研究生课程外，还修读了该校物理系和麻省理工学院电机工程系有关学科的课程，大大拓阔了自己的知识面，提高了自己的实际工作能力和创造能力。1950~1956 年，他先后被聘为宾夕法尼亚大学副研究员和洛克菲勒研究所（现为洛克菲勒大学）高级工程师。他参与研制了高速模拟电子计算机，主持研制了快速记录吸收光谱仪和高阻自稳零直流放大器，将电子技术、自动控制技术和医学研究相结合，创造了医学电子学这门学科，并且研制成功多部医用电子仪器。这一时期的扎实理论功底和创新实践经验，为杨嘉墀日后成为一名杰出的科学家打下了坚实的基础。

报 效 祖 国

1956 年，杨嘉墀响应新中国的号召，毅然带着全家回到了祖国。当时正值组建中国科学院自动化研究所，他先后担任研究员兼室主任和副所长。他建立了自动化技术工具研究室和若干针对国防任务的研究室。他结合中国科学技术大学的教学工作创建了自动检测学这门学科，主张以基础理论和系统观点来研究测试系统及其仪器仪表。1960 年前后，他领导的研究室和研究小组完成了火箭发动机试验用的仪器仪表、热应力加温加载测试设备和核爆炸测试设备等科研项目，为我国导弹和原子弹的发展做出了重要贡献。

1956 年，杨嘉墀从美国留学回来时，正赶上国家制定十二年科学技术发展规划，并提出了落实规划的"四项紧急措施"，即最紧急要抓的四个领域：一个是电子学，一个是半导体，一个是自动化，还有一个是计算机技术。当时，国家对落实"四项紧急措施"很重视，集中了全国可以集中的科技力量，也包括一部分刚从国外回来的人。杨嘉墀作为知名的专家、学者参与了筹建中国科学院自动化研究所、建立自动化技术工具研究室的工作，并担任室主任，与其他一些相应的研究机构一道，率先开展了火箭探空特殊仪表等方面的探索性研究工作。

1957 年 10 月和 1958 年 1 月，苏联、美国分别发射的人造卫星相继上天。1958 年 5 月 1 日，毛主席在中国共产党八大二次会议上发出了"我们也要搞人造卫星"的号召。中国科学院考虑到开展研制和发射人造卫星工作对未来科学技术发展的重大影响，提出了把开展研制和发射人造卫星工作列为中国科学院 1958 年第一项工作的重大任务。于是，1958 年 7 月，中国科学院成立了"581"组，专门研究卫星问题。组长是钱学森，副组长是赵九章，成员有院内外十多位专家，杨嘉墀参加了这个组。为了向国庆献礼，"581"组在两个月内完成了两种火箭箭头的模型，并在中关村进行展览，毛主席等党和国家领导人都来参观，影响很大。杨嘉墀当时参加了中国科学院组织的大气物理代表团正在苏联考察。考察团团长是赵九章，成员有卫一清、钱骥等。

在苏联期间，中国科学家参观了一些科研单位，看到一些高空探测仪器及科技展览馆展出的卫星模型，但由于苏联方面保密，负责接待的人称，参观卫星设备要赫鲁晓夫批准，因此一直拖延时间，以致中国科学家在苏联两个半月仅考察了一些天文、电离层、地面观测站等，未能参观到苏联的卫星研制部门及有关的地面试验设备。

回国后，代表团在总结中认为，我国尚未具备发射人造卫星的条件，应根据实际情况，先从火箭探空发展。代表团的这一建议正符合当时中央关于卫星工作的指示精神。由此，中国科学院做出了"大腿变小腿，卫星变探空"的任务调整部署。

这段时间，中国科学院的科技人员，在老一辈科学家钱学森、赵九章、郭永怀、陆元九等人的率领与指导下，白手起家，艰苦创业，从学科建立、实验设备建设、测试技术配套到科技干部的培养等各个方面，做了大量的工作，从而为我国火箭导弹技术的发展奠定了坚实的基础。

20世纪60年代，国家度过三年困难时期后，我国发射卫星的计划重新启动。1965年，中央专门委员会第十二次会议批准了国防部国防科学技术委员会（简称国防科委）关于制定人造卫星发展规划的报告。中国科学院于当年5月、6月组织召开了一系列规划论证会议，7月1日上报了关于发展我国人造卫星工作的规划方案建议，杨嘉墀当时参与了北京研究人员和外地研究人员组成的规划组的工作。规划中建议我国10年内应着重发展应用卫星系列。中央专门委员会第十三次会议原则上批准了中国科学院起草的规划方案建议，并决定第一颗人造卫星争取在1970年左右发射。中国科学院为了落实上述批示，1965年8月17日确定了有关组织和领导。

领导小组由12人组成，总体设计组由赵九章等11人组成，陆绶观担任办公室主任。

经过几个月的工作，总体设计组提出了我国第一颗人造卫星的总体设想方案。1965 年 10 月 20 日，中国科学院主持召开了全国性的方案论证会，这个被称为"651"的会议共开了 42 次，这也是一个创纪录的长期会议，对涉及卫星的总体和卫星本体的多个问题都做了深入而且广泛的探讨。

1967 年，杨嘉墀参与了中国科学院"关于发展我国人造卫星工作的规划方案"的论证工作，并参与了最后文件的起草工作。在中央专门委员会原则上批准后，杨嘉墀作为总体设计组的成员参与了我国第一颗人造卫星"东方红 1 号"的总体方案论证。

卫 星 返 回

1966 年，为适应我国航天事业发展的需要，杨嘉墀受命负责领导并参与我国第一颗返回式卫星姿态控制系统的研制工作。

为了满足对地观测和返回前建立制动点火姿态的要求，卫星必须采用三轴稳定姿态控制。鉴于国外同类卫星在研制初期多次失败的教训，杨嘉墀提出了"元部件要立足于我国已有的成熟技术，但在控制方法上应采用先进技术"的设计方针。他强调，为了保证系统的可靠性，必须采用最简单的系统构型。在控制系统的设计中，杨嘉墀及其同事提出了很多颇具特色的设计方案，有些方案是当时国外同类卫星没有采用过的。例如，在红外地平仪电路中采用自动增益控制，只经过一次探空火箭试验就验证了这一方案的可行性。卫星的姿态测量系统采用两个捷联陀螺仪和红外地平仪相结合的方案，利用稳态卡尔曼滤波方法取得三轴姿态信号。控制方式采用大小喷气推力相结合的开关控制，并用速度增量反馈校正来减少耗气量。在陀螺仪中安装步进机构以保证卫星返回前建立制动姿态的可靠性。

为了验证卫星控制系统设计方案的正确性，杨嘉墀等人参与了一系列的仿真试验。他们利用模拟计算机进行数学仿真，这对系统参数的优化起到了关键性作用；利用伪随机码作为噪声，对测量系统进行了实验验证；利用三轴机械转台对姿态控制系统的初样进行了半物理仿真试验；利用单轴气浮台和三轴气浮台进行了全物理仿真试验。通过这些试验，他们发现了一些工程实际问题，验证了控制系统的正确性和可靠性。

我国第一颗返回式卫星研制工作的实践经验为后来的各类卫星控制系统的研制，在研制程序和试验设备上打下了良好的基础。

卫星姿态控制系统的研制工作完成后，杨嘉墀参加了我国第一颗返回式卫星的总体测试工作，解决了一系列与姿态控制系统有关的技术问题。他还提出了用小型地球模拟器进行系统测试的方法。1975 年 11 月，杨嘉墀参加了我国人造卫星发射试验队，在渭南测控中心监视卫星的运行情况。他和试验队的同志们一起昼夜密切观察卫星在第一天运行期间姿态控制系统的工作情况。他根据遥测数据，正确地判断了卫星能按计划运行三天，为试验队领导的决策提供了科学依据，使我国第一颗返回式卫星能按预定时间返回地面。

飞行试验成功后，杨嘉墀指导了遥测数据的处理工作，使我国第一批返回式卫星不但保持 100% 的回收成功率，而且还在控制方法和系统性能上有所优化。

我国第一颗返回式卫星于 1978 年获全国科学大会科研成果奖，于 1985 年获国家科学技术进步特等奖。

"文化大革命"结束后，杨嘉墀恢复了行政职务。他在抓好当时型号任务的同时，重视并积极开展预先研究工作，把先进控制方法尽可能应用到型号任务中去。20 世纪 70 年代，我国计算机技术有了很大发展，杨嘉墀积极支持采用卫星星载计算机，应用最优估计和最优控制的原理来提高控制系统的性能，使我国 80 年代以后发射的新型返回式卫星在运行时间和控制精度上都有了很大提高。

从 1980 年起，杨嘉墀重新开始招收研究生，并开始招收以航天控制为背景的自动控制理论与应用专业的硕士研究生和博士研究生。他为研究生所选的课题大多是切合实际的理论研究，为培养我国自动控制高级科研人才做出了积极贡献。

原子弹测试

我国广大科研人员依靠自己的力量发展尖端技术的精神确实是值得赞扬的。苏联专家全面撤走后，党中央下达的"581"任务正式启动，带动了一批特殊测试仪器的研制工作，为日后原子弹和导弹研制中测试设备的开发打下了技术基础。

1963年初，国防科委向中国科学院自动化研究所下达研制核爆炸试验用测试仪器的任务（即"12号任务"），内容包括火球温度测量仪、冲击波压力测量仪和现场地面振动测量仪等，杨嘉墀负责抓总技术工作。

1963年1月，国防科委领导向有关部门传达了党中央关于要进行我国首次核试验的决定，并要求参与人员在1964年6月以前完成各项准备工作。时间很紧，压力很大，任务也很重。

当时，杨嘉墀担任中国科学院自动化研究所副所长，在核弹试验用测试仪器研制工作中，自动化研究所具体承担着三项任务。其中火球温度和亮度测量仪器，由廖炯生和肖功弼负责。大家都知道，原子弹爆炸时有一个很亮的大火球，他们研制的仪器就是判断、测量原子弹爆炸时产生的能量。因为爆炸时的亮度范围很宽，光闪得又很快，国内没有这样的测试仪器和设备，他们就在已有的工作基础上，与北京师范大学天文系合作，利用太阳光的能量做试验。

杨嘉墀等人接受任务后，国防科委领导一再向他们强调，准确地测定火球温度，对确定核爆当量及光辐射破坏效应有着决定性意义，这更增强了这些科学家的责任感。为了确保任务的完成，研究所里有关的科研人员积极参加课题组的方案讨论和技术攻关工作，还请来研究所外的有关专家共同确定方案。在研制工作的关键阶段，中国科学院裴丽生副院长每月要听一次他们的工作汇报，并当场指定有关部门帮助解决工作中的困难。强烈的责任感和事业心促使他们夜以继日地工作，大家积极性都很高，也没有任何怨言，平日里没有休息，没有节假日，1964年的春节也只休息了一天，大年初二大家便回到研究所里工作。因为杨嘉墀和研究所里的科技人员都清楚，他们担负的使命关系到一个国家国防科学事业的发展。

1964 年 4 月，仪器研制工作已经完成。为了实际检验仪器的精度，杨嘉墀通过国家科委在国家计量局借到了从苏联引进的、国内唯一量程达 10 000 K 温度基准的计量仪器——目视消丝式光学高温计。用我国研制的仪器和借来的温度基准计量仪器可以同时测量太阳的温度，误差在 ±15 摄氏度之间，这个差值是在温度基准的误差范围以内的，动态反应时间小于 1 毫秒。

杨嘉墀经过深入研究，充分论证，提出了采用反馈式光电倍增管线路的大量程温度设计方案和采用变磁阻式压力传感器的设计方案。不久，这个设计方案被批准确定。经过奋发努力，全力拼搏，1964 年 3 月，他们完成该项研制任务，为 1964 年 10 月我国第一次原子弹试验及 1965 年和 1966 年的两次原子弹试验的顺利进行做出了重要贡献。

1964 年 5 月，经国防科委组织专家验收，仪器的各项指标均已达到或超过任务要求，顺利地通过了验收。

1964 年 6 月，杨嘉墀等人研制好的两台仪器被安全护送到核试验场。当听到第一次核试验圆满成功的消息，自己研制的两台仪器都成功地测得火球的温度时，杨嘉墀流下了喜悦的泪水。他为过去一切的艰苦、努力换来的成功感到欣慰，更对未来的科学事业充满信心。

1965~1968 年，杨嘉墀领导的测试组又完成了火球光电光谱仪及地下核试验火球超高温测量仪的研制工作，并成功地应用于我国首枚氢弹试验和首次地下核试验。

自动化研究所承担的另外两个核弹试验用测试仪器研制任务分别是冲击波压力测量仪器和现场地面振动测量仪器。参加研制工作的全体同志齐心协力，并积极与有关兄弟单位合作，任务圆满、顺利地完成。

1986 年，"原子弹和氢弹的突破与武器化"的科研成果荣获国家科技进步特等奖。中国科学院自动化研究所承担的"核爆试验检测技术及设备"作为分项目也同时获奖。这是国家给予的荣誉，这些成果再次说明，中国人民完全可以依靠自己的力量发展尖端技术，中国科学家拥有不容低估的科技开发实力。

导弹飞行试验

中华人民共和国成立初期到 20 世纪 60 年代初期，中国科学院参与"两弹一星"的研制工作基本是交叉进行的。

1961 年初，国防部第五研究院向中国科学院部署了一系列有关火箭导弹的大型综合性任务，其中就包括"151 工程"。这项工程经国防科委批准，委托中国科学院自动化研究所承担。

"151 工程"是研制在地面上模拟超声速飞行器在飞行过程中气动加热、加载环境的试验设备。该设备将用于装备高速飞行器热应力试验室。工程系统设备可以实施单独加温、加载或联合加温、加载，其多点测量系统可以记录飞行器结构，以及在给定程序温度、程序载荷条件下的应变、温度、变形过程。

任务下达之后，杨嘉墀就做了具体安排，对各项工作进行了分工。由杨嘉墀负责总体工作，叶正明同志为业务负责人，并组成了以中国科学院自动化研究所为主，第五研究院一分院（七机部 702 所）10 余人参加的约 60 人的研制队伍。另外，参加研制工作的协作单位还有中国科学院的 4 个直属研究所及一机部上海机床厂等单位。

经过研究，中国科学院自动化研究所提出的"151 工程"分三个系统研制，即加热系统、加载系统和测量系统。

杨嘉墀受命负责总体设计并组建一个总体设计室，由他领导全体科技人员协同其他研究室及使用部门的科技人员开展研制工作。经过充分论证，确定了由他提出的程控前馈加热方案、程控液压方案和以半导体晶体管模拟数字转换器为基础的数据处理系统方案。这些设计方案采用先进的技术，测量系统的性能较高，但是研制的难度很大。

当时测试系统中所需要的很多关键部件和元件我国都没有，需要自己设法解决。通过研究所内外的各有关单位的共同努力，他们成功研制了测试系统中所需要的热流计、高温应变片、石英灯管、液压伺服阀和程控计算机等关键部件。

"151 工程"是在没有任何国外技术资料的情况下，完全靠自己的力量，用国产的元件、器材自行研制成功的。虽然当时我国的基础较差，尤其是工业基础较差，但好在杨嘉墀他们有前面"581"任务的经验，有与中国科学院研究所合作进行风洞试验的基础，用理论上的高水平弥补了工业基础较差的不足。

在测量系统中，杨嘉墀突破了弱信号模拟数字转换器的技术难关；在加载系统中，拿下了液压伺服机构等关键技术；在控制方面，又克服了加热系统的信号剧烈变化的困难，采用复合控制使误差减少，当时在国内此技术处于领先地位。时至今日，热应力试验设备对于火箭、导弹、卫星、高速飞机，仍是不可缺少的地面试验工具。可以说，"151工程"是在当时填补了热应力试验这一国内空白，现在仍对军工生产有用的一项工程。

杨嘉墀作为"151工程"任务的总体负责人，对各个具体项目同样认真负责。杨嘉墀对于每一个重要试验，都要亲自参与，对于重要的技术问题，还要经常提供一些资料，并及时提出自己的意见，供大家参考，与大家广泛沟通，发挥群体的智慧，为"151工程"任务的完成提供了保证。

七机部702所的领导对这项任务很关心，鼓励大家专心于军工任务，努力拼搏，把自己的才华贡献给国家。中国科学院领导对这项任务也非常关心，当时任主管的秦力生副秘书长不但要定期听工作任务汇报，而且还随时作一些鼓励性的讲话。1965年7月，日常事务非常繁忙的中国科学院党组书记张劲夫在"151工程"的研制设备要移交到七机部702所前夕，也来到自动化研究所，观看了全部设备的演示。

由于众人的努力以及各级领导的关心，他们研制出了热应力加热加载测试系统样机，并通过了国防部第五研究院组织的技术鉴定，圆满地完成了这项研制任务。"151工程"从1961年3月起到1965年9月止，历时四年半。虽然所有参加研制工作的科研人员都共同经历了许多困难，但是大家并没有因为暂时困难而出现任何的松懈情绪。

"151工程"是一项硬任务，不允许有半点差错，"151工程"又是一项综合性的任务，需要自动化学科的各种专业人才，这些专业人才在完成任务中得到的知识积累和技术经验，可以用于以后参加的同类学科研究或相近的课题中，促进这一学科向前发展。

推动计算机应用

1975 年以后，国外小型计算机发展风起云涌。杨嘉墀利用老同学的关系，以较优惠的价格从国外引进了计算机，安装在研究所内，并派出技术人员前往美国进修。他亲自参与用计算机来设计航天器控制系统的工作，并指导科技人员开展计算机在科技管理方面应用的研究。

1982 年，杨嘉墀被任命为航天工业部总工程师。他针对以往航天器测试系统"一个型号一套系统"的做法，提出了用标准模块组成计算机测控系统的建议。他参照欧洲空间局的经验，决定采用 CAMAC 系统。他组织航天工业部内各单位开展 CAMAC 系统的硬件与软件的研制工作。该系统的研制工作于 1986 年完成。1987 年，该项科研成果获国家科技成果二等奖。此后，他为推动 CAMAC 系统在各种卫星型号的整星测试和分系统的开路测试应用做了大量工作。

从 1983 年开始，杨嘉墀参与了当时设在中国科学院的自然科学基金委员会的工作。他倡导并组织了全国 15 个高等院校和科研单位，合作开展控制系统计算机辅助设计工作。他希望通过这项工作把我国自动控制理论和系统设计提高到一个新的水平，并为理论工作者创造一个熟悉计算机应用的环境。这个课题于 1986 年完成，所取得的成果通过了鉴定并开始推广应用。

1986 年，国家自然科学基金委员会成立，当时计算机已由小型机进入微型机阶段，软硬件也有了很大改进。在杨嘉墀的努力推动下，控制系统计算机辅助设计工程化软件系统于 1988 年被国家列为重大项目。在他的积极支持下，该项目更具完整性和工程化。所取得的成果于 1991 年进行了国家级鉴定，鉴定委员会认为这个软件系统已达到当时的国际先进水平。

自动化学科的奠基人

杨嘉墀回国的那一年，我国制定了十二年科学发展规划。规划中，将电子学、自动化、计算机技术和半导体等新兴学科列为重点发展项目。杨嘉埒在担任中国科学院自动化研究所研究员、副所长期间，组建了自动化工具研究室和若干个针对国防研制任务的研究室。不久，他结合在中国科学技术大学自动化系任教授的教学经验，创建了自动化学科及自动检测分支学科。1957年，他参与了中国自动化学会的筹建工作，先后担任中国自动化学会常务理事、副理事长和理事长。1957年9月，他参加了国际自动控制联合会（IFAC）的成立大会，中国自动化学会成为该国际组织的18个发起国成员之一。杨嘉埒曾被选为该组织的元件专业委员会委员和空间控制专业委员会副主席。他积极参与有关自动化和自动检测方面的国际学术活动，组织代表团去一些国家访问，进行学术交流，并多次为中国自动化学会在我国组织举行国际会议，为我国自动化科学技术的发展提供了重要参考信息。他参与创办我国自动化学术刊物《自动化学报》，并先后担任副主编、主编。在他的努力下，《自动化学报》出版了英文版，由阿勒顿（Allerton）出版公司负责在国外出版发行。

1979年，杨嘉埒参与组织创建了中国仪器仪表学会，并连续担任第一至第四届理事会的副理事长。他曾多次率领我国科技代表团去美国、英国、日本等国家访问，进行学术交流，与很多国家的自动化学会、测量与控制学会建立了合作关系，有力地促进了自动化学科、自动检测分支学科及仪器仪表技术的发展。

杨嘉埒结合研制项目，深入地进行了科学技术的理论研究工作，撰写并发表了很多重要学术论文，如《中国近地轨道卫星三轴稳定姿控制系统》《返回型对地定向观测卫星姿态控制系统及飞行试验结果》《仪器仪表和系统》《中国空间技术的二次开发与应用》等都极具学术价值。他还担任了《中国大百科全书》自动控制与系统工程卷的副主编，该书已由中国大百科全书出版社出版。

杨嘉埒十分重视理论研究与实际相结合，坚持科研为国防建设和生产服务方针，取得了一系列重大科研成果。同时，他还十分注意分析世界科技发展的动态，尽量采用先进技术，不断提高科研工作水平和研究工作的效率。

"863"计划的倡导人

1973 年 4 月，根据周恩来总理的指示，中国科学院组织了一个中国科学技术代表团访问日本，杨嘉墀担任团长。他率领代表团在日本参观访问了有关集成电路、电子计算机、工业自动化的工厂及高等院校。回国后，他向有关部门提出了发展我国高新技术，促进我国现代化建设的建议。1985 年，他又先后两次出国考察，美国的战略防御计划和欧洲的"尤里卡"计划使他深受触动。在著名科学家王大珩的倡议下，杨嘉墀与王大珩、王淦昌、陈芳允等 4 名著名科学家一起在 1986 年初联名致信党中央，呼吁我国经济建设不仅要着眼近期效益，而且要为我国在 20 世纪末 21 世纪初的"四个现代化"建设打好基础，并提出了"要抓住当前世界新技术革命的时机，瞄准高技术的发展前沿，积极跟踪高技术"的建议。他们的信受到党中央的高度重视。1986 年 3 月，邓小平做了重要批示。随后，国务院主持制定了《我国高技术研究发展纲要》，即"863"计划，这一纲要描绘了我国 7 个高技术领域在 20 世纪内的发展蓝图。杨嘉墀努力探索我国高技术产业化的道路，促进科研成果转化为生产力，为我国高技术的发展做出了重大贡献。

杨嘉墀与"863"计划其他倡导人和科学家在一起。前排左起：陈芳允、杨嘉墀、王淦昌、王大珩。后排左起：朱丽兰、宋健、丁衡高、朱光亚

2000年9月的北京，秋高气爽，天高云淡。在中关村杨嘉墀寓所的客厅里，两个五彩斑斓的大花篮中，黄色的傲菊非常耀眼，书橱里有火箭和人造卫星的模型，墙上挂着的书法作品和木刻典雅别致。客厅靠窗的一角摆放着一台古老而又名贵的德国钢琴。客厅的装饰不仅显现出这位科学家受到过良好的西方科学和文化的教育，而且也体现出他从小受到中国传统文化的熏陶。

2000年，杨嘉墀在家中

我和杨嘉墀院士侃侃而谈，不知不觉已经是下午2时，杨嘉墀还要乘车去机场，然后飞往香港参加一个重要的国际学术会议。最后，在谈及中国科学家与"两弹一星"这一话题时，杨先生深情地说，回想当年参与"两弹一星"工作的日日夜夜，往事历历在目。"两弹一星"任务的完成，不仅显示出我国在发展高尖端科学技术方面所具备的能力、水平，也反映出我们所具有的自强自立、团结协作、吃苦耐劳的奋斗精神。"两弹一星"任务的完成，不仅培养了人才、锻炼了人，而且还带动了相应学科的发展。

杨嘉墀说：回顾历史是为了不要忘记过去，回顾历史更是为了创造未来。对于当年参加"两弹一星"研制工作的科学家们的自强自立、团结协作，为发展我国高科技事业而拼搏的精神，不仅我们不能忘记，而且子子孙孙不能忘记，还应成为今天激励青年人努力建设社会主义现代化强国的动力。回忆过去，悠悠岁月，令人难忘，许多年前，在中国科学院的科学家参加"两弹一星"研制工作的情景，至今历历在目，记忆犹新。正是因为中国有了"两弹一星"，中国人民说话才算数，在国际上的影响力也日益增强，从而保证我国大国、强国的地位。

与杨先生告辞后，我仍沉浸在幸福的回忆之中：一是我能和"两弹一星"功勋奖章获得者在一起谈论往事，受到一次深刻的教育；二是国家、人民和历史请不要忘记他们——中华人民共和国大厦的支柱；三是杨先生崇高的人格魅力永远鼓舞着我。

中国和西方文化的共同产物

——访诺贝尔物理学奖获得者、中国科学院院士杨振宁

杨振宁　物理学家。清华大学高等研究院名誉院长、教授。1922年10月1日出生于安徽合肥。1938~1944年在西南联合大学物理系读书，先后获学士、硕士学位。1948年获美国芝加哥大学哲学博士学位。

二十世纪五六十年代先后创立"杨–米尔斯规范场"论（Yang-Mills gauge theory）和提出"杨–巴克斯特方程"。因与李政道共同提出弱相互作用中宇称不守恒原理而获1957年诺贝尔物理学奖。历任普林斯顿高等学术研究所教授、纽约州立大学石溪分校爱因斯坦讲座教授兼理论物理研究所所长、香港中文大学博文讲座教授、洛克菲勒大学董事，美国国家科学院、美国物理学会以及巴西科学院、委内瑞拉科学院、西班牙皇家科学院、台北"中央研究院"院士，英国皇家学会外籍会员、俄罗斯国家科学院外籍院士、日本科学院荣誉院士。曾获美国国家科学奖、美国费城富兰克林研究所的鲍威尔科学成就奖、费萨尔国王国际奖的科学奖。著有《杨振宁论文选集》《杨振宁文集》《曙光集》等。发表论文约300篇。

　　2002年6月19日，对于中共中央党校学员来说，是一个难忘的日子。这天，世界著名物理学家、诺贝尔奖获得者、美国纽约州立大学教授杨振宁，应邀来到中共中央党校为老师和学生做了题为"从历史的角度看中国的现代科技"的精彩演讲，这在中共中央党校的"三基本"和"五当代"教学历史上和杨振宁的学术生涯中都是第一次。

　　初夏的中共中央党校，绿草如茵，杨柳依依，云松挺立，月季盛开，银杏海棠和蔚蓝天空、洁白云朵一起构成了一幅美丽的画卷。杨振宁教授的到来，更显露出中华民族文化传统与现代科学发展紧密结合的一种意境，展示了中共中央党校培养学员的世界眼光和理性思维的一种创新。大礼堂里座无虚席，礼堂东西两侧的大教室里还坐满了许多来自国防大学、国际关系学院等北京高等院校的师生。下午4时整，八十高龄的杨振宁教授在中共中央党校常务副校长虞云耀的陪同下，走上演讲台，礼堂内爆发出热烈的掌声。

2002年6月，杨振宁与作者在北京

　　在座的中共中央党校学员，大多数是在20世纪50~60年代出生的高级干部，他们对杨振宁教授崇敬不已，这次有幸在党校聆听他的演讲，目睹他的风采，看到他那闪烁着人类深邃智慧的目光，深感是一次难得的机会。演讲结束后，在休息室里，经虞云耀常务副校长同意，我和杨振宁教授单独交谈了十多分钟并合影留念。我将自己的新作《走近科学家》一书赠送给杨振宁，一道愉快回忆起《杨振宁评传》《三十五年心路历程》在广西科学技术出版社出版的往事，谈到杨振宁先生 20 世纪 80 年代在美国留学的学生、广西大学教授、我的老师甘幼坪教授，回忆了 1995 年 8 月 17 日杨振宁在广西大学演讲之后与我亲切交谈和合影等。杨振宁教授满面笑容地坐在会客厅的沙发上，花了十多分钟的时间仔细翻阅《走近科学家》一书，问及什么时间出版，并对图书内容、出版质量、清晰的图片给予高度评价。虞云耀常务副校长风趣地说："黄健现在是中央党校中青班的学生，他是你的学生的学生，所以你是他的师爷，孙子写师爷的书，很有意义嘛。"杨振宁爽朗地笑了起来。

求 学 生 涯

1922 年 10 月 1 日，杨振宁出生在安徽省合肥市西大街四古巷。父亲杨武之在 1923 年考取省官费留学，前往美国斯坦福大学和芝加哥大学学习，1928 年回国，1929 年被聘为清华大学数学系主任。杨振宁说，小时候全家搬到北平，在清华园住了 8 年。他还说："清华园的 8 年在我的回忆中是非常美丽、非常幸福的时光。"

在美丽的清华园里，杨振宁少年时最好的朋友是后来新中国的"两弹元勋"邓稼先。邓稼先也出生在安徽，5 岁随父母到北平，父亲在清华大学和北京大学担任哲学教授。邓稼先后来又到西南联合大学读书，1947 年通过了赴美研究生的考试，26 岁获博士学位。在美国学习期间，杨振宁和他经常一起交流，相互帮助。新中国成立后，邓稼先立即从美国回到祖国，主持原子弹的研究制造工作。中国的原子弹爆炸方案是他设计的，他也是氢弹的主要设计者。

1937 年卢沟桥事变爆发，杨振宁全家从北平回到合肥。1938 年 3 月，杨振宁随应聘于长沙临时大学的父亲到了昆明西南联合大学。当时西南联合大

1949 年摄于美国芝加哥大学。左起杨振宁、邓稼先、杨振平

学仍保持清华大学把国文作为大学一年级学生必修课的传统。很多中国文学大师，如朱自清、闻一多、王力等都教过杨振宁的国文课。杨振宁在西南联合大学学习期间，一年级时是赵忠尧教普通物理课，二年级时是吴有训教电磁学、周培源教力学，三年级时是张文裕教原子粒子物理学、王竹溪教统计力学。杨振宁的理学学士论文是跟吴大猷做的，硕士论文是跟王竹溪做的。

杨振宁说："西南联合大学有一个群星灿烂的教师群，是一个在我国科学史和教育史上做出了重大贡献的科研教学集团。他们学识渊博，专业精深，思想活跃，治学严谨，培养了一大批饮誉中外的科学精英。"1944 年，杨振宁考取了清华大学留美公费生。这年夏天，他告别了家人、老师，告别了祖国，乘昆明至加尔各答的航班，在印度转乘美国自由船到了美国纽约。

1945 年春，杨振宁在普林斯顿大学见到了张文裕教授。在张文裕的指引下，杨振宁在芝加哥大学见到了仰慕已久的物理学大师费米，并成为费米的学生。费米对杨振宁一生有两个最重要的影响：一是善于抓住物理现象的本质，二是做学问要有广泛的兴趣和扎实的基础。在美国，对杨振宁产生重要影响的另一位著名学者是美国的"氢弹之父"爱德华·泰勒教授，经费米介绍，杨振宁成为泰勒的博士研究生。

1949 年春，美国的"原子弹之父"、普林斯顿高等学术研究所所长奥本海默到芝加哥大学演讲，激起了杨振宁去普林斯顿高等学术研究所工作的愿望。经费米和泰勒向奥本海默推荐，该所同意接收杨振宁。普林斯顿高等学术研究所是爱因斯坦工作的地方，杨振宁曾经在爱因斯坦的办公室里与爱因斯坦讨论统计力学的问题，这是杨振宁终身难忘的。

1953~1954 年，在纽约布鲁克海文国家实验室，杨振宁和米尔斯共同发表了"杨-米尔斯规范场"理论。这一理论是杨振宁在物理学领域的最高成就，被世界科学家公认为 20 世纪最伟大的理论结构之一。

诺 贝 尔 奖

1956 年，杨振宁和李政道合作，深入研究了当时令人困惑的"θ-t 之谜"，并通过实验证实了"弱相互作用中宇称不守恒"。1957 年 1 月 15 日，哥伦比亚大学物理系举行了一个史无前例的记者招待会，会上向全世界宣布"宇称守恒定律"这个物理学中的基本定律在弱相互作用中被推翻。这一结论彻底改变了人类对对称性的认识，促使了其后几十年物理学界对对称性的关注。杨振宁还在物理学的其他领域有很大的贡献。1957 年 12 月 10 日，杨振宁和李政道荣获诺贝尔物理学奖。令中国人感到自豪的是，1957 年杨振宁和李政道获诺贝尔奖时，他们持用的还是当年出国留学的中国护照。

1986 年 3 月，时任美国总统里根在白宫授予杨振宁美国国家科学奖。1993 年，美国哲学学会向杨振宁授予最高荣誉的本杰明·富兰克林奖。1994 年秋，杨振宁获美国费城富兰克林研究所的鲍威尔科学成就奖。

1970 年，中国的"乒乓外交"轰动了世界。1971 年春，杨振宁在巴黎向中国驻法国大使馆申请签证，并于当年夏天乘法国航班回到上海，回到了他阔别二十七载的故土。他意识到，这是他一生中又一具有重要意义的开端。

1971 年 7 月 28 日，周恩来总理在人民大会堂会见并宴请杨振宁和他的亲属。周总理详细询问了美国社会、政治、经济、科技等情况。1972 年，杨振宁再次回国访问时，周总理诚恳地请杨振宁就中国的教育、科技等工作提出意见和建议。

1973 年夏天，在杨振宁第四次回国访问期间，毛泽东主席在中南海会见了杨振宁。杨振宁的回国访问，叩开了中国紧闭多年的科学大门，从此，大批著名的华裔外籍科学家陆续回国访问，中西方学者交流日益扩大，对世界科学的发展起了巨大的推动作用。

1957 年 12 月 10 日于瑞典斯德哥尔摩，前排五位诺贝尔奖获奖人，自左至右：杨振宁、李政道、托德、博维特、加缪

和学术交流，他们回到祖国后，一些人在科研中硕果累累。1982 年，杨振宁经过深思熟虑之后，决定给中国科技发展的战略结构再次提出意见，中央认真研究并采纳了他的意见。

自 1971 年回国访问以来，杨振宁对中国的科学、教育事业提出过许多建议和意见。如 1980 年，杨振宁在纽约州立大学发起建立 CEEC 组织（中国学术交流委员会），资助中国的学者去该校进修。这些年来，接受 CEEC 资助的 90 名科技工作者已完成在美国的进修

2002 年 6 月，杨振宁在八十华诞之际，帮助清华大学建立了一个高等研究中心，并举办了前沿科学国际研讨会。有 14 位诺贝尔奖获得者、2 位菲尔兹数学奖获得者出席了国际上实属罕见的科学巨匠云集的论坛，其中包括激光发明人查尔斯·H. 汤斯（Charles H. Townes）、夸克（Quark）创议人默里·盖尔曼（Murray Gell-Mann）等，这在我国的学术领域还是第一次。科学家们围绕粒子物理和场论、统计物理和数学物理、交叉学科、生物物理、凝聚态物理、天体物理学和宇宙学等 6 个主题进行交流。杨振宁入住清华大学后，他的号召力和影响力难以估量，有杨振宁这样德高望重的楷模在清华，中华学子在学术、品德方面都将受到影响和激励。

从 20 世纪 70 年代初以来，杨振宁教授多次回国探亲、访问和讲学，并多次受到党和国家领导人的亲切会见。1994 年他当选中国科学院首批外籍院士，1995 年获中国国际科技合作奖，还受聘为清华大学、北京大学、复旦大学等 20 多所著名大学的名誉教授。40 年来，他为我国的科技发展和教育发展

做出了巨大的努力和贡献，对我国的科技政策提出了许多建设性的重要建议，同时在促进中美科技交流合作中起了关键作用。

民 族 耻 辱

杨振宁在中共中央党校做"从历史的角度看中国的现代科技"的演讲中，用非常亲切和标准的普通话说出"各位老师，各位同学"，一下子把自己和听众的距离拉近了许多。杨振宁满怀深厚的感情，用饱含深情的语调说："我的一生到过很多著名的大学做演讲，不过，到中共中央党校做演讲，在我的学术生涯中还是第一回。我要重点谈 20 世纪中国科技的发展，这一点很重要，要充分理解这句话的含义，就要了解中华民族的近代史。中央党校地处圆明园和颐和园附近，19 世纪八国联军入侵北京，烧了圆明园，看一下关于那个时代的报刊和书籍就可以了解，就会有很深的感受。还有一件事，不是传说而是真实的事情，在上海外滩黄浦公园挂了一块'中国人与狗不得入内'的牌子，这些都历历在目。今天，我特别跟大家谈的是关于 20 世纪中国科技的发展。我个人认为，从中华民族的发展历史看，20 世纪对中华民族来说是非常重要的，20 世纪是中华民族浴火重生的世纪，要充分理解这句话的意思。回顾一下 20 世纪初，中华民族处于什么状态？那是一个贫穷、落后、任人宰割、被人看不起的民族。"杨振宁用计算机投影仪给大家展示一幅历史照片，照片是在 19 世纪末的中国租界，一个中国犯人跪在一名英国法官面前。杨振宁接着说："那个时代，中国的经济情况很坏，民不聊生，水灾、旱灾、兵祸……正如我父亲的同龄人彭德怀所描述的那样，祖母说：'我们四个人都出去讨米。'我立在门槛上，我不愿去，讨米受人欺侮。祖母说：'不去怎么办，昨天我要去，你又不同意，今天你又不去，一家人就活活饿死吗？'寒风凛冽，雪花横飘，她一个年过七十的老太婆，白发苍苍，一双小脚，带着两个孙孙（我三弟还不到 4 岁），挂着棍子，一步一扭地走了出去。我看了真如利刀刺心那样难过。每每回忆至此，我就流泪，就伤心，今天还是这样。不说了！在我的生活中，这样的伤心遭遇，何止几百次？"接着，杨振宁又展示另一张历史照片，他说："我是 1922 年出生的，我 10 个月大的那天父母亲和我照了一张相，我父亲当时还穿着长袍马褂，穿着特别正式的、整齐的服装，因为这天，他就要离开中国去美国留学。我家住在安徽合肥市西门大街回古巷杨家宅院，西门大街还在，但房子已经拆了。"

杨振宁说："今天在座的年轻的各位是没有我的这种亲身体验的，那个时候中国落后的情景，现在的年轻人没有见过。那时候，很多人抽大烟，我小时候我的几个堂叔叔和祖父的妹妹都抽大烟，站在旁边闻到的鸦片烟是很香的。在当时，姨太太比比皆是，稍微有钱的男人都会娶姨太太；女孩子在很小的时候就被裹小脚，我的母亲小时候也是被裹小脚的。幸亏在她十一二岁的时候，受了新思潮的影响解除了，不过她整个脚的骨头都变形了。看到她的脚，我很痛苦。我看见的时候，是在放裹了许多年之后，她走路还可以走得比较快。我母亲一直活到 90 多岁，她是一个勤俭、操劳的女人，除她的脚变形、心理有比较大的压力外，其他没有什么问题。小时候我家的经济条件不好，但比我家经济条件差的有更多的人家。那时候常常闹水灾、旱灾，很多难民逃到合肥来，在一个大广场上，有的人把自己的儿女出卖，我的外祖母在我母亲没有出嫁前，就买过一个女孩做她的养女。"

杨振宁说："我目睹了当时中国的贫穷落后，又经历过艰苦的抗日战争，最后于 1944 年经印度加尔各答乘美国自由船去美国读书。这是我少年人生的第一段经历，在我的人生开始时，就目睹了旧社会的悲惨情形，这段记忆刻骨铭心的。"

旧 貌 新 颜

杨振宁在演讲中继续说：在美国学习和工作 27 年之后，我于 1971 年首次回国探亲，那时从美国到中国来的学术界人士可以说是绝无仅有的。为什么我要着急来呢？因为我看得出来，中美两个国家根据当时的国际形势，在互相试探是否可以做些有用的接触。当时越南战争还没有结束，我很担心这刚刚打开一道小缝的门在几个月之内又会关闭起来。而我本人也很想回到我

27年没有看到过的祖国去看看，跟我的老师、朋友和亲戚们见面。在那以前，我曾经跟我的父亲、母亲和弟妹在日内瓦和香港见过面。不过我还有很多别的亲戚多年没有见到了。1971年7月，我在巴黎的中国驻法国大使馆拿到签证，自巴黎乘法航到上海。在中国，我去了上海、合肥、北京和山西大寨。中国天翻地覆的变化给了我深刻的印象，个人的感受决不是三言两语可以描述的。1971年我看到的新中国确实很好，与1944年离开时的中国已经有很大不同。在北京居庸关长城，我弟弟杨振汉为我拍摄了一张照片，我十分喜欢这张照片，在照片的下方，我写了这样一段话：

> 长城象征着中国的历史。它象征着中国历史的悠久，它象征着中国文化的坚韧。它表现出了几千年来无数中国人的胼手胝足，以及他们的辛劳与人类所做出的优异贡献。它象征着历史上中国一统的观念，尽管中国经历盛衰兴亡，尽管中国有如此大的地域和多种方言，尽管中国有多次内战和朝代的更替，但是贯穿历史的只有一个中国。在世界人民心目中只有一个中国，在中国人民心中只有一个中国，合则盛，分则衰。

杨振宁说：1971年我回国时住在北京饭店的旧楼，当时新楼还没有盖，我住在一间很大但是很旧的客房里，房里有一副对联，是毛主席有名的诗词："为有牺牲多壮志，敢教日月换新天。"我昼夜不停地看这副对联，又看了中国翻天覆地的变化，对于我个人来说，当时我认识到我有一个做桥梁的责任，我应该帮助中美两国之间增进了解和建立友谊。

杨振宁说：中国和美国都是伟大的国家，对这两个国家我都有非常深厚的感情。这句话是我当时讲的，今天我仍然要讲这

1984年摄于布鲁克海文国家实验室。背后的办公室是1954年与1965年杨振宁写他一生最重要的两篇论文的地方

句话。我觉得 21 世纪最重要的事情是中国人民和美国人民要深入地互相了解，真正地认识，假如这个了解和认识出毛病的话，前途不敢设想。所以这 30 年来，增进中美人民之间的了解和帮助中国发展科技，渐渐变成我个人的生活目标。

杨振宁说：我从六七岁到抗日战争全面爆发的前夕是在清华园里长大的，小学 6 年都在清华园读书，所以我对清华大学有非常深厚的感情。1997 年，清华大学王大中校长说，1952 年进行院系调整，当时清华大学的理科是国内一流的，但被调整出去了。现在清华大学的领导觉得这样不行，要把清华大学建成国际一流的大学，重新建立起一所优秀的以研究为主的大学，我当然义不容辞。我现在要帮清华大学建立一个高等研究中心，请书法家启功先生为中心题了牌匾，挂在清华大学高等研究中心的大门上，这是我今天所要做的最重要的工作。前几天（6 月 16~19 日），我们在清华大学的高等研究中心开了一个前沿科学国际研讨会，有 14 位诺贝尔奖获得者、2 位菲尔兹数学奖获得者出席了研讨会。那天会议结束吃午饭的时候，大家一致认为这个会议十分成功。大家在会上听取了最前沿的国际科学大师的演讲，清华大学和其他许多大学的老师和研究生都获得了前沿科学发展的最新信息，我也很高兴能为这些国际科学家创造条件，给他们提供对今天的中国有更多了解的极好机会。

杨振宁说：大家都同意这个观点，就是改革开放以来，中国变化之大是人类历史上的奇迹。我一直认为，今天的中国与 1971 年我看到的中国完全不一样，中国的一切，包括生产方式、思想、政治、经济、教育水平都发生了巨变。所以我说，20 世纪是中华民族浴火重生的世纪。

百年中国科技

杨振宁说：回想这 100 年间，中华民族经历的斗争和种种错误的道路，有今天的变化确实是不容易的。其中最惊人的发展是科技的发展，我们回想 100 年前中国的现代科技是零。大家知道，在 1984 年洛杉矶奥运会之前，中国没有获得过奥运会金牌，没有银牌，也没有铜牌。自 1984 年以后，才有零的突破。我们又可以用同样的话来说，100 年前中国的现代科技是零，绝对是零。比如说，1898 年京师大学堂成立，那个时候的理科教师都是外国人；我在西南联合大学读书时中国物理学会只有 20~30 人开会。新中国培养大批人才是从 20 世纪 50 年代开始的，当时我在美国，收到国内同学的来信，说北京大学物理系全体同学在开会时有 1 000 多人，大礼堂坐不下，而当年的西南联合大学是国内最好的大学，我在物理系读书，物理系全系的学生加起来不超过 50 人。50 年代人才培养的结果产生了巨大的影响，比如说，1964 年中国成功爆炸了第一枚原子武器，从 1949 年新中国成立到 1964 年不过 15 年的时间，制造原子武器，需要的学科知识很多，比如探铀、开采铀、原子学、核物理学、提炼铀、流体力学、冶金学、爆炸学、放射物理学和计算机科学，每门学科都需要成千上万的人才，人才从哪里来，这些年轻的人才基本上都是在 50 年代成功培养出来的。从 1964 年到今天，从发射卫星到神舟飞船上天和回收，这个发射和回收过程之间的困难又比第一枚原子武器爆炸的困难要大得多，这需要很多的设备和精密仪器，这绝对是一个惊人的发展。所以，从社会发展史来看，中华民族近 100 年来的科技进步速度是史无前例的。假如有人说日本的明治维新是从 1868 年开始的，到 20 世纪初，发展也是非常迅速的，这个话不是完全没有道理，不过你仔细想想，它还是不能跟中国在 20 世纪的发展相比。为什么这样说？因为中国在 20 世纪初的时候，不但近代科学是零，而且对于要学习近代科学这个观念还没有稳固树立。而对日本来说，明治维新虽然是在 1868 年开始，可是在那以前几乎整整一个世纪陆续地引进了一些现代科学。那个时候，现代科学在日本叫“兰学”，因为是从荷兰引进的，而且在 19 世纪初，日本出版了从荷兰翻译过来的整套的百科全书。因此可以说，日本引进现代科学不是从 1868 年开始，而是在那以前，已经有了 100 年的历史，这是中国在 1900 年以前没有过的经历。所以，中华民族在 20 世纪 100 年间的进步，在历史上是没有过的。当然有人说，中华民族还没有达到最先进的地步，这个话也是对的，中国要以 100 年的时间超越西方 700 年的现代科技发展是不可能的，我们应该以历史的角度和辩证的观点来看待这个事情。首先，就是要接受这个事实，中国这 100 年的科技发展绝对是惊人的，而且这 100 年的成绩是其他大国如印度和巴西所望尘莫及的。这个观点接受了以后，就可以展望未来。对于中国科技的发展，有些人采取不乐观的或是悲观的态度，还怀疑今后 30~50 年能否继续如此高速进步。这点我想过很多，我的结论是乐观的。为什么结论是乐观的？仔细想一下，一般人都会有一个错觉，认为科技的发展是非常非常困难的，我要指出来的是科技的发展要有先决的条件，如果这先决条件能够解决的话，科技的发展是很快的，所以过去 100 年中国能有这样高速的发展，就是因为有这几个基本的因素。事实上在这 100 年间，中国有种种困难，新中国建立以后，仍有种种灾害和错误，有自然的，有人为的，可是在这么多的错误、困难和灾难之中，中国仍有这么大的进步，是什么原因呢？因为中国具有科技发展所需要的基本因素，我认为有四个基本因素：第一是中国拥有数不清的非常聪明的青年，这一点全世界都认识到。20 世纪初，关于中国人的自信心问题，当时有人说是"种族退化论"，意思是说中华民族过去几千年是很聪明的，现在退化了。为什么会有这种说法呢？这种说法是由受到高等教育且很有学

1996 年 5 月 20 日，应邀参加复旦大学举办的"杨武之论坛"演讲期间，杨振宁同谢希德（左二）、杨福家（左一）、谷超豪（右一）在一起

问的人提出来的，关键是那时候这些人丧失了自信心。今天，尤其是改革开放以来，很多中国留学生在国外尤其是在美国，他们的优秀表现使全世界的人都承认中国人是非常聪明的。有聪明的年轻人还不够，第二就是中国人有很优秀的传统，如注重忠诚、勤奋、忍耐、教育，可以培养出一代又一代勤奋而有纪律的青年，这是别的国家所不具备的。第三就是有决心，这个决心在新中国建立以后就非常坚定。所以中国在 20 世纪 50 年代培养出了很多优秀人才，现在又提出了"科教兴国"的口号，这就是中国人的决心。这三点是新中国建立以后都具备的。第四是要有更多的经济支持，过去的 50 年，因为中国的经济力量不够，科技发展水平有限；今天的中国跟过去 50 年的中国大不一样，未来 30~50 年的条件会更好，在这样的情形之下，我对今后30~50 年中国科技的快速发展持很乐观的态度。今后 30~50 年，中国科技的发展有什么特点？这个是非常值得思考的，尤其是做决策的领导人必须掌握的。

科技展望

杨振宁说：20 世纪世界科技发展的速度是惊人的，这个发展是建立在 20世纪 50~60 年代科技的基础之上的，尤其是物理学和生物学的发展。基本物理学在 20 世纪 30~40 年代有过几次大的革命，即相对论、量子力学。这些基础学科的发展影响了 20 世纪各个方面科技的发展，而且还将继续产生影响。另外，1953 年英国科学家沃森和克拉克发现了人类基因双螺旋体的结构，这个发现产生了生物工程研究。这几项大的科技革命是人类历史上的重要事件，为此，整个世界的生产方式发生了巨大的改变，以后 30~50 年会出现什么现象呢？讨论这个事情要讨论 30~50 年，因为没有人能预言，100 年后的科技发展会是怎样一种情况。正如 100 年以前的人不能了解今天的世界，今天的飞船登月、飞机、电视机、网络通信等，这在 100 年以前是不可能想到的，所以也不可能讨论 21 世纪未来科技发展是一种什么样的状态，但讨论今后 30~50 年的发展方向是有可能的。我要指出的是，在今后 30~50 年，基础科学的发展和应用科学的发展，将继续向应用科学的方向倾斜。在这里，我举一个例子，2002 年 6 月 4 日，美国 A&E 电视等媒体曾评选出 20 世纪 15 大科学发现和发明项目：电灯、飞机、半导体、电视、小儿麻痹疫苗、塑料、交流电、计算机、避孕药、原子弹、激光、流水生产线、无线电、生物工程、通信网。这是非常重要的 15 大科学发明和发现，直接影响了半个世纪里每一个人的生活方式，其中大多数是在 20 世纪下半叶发明和发现的。这说明科技发展的速度越来越快，而这些发展多数是应用科学的发展，这些应用科学的发展是由 20 世纪上半叶基础科学的发展引导的，每一个新的方向的发展都可以创造和产生巨大的财富。全世界都在朝这个方向走，其速度之快，都是以前不能想象的，这个势头在今后的 30~50 年还将继续发展。如计算机的半导体芯片，芯片的应用非常之广，很显然，再过 20 年，今天芯片的应用和那个时候芯片的应用是小巫见大巫。再过 20 年，可以在每一栋房屋，每一个房间，每一辆汽车，甚至每一个人的身上都装上芯片。因为现在科技发展到一定程度，是可以想出无数的、新的、有用处的、能够增加财富的、能够提高人类生产力发展的东西的。所以，向应用科学方向倾斜，我想这个趋势将要在全世界，尤其是在已经工业化的国家和正在工业化的国家继续发展。这是任何一个国家和行政领导人都要面临的问题，就是在这种情形之下，经费的分配应该采取什么政策？我想这不是一个能够抽象讨论的问题，需要每一个国家、每一个地区、每一个研究所、每一个学校都本着他们过去的经验以及当时的环境、条件来做好他们自己的决策，这是一个容易造成困扰的而且容易令人误入歧途的、复杂的决策性问题。

文 化 韧 性

杨振宁说：科技发展的基本因素可以用人才、传统、决心、经济支持四个因素来表示，这四个因素不仅是必要的，而且是充分的条件。1947 年，英国的大历史学家汤因比曾经写过一篇著名的文章，他在文章里写道："美国和苏联是强国，我们在什么地方可以找到第三个强国？不在欧洲，也不在英联邦，当然也不在中国或印度，因为这两个国家都有悠久文化、众多人口、广大土地、丰饶资源，但这两个大国极不可能在未来关键性的历史年代里发挥他们的潜力。"汤因比是一个极有学问的人，他用宏观的眼光去研究整个世界的形势和发展。他和其他西方历史学家有很大不同，他能够跳出西方文化发展的圈子，用更客观的眼光来看世界的发展。可是从他说的这几句话可以看出，他虽然学问很深，但没有看到一些重要的事情。今天看来，汤因比的预言有两大错误：第一，他没有预见苏联的解体；第二，他没有预见强大的中国崛起。没有预见苏联的解体是因为他对苏联的基本政治结构没有了解，但没有预见中国的崛起，是特别值得我们今天深思的。我想他对中国的潜力，对中国共产党的能力与中国文化的韧性恐怕都没有正确的认识。这是我在 5 年前所写的几句话，我今天要谈一下对"中国文化之韧性"这几个字的认识和了解。过去我曾两次提到"韧性"这两个字，一次是在我看到长城的时候，另一次是在 5 年前我谈到汤因比没有预见中国的崛起，是因为他对中国文化的韧性不够了解。我不是研究历史的，也不是研究社会学、哲学和经济学的，不过对此我有一个不完全错误的看法，我大胆地提出来和大家讨论。中国历史上有一个非常重要的特点，是别的世界文化所没有的，比如犹太教、伊斯兰教、基督教、佛教这些跟中国文化有根本的区别。中国的儒教虽然受到了佛教和道教的影响，但儒教不是一种宗教，儒教没有教堂、没有圣经、没有严密的教会组织。儒教和其他宗教不一样，儒教是哲学，而不是宗教，儒教哲学代替了宗教的一些作用。"未知生，焉知死"，这是一个非常入世的、现实的哲学，这一点跟别的许多大国文化有基本的区别。荀子曾经说："从天而颂之，孰与制天命而用之。"中国要"孰与制天命而用之"，这

1976 年感恩节，杨振宁全家摄于石溪居所。左起：杨光宇、杜致礼、杨光诺、杨又礼、杨振宁

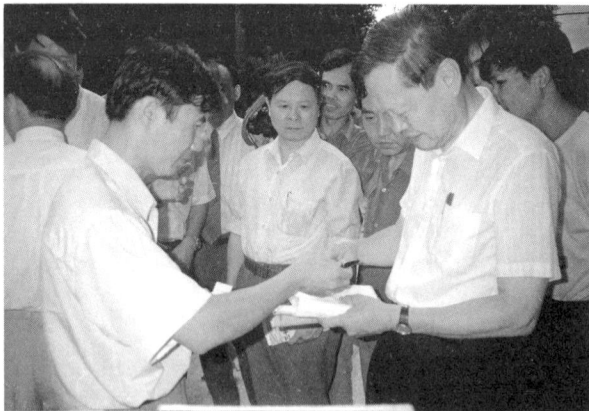

1995 年 8 月，杨振宁与作者在广西大学

是入世的、现实的。

杨振宁说：中国之所以有这么快的发展和转变，是因为中国的文化和中国的传统是入世的、现实的。中国文化跟犹太教、伊斯兰教、佛教都不一样，那些没有中国文化那么现实，没有中国文化那么入世。因为这个缘故，在中国的历史上没有西方国家的宗教革命、宗教冲突和宗教斗争，没有印度解不开的宗教问题，可以说是中华民族的幸运。中国的整个哲学是入世的、现实的。我举一个简单的例子，跟我有切身关系的。最近 20 年来，我所研究的物理学叫"超旋理论"，是热门理论物理前沿方向，现在世界上一些知名大学的年轻人都在进行这方面的研究，而且做得很出色，可是却很少有中国年轻人搞这方面的研究。现在中国学物理的年轻人很多，每年在国内国外获得物理学博士学位的人也很多，但是很少人做"超旋理论"研究。为什么呢？道理很简单，就是因为"超旋理论"不够现实，是想入非非的理论，而中国的传统思想使他们不想做这个理论，我也不要我的学生做这个理论，因为这个理论太玄了。这个很简单的事实与中国传统思想有关系，这一点我跟国内外的同行谈过，大家都同意。中国人认为这个理论不够现实，有空中楼阁的危险，所以不去搞，而西方人在这点上基本上有不一样的感觉。

杨振宁说：1937 年"七七"事变以后，清华大学、北京大学、南开大学一起搬到昆明，我在西南联合大学读了 4 年本科、2 年研究生，获得了硕士学位。西南联合大学有一首校歌，写得很好，是冯友兰先生写的词，他晚年把这首歌词收入了他的《三松堂自序》。校歌是这样的："万里长征，辞却了五朝宫阙。暂驻足衡山湘水，又成离别。绝徼移栽桢干质，九州遍洒黎元血。尽笳吹弦诵在山城，情弥切。千秋耻，终当雪。中兴业，需人杰。便一成三户，壮怀难折。多难殷忧新国运，动心忍性希前哲。待驱除仇寇复神京，还燕碣。"冯友兰先生对这首校歌很满意。我和西南联合大学的许多同学都会唱这首校歌，每次我们相会，都不可避免地想到当时的情形。在1946年西南联合大学解散的时候，这3所学校搬回北京和天津的这一年，冯友兰先生又写了一篇西南联合大学纪念碑文。这个碑文的原件现在保存在昆明师范大学里，在北京大学校园里有复制品。纪念碑文很长，其中很重要的一段是："我国家以世界之古国，居东亚之天府，本应绍汉唐之遗烈，作并世之先进。将来建国完成，必于世界历史，居独特之地位。盖并世列强，虽新而不古；希腊、罗马，有古而无今。惟我国家，亘古亘今，亦新亦旧。斯所谓'周虽旧邦，其命维新'者也。"冯先生晚年非常喜欢这个碑文，并简称为"旧邦新命"。"旧邦新命"有两个意义，一个是旧亡新生命，另一个是旧貌新任命。我觉得冯先生这个想法是我们这一代人的心愿。

2002年的初夏，在中央党校的荟茗园里，在掠燕湖畔，聆听当今世界伟大科学家对中华民族深情的呼唤，对中华民族近代国耻痛苦的回顾，对当代中国建设成就的高度评价，对中国未来科技的展望，使我为之动容，为之感慨，为之鼓舞，为之骄傲。顷刻，我陷入对历史的沉思，心中充满着对未来精神文明、物质文明和政治文明以及科学发展的憧憬。

杨振宁——不仅是一位伟大的物理学家，而且是一位伟大的爱国主义者和民族主义者，他以特殊的方式度过了80岁的生日。

八十华诞的最好纪念——清华大学的"前沿科学国际研讨会"。

八十华诞的最好礼物——中共中央党校首次演讲。

八十华诞透露的心愿——希望世界物理研究中心转移至中国。

八十华诞的人生回归——定居少年时代曾经生活过的清华园，在这里找回了认同感，正式成为清华大学教授、高等研究中心主任。

杨振宁是中国近现代历史和中国现代科学发展的见证人，他的演讲对中国的决策者来说，无疑具有重要的参考价值。

几十年来，杨振宁一方面在为科学献身，另一方面在为中华民族的崛起而呐喊，在他身上，完美地体现了中华民族和现代科学的高度统一。

2005 年 11 月，我应美国微软公司的邀请，访问西雅图微软总部、旧金山硅谷的惠普公司、英特尔公司以及斯坦福大学，参观了当年杨振宁的父亲学习生活过的校园、教室、图书馆和校实验室。我在校园展览馆前的法国著名雕塑作品《地狱之门》前伫立，在绿草如茵的广场上行走，在高大雄健的棕榈林中徘徊，心中荡起一阵激情。这所近代创办的学校，培养了美国总统胡佛和时任国务卿赖斯，以及几十位诺贝尔奖获得者。这是美国高等教育比较成功的一个典型。在即将离开斯坦福大学的那一刻，我回想起 2002 年 6 月 19 日与杨振宁在中共中央党校的那次谈话，脑海里浮现出 1957 年 12 月 10 日在瑞典斯德哥尔摩诺贝尔奖颁奖典礼上杨振宁发表的一段热情洋溢的著名演讲：

今天，站在这里告诉你们这些事实，我沉重地体会到一个事实，就是我在不止一种意义上，是中国和西方文化的共同产物。我一方面为中国的血统和背景自豪，一方面将工作奉献给起源于西方的现代科学，它是人类文化的一部分。

晚 年 清 华

1999 年 5 月，杨振宁在美国纽约州立大学石溪分校执教 33 个春秋后退休。

新命名的"杨振宁理论物理研究所"的揭幕仪式于 5 月 20 日至 21 日在石溪分校举行。与会者包括杨振宁当年在芝加哥大学物理系的同学、在普林斯顿高等学术研究中心和纽约州立大学石溪分校理论物理研究所的同事，以及从世界各地专程赶来的学者。他们大都是硕果累累的知名科学家，其中有 15 名诺贝尔奖获得者。

1963 年，杨振宁在美国普林斯顿的办公室里

2006 年 6 月，清华大学成立了高等研究中心，关于这个中心的成立背景和原因，杨振宁说，成立中心是清

华大学王大中校长和梁尤能副校长提出来的。他们邀请我来清华访问，其间我们多次交流，他们说清华要想建成世界一流的大学，必须要有一流的研究机构。他们以为普林斯顿的高等研究中心（Institute for Advanced Study）是非常成功的一个研究机构，所以也想在清华建立一个类似的研究中心。因为我在普林斯顿高等学术研究中心工作了17年，所以希望我能到清华来办一个类似的研究中心，这是原因之一。其二，我的少年时代是在清华度过的，感情因素让我义不容辞，就答应了。

研究中心命名也和普林斯顿的有点关系，名字是从 Institute for Advanced Study 译过来的，只改 Institute 为 Center。中心成立以来，除了找世界第一流的学者，最主要的工作是筹集资金。要发展一个研究中心非常重要的就是要有经济的支援。目前，国家拨给清华大学的经费很多，但能够用于研究中心的钱却少而又少。

杨振宁说：所以，中心第一步就是筹集资金，而我第一件要做的事情就是帮清华大学在其他地方成立基金会，一个在美国，一个在中国香港。之所以成立两个，是因为两个地方的税务不一样，香港人捐的钱可以放在香港的基金会，美国人捐的钱可以放在美国的基金会。现在两地的基金会都已经成立，已收到的捐款有700万美元，另外认捐的至少还有300万美元，这样，目前中心至少有1 000万美元。我们基本上不用这个本钱，而是把这些钱存进银行，只用它的利息。我希望最后捐款能够达到1 500万美元，这个数目的利息足够中心运转，我相信几年后可以达到。哈佛大学的研究中心办得很成功，有个非常重要的原因就是学校有个完全由校方自己支配的基金。这个基金拥有180亿美元的资金，年利息恐怕都有20亿美元。仅靠利息，就可以做很多别人做不到的事情。

大 学 教 育

2005年9月27日，杨振宁在北京做了一场关于大学教育的演讲。杨振宁说：评价中国大学是件非常复杂的事情，正如苏轼在诗中所说的"横看成岭侧成峰，远近高低各不同"。1993年我在香港大学做了一个演讲"近代科学进入中国的回顾与前瞻"。那次演讲与今天我们要讨论的"中国文化与近代科学"有密切的关系。那次演讲的结论是，到了21世纪中叶，中国极可能成为一个世界级的科技强国，因为一个国家的科技发展需要有四个基本条件：人才、传统、决心和经济支持，而此四个基本条件中国已基本上或即将具备了。

关于传统，杨振宁说：儒家文化注重忠诚，注重家庭人伦关系，注重个人勤奋和忍耐，重视子女教育。这些文化特征曾经并且将继续培养出一代又一代勤奋而有纪律的青年。与此相反，西方文化，尤其是当代美国文化，不太看重纪律，这影响了对青年的教育，产生了严重的社会与经济问题。能培养出勤奋而有纪律的青年是中国文化传统的一个特征，同时也是对发展近代科学极有利的一个因素。

杨振宁详细地讲了他对于中国大学教育的几点看法。今天全世界对于大学的评价有一个共识，就是要从三方面来进行考虑：一是对社会的贡献；二是本科教育；三是研究与研究生教育。关于第一、第二点，50多年来中国的大学培养了几十届毕业生，他们对国家的贡献是无法估量的。没有50多年来中国大学毕业生的贡献，今天的中国不可能达到目前的状况。今天中国的这些变化，大家都是公认的。

杨振宁认为，中国最好的大学对中国的贡献，比哈佛大学今天对美国的贡献还要大；中国二流的大学对中国的贡献，也比美国二流的大学对美国的贡献大。这是历史发展的结果，起源于正在发展中国家与先进国家的社会需要的不同，这是不争的事实。2004年，我在清华大学教了一学期的大一物理。在20世纪80年代、90年代我也曾在美国教过两年的大一物理。对比中美两国的学生，我有两个极深的印象：一是中国学生在中学习题做得多，远比美国学生根基扎实。二是中国的大一学生比美国大一学生成熟多了，能集中注意力，能努力学习。所以我认为清华大学的本科生普遍比哈佛大学的本科生好。

美国的教育哲学对于年轻人采取的是放任政策。讲得不好，是让他们随波逐流。这种教育哲学的好处是能给有特殊天资才干的人以极大的创新空间。关于研究与研究生教育，中国大学确实比先进国家的大学落后许多。清华、北大、复旦的研究成绩比哈佛还差得很远。这是全国都十分关注的问题。国内科技研究成果仍然跟不上先进国家，有多种原因，而我认为其中极重要的是经费仍然不足。近年来，投入科研的经费确是大大地提升了，可是对于年轻教师，对于博士后和研究生的待遇，包括居住条件、薪水、子女教育与医疗条件，所投入的钱仍然远远不够。

科研工作者需要长期稳定的生活环境，最好能长期不受干扰，不必整天写研究项目申请书，不必因为住所拥挤而夫妻经常吵架，不必为孩子的读书而困扰，不必因家人生病而分心，等等。科研工作者需要专心做研究，这样积累几年的思考和探索才容易有成就。

在国家还未能给许多科研工作者安排长期稳定的生活环境的时候，责备他们的工作成果不理想是不公平的，忽视中国大学本科教育是不恰当的，对中国科研发展前途抱悲观的看法是不明智的。

教育哲学

杨振宁认为，中国的教育哲学对于 90 分以下的学生比较好。为什么呢？这是训导的政策，把 90 分以下的学生引到了成才的道路，让他将来可以在某个方向发展他的才能，变成对社会有用的成员，还能增强他的自信心和责任感。

而对于 90 分以上的学生，杨振宁认为美国的方法更好。90 分以上的学生不需要训导，如果准许他自由发展，他可以海阔天空，发展出别人所没有的事业，美国教育的着重点就是这些学生，这有它成功的一面。但是这种政策也许只能在美国才可以，像比尔·盖茨，不仅在中国不容易产生，而且

陈省身与杨振宁在美国被授予名誉博士

在其他国家也很难产生，如德国、日本、英国等。

　　杨振宁认为现在中国教育存在的主要问题是现在的孩子都比较着急考重点中学、重点大学，所以就需要赶紧做习题，多做数学题，那当然就少了学习别的重要知识如中国传统文化的时间。他觉得这是一个大问题，而且这个问题不只中国有，日本、韩国等都有。杨振宁认为产生这个问题的原因在于经济发展的问题。比如在美国，因为国家富强，所以美国孩子只是中学毕业，生活就可以过得不坏。也就是说当国家经济发展到一定程度，一个中学毕业生的平均生活水平在美国及欧洲还是相当好的。所以美国大学毕业生的平均收入比中学毕业生的平均收入高出的这个比例并没有中国的大，也没有其他亚洲国家的大。而在中国和亚洲其他一些国家，大学毕业生的生活水平要普遍高于中学毕业生的生活水平。在这种情形下，家长都希望孩子将来过得比较好就是很自然的事情，因此，他们就要孩子们考重点中学、重点大学。韩国、日本也和中国一样，小孩子必须要补习，为将来打基础。但社会上对这个现状不满，与教育界吵来吵去，可是没有结果，因为整个社会的经济结构没有达到一个水准，所以就出现了这种现象。中国台湾研究院的院长李远哲，曾设计了一个教育改革，他花了大量的时间来推动改革，到现在已有十几年的时间，但是结果却是彻底失败。这是为什么呢？因为教育改革不是一个委员会的事情，而是与整个社会的传统、整个社会的结构有密切的关系。这个应该引以为戒。

　　杨振宁一生取得了很大的成就，哪一段教育对他来说是最重要的呢？杨振宁说，教育有有形的，也有无形的，事实上一个人最重要的教育是无形的教育。儒家教育注重人伦、注重子女教育、注重勤俭，这都不是在学校里面学的，也不是老师所能教授的，而是整个社会和环境的影响。而这个无形的教育，在小学、中学、大学都有。在人生不同的阶段，都可以吸收不同的传统思想对个人的要求。

　　至于有形教育，对杨振宁来说最重要的就是在西南联合大学和在美国学习，这与杨振宁的专业有关系。杨振宁在西南联合大学先念了4年本科，再念了2年研究生，又在联大附中教了一年书，这个附中就在大学附近，所以他教课之余还是经常在大学的讨论会里活动，前后共 7 年，这 7 年对于杨振宁吸取近代物理学的知识是一个重要的关键时期。后来杨振宁到美国去，进了芝加哥大学的研究院，在那里面又从另外一个方向了解到了学习物理学的方法。所以说如果要讲哪一个阶段的有形教育对杨振宁影响大，应该是在西南联合大学的 7 年和在美国芝加哥大学的 3 年。

2006 年 10 月 30 日，杨振宁在东南大学演讲时表示："中国高校对中国发展做出的贡献远远要比美国高校对美国做出的贡献大。"

杨振宁十分肯定中国的大学教育，因为中国发展起步迟，对人才的需求非常大，高校培养出的人才对中国发展做了极其重大的贡献，而美国发展已经处于稳定期，因此美国高校贡献的重要性不能和中国的相比。

事实上，杨振宁已经不是第一次对中国的高等教育大唱赞歌了。2005 年10 月，他就曾公开预言："大陆学者在 20 年内将获得诺贝尔奖。"当时也的确让很多人大大激动了一番。2012 年莫言获诺贝尔文学奖、2015 年屠呦呦获诺贝尔生理学或医学奖让他的预言变成了现实。而在全国巡回演讲的过程中，杨振宁更是从来都不吝啬他对中国教育的赞美之词，只要有机会就会夸一通中国的教育现状。

天空紫烟

——记"两弹一星"功勋奖章获得者、中国科学院
院士陈能宽

陈能宽 金属物理学、材料科学、工程物理学家。1923 年 5 月 13 日生于湖南慈利。1946 年毕业于唐山交通大学矿冶系。1948 年和 1950 年先后获美国耶鲁大学硕士学位和博士学位。中国工程物理研究院高级顾问、研究员。1980 年当选为中国科学院学部委员（院士）。2016 年 5 月 27 日逝世。

陈能宽长期从事金属物理学和材料科学方面的研究工作。在多种金属单晶体形变、再结晶及该材料在高温高压下的行为方面，解决了一系列实际问题，提出了有应用价值的理论，对我国科学技术的发展做出了贡献。在交叉学科的工程物理研究方面，为中国原子弹、氢弹的研制，在爆轰物理、炸药工艺与炸药物理化学、特殊材料冶金、实验核物理等学科领域的研究和组织领导工作方面都做出了重要贡献。1999 年荣获"两弹一星"功勋奖章。

追　记

2016 年 5 月 27 日，我国核武器事业的奠基人之一、"两弹一星"功勋奖章获得者陈能宽院士，平静地走完了他为国家富强、民族振兴而不懈奋斗的一生。他这一生，为我国核武器事业发展而"隐身"于戈壁荒原、深山峡谷，以身许国，俯仰无愧。从出国求学、扬名海外到毅然回国、科技报国，从青年科技栋梁到铸造核盾的支柱，他是中国一个多世纪以来传统爱国知识分子的典范之一。看到新华社发布的新闻通稿，我陷入深沉的回忆，心中涌起一阵难以忘却的历史。

1991 年春节前夕，北京民族文化宫里春意浓浓，严济慈、卢嘉锡、钱三强、周光召、王选、吴阶平、陈能宽、梁栋材等中国科学院院士欢聚一堂，座谈《当代中华科学英才》丛书出版并与首批入选丛书的中青年科学家见面。作为会议的组织者之一，我有幸坐在陈能宽院士和钱三强院士旁边，中午还与他们同桌共进午餐，席间与陈能宽亲切交谈，聆听他描述当年参加核武器试验的情景。

1991 年，陈能宽参加《当代中华科学英才》丛书首发式

1999 年，中共中央、国务院、中央军委在人民大会堂隆重举行"两弹一星"功勋奖章获得者表彰大会，我从电视和报纸看到陈能宽被授予"两弹一星"功勋奖章，回忆起陈能宽院士献身国防事业的事迹。

科技创新强国梦

1960 年 6 月，37 岁的陈能宽由中央选调到第二机械工业部北京第九研究所（中国工程物理研究院前身），担任爆轰物理研究室主任。当时，我国急需通过爆轰物理实验，对原子弹理论方案加以验证。

陈能宽感到既光荣又有些底气不足，因为他"原是学物理冶金和金属物理专业的，对搞原子弹所需要的核物理知识，以及有关炸药、爆轰方面的知识，都是外行"。

与同时代的众多科学家一样，陈能宽对"落后就要挨打"有切身感受，爱国之心、强国之志深深地融入了他对科学的追求之中。他常说："科学没有国界，但科学家是有祖国的。"正如他谈到前辈时所说的，"他们大多是从事基础研究的，很有造诣，世界知名。如果完全从个人兴趣选择出发，研制武器的吸引力就不一定处于首位，但是，他们毅然决然地以身许国，把国家安全利益视为最高价值标准"。这也正是陈能宽本人的真实写照。

陈能宽带领团队从零做起，仅用两年时间就手工造出了上千枚炸药部件，做了上千次试验，初步建立起核武器爆轰物理理论和试验体系，完成了相关设计和测量研究工作，并带动了炸药以及光、电测试的技术攻关工作。

之后，在陈能宽和王淦昌等人的组织领导下，大型爆轰试验逐一突破，为原子弹、氢弹的突破奠定了重要基础。

1964 年 10 月 16 日，我国第一颗原子弹爆炸成功；1967 年 6 月 17 日，我国第一颗氢弹爆炸成功。随后，空投核航弹和核武器导弹先后试验成功，原子弹实现武器化，打破了超级大国的核垄断。

在我国核武器加紧攻关的时候，超级大国为保持核优势，以期对其他国家的技术水平设置门槛和限制，于 1963 年签署了"禁止在大气层、外层空间和水下进行核武器试验条约"，妄图把中国核武器扼杀在摇篮里。如何尽快掌握地下核试验测试技术，成为摆在攻关人员面前的新挑战。

陈能宽和朱光亚、王淦昌一起提早筹谋，并亲自参与大部分核试验的方案制定和组织领导，带领团队攻克了面临的测试技术难题，使试验方式实现了从空爆、地爆向地下平洞和竖井试验的转变，试验的效费比也大大提高。

之后，我国又成功完成了从全当量到减当量的试验，打破了"限当量核试验条约"的限制，再一次粉碎了超级大国的阴谋。

对于中国核武器人而言，"争气弹"的成功只是辉煌的起步。此后数十年间，以陈能宽为代表的科学家们转战草原、戈壁、大漠、深山，默默无闻、艰苦卓绝地探索世界尖端科技，走出了一条中国特色的核武器科技事业发展道路。

1996年全面禁核试验以后，我国核武器及其科学技术发展

1998年，陈能宽（前排左一）、李政道（前排左二）、王淦昌（前排中）与核工业总公司同事们合影

进入到一个更新、更高的阶段。由于掌握了先进的科学实验方法，我国具备了在更深层次和更高水平进行较量的基础。

灵台无计逃神矢

1923年5月13日，陈能宽出生在湖南省慈利县江垭镇。他的祖父陈吉甫是清末慈利县五举人之一，父亲陈秉一是一位颇有见地的教育家，母亲吴寿年是当地贤惠淳朴的土家族妇女。在这样一个良好的家庭环境中，陈能宽从小就受到历史悠久的汉族文化和绚丽多彩的土家族文化的熏陶，养成了勤奋好学的习惯。陈能宽有三兄一妹，由于家道中落，他一直靠以优异成绩争取奖学金来维持学业。初中毕业时，他以最高总分获取奖学金，进入由长沙内迁沅陵的雅礼高级中学读书。经过三年寒窗苦读，他的英语和各门自然科学成绩都十分优异，又获保送，到唐山交通大学矿冶系读书。

1946年，陈能宽从唐山交通大学毕业后，到资源委员会下属的天津炼钢厂从事钢的化学分析工作。同年，他与大学土木工程系的同学裴明丽结婚。

天津炼钢厂是一家从日本侵略者手中收回的有名气的炼钢大厂，陈能宽报到后才发现工厂的烟囱已不再冒烟，全靠从东北买来的铁丝加工成各种钉

子来维持运转。面对这样萧条落后的工业，陈能宽无力回天，不免黯然神伤。

正当陈能宽彷徨不定之时，留学考试制度恢复了。陈能宽与妻子裴明丽通过了有官价外汇支持的留学考试。陈能宽当时考取了美国的科罗拉多大学、华盛顿大学、耶鲁大学，他选择了在中国影响较大的耶鲁大学，立志攻读物理冶金专业。

1947 年 8 月，陈能宽与妻子一起启程赴美。当陈能宽和妻子在美国洛杉矶海关大楼办理入境手续，正准备在证件上签字时，美国警察忽然大摇其头，轻蔑地晃着手指说："请按手印！""为什么这样呢？他们都是签字的呀！"陈能宽表示不解。"你是你，他们是他们！明白吗？你们中国人没有这个条件！"陈能宽立刻明白了。一个贫弱的民族，在世界上至多只能是个"二等公民"！民族的屈辱感深深地刺痛了他的心，更激发了他强国的愿望。

在耶鲁大学，陈能宽靠着在国内打下的坚实的自然科学基础，仅用了一年时间就取得了硕士学位，两年以后，他取得了博士学位。他研究的课题是金属单晶体的结构和力学行为。

1950 年毕业后，陈能宽接受了约翰·霍普金斯大学的聘书，前往该大学进行金属物理和冶金物理的基础研究。1954 年，他在葛庭燧先生的推荐下，来到西屋（West House）电器公司任研究员，直到 1955 年回国。

陈能宽能在 3 年之内连续取得硕士学位和博士学位，一方面是由于他的勤奋和天资，另一方面也与他急于学成回国报效国家有关。新中国的成立，极大地鼓舞了海外学子。正当陈能宽学成准备回国时，美国发动了朝鲜战争。中美之间的战争状态使他有国难回，他只得静观待变，做返回祖国的长远打算。

留在美国工作的 5 年，陈能宽一共写下了 20 多篇论文，在学术上逐步成熟起来，从一位博士成长为一位万众瞩目的年轻科学家。他有良好的科研环境，有一辆漂亮的小轿车和一个有 3 个孩子的温暖的家。在许多人看来，这足以成为陈能宽扎根美国的坚实基础。

然而，陈能宽却忘不了求学报国的志向，更忘不了民族的屈辱和对祖国许下的诺言。1955 年秋，中美两国在日内瓦达成了交换平民及留学人员的协议。陈能宽与妻子担心夜长梦多，决定立刻回国。

星期五下班后，陈能宽直奔匹兹堡火车站登上去纽约的火车，在纽约买了回国的船票。当时有些美国朋友对他急于回到贫穷落后的中国大惑不解，他坚定地回答道："新中国是我的祖国，我不能不爱她。这种诚挚的爱，就像是被爱神之箭射中了一样，是非爱不可的。正如鲁迅的诗句所说，我是'灵台无计逃神矢'呀！"

这一年冬，陈能宽偕妻子及 3 个孩子乘开禁后的第二班轮船"威尔逊总统号"，回到了阔别 8 年的祖国。

回国后，陈能宽在中国科学院应用物理研究所从事我国单晶体的开创性科学研究，他深深地感受到了"给自己做事的幸福"。

甘献年华逐紫烟

1960 年夏季的一天，陈能宽奉调来到了第二机械工业部。

"陈能宽同志，调你到第二机械工业部来是想请你参加一件国家的重要机密工作，我们国家要研制一种'新产品'，我们想让你负责爆轰物理工作……"第二机械工业部副部长钱三强和九局局长李觉将军首次召见时的一席话，使陈能宽这位聪慧的科学家立刻猜中了"新产品"的含义。

"是不是让我参加原子弹的研制工作？"陈能宽疑惑地问道，"你们是不是调错人了？我是搞金属物理的，我搞过单晶体，可从来没有搞过原子弹。"

在场的人都禁不住笑了起来："调你来没有弄错。我们中国人谁也没有研制过原子弹。人家说离开外国人的帮助，我们中国人十年、二十年也休想把原子弹造出来，我们应当有志气。"

临危受命，为了新生的中华人民共和国的安危，陈能宽毅然放弃了自己原有的科研专题，走进了一个全新的神秘世界。从此，他隐姓埋名、销声匿迹长达四分之一个世纪。

在新中国向原子王国艰难而悲壮的进军过程中，陈能宽任第二机械工业部核武器研究所第二研究室主任，率领 100 多人的攻关队伍，开始了最危险、最艰辛的原子弹爆轰物理的探索。

陈能宽在第二机械工业部九院指导工作

当时，正值苏联专家撤走时期，陈能宽摸着石头过河，一步一个脚印地前进。为了开拓研制原子弹所需的爆轰技术，在长城脚下、烽火台边等风沙呼啸、人烟稀少的工地，攻关队伍在一些废弃的旧桶中，像当年居里夫人搅拌含镭沥青一样，一次次地改变配方，一次次地试爆。陈能宽和他的平均年龄只有 20 多岁的攻关队伍，日夜奋战，用当时手头仅有的计算尺、手摇计算机、算盘这类原始的计算工具，进行艰苦卓绝的攻坚战。

当时，正值我国的三年困难时期。陈能宽，这位曾在美国高等学府和大公司享有优厚待遇的科学家，主动向党组织请求："为了与全国人民共渡难关，我们诚恳地希望降低粮食定量，减少工资收入，并保证不影响科技攻关步伐。"他同广大职工一样，喝稀面片汤，勒紧裤腰带，不论酷暑严寒都奋战"沙场"，白天做爆轰试验，晚上分析、处理数据。

经过一年多来的上千次试验，陈能宽和他的攻关队伍终于在 1962 年 9 月初步完成了任务：原子弹的起爆元件获得了重大突破，基本上验证了研制原子弹爆轰的"内爆法"的可行性。

1963 年初，为开展大规模试验，陈能宽又奉命率领一支更大的攻关队伍，第一批进驻在青藏高原新崛起的原子城。此时，他担任实验委员会副主任委员，王淦昌任主任委员。

临行前一天的晚上，陈能宽回到家里，对妻子裴明丽说："我要走了。"

"你到哪里去？"妻子关切地问。

"你看过《昆仑山上一棵草》这部电影吗？我要到那里去，那里有美丽的蓝天和草原。"

沉吟片刻，他又试探着对妻子说道："如果我要到一个你找不到我，我也不能和外界联系的地方工作，你有什么想法吗？"

裴明丽能有什么想法呢？她太了解丈夫了，便毫不犹豫地回答道："如果国家需要你这样做，你就按国家的要求去做吧！我没有问题。"

由于他严守保密条例，以至妻子对他的工作性质和具体地址一无所知。几年中，陈能宽从一个信箱号码走到了另一个信箱号码，直到我国第一颗原子弹爆炸成功的公报发表后，才有人悄悄地告诉了他的妻子：

"你知道吗？能宽也参加试验了。"

裴明丽听了十分惊讶，心里仍是半信半疑。

世界屋脊，海拔三四千米的高原，空气稀薄，高寒缺氧，使人胸闷气短……但所有的困难都不能阻挡这支执着的科研大军。在陈能宽的领导下，他们头顶蓝天，脚踏草原，进行原子弹爆炸前的大型爆轰试验，并于 1963 年 11 月 20 日和 1964 年 6 月 6 日相继取得了我国第一颗原子弹爆轰试验具有决定性意义的胜利。

1964 年 10 月 16 日，陈能宽参加了中国第一颗原子弹爆炸的试验。他对原子弹的安全及技术状况做了最后的检查，并最后一个离开这颗原子弹以及那座 120 米高的铁塔。

1964 年 2 月，陈能宽被任命为第二机械工业部九院副院长。这既意味着国家对他工作的肯定，也意味着他身上的担子更重了。第一颗原子弹爆炸成功后，他马上又投身于原子弹的武器化和氢弹的研制之中。中国第一颗氢弹试验时，他仍是试验现场的总负责人之一。

20 多年，陈能宽一直是核装置技术负责人之一，他参与了中国大部分核试验方案的论证和实施。1982 年，由王淦昌和陈能宽领导的"聚合爆轰波人工热核反应研究"，获得国家自然科学奖一等奖，陈能宽是主要获奖人之一。1986 年他同邓稼先一起，作为国家科技进步特等奖的领奖代表，登上主席台，接受国家在科学上的最高奖励。

自从进入高度机密的核计划研究后，陈能宽不但不再发表论文，而且准备隐姓埋名，默默无闻。他经常提起的一句话是："我们要共同写一篇大文章。"

是的，作为科学家的他，已经把自己的科研生命全部投入到这篇"大文章"的写作之中。他在1984年纪念中国第一颗原子弹爆炸成功20周年时即兴赋诗，其中"不辞沉默铸金甲，甘献年华逐紫烟"两句，正是他和他的同事们献身于国防科技事业的共同写照！

东方巨响壮神州

中华人民共和国成立后的第15年，1964年10月16日，中国第一颗原子弹爆炸。全世界为之震惊，海内外华人华侨为之欢呼。陈能宽在现场参加试验，亲眼看到伴随着春雷般响声的蘑菇云急剧升腾，此时参试人员纵情鼓掌，热泪盈眶。他虽然过去翻阅过原子弹爆炸的图片，但在实际接触到这样震撼的场面时，还是情不自禁地拿出怀中的笔记本，记下"东方巨响"这几个字和一句感想"神州日月增光"。他当时的感情是朴素的。他想，这一举世瞩目的事件究竟给了中国人民什么启示呢？有一段时间曾听人说："国防科研花了那么多钱，没有搞出什么东西。""原子弹不能吃，不能穿，不能用，还拖了国民经济的后腿"。这些话倒促使陈能宽在回忆过去时，不只是抒发怀旧之情，而是要思考更多的问题了。

中国为什么下决心搞原子弹？

陈能宽认为最根本的原因是中国国家利益，特别是国家安全利益的需要。虽然新中国在政治上站起来了，但军事上还受人欺侮，经济上被人封锁，外交上不被某些大国承认，甚至有人以核讹诈威胁我们，中国的形势还是异常严峻的。为了屹立于世界民族之林，我们必须下决心解决没有原子弹的问题。

更令人尊重的是老一辈科学家的献身精神和光辉榜样。他们大多是从事基础研究的，很有造诣，世界知名。如果完全从个人兴趣选择出发，研制武器的吸引力就不一定处于首位。但是，他们毅然决定以身许国，把国家安全利益视为最高价值标准。这是国家决策深得民心的历史见证。

中国为什么能很快地搞出原子弹？

陈能宽的个人体会和认识：

一是目标选择对了。也就是国家的需要和实际的可能结合得非常好。说需要，中国需要和平，但和平不能没有武器。说可能，美、俄、英、法先走了一步，证明原

1992 年，陈能宽在 903 厂检查材料研究工作

子弹的"可行性"已经解决。中国卓有远见的领导人和德才兼备的科技专家一起制定的发展科学技术和研制核武器规划，加上已探明的铀矿资源、人才的准备，以及一定的工业与技术基础，都表明我们完全有可能很快搞出原子弹。

二是组织领导集中。当时各级领导都具有权威，事事有人"拍板"。中央专门委员会以周恩来为首，更是一个具有高度权威的权力机构。全国为此事"开绿灯"，全国"一盘棋"。

三是自力更生为主。因为国外原子弹的研制技术高度保密，所以掌握技术和诀窍必须靠自力更生。自力更生的方式是非常生动活泼的。理论与实验相结合，一步一个脚印，对国外走过的路力求知其然，且知其所以然，因此敢于攻关探险，能够少走弯路。注重在基础预研、单项技术和元件上下功夫，所以能够做出自己的发明创造，而所花的人力、物力比国外却少很多。

四是全国大力协同。毛泽东为了推动原子弹的研制工作，亲笔写过一句话："要大力协同做好这件工作。"当时，全国各个单位都以承担国防任务为荣，努力协同作战。例如，高速转镜相机和高能炸药，就是中国科学院等单位协同完成的。诸如此类的例子还有很多。

此外，还应提到，我们的科研组织没有"内耗"，攻关人员有献身精神和集体主义精神。我们的理念、实验、设计和生产四个部门的结合是成功的，有效地体现了不同学科、不同专业与任务的结合。当时人们的献身精神和集体主义精神十分突出。他们夜以继日地在草原、山沟、戈壁滩上奋战，即使

在城市，也过着淡泊名利、为国分忧的科研生活。事实证明，为了很快地搞好尖端科研与大型经济建设，必须提倡集体主义精神。

中国搞出来原子弹究竟有什么效益？

陈能宽认为，原子弹确实是一种能用但用不得、确有国家安全效益但不应多搞的"特殊商品"。这些效益可以概括为：

第一，军事上不怕核讹诈了。中国原子弹起到了遏制大国核威胁的作用，哪怕只有一颗原子弹，也不应该小看这一点东西的所谓"非线性"威慑效应所起到的自卫作用。所以，中国原子弹的研制成功对和平的贡献是不可低估的。

第二，外交上更加独立自主了。时至今天，世界形势发生了很大变化，从紧张转向缓和，开始以对话代替对抗，同时也进入了裁军和核禁试的征途，尖端技术走上了外交舞台。四川成都武侯祠前有一副对联，上面有一句"从古知兵非好战"，由此联想到，执行独立自主和平外交政策的中国，是不可不"知兵"的。

第三，国际地位提高了。泱泱中华不再被排挤在联合国大门之外就是明证。中华民族也更加自信、自尊、自豪了，并且能够在安定、和平的环境中从事社会主义建设。在这"桃符万象更新"的时候，全国各族人民是不会忘记"爆竹一声除旧"的。

第四，培养了一支精干队伍，他们是宝贵的国家财富，是无名英雄。

此外，还要强调两点"效益"：一是由于早先掌握了世界前沿的尖端技术，在新的历史时期，它使国防科技在转变到为国家的"四个现代化"服务时具有优势。这里当然包括核能、核技术的和平应用。二是它使中国在20世纪70年代以来兴起的世界新技术革命，以至最近更加引人注目的高技术竞争等若干方面有了一个较高的跟踪起点。今后国防的根本出路，应放在提高国防科学技术水平上。国防科技水平的提高同国家整体科技水平的提高是不可分割的。

在陈能宽看来，"万般科技皆高新，四海潮流唯人才"，既要抓科研也要培育人才。他重视给年轻科研人员搭建平台，为他们指出提高修养和努力的方向，引导他们养成良好的学习习惯，鼓励他们从应用研究中提炼出基础问题做深入研究，支持他们进行新方向、新思想和新方案的探索，还常常叮嘱他们，要与同事团结协作，倡导技术民主、协同创新。

在陈能宽等老一辈科学家的言传身教下，一批批核武器科技人才正在历练成长，为我国核武器科技事业实现新的跨越积蓄起更强大的发展后劲。

陈能宽说，第一颗原子弹研制成功以后，又有第二步棋和第三步棋的成功，中国国防科技工业战线所取得的重大成就，党中央、国务院、中央军委多次给予高度评价。他个人有幸与国家需要的这项工作联系在一起，虽然只是沧海一粟，但也感到非常自豪。

陈能宽希望国家和社会继续理解、关心和支持这支精干的队伍，充分发挥这支队伍潜在的"光"和"热"。这样做，可以稳定、巩固和培养人才，对国防和国家未来的科技事业均具有长远的意义。

直挂云帆济沧海

伴随着陈能宽在科学道路上艰难跋涉的，不只是艰辛和寂寞，还有他的扎实作风、广泛爱好、独特情趣……

他虚怀若谷，有的发明创造和科技成果在报奖时，大家公认陈能宽应该排名第一，他却"利用职权"把自己的名字划掉，谦逊地让给一起攻关的年轻人。最后公布名单时，他甚至比列名的人更感到欣慰和欢悦。

1980年，陈能宽当选为中国科学院学部委员（院士）。1986年，陈能宽被任命为核工业部科技委员会副主任，并出任国家"863"高科技计划强激光技术的首席科学家，为国家再开拓一个新的领域，组织研究队伍，确定研究方向，培养年轻一代科技工作者，继续做出了不懈的努力。1988年，他担任国防科工委科技委兼职副主任。1996年，当选为中国科学院学部主席团成员。在众多的荣誉面前，陈能宽仍保持着那种严谨、坦率、真诚的作风。

陈能宽年逾七旬后，仍然严谨、认真、一丝不苟地肩负着祖国赋予的神圣使命，交给他的材料他从不拖延。他还经常和年轻同志一起为新的课题加班到深夜，第二天仍精神焕发。

别看陈能宽是一位科学家，他对体育休闲运动也样样在行：排球、乒乓球、爬山、游泳、围棋、桥牌……他的书法遒劲豪放，常常兴致盎然地临摹古代的碑帖，抄录古代的诗句借以抒情言志……最值得一提的是他的文学造诣，他非常喜欢中国古典文学，读过不少中国古典名著，能整首整首地背诵古诗词和歌赋，尤其在写诗和填词上颇见功力，一生写下了为数不少的诗词，抒发着一位核科学家高尚而博大的情怀。

当前，我们面临的科学技术问题更加艰深，对科技战略支撑发展的需求更加迫切。在深刻缅怀陈能宽等老一辈科学家的同时，我们更要学习他们的创新经验和精神作风，为建设世界科技强国、实现中华民族伟大复兴的中国梦不懈奋斗。

当代物理史上一颗璀璨的明星

——记诺贝尔物理学奖获得者、中国科学院外籍院士李政道

李政道 物理学家。美国国籍。生于中国上海，原籍江苏苏州。1944~1946年先后就读于浙江大学、西南联合大学。1950年获美国芝加哥大学哲学博士学位。1956年任美国哥伦比亚大学教授，1960年任普林斯顿高等研究院教授，1964年至今任哥伦比亚大学"费米讲座教授"，1984年至今任哥伦比亚大学"全校讲座教授"。美国艺术与科学院院士（1959年）、美国国家科学院院士（1964年）、意大利林琴科学院外籍院士（1982年）和台湾研究院院士（1957年）。曾获诺贝尔物理学奖（1957年）、爱因斯坦科学奖（1957年）和意大利共和国最高骑士勋章（1986年）等。作为重要的划时代贡献，发现了关于弱相互作用中宇称不守恒定律，和杨振宁教授同获1957年诺贝尔物理学奖。从20世纪40年代末到70年代初，他在弱相互作用研究领域中还做出了二分量中微子理论、弱相互作用的普适性、中间玻色子理论以及中性K介子衰变中的CP破坏等重要研究成果；在统计力学方面，和杨振宁、黄克孙合作对多体理论做出了开创性的贡献。70~80年代，创立了非拓扑性孤子理论及强子模型，提出了量子场论中的"李模型""KLN定理""反常核态"概念等；1994年当选为中国科学院外籍院士。

1994 年，我在广西科学技术出版社任总编辑时，主持编辑出版了世界著名物理学家、诺贝尔奖获得者杨振宁的《杨振宁评传》一书，作者是广西大学物理系教授甘幼玶。甘幼玶既是杨振宁在美国的学生，又是我的大学老师。此书出版以后，获得广西桂版优秀图书一等奖。1995 年 9 月，北京大学出版社副总编辑周月梅给我打电话说，广西已经正式出版了《杨振宁评传》一书，建议广西再出一本世界著名物理学家、诺贝尔奖获得者李政道的《李政道评传》，这样，美籍华裔第一次获诺贝尔奖的两个物理学家的生平传记的书都在同一家出版社出版比较好。她还说稿件已在她手上，会尽快转交给我，希望早日出版。为编辑李政道的传记，我开始认真收集整理这位伟大物理学家的生平资料和活动照片。1985 年，李政道先生向邓小平建议在中国设立博士后教育制度，2005 年是中国开展博士后教育制度 20 周年，新闻媒体做了大规模的报道。阅毕几天的新闻报道，我闭目回忆，沉思片刻，灯下挥笔，一气呵成此文。

勤 奋 好 学

1926 年 11 月 25 日，李政道生于上海一个名门望族的家庭。李政道的曾祖父和伯祖父都与当时有名的东吴大学渊源颇深。李政道的祖父曾任江苏基督教卫理会的会督，在国际基督教界颇负声望；李政道的父亲李骏康是金陵大学农化系毕业生，后经营化肥类生意；母亲张明璋毕业于上海启明女中。这是一个知识氛围浓厚的家庭，在良好的家庭环境熏陶下，李政道兄妹 6 人都学有所长，排行第三的李政道尤为出色。

李政道幼时就爱读书且涉猎广泛，爱思考且常有不凡的见解。他小时候常因贪恋读书，做事经常丢三落四，不是忘了吃饭，就是忘了洗脚，为此，哥哥们戏称他为李家的"三糊涂"。

然而，战乱搅扰了李政道弥漫着书香的童年。

1932 年 1 月 28 日，"一·二八"事变爆发。日本军队烧毁了上海著名的东方图书馆以及上万家商店、几百家工厂、几十所大中小学。李政道进入中学后不久，抗日战争全面爆发。1937 年"八一三"事变后，上海沦陷。在日寇铁蹄下的上海已摆不下一张平静的书桌。李政道的父亲为了不耽误孩子们的学习，把李政道兄妹送到浙江嘉兴秀州中学就读。然而没过多久战火又烧到了那里，父亲只好把他们送到江西赣州的江西联合中学就读。

在江西联合中学期间，李政道兄妹生活十分清苦，没有家长呵护，什么事都得自己动手，但安静的学习环境已令他们心满意足了。当时由于战乱，学校办学条件很差，师资十分缺乏。李政道由于学习成绩优异，在高三时被校方聘请给低年级的同学上数学课和物理课。

几年艰苦的学校生活磨炼了李政道的意志和毅力，"小先生"的经历培养了李政道严谨的学风和精思的习惯，这为他日后不屈不挠地攻克科学难关打下了良好的基础。

1943 年，年仅 17 岁的李政道考入浙江大学物理系，受业于著名物理学家王淦昌、束星北等名师门下。当时的浙江大学虽然因抗日战争而迁址到贵州湄潭的偏僻山村里，环境和条件十分艰苦，但学习风气十分浓厚。在浙江大学，李政道开始接触到量子力学、狄拉克方程、光谱精细结构等重要的物理前沿知识。奥妙无穷的物理世界深深吸引了李政道。

1944 年，日寇侵入贵州，李政道经重庆转入昆明的西南联合大学求学。西南联合大学是 1937 年由北京大学、清华大学和南开大学三所中国著名大学合并而成的一所大学，当时这里汇聚着中国的许多杰出人士，著名理论物理学家吴大猷就在这里任教。李政道有幸在西南联合大学聆听了吴大猷先生的教诲，其学业在吴大猷先生的点拨下突飞猛进。

当时西南联合大学的条件非常差，十五六个学生住一间草屋，又闷又热，蚊蝇、臭虫很多。但这些都未能减弱同学们的求知热情。李政道经常为求一个座位而到茶馆里泡一杯茶，看一天书。后来，李政道常自称他是"茶馆里的大学生"，并感慨地说："那时候，我们从来没有因为仪器不好、设备不好，而有比别人差的想法。杨振宁、朱光亚、邓稼先、唐敖庆和我，都是那个时候培养出来的。"

幸运之神总是垂青于那些勤奋的人们。李政道由于学业成绩突出，受到吴大猷等人的器重。在吴大猷的推荐下，李政道于 1946 年 9 月赴美留学。这时他还不到 20 岁，刚念完大学二年级。吴大猷之所以推荐他，完全是因为慧眼识英才，看出李政道是一块难得的可琢之玉。吴大猷曾说："当时在西南联合大学的研究生和助教中，若论既具有天赋又学习勤奋者，没有人能超过李政道。"后来的事实雄辩地说明，吴大猷的推荐是正确的，李政道确实是当代物理学史上一颗璀璨的明星。对于吴大猷的热心栽培，李政道始终铭记不忘。当李政道在 1957 年荣获诺贝尔奖时，他首先想到的就是吴大猷。他在信中对吴大猷在西南联合大学时给予他的指导和推荐他出国表示深深的感激："没有这一切，我的生活是完全不同的。"吴大猷却这样形容李政道："譬如一颗钻石，不管你把它放在哪里，它还是钻石。"后来，吴大猷多次去美国，都是李政道迎来送往。他们的师生情谊已传为佳话。大学者胡适曾说，这是中国教育史上最美的一个故事。

求 学 美 国

1946 年 9 月，李政道和西南联合大学的几名师生远涉重洋来到美国。美国的留学生涯改变了李政道的整个命运。1986 年，在美国哥伦比亚大学举行的庆祝李政道六十华诞的盛会上，李政道满怀深情地说："40 年前，经吴大猷教授的推荐，我获得了中国政府的一笔奖学金赴美留学，在物理学方面继续深造。这一难得的机会改变了我的一生。一个人的成功有着各种各样的因素，其中'机遇'也许是最重要的，也是最难驾驭的。尽管成功的机遇不可预定，但它的概率却可以大大增加。"

初到美国，踌躇满志的李政道受到了从未经历过的冷遇——由于没有大学毕业文凭，他不能进入美国任何一所大学的研究院。但芝加哥大学是个例外，只要念熟了哈金斯校长指定的西方经典著作的人，没有学位也可以进研究院。可李政道对这些西方经典著作几乎连名字都未听说过，更不要说通过考试了。他告诉招生处负责人，他念过等价于这些经典著作的东方作品，如孔子、孟子、老子等的著作。幸运的是，这位招生负责人竟被他说服了，而且也没有要他拿出什么证明就同意接受李政道入芝加哥大学研究院试读。经过两个月的试读，李政道终于以自己卓越的才华证明了自己完全有资格进入研究院学习。两个月后，芝加哥大学物理系的系主任亲自出面为他争取入学资格。李政道终于如愿以偿地进入美国芝加哥大学研究院学习，迈开了向物理学高峰攀登的第一步。

非常幸运的是，当时的芝加哥大学物理系是世界上最好的院系，它拥有费米等一大批著名的物理学家，包括5位诺贝尔奖获得者。同样令人惊讶的是，那时候在芝加哥大学的4位研究生和3位教授共7人，后来也都获得了诺贝尔物理学奖。

在芝加哥大学物理系，李政道他乡遇知己，和比他早去一年的西南联合大学校友杨振宁结下了深厚的友谊。当时他们对各种问题都充满好奇心，时常有不同的想法和观点，有时讨论得相当热烈，这给他们的学生时代增添了许多难忘的经历，也为他们日后取得丰硕成果的合作打下了良好的基础。

杨振宁曾万里寻师，费尽周折才找到费米。幸运的李政道却不费吹灰之力就投师费米门下。费米对李政道的成长也是倾注了巨大的心血，他总是深入浅出、不厌其烦地以通俗的实例作引子，从实验基础出发来构思抽象理论，让李政道耳目一新。

1948年春天，李政道

1961年前后，李政道和杨振宁在普林斯顿

通过了研究生资格考试，开始在费米的指导下做博士论文研究。费米非常注意培养学生的自信心和独立思考的能力，要求学生不盲从别人的计算成果，必须自己动手。一次，李政道不想在繁杂的验证文献中对太阳内部辐射转移方程组的计算上花太多时间，就想引证著名的推演结果。而费米却亲自为李政道制作了一把约2米长的专用计算尺，李政道用它很快就完成了检测工作。

费米这种训练学生亲自动手的方法对李政道产生了深远的影响。李政道后来常说："这独一无二的经历给我留下了深刻的印象，即便是在现在，每当我遇到困难时，总会想，在同样的情况下，费米会怎么做。"

在费米的教诲和影响下，李政道羽翼渐丰。1949年底，在费米的指导下，李政道完成了关于白矮星的博士论文，获得博士学位，当时他的实际年龄只有23岁，被物理界誉为"神童博士"。而李政道"有特殊见解和成就"的博士论文显示了他身上隐藏着未来的希望。校长在授予他博士学位证书时宣称："这位青年学者的成就证明在人类高度智慧的阶层中，东方人和西方人具有完全相同的创造能力。"

重 大 贡 献

论文答辩完之后，李政道经费米推荐，应钱德拉塞卡邀请，到开凯士天文台工作了8个月。之后，他又去加州大学伯克利分校做了为期1年的研究助理。

1951年，李政道到普林斯顿高等学术研究院工作，1953年进入哥伦比亚大学工作。除1960~1962年在普林斯顿高等学术研究院兼任教授外，其余时间他一直在哥伦比亚大学物理系工作。1956年，他成为哥伦比亚大学历史上最年轻的正教授。1958年，李政道当选为台湾研究院院士。1964年，他被聘为哥伦比亚大学"费米讲座教授"。1984年，他成为哥伦比亚大学4位"全校讲座教授"之一。

李政道在物理学上的重大贡献之一是他和中国物理学家杨振宁一起发现了弱相互作用中宇称不守恒定律，这一发现具有极为深刻的意义和广泛的影响。由于他们这个极为重要的具有划时代意义的贡献，1957年李政道和杨振宁荣获诺贝尔物理学奖。当时他们都是中国国籍并持中国护照。

除弱相互作用方面的成就外，李政道在统计力学、极化子和孤子、场论研究、弱相互作用模型、相对论性重离子碰撞和反常核态、随机格点和离散力学、天体物理、高温超导理论等方面都取得了引人瞩目的成就。

李政道对物理学的巨大贡献得到了世界的公认。除荣获 1957 年诺贝尔物理学奖外，他还被授予爱因斯坦科学奖、美国艺术与科学院院士、美国国家科学院院士、意大利林琴国家科学院外籍院士。意大利共和国总统还授予他意大利共和国最高骑士勋章。1982 年，意大利的最高学府比萨高等师范学院打破近 200 年的惯例，直接授予李政道物理学博士学位。1988 年，世界上最古老的大学——意大利博洛尼亚大学成立 900 周年时，授予李政道名誉科学博士学位。另外，他还获得过世界上许多所大学的名誉科学博

李政道接受诺贝尔物理学奖

士、名誉法学博士、名誉文学博士学位，还是中国北京大学、清华大学、复旦大学、中国科技大学等 11 所大学的名誉教授。

中 国 情 结

1946 年，李政道赴美留学，当时他不到 20 岁。时隔 3 年，中华大地发生了翻天覆地的变化：结束了半殖民地半封建社会，建立了中华人民共和国。然而，由于美国政府采取顽固支持国民党政府、极力孤立中华人民共和国的政策，当时身处美国的李政道是有家难回。

多年的封锁隔绝并没有割断李政道的悠悠爱国情。1972 年，当美国封锁的坚冰一消融、中美关系开始走向正常时，李政道就偕夫人踏上了回国访问的旅程，从而开始谱写他为中国科学发展贡献全力的新篇章。

30 多年来，李政道为推动祖国的科技和教育事业的发展做了许多有意义的工作。

1974 年，李政道回国访问时，中国的教育受到"文化大革命"的摧残，这令他感到沮丧。在当时的形势下，他仍然执着地希望能有机会对祖国的科技事业做一点小小的推动。1974 年 5 月，毛泽东接见了李政道。他对毛泽东说，国内注重从小培养文艺和体育人才，并取得了很好的成绩，但为什么不注重培养对科学有希望的少年呢？最后，毛泽东接受了他的建议。后来在周恩来的大力支持下，中国有不少的大学开始举办少年班，培养了一大批有特殊才能的少年大学生。

"文化大革命"后，为了弥补科技人才明显断层这一状况，经中国政府同意，李政道于 1979 年酝酿试点，并于 1980 年正式创立了中美联合招考物理研究生项目，到 1988 年结束。近 10 年间，我国共向美国派遣留学生 900 多名。这些留学生在美国的一流大学中接受教育和培养，完成学业后或从事理论物理、实验物理、材料科学、信息科学、生命科学等多方面的研究，或活跃在高科技企业、金融、经济和法律等诸多领域，成为我国科研和建设事业的中坚力量。

1983 年，鉴于"文化大革命"后第一批在国内培养的博士研究生即将毕业，李政道分别于 1983 年 3 月和 1984 年 5 月两次写信给中国领导人邓小平，建议在中国建立博士后制度。他认为，中国作为世界大国，必须培养一部分带头的高级科技人才。他经过深思熟虑后，为中国的博士后制度的建立提出了详细的蓝图，从流动站的选点到经费的筹措等各方面都考虑到了。李政道的建议引起了中国领导人邓小平、中国政府以及科技界、教育界的高度重视。1985 年，博士后流动站正式设立，李政道担任全国博士后管理委员会顾问。他还促成了中国博士后科学基金会的成立，并担任名誉理事长。这个基金会既有国家拨款，也有社会募捐，为博士后的科学研究提供了经费来源。

李政道对中国科学事业的一个重大贡献就是北京正负电子对撞机的建设。李政道考虑了中国的实际条件和世界高能物理发展的形势，力主建造在高能物理实验和同步辐射应用上都有研究价值的正负电子对撞机。中国政府采纳了他的意见。他促成了中美高能物理合作，组织了美国高能实验室向北京正负电子对撞机的设计、建造提供一切可能的技术帮助。1984 年正负电子对撞机开工奠基，邓小平等中国领导人参加奠基仪式。经过 4 年的努力，北京正负电子对撞机于 1988 年实现对撞。正负电子对撞机的成功建造使我国在世界高能物理领域占有了一席之地，提高了我国高能物理研究的水平。

1986 年，李政道争取到意大利的经费，在中国科学院的支持下，在北京中关村创立了中国高等科学技术中心，他亲自担任该中心主任。中国高等科学技术中心所举办的大量学术活动和取得的成果，在国内外科学界产生了一定的影响。

1998 年 1 月 23 日，李政道将其和已故夫人秦惠䇹攒存的毕生积蓄 30 万美元，以他和夫人的名义设立了"秦惠䇹与李政道中国大学生见习进修基金"，资助北京大学、复旦大学、兰州大学和苏州大学的本科生从事科研辅助工作，表现了他竭尽全力关心和支持祖国科学教育事业的殷殷之情。实践证明，这项基金的设立有利于培养优秀大学生的科研创新能力。

纪念爱因斯坦

1905 年，年仅 26 岁的瑞士伯尔尼专利局小职员阿尔伯特·爱因斯坦，在一年内连续完成了 6 篇具有划时代意义的论文，提出了狭义相对论、质能关系和布朗运动等重要物理学理论和概念，对 20 世纪物理学革命产生了极大的推动作用。这一年后来被称为"爱因斯坦奇迹年"。

为了纪念爱因斯坦 100 年前对物理学界做出的贡献，唤起年轻人对物理学的热爱，2004 年 6 月，联合国大会一致通过将 2005 年命名为"世界物理年"。德国、英国等国家则干脆将"世界物理年"改名为"爱因斯坦年"。中国也积极参与这一纪念活动，组织开展了一系列"世界物理年在中国"的纪念活动。

2005 年 4 月 15 日，在由中国科学技术协会、科技部等联合主办的世界物理年纪念大会上，李政道回忆起自己与爱因斯坦交往的故事。1952 年，他和杨振宁合作完成了两篇统计力学的文章。爱因斯坦看过后，便邀请他们前去讨论。

他们走进爱因斯坦的办公室，看到桌上放着他们的文章。爱因斯坦告诉他们，看了这两篇文章，觉得很有意思。李政道惊讶地发现，爱因斯坦面前的纸上，写着密密麻麻的算式，爱因斯坦竟在重复做他们文章中的一些计算。

一个多小时的讨论结束后，爱因斯坦站起来和李政道握手，并说："祝你未来在物理学中获得成功。"

"我记得他的手又大又厚，而且很温暖。"李政道回忆道，"他的祝福使我深受感动，这实在是一次最难忘的经历。"在李政道的记忆里，生活在普林斯顿大学的爱因斯坦，一直是一位朴素、慈祥，任何人都希望能够与他亲近的老人。

这次会面3年后，1955年4月18日，爱因斯坦病逝。此后一两天，李政道来到爱因斯坦的办公室，在他们曾共同讨论问题的办公桌前，拍下了一张纪念照片。

50年后的2005年4月19日，为缅怀这位20世纪最伟大的科学家，全世界共同举办了"光速传递，物理照耀世界"纪念活动。光信号从爱因斯坦逝世地美国普林斯顿大学传出，通过大洋光缆绕地球一周后返回。这一特殊光束于4月19日19时传到中国上海，并在中国停留了150分钟。李政道最后说："我们纪念100年前爱因斯坦对物理学的贡献，也纪念爱因斯坦一生对人类的贡献。""因为爱因斯坦在我们小小的地球上生活过，我们这颗蓝色的地球就比宇宙的其他部分有特色，有智慧，有人的道德。"李政道的这番讲话，获得了全场热烈的掌声。

CUSPEA 20 年

中国和美国联合招考物理研究生项目（China-United States Physics Examination and Application，英文简写为 CUSPEA）是由李政道发起，并在中国政府和各大学的大力支持以及美国等几十所最优秀大学物理系的积极响应下实施的。1979年，CUSPEA 项目试选了两批共18名学生赴美学习并获得成功。该项目于1980年正式实施，1988年结束。近10年间，参加 CUSPEA 项目的中国大学和研究机构达 95 所，美国和加拿大的大学达 97 所，有力地促进了中国的改革开放和科技发展。CUSPEA 的出现与中国当时特定的历史条件是分不开的。"文化大革命"给中国教育事业造成了极大的破坏，1978 年国家实施改革开放政策，派送大批访问学者出国进修，美国也有大部分大学考虑从中国招收研究生。但是，美国大部分大学教授对经历了"文化大革命"的中国学生的素质心里没底，而且美国研究生入学考试（GRE）和托福考试（TOEFL）这类美国大学录取研究生标准的考试当时在中国还未开始，因此，美国大学无法沿用从其他国家招收研究生的常规方法，CUSPEA 是一条创造性的渠道。

　　CUSPEA 的实施，是中美两国科学界、教育界开展学术交流的结果，是两国热心于学术交流的学者们共同努力的结果。近 10 年间，李政道自始至终亲力亲为，他的夫人秦惠䇹和秘书艾伦·特拉姆（Irene Tramm）也给予了热情的支持与帮助。CUSPEA 的学生确实代表了中国知识青年的精英，当年的青稚学子，如今已成为各自所在领域的重要力量。

　　李政道在讲话中回忆了创办 CUSPEA 的背景。1979 年，他应邀到中国科学院讲学，在 6 个星期内讲了两门课。他还能记起当时的课堂设在北京友谊宾馆的大礼堂，有 1 000 多位同学、教员来听课。他们对知识的渴望深深感染了李政道。他说，"文化大革命"给中国教育界留下很多空白，6 个星期的讲学是绝对不够的，所以他才萌发了创办 CUSPEA 的想法。

　　李政道说，在近 10 年的 CUSPEA 考试中没有一个人走后门，CUSPEA 的同学都是非常了不起的，他们的成绩在美国的研究生院都是数一数二的，给美国大学留下了非常好的印象，为以后中国学生留学美国打下了良好的基础。他说："我深感 CUSPEA 有意义、有价值，从某些方面讲，它比我做宇称不守恒还有意义。"

　　1979 年春，应中国科学院之邀，李政道教授来北京研究生院讲学。他发现部分研究生的素质很好，于是采用美国哥伦比亚大学物理系博士生资格考试的题目，对研究生院的少数研究生进行了笔试和面试，为哥伦比亚大学录取了 5 名研究生。这些学生于 1979 年秋赴美就读，哥伦比亚大学每年为每位学生出资 1 万多美元，直到他们取得博士学位为止。这是第一次 CUSPEA 试点考试。这些学生到美国后成绩极佳，第一学期各科的第一名和第二名都在这5位学生之中产生。受到这一次成功实践的鼓励，李政道决定继续进行这样的考试。

1979年11月9日，李政道给时任中国科学院副院长的严济慈和北京大学校长周培源写信，建议继续按同一方式招收物理学研究生。同年12月26~29日，第二次CUSPEA考试在北京举行，此次共招收学生13名。哥伦比亚大学物理系录取了3名，李政道同时向纽约市立大学、卡内基·梅林大学、俄勒冈大学、匹兹堡大学、弗吉尼亚大学等5所大学的物理系推荐。

李政道于1980年2月1日向美国53所大学的物理系发出参加CUSPEA的邀请信，信中要求各大学免收CUSPEA学生的申请费，理由是当时一个中国学生不可能自己兑换外汇。

方毅副总理于1980年3月16日给李政道回信，信中说："在您给我的信中提出的，在我们国内举行出国研究生考试的建议，我深为赞同。教育部已就此事与中国科学院和北京大学商妥，在国内的具体组织工作即由他们负责。"针对李政道提出的问题，教育部前部长蒋南翔和中国科学院副院长严济慈于1980年4月16日也给李政道回了信。

1980年，CUSPEA正式展开。1980年4月，中国科学院研究生院、北京大学等单位成立了CUSPEA委员会和CUSPEA办公室，严济慈担任委员会主任，中国科学院研究生院副院长吴塘任办公室主任。1988年，CUSPEA在举行最后一次考试后结束。近10年间，CUSPEA共推荐了915名学生赴美攻读博士学位，他们中年龄最大的42岁，最小的只有16岁。CUSPEA的学生是中国最优秀的物理学学生，在美国物理学界的帮助下，他们接受了一流研究生学院的教育。

在回顾近10年CUSPEA的经历时，李政道写道："回顾以往，我不禁想到CUSPEA与众不同的一些情况。有些已是众所周知，有些则不尽然。从美国方面来说，我们看到了美国一些大学的热情相助，为了使来自远方的异常优秀的学生入学，他们自愿放弃正规的招生方式。同时，历年负责CUSPEA面试的教授们极其认真的工作态度给我们留下了深刻的印象。他们的工作使参加招生的学校准确地了解到学生的情况。在中国方面，通过邓小平主席、方毅副总理、严济慈副委员长以及黄辛白先生和吴塘先生，我们获得了中国政府的全面支持和中国高等院校的密切合作，从而持续长达10年之久。在这期间，中国正经历着迅速的变革，CUSPEA仍按计划顺利地进行，这是很可贵的。还值得提及的是参加阅卷工作的中国物理学家们，每年在王竹溪、马大猷、沈克琦和赵凯华等教授的带领下，60多位中国物理学家参加了阅卷工作，考生就是由他们培养出来的。为了选拔最优秀的年轻人才，使之得到去国外深造的机会，尽管这意味着他们自己的学校有可能流失人才，但他们仍然始终如一对CUSPEA给予无私帮助，这种精神是真正了不起的。这一点，会永远证实物理学家之间的相互信任和友谊。"

1979年提出CUSPEA并开始试行，至2005年已过去26年了，当年风华正茂的CUSPEA学生现在已步入了壮年时代，他们在学术和个人事业上都有不同的成就，有的在物理学界做出杰出成绩，有的进入了其他学术领域，更多的人在信息、生物、材料、金融等领域服务。他们用自己的成就证明，CUSPEA对中国科学的进步、中美关系的发展都做出了卓越的贡献，同时也使他们的命运发生了根本性的变化。到2005年，他们中有100多人已回国工作。

CUSPEA是中国20世纪后50年来有组织、有计划派遣留学生的一个重大项目。它起步早、时间长、人数多、影响大。一个学科有组织地派出近千人出国留学，这在我国派遣留学生历史上是少有的。国家对CUSPEA学生寄予殷切厚望，严济慈在CUSPEA实施20周年纪念会上说："我始终相信，CUSPEA同学一定会对中国和世界物理学发展做出出色贡献。CUSPEA并没有结束，过去20多年是播种、培育、成长的过程，今天是收获的季节。CUSPEA同学始终深爱祖国，积极以各种方式参加祖国建设，祖国也非常需要他们的支持和帮助，希望这次会议能成为CUSPEA同学与国内科学界交流的一个平台、一座桥梁，让CUSPEA继续为祖国的现代化建设服务。"

会后，李政道教授谈了三个感慨。

第一个感慨是改革开放后中国年轻一代的智慧和所取得的杰出成就。他认为和世界上任何国家的优秀青年相比，中国年青一代都毫不逊色。从他们身上，人们看到了中国的灿烂未来。

第二个感慨，回首往事，李政道对邓小平充满深深的缅怀之情。他感慨，没有邓小平以极大魄力提出的改革开放政策和明智的、坚定的支持，CUSPEA这件事是不可能办成的。他还缅怀已故的胡耀邦、方毅、蒋南翔、严济慈、周培源、钱三强等人，没有他们的支持和帮助，这件事也是办不好的。他还衷心感谢当时教育部的领导，感谢当时北京大学、清华大学、中国科技大学、中国科学院研究生院、南京大学、复旦大学、兰州大学等大学的领导、教师和职员，他们从培养、选拔、考试直到帮助学生办理各种手续，都付出了辛勤的劳动，没有他们的努力，这件事也是不可能办好的。

第三个感慨，李政道说，他每年都要回国几次，每次都会看到祖国在各方面取得的巨大进步。这些进步是全世界公认的、有目共睹的。快速发展的祖国使每一个中华儿女感到振奋，同样，帮助祖国的发展也是每个中华儿女的责任。他几十年来都是尽力去这样做的，今后仍要更加努力这样做。他深切地表示："希望同学们能和我一起来这样做。不管你现在是在国内还是国外，不管你现在是在什么领域工作，大家都有义务，都有责任用各种方式为祖国做贡献。大家中间有许多人这些年来已经这样做了，希望今后做得更好。"

中南海讲座

2002年10月22日，国家科技教育领导小组在中南海举办科技知识讲座，邀请李政道作题为"物理的挑战"的报告。时任中共中央政治局常委、国务院总理、国家科技教育领导小组组长朱镕基，时任中共中央政治局常委、国务院副总理、国家科技教育领导小组副组长李岚清出席。

讲座中，李政道以深厚的学术造诣，从20世纪的物理学发展、人才的培养、中国古代的天体物理、对称与不对称等方面，深刻阐述了物理学的发展和取得的丰硕成果，并从现代科学最前沿论述了物理学对21世纪的挑战，提出了许多独到的和深刻的见解。他在讲座中，把深奥的科学理论与中华优秀传统文化相结合，讲得深入浅出，简明扼要，受到大家欢迎。

朱镕基即席作了讲话。他说，现代物理学创造了一批重大的科技成果，也造就了一批著名科学家，对人类科学技术进步和社会生活的发展产生了深远影响。李政道用简明、朴素的语言，十分清楚地讲述了深奥、复杂的物理理论。听了李政道的讲课，使我们进一步认识到宇宙的伟大和人类探索宇宙能力的可能。科学的发展有赖于上一代科学家的指引，有赖于政府相关政策的支持，有赖于科技工作者孜孜以求的研究探索。面对21世纪日益激烈的科技竞争，我们要认真贯彻党中央提出的"科教兴国"战略，高举"科学技术是第一生产力"的旗帜，加大科技投入，加快创新步伐，大力培养、吸引高科技人才，不断提高中国的科学技术到一个新的水平。

光 荣 埋 没

2002年6月4日，中国核物理的开拓者、中国近代物理学先驱者之一的赵忠尧先生百年纪念会在北京举行。李政道在会上说："赵老师本来应该是第一个获诺贝尔物理学奖的中国人，只是由于当时别人的错误把赵老师的光荣埋没了。"

李政道回忆说，1929年，赵先生在美国加州理工学院从事研究工作，观察到硬 γ 射线在铅中引起的一种特殊辐射，实际上这正是由正负电子湮没产生的 γ 射线，所发现的 γ 射线的能量恰好是一个电子的静止能量（0.51 MeV）。赵老师的这一实验是对正电子能量最早的测量。从实验所测量的 γ 射线能量证明了这是正负电子对的湮灭辐射，也是正电子存在的强有力的证明。这个实验是人类在历史上第一次观测到直接由反物质产生和湮没所造成的现象的物理实验。

李政道回忆说，赵老师的实验，对和他同时期在加州理工学院的研究生安德逊有很大启发。两年多后，安德逊在威尔逊云雾室中观测宇宙线中的反物质——正电子的径迹，他的实验正是在赵老师实验的启发下完成的，为此安德逊获得了诺贝尔物理学奖。两年前瑞典皇家学会的爱克斯朋（Ekspong）

教授告诉我，当时瑞典皇家学会郑重考虑过授予赵老师诺贝尔奖，不幸，有一位在德国工作的物理学家在文献上报告她的结果和赵老师观察的不同，提出了疑问。当然，赵老师的实验和观察是完全准确的，错误的是提出疑问的科学家。可是在20世纪30年代初瑞典皇家学会以谨慎为主，没有授予赵老师诺贝尔奖，爱克斯朋教授和李政道都觉得赵老师完全应该获得诺贝尔物理学奖。

半个多世纪后，赵先生在20世纪30年代所做的这一重要发现，他的科学功绩，已经被越来越多的物理学家认可，核物理学的发展不会忘记它的开拓者。

李政道说，赵老师是当之无愧的中国原子核物理、中子物理、加速器和宇宙线研究的先驱者和奠基人之一。1950年赵老师冲破重重困难回国，历经千辛万苦带回了一批当时国内尚无条件制造的加速器器材，主持建造了中国第一台和第二台质子静电加速器，并在这两台加速器上开始了中国的核反应实验，将中国核物理研究的能力提升到世界水平。赵老师为发展祖国核物理和高能物理研究事业、为培养祖国原子能和核物理及高能物理的实验研究人才奉献了自己的毕生精力。赵老师不但在核物理研究上有很大的成就，而且为祖国培养了一大批人才。凡是20世纪30年代到20世纪末在国内成长的物理学家，都是经过赵老师的培养、受过赵老师的教育和启发的，赵老师也是李政道的物理学启蒙老师之一。从钱三强先生等祖国老一辈物理学家到叶铭汉、朱光亚这一代物理学家都称呼他"赵老师"可见，赵老师是名副其实的桃李满天下。

李政道说，赵老师在自己的回忆文章中写道："回想自己的一生，经历过许多坎坷，唯一希望的就是祖国繁荣昌盛，科学发达。我们已经尽了自己的力量，但国家尚未摆脱贫穷与落后的局面，仍需当今与后世无私的有为青年再接再厉，继续努力。"在赵忠尧老师百岁诞辰纪念日之时，我们缅怀赵老师为近代物理学中量子力学的发展，为新中国科技教育事业所做出的卓越贡献，我们更怀念他一生为人正直、忠于科学、潜心研究、朴素无华、实实在在的科学精神。

基 础 科 学

2005 年 10 月，为纪念中国实行博士后教育制度 20 周年，中国博士后教育制度的最初倡导者李政道先生，分别在北京人民大会堂、北京大学、清华大学、复旦大学做了几场报告。报告中，李政道就基础科学在人类科学发展史上的巨大推动作用发表了自己的看法和观点。

李政道说，基础科学研究的重要性，从历史上来看是非常清楚的。仅就 20 世纪而言，基础科学研究的发展，给整个世纪的人类科技文明的发展以巨大的推动，使人类从蒸汽机时代走向了电气化时代，从依靠太阳能时代走向了近代原子能时代，从工业化时代走向了信息化时代。人类文明取得这样巨大的进步，从源头上讲，应归功于基础科学的发展。稍远一点讲，在伽利略和牛顿以后，科学进步的速度远远超过了以前的 2 000 年。也可以说，在他们之后的近几百年，科学的发展速度大大加快起来。这是一个分界线，说明基础科学研究促进了整个科学技术的发展。在 21 世纪，情形也会一样。带有源头创新特点的基础科学研究，肯定也会给人类文明的发展以极大的推动。

李政道在北京大学演讲时，有学生问过这样的问题，他们想知道造成近代东西方科学发展不同状况的原因。李政道认为，就中国古代的科学而言，它的成就绝对可以和西方的古代科学成就相提并论。英国李约瑟有 7 本大书讲中国古代的科学技术，讲得很清楚，在这里不用重复。大家要问的是：15、16 世纪以后，为什么在西方产生了近代科学，而在中国却没能产生？

16 世纪，也就是在中国明代的时候，西方出了一位大思想家、实验科学家培根，他开创了实验科学，是近代实验科学的鼻祖。而在中国则出了位大思想家王阳明。王阳明尊重中国古老传统的"格物致知"原则，这与当时培根的出发点是一样的，即认为只要对事物加以仔细观察剖析，就能得到真正的知识。问题是"格"什么"物"，怎么"格"法，这两位东西方思想家找到的对象全然不同。王阳明"格"的物是他窗前的竹子。细想王阳明"格"竹子也有道理，因为竹子可以吃、可以用，而且生长得快，可以看到它怎么生长。不过，仅此而已。竹子不具有基础科学的普遍性，王阳明个人可能不熟悉中国古代以及汉代以后的科学实验手段，也没有科学的理论指导，自然也不会得出新的、在竹子以外的科学研究结果。他冥思苦想多日，最后以失败告终。

但西方科学家则不是那样。他们"格"的"物"是太阳和地球，他们考虑的问题要宏观得多。一方面由于望远镜的发明，他们已做了大量的、新的天文观察；另一方面他们又做了大胆的理论假设，把太阳变成了一个点，把地球也变成一个点，做了科学的简化，并通过精密的计算和观测，提出了太阳和地球之间的运动关系，得出了新的科学结论。培根的实践证实了实验科学的重要性，而王阳明对于近代科学却没有任何贡献。现在看来，培根不仅找的研究对象好，而且也有好的继承者，走的是实验科学研究和基础理论分析相结合的路径。培根的科学方向被证明是成功的、正确的、科学的"格"物的方向。

王阳明"格"了竹子以后，发现他的研究没用，得出的是"天下之物本无可格者，其格物之功只在身心上做"的错误结论，走向了实验科学的对立面。当时中国还在明代，由于明代处于封建制度的背景，王阳明这么一位大学问家变成唯心主义论者，大家也就跟着变成了唯心主义论者。

伽利略将太阳和地球的运动准确地用精密观察和理论分析表述出来。那时在欧洲大陆的学术是受梵蒂冈教皇的极权控制的，伽利略的学说在他的本土（即欧洲大陆）被迫认为是完全错误的，也是不准讨论、不容许存在的。假如那时欧洲的文化全部都要经过梵蒂冈教皇认可才是正确的、才允许流传的话，那么西方也就没有了近代科学的产生。可是欧洲有些地方，如北欧丹麦半岛和英国岛国，梵蒂冈的势力并不是十分强大，所以，类似伽利略和伽利略的伟大发现，才得以"死里逃生"，流传下来，后来就出现了牛顿这样的科学巨人。

牛顿、伽利略等人的贡献是让全人类受益的，通过他们和他们以后几代科学家的努力，我们弄明白了自然界所有现象都遵循一定的、基本的、基础的规律来运动或变化。找到这些基本的、基础的规律，对在生产实践中应用这些科学知识，有极大的、不可估量的影响。

20 世纪初，世界科学的重心并不是在美国，而是在欧洲大陆。这个中心转移到美国是在 20 世纪 40 年代。从 40 年代开始到第二次世界大战结束，美国的科学得以高速发展。可是，即使如此，第二次世界大战后的科学也是在前几年的基础上开始发展的。20 世纪 50 年代后，美国基础科学研究的浪潮并没有衰退，始终在发展。

20 世纪初最大的科学之谜是太阳的能量。太阳的能量究竟是从哪里来的？是怎样产生的？不仅 20 世纪初，而且 18 世纪、19 世纪的科学家问的也是这个问题。20 世纪中叶以前，人类所用的能量，包括所有动物的能量都是从太阳那里来的，包括石油、煤炭、粮食等。所有一切的能量，无不与太阳的能量有关。

早年对光的传播研究，是由 19 世纪末两位美国的实验物理学家迈克逊和莫雷做的。在 1905 年，爱因斯坦想通了这个实验结果，得出 $E=mc^2$ 的结论，这就是著名的狭义相对论。

爱因斯坦基础研究的立足点，就是光是怎么传播的，光与空间和时间的关系。作为一个国家或者一个民族，要在科技方面对人类有重大贡献，必须重视基础科学研究。

人 才 培 养

在基础科学的规划里，李政道觉得最重要的是要做好人才培养的规划。20 世纪，物理学中的那些重大科学成果都是由哪几位科学家发现的？是在什么样的情况下发现的？如果把 20 世纪的重要科学成果列成图表，人们就可以十分清楚地看出，每次挑战科学新高度的，都是一批新人、新的科学家，都是在他们 20 多岁、30 岁或近 40 岁时完成的。了解了这个规律，我们就可以制定新世纪人才培养的规划了。

李政道强调了一点，就是基础科学研究的发展与社会文化的状况有很大的关系。时代要发展进步，不能一切只讲钱。如果只讲钱，那么这个时代的社会文化就不是最高层次的。从事基础科学研究没有钱当然不行，但更重要的是要有奉献精神，要有做科学研究的真诚精神和道德。20 世纪科学家们研究光和热，不是为了钱。想赚钱，极可能就研究不了光和热的基本规律。现在研究暗物质、暗能量，也不能为了钱。1905 年，爱因斯坦创立了 $E = mc^2$，当时爱因斯坦相当穷，他是否可以将 $E = mc^2$ 申请为专利呢？爱因斯坦当然可以，但他没有这样做，也绝不会有这个想法。一位真正的科学家的成果是属于全人类的。

自 主 创 新

李政道认为，只有重视基础科学研究，才能永远保持自主创新的能力。谁重视了基础科学研究，谁就掌握了主动权，就能自主创新。那么，21 世纪的基础科学研究应该从何入手？它今后的发展和应用如何？对这些问题，我们现在暂时可能还想象不出来，就像 20 世纪初对太阳能量的研究一样，19 世纪的人们也想象不出激光、半导体、超导体、核能、超级计算机和网络等的应用。但可以肯定，21 世纪的基础科学研究一定会有更大、更重要的成果出现，对人类文明的发展一定会有更大的推动。

李政道举了个例子，说明人们很难想象基础科学研究会给人类文明带来多么有价值的应用成果。这个例子就是互联网世界的形成。大家现在已经都很熟悉互联网，都知道现实世界已成为网络化的世界，而互联网技术的出现和发展，对人类文明未来发展的贡献目前仍然无从估量。但是，现在恐怕只有很少数的人知道，互联网技术是来源于高能物理这一基础科学研究的。

互联网技术的创造是在 1993 年，创始人是西欧核子研究中心的科学家蒂姆·伯纳斯李（Tim Berners-Lee），他为管理高能物理研究所产生的大量极为复杂的信息提出了《关于信息管理的建议》，这个建议就是现在互联网的开端。他的这个建议先在西欧核子研究中心使用，很成功。蒂姆·伯纳斯李和西欧核子研究中心的高能物理学家们认识到这样的互联网式的信息管理方式可以普及，从而造福人类。同年，经过批准，西欧核子研究中心宣布，任何人都可以无偿地使用互联网的协议及其代码，用以建立服务器和浏览器，而不受任何版权专利的限制。这样，这个原本仅为高能物理研究服务的互联网技术，这个可以属于个人的发明，就无偿地提供给了整个世界使用。

从那时起，在短短的十几年里，互联网技术就得到了快速的发展，现在已成为信息化时代的重要技术手段和象征。互联网在中国的发展，也是从高能物理这一研究领域开始的。现在中国的互联网，就是在中国科学院高能物理研究所与西欧核子研究中心互联网的基础上发展起来的。这一点或许也鲜为人所知。

这个实际例子，充分说明基础科学对于应用科学和生产市场有多么重要的意义，同时也说明，高尚的基础研究科学家，包括爱因斯坦等伟大的科学家们，从不把自己的科研成果当作商品，从不投机取巧，从不拿自己的成果进行买卖，而是无私地奉献给全人类。现在，特别要提倡这种奉献精神。

大 学 教 育

李政道认为，教育分两种，一种是普及教育，这很需要，也很重要。普及教育，老师带的学生可以多一些，但也不能无限扩大。另外一种是精英教育，老师带的学生一定不能太多。美国和英国那些好的学校，如哈佛大学、耶鲁大学、哥伦比亚大学等，他们既有本科生也有研究生，总规模可能在15 000~20 000人，但本科生的总人数比较少，一般在4 000~5 000人，老师带的研究生一般也不会太多。如哥伦比亚大学，2004年全校学生人数是23 813人，但本科生四个年级总人数仅是4 144人。哥伦比亚大学物理系约有40多位教授，每学期都要教本科生和带研究生。同样，2004年，普林斯顿大学本科生总人数是3 948人，耶鲁大学本科生总人数是5 242人，等等。可是无论是教本科生还是带研究生，美国最好的大学老师都是做得很出色的。

中国抗战时期的西南联合大学，它是北京大学、清华大学、南开大学三校的联合。8年间在校学习过的学生约8 000人，其中本科毕业约3 800人。西南联合大学在1946年5月解散，北京大学、清华大学、南开大学三所学校复校，当时在西南联合大学肄业后分别加入三校的学生共有 1 641 人，也就是说，1946 年，西南联合大学在校学生约 1 600 人。学生总数不大，但老师比较好，也比较多。所以，虽然抗战时期办学条件很差，但就算是在连饭都吃不饱的情况下，也培养出了许多优秀的人才。

2006 年 11 月 24 日，国内外各界人士 700 多人聚集在人民大会堂小礼堂，出席"李政道教授从事物理研究六十年学术思想研讨会"。

此前一天，温家宝在为祝贺李政道教授从事物理研究六十年写的贺信中说："六月十四日函附有先生 1956 年和 2006 年两份珍贵手稿照片，看后心里久久不能平静。这些照片既真实记录了先生在获得诺贝尔物理学奖前所做的大量的艰苦思考和探索，又真实地记录了先生在获得诺贝尔物理学奖后的几十年中，仍在坚持细推物理，日月不断，孜孜不倦，继续忠实地进行着自己的物理学研究事业……"

在人民大会堂小礼堂旁的休息厅里，温家宝与李政道亲切交谈，他们谈论着中国科学的未来。研讨会开始后，当温家宝与李政道携手走进会场时，全场响起热烈的掌声。会议宣读了温家宝总理给李政道教授的贺信："先生在科学研究上走过的光辉道路，充分体现出对科学的献身精神和对真理的执着追求。先生在多个领域取得的杰出成就和对人类的贡献是全体中国人的骄傲。作为先生的朋友，我从心里为先生感到自豪。愿先生在科学的道路上不断勇攀高峰，再创辉煌！"

此心日夜系三峡

——访三峡工程技术总负责人、中国科学院院士、

中国工程院院士潘家铮

潘家铮 土木工程学家。1927 年 11 月 12 日生于浙江绍兴，2012 年 7 月 13 日逝世。1950 年毕业于浙江大学。1980 年当选为中国科学院学部委员（院士）。1994 年被选聘为中国工程院院士。

国家电力公司技术顾问、教授、高级工程师，中国工程院副院长。一直从事水力发电建设工作，先后参加和主持过黄坛口、流溪河、东方、新安江、七里泷、乌溪江、锦屏、磨房沟等大中型水电站的设计工作，参加过乌江渡、葛洲坝、凤滩、陈村等工程的审查研究工作，指导了龙羊峡、东江、二滩、小湾、龙滩、三峡等大型水电工程的设计工作，研究进一步加快开发我国水电资源的措施。在学术方面，主要致力于创造性地运用力学理论解决实际设计问题，对许多复杂的结构如地下结构、地基梁与框架、土石坝的心墙斜墙、调压井衬砌、岔管和法兰等，以及应用结构理论、弹性理论或板壳理论和运用特殊函数，提出了新的计算理论和方法。在设计中注意采用新技术、新结构，推动技术的发展。研究和推导出了不稳定扬压力和封闭式排水设计理论等。

初见潘家铮

听闻潘家铮的名字，还是 20 世纪 80 年代初在广西大学读书的时候。当时，广西大学的土木系水建专业在国内是有一定名气的，尤其是水工实验室在国内算得上是一流的，为此，学校请潘家铮到校参观并指导工作。潘家铮的到来引起了校内师生们的关注，我也由此而知道了潘家铮其人。90 年代初，潘家铮被广西大学聘为顾问，他当年到校参观水工实验室的照片也登载于广西大学建校 70 周年的校史展览和纪念画册之中，以此作为校史上的一项殊荣。

真正接触潘家铮，那是 1996 年的事情。我当时任广西科学技术出版社社长，到北京为出版《当代中国科学家》丛书组稿。从我的大学时代起，潘家铮就一直是我敬佩和仰慕的科学家。当时，潘家铮是首批入选的当代杰出科学家，中国科学院院士，中国工程院院士、副院长，三峡工程技术总负责人，我更是热切希望能见到他。在中国科学院的作者和新华社记者的引导下，我见到了潘老。潘老对人，尤其是对从广西来的客人，有几分特别的热情。提起广西大学，他对水工实验室满口赞誉；谈到广西的大江大河，潘老如数家珍；对广西的几座大型水电站建设，潘老十分关心，因为不少地方都留下了他的足迹。第一次见潘老，他给我的感觉是和蔼可亲的，说话不多，但十分幽默和风趣，对人谦虚

1998 年 12 月 22 日，潘家铮（右）与作者在国家电力公司合影

有礼，不摆架子。1998 年，正值广西科学技术出版社成立十周年，我社决定出版一本纪念画册《春华秋实》，特邀请潘家铮为我社题词。潘老没有推辞，欣然用毛笔写下了蝇头小楷"迎知识经济时代的到来，为科教兴国大业建奇勋"的寄语。潘老的题词，极大地鼓舞了我社的干部职工。

1997 年 11 月 12 日是潘家铮先生的七十华诞，因为潘老身体不好，加上他一向生活简朴，不喜张扬，寿诞之日的庆贺聚会不但免了，而且还谢绝了很多贺礼。不过唯有广西大学的吴志厚、陈光旨、张仲卿三位教授致送的诗、书及装帧一轴的中堂为其所爱，上题诗云：

1997 年，潘家铮于长江三峡工程截流前在上游围堰

寿世人文仰岱宗，青山犹照夕阳红。

关河迢递思王粲，庭户深沉拜马融。

如此星辰非昨夜，更无潇洒似斯翁。

诗情安得化为酒，一饮不辞三百钟。

吴、陈、张三位教授的称颂实不为过，这正是潘老人生的真实写照。

1998 年底，我到北京参加第十一届中国图书奖颁奖大会，大会期间，再次有幸在国家电力公司见到了潘老。我问潘老："潘老您七十高龄了，身体可好？"潘老说："闯过一回鬼门关了。1997 年 10 月 31 日凌晨 4 时，因胆囊剧烈疼痛被送进北京医院，此时距大江合龙只有 8 天的时间。据医生讲，若是抢救不及时，再耽搁一两个小时，就有生命危险。在手术时，原水利水电部部长、全国政协副主席钱正英等领导很关心，一直陪同等候。目前，胆囊已被摘除，已无性命之虞，但胆汁化验还有问题，需要做进一步的检查。"

据我所知，潘老在住院期间由于不能亲临截流现场，医院破例让家属把电视机搬到了病房。11月8日，潘老躺在病床上观看了截流现场的实况转播，望着潘老那专注兴奋的神情，在他身边工作的同志和医生、护士眼睛湿润了，他们无不为潘老躺在病榻上还心系三峡工程的精神所感动。

当我与他谈到三峡工程时，潘老兴致勃勃，对这项举世瞩目的工程倍感自豪，对它的建设和未来的远景充满了信心。

潘家铮说，三峡工程是一项令全世界震惊的特大型水利水电工程，首先是它的投资规模巨大、工程期长。这项工程从1993年进入施工准备阶段算起，将历时17年，到2009年才能全部建成。除了工程本身的建设，还包括大规模的移民、输变电工程、生态环境保护与综合治理，等等。为此，国务院专门成立了三峡工程建设委员会，作为指导工程建设的最高机构。为保证近百万人口的动迁，又下设三峡工程移民开发局。为确保制定移民方针、规划和监督计划的实施执行，还成立了中国长江三峡工程开发总公司负责具体开发任务……

1994年，潘家铮在三峡实地考察

三峡工程经过数十年大量的科学试验、大规模的勘探测试与多方面的设计论证，严格评审，其建设目标是远大又切合实际的。它的首要目标是防洪，修建拦河大坝滞蓄洪水，形成水库，为华中平原1 500多万人口和150万公顷耕地以及众多城镇的安全提供了有效保障。同时，在修建大坝、建立电站后，又将使三峡水电站成为目前世界上最大的水电站，其巨大的电力生产将给沿江工业城镇和广大地区提供廉价且清洁的电力，这也是三峡工程最直接的经济效益。又由于三峡水库的形成改善了峡谷河段航道，其通航能力可比建成前提高 5 倍，可降低航运成本 30%~40%。

毫无疑问，建成后的三峡工程，在环境保护问题上是利大于弊的，减免洪灾就是最大的环境效益。同时，它所提供的清洁能源可减少环境污染；库区也改变了原来滩多、流急型河道的生态环境，有利于鱼类和其他生物的繁殖、生长。在自然景观上，由于三峡两岸高峰耸峙，为狭长河道型水库，因此，尽管水位提高数倍，水上景观仍秀色不减，可称得上是"高峡出平湖"。

在潘老那间中西合璧、摆着大书柜、墙上挂满地图的办公室里，我和潘老侃侃而谈了一个多小时。他知识渊博，见识广，与他交谈令我受益匪浅。临别时，我将获得第十一届中国图书奖的《中国南方洪涝灾害与防灾减灾》一书和广西科学技术出版社建社十周年纪念画册《春华秋实》送给潘老，潘老表示感谢，并勉励我要认真学习，搞好出版工作，为科教兴国贡献力量。

潘老是我国著名的水电专家，为我国水电事业做出了杰出的贡献。1996年初，新华社记者孙英兰就开始采访潘老，拟写一本传记体裁的书，取名为《仍在征途——潘家铮传》。有幸于此，我也接触并收集到潘老为中国水电事业发展做出杰出贡献的珍贵资料。为感谢潘老对我的关怀和鼓励，特撰本文，介绍潘老的突出贡献和人格魅力，以飨读者。

艰难的求学生涯

1927 年深秋，在浙江绍兴城一座古老的宅院里，潘家铮出世了，他的出生，为这个业已衰败的家庭带来了一线希望。

潘家铮的祖上，称得上是书香门第，甚至还有些"革命传统"。他的曾祖父是清朝的一位饱学秀才，胸有鸿鹄之志。当太平天国的军队攻陷绍兴城后，他抛下刚刚出世不久的儿子，投入了太平天国的怀抱。几经辗转，他成了忠王李秀成的心腹幕僚，为之筹谋、策划，最后随同李秀成赴天京（今南京）解围，不幸蒙难。

父亲潘之赓诞生于清朝末年，时值新旧学交替之际，所以一面受到祖父严格的旧式教育，一面进洋学堂学习西洋文化，最终毕业于东南大学教育系。母亲是位忠厚的、贤妻良母型的妇女，终日操劳家务，孩子则由祖母照看。祖母虽然识字不多，但这位老人却通晓百艺，知识渊博。她经常给尚在年幼的小孙子讲述"长毛造反""爷爷万里寻父"以及数不尽的民间故事，还能说出几百条谚语，唱数十种山歌，俨然是一位民俗文学家。

每当忆起这段往事，提起祖母，潘家铮总是充满深情地说："我是由祖母抚养长大的，她虽然不识几个字，却是一位地道的'民俗文学家'。"可以说，祖母是潘家铮童年时代真正的启蒙老师。

潘家铮的求学经历充满着艰辛和苦涩，这是当今社会的学生所无法体会的。正如他自己所说："当国家民族遭受着空前浩劫时，一个学生的求学史也是沾满眼泪和辛酸的。"潘家铮5岁上学，小学五年级时，抗日战争全面爆发了。潘家铮在这场战争中，饱尝逃难、挨炸、流亡、乞讨的苦涩滋味，直至抗战胜利。书，只能是在战火硝烟里或亡命逃难中见缝插针地读一点儿。抗日战争时期，他只勉强读到初中二年级。实际上，在1942年5月敌军大举侵犯浙东后，潘家铮就已失去读书的可能了。他那时的最高学历是初二，这张肄业证书也是他用血汗换来的。

1945年秋，抗日战争取得了最终胜利。消息传来，举国欢庆。抗日战争的胜利给潘家铮带来了希望，这也成了他一生的转折点。

胜利不久，潘父便命儿子参加"沦陷区中等学校学生甄别试验"的考试。因为父亲平时的严格督导，加上潘家铮天资聪颖，在经过半年夜以继日的苦读之后，他以初二肄业的学历考取了高中毕业的资格。他让父亲刮目相看，但父亲并没有表扬他，父亲对他的期望高着呢。也不管潘家铮乐不乐意，父亲又为他买回了浙江大学的招生简章以及报名单，父亲望子成龙的心很急切，他要儿子一鼓作气、再接再厉，再上一个新台阶。

父亲的想法是什么，做儿子的潘家铮并没有去揣摩。

父亲深通经典，学识渊博，可是长期的生活实践却使他悟出了另一番求学真谛。为了今后的就业，为了饭碗，也为了不让父亲担心，潘家铮沉重地拿起了笔，痛心地涂掉了"中文系"三个字，埋头研究起招生简章上的"实科"

科系来。他发现简章上有一个"航空工程系"。航空，不就是造飞机吗？这对于连火车也没有坐过的潘家铮很有吸引力，于是他在涂掉的"中文系"旁，端端正正地写上了"航空工程系"五个大字。就这样，几个简单文字的改变，就改变了一个人的兴趣、向往和追求，改变了一个人一生的生活道路。潘家铮的童年梦搁浅了。这年暑假，他考取了浙江大学航空工程系。

潘家铮在入浙江大学的第二年便因生活所迫、为未来生计着想而违心地做了第二次选择：从航空工程系转到土木工程系。

此时，钱令希教授的结构学、汪胡桢教授的水力发电、张福范教授的弹性力学等，以及浙江大学严谨的校风和高尚的师德都给潘家铮留下了深刻的印象，使他在未来的工作中受益无穷。

1950年7月，潘家铮从浙江大学毕业了。四年的大学生活就这样在不知不觉中梦幻般地逝去。潘家铮也从学校步入社会，开始了漫长的人生之旅。

他的老师钱令希教授知道他背负沉重的负担不便远涉天南海北，就介绍他去设在杭州的燃料工业部钱塘江水力发电勘测处（简称"钱塘江勘测处"）工作。他这一去，便与中国的水电事业结下了不解之缘，投身其中，不觉间47年过去了。此时他虽年近古稀，但却豪情如昨，"快马加鞭未下鞍"，往来征战于祖国的大江大川，为中国的水利电力事业立下了汗马功劳。

血汗凝筑拦江坝

潘家铮从浙江大学毕业后，一直在水电战线上工作，他把自己和中国的水电事业紧紧地连在了一起。他的名字与中国水电事业的发展、中国水电资源的开发是密不可分的。他和水电事业有着"生死与共"的深厚感情。从装机200千瓦的湖海塘小水电站的建设到装机1 820万千瓦的三峡工程论证，他一生的活动都离不开中国的水电建设。他参与、负责和领导了黄坛口、流溪河、新安江、富春江、乌溪江、龚嘴、磨房沟、锦屏、乌江渡、安康、铜街子、凤滩、东江、石塘、白山、龙滩、葛洲坝、二滩、小湾等几十座大中型水电站，以及今天称得上世界第一的三峡枢纽工程的设计、建设和审查工作，解决了大量的技术难题。可以说，每座大中型水电站的建设工地上，都留下过他的足迹和汗水。

潘家铮擅长结构力学，尤其是水工结构的分析研究，是我国水电界著名的学者、坝工专家。40多年来，在所经手的工程中，他创造许多新结构、新技术和新理论，为我国水电事业的迅速发展和水电科技攀登高峰倾注了全部心血和精力，同时培养了大批水电建设的骨干人才。

早在20世纪50年代，潘家铮就设计了我国第一座坝顶溢流的双曲拱坝。

那是1956年，潘家铮任广东流溪河水电站水工设计组组长，负责广东流溪河水电站的水工设计工作。基于对坝区良好的地质条件的认识，他极力主张该工程采用双曲拱坝的新结构。由于建造双曲拱坝在我国还是第一次，缺少资料和经验，他便带领设计组的全体同志进行了烦琐的坝体应力分析、坝头稳定分析和坝体冷却措施设计等一系列设计工作，使大坝的设计工作得以顺利完成。特别是在拱坝坝顶能否溢洪的问题上，当时曾有过激烈的争论。不少知名专家，包括苏联的援华专家从保证大坝的安全考虑，都反对拱坝坝顶溢洪的方案，但潘家铮坚持这项新技术，他深信这个方案既能保证安全，又能节省投资。他和同事们提出了拱坝坝顶溢洪结构应力分析方法，并完成了此项设计。

1959年，我国第一座高78米的流溪河双曲拱坝胜利建成。经过几十年的运行和多次溢洪的实践证明，潘家铮当初坚持对流溪河拱坝坝顶溢洪的主张是正确的。在该工程后期，他又参与了简化拱坝应力试载法分析，支持并领导了这项简化工作。简化后的计算方法，比过去采用精确法的计算工作量大大减少，而精确度相近。1958年，在中国、苏联、朝鲜、蒙古4国联合举行的大坝会议上，潘家铮就上述流溪河双曲拱坝设计中的几个主要问题提出了有分量的论文，得到了与会专家的一致好评。

流溪河双曲拱坝的建成，开创了我国薄拱坝建设的先例，对以后的泉水拱坝（高80米）、紧水滩拱坝（高102米）、东江拱坝（高157米）、二滩拱坝（高242米）等设计都产生了深远的影响。

潘家铮在负责我国第一座大型水电站——新安江水电站工程的设计中，

创造性地运用了大宽缝重力坝、大泄量溢流厂房，用封闭式排水降低扬压力，设置坝内大底孔导流以及坝体斜缝施工等新技术，使工程量大大减少，并且降低了造价，缩短了工期，创造了开工 3 年后就发电的记录。

新安江水电站位于浙江省建德县，在钱塘江支流新安江上，是我国自主设计、自主施工、自制设备、自行安装建设的第一座大型水力发电站。它是以发电为主，兼具防洪灌溉效益的综合水电工程。其装机容量和工程规模都比在我国东北修建的丰满水电站要大，最大坝高达 105 米，坝顶长 462 米，水电站共安装 4 台 7.5 万千瓦和 5 台 7.25 万千瓦的水轮发电机组，总装机容量为 66.25 万千瓦，年发电量可达 18.6 亿千瓦时。该水电站的主体工程混凝土量为 160 万立方米。

1957 年 8 月，他刚从海南返回上海便被任命为新安江水电站副设计总工程师，并于 1958 年进入现场，具体领导、指挥该工程的设计与施工工作。在工程设计中，他首先提出并实施了降低扬压力的"抽排措施"，采用了大宽缝重力坝，大大减少了坝体混凝土工程量，还先后在新安江工程中采用了大底孔导流、钢筋混凝土封堵闸门、装配式开关站构架、拉板式大流量溢流厂房等先进技术。可以说，新安江水电站能在短短的 3 年时间里建成投产，与潘家铮创造性的努力是分不开的。

新安江水电站的建成，为新中国水电事业的发展树立了一座丰碑。它凝结了潘家铮的智慧和心血，也记下了他不朽的功绩。

我国第一座建在喀斯特地区的高坝水电站——乌江渡水电站在开工后，曾遇到巨大困难，甚至有下马之议。潘家铮和许多专家在进行了详尽的调查研究后，坚持真理，提出措施，使乌江渡工程得以顺利实施。而在东江水电站工程设计中，有薄拱坝、厚拱坝和重力坝等方案，由于当时我国建坝经验很少，领导层倾向于采用稳妥方案。潘家铮根据当地条件，据理力争，并协助指导设计工作，使湘南大地上拥有了一座十分壮观、漂亮的双曲薄拱坝。

葛洲坝是长江第一坝。设计单位采用"抽排措施"，即封闭排水措施，虽大大减少了工程量，但却引起了许多专家的疑虑和反对。水利水电部领导请潘家铮审查研究，提出结论。由于有丰富的工作经验，他在发扬民主的基础上，亲自分析计算，在做出令人信服的结论的同时肯定了原设计方案。葛洲坝工程运行30多年来，完全正常，现这一措施已被列入设计规范。

龙羊峡工程在选择坝址和开工修建时，同样遇到巨大的困难，又是潘家铮挺身而出，迎难而上，经过大量的科学分析、计算和试验，他肯定了建库的可能性，并制定了相应的技术措施，经过复杂的处理（在地下填进了8万立方米的混凝土，并进行10余万立方米的高压灌浆，把破碎的山头加固），建起了当时中国的第一高坝——178米的龙羊峡拱坝，为开发黄河上游水利资源打下了基础。

时任水利电力部部长的钱正英曾感慨："对龙羊峡这样事关工程成败的问题，敢于主持并做出'点头'的结论是要冒坐牢、判刑的风险的啊！这不仅要有高度的技术水平，还要有将个人得失置之于度外的、高度为人民负责的精神。"

潘家铮就具有这种高度负责的精神。他一直以推广新技术为己任，全力推广碾压混凝土、钢筋混凝土面板堆石坝……在岩滩工程是否采用碾压混凝土的研究会议上，众说纷纭，有的同志有些胆怯。潘老鼓励说："大胆、细心地去做。成功了，功劳是你们的；出了问题，责任由我负，因为这是我坚持让你们做的。"他这种无私无畏的精神，是科学的精神，是建设科学事业所必需的精神，他有力地推动了我国水电和坝工技术的发展，使我国水电和坝工技术在某些领域跃居世界领先地位。

在水电建设中，经常会遇到严重的边坡失稳问题。潘家铮从20世纪50年代初开始，在计算黄坛口工程的西山滑坡问题时，就对滑坡问题进行研究。他对边坡稳定计算的各种理论方法做了全面的调查、分析，结论是用极限理论分析边坡稳定性不可能有确定的结果，只能得到在一定范围内的模糊解集，必须将这类问题和一般的力学分析完全区别开来。经过长期思考，他提出了水电界称之为"潘家铮公设"（Pan's Postulates）的理论。

潘家铮擅长结构理论，特别是在结构力学方面有深入的研究。早年他就对结构力学中的基本方程"角变位移方程"做过透彻的研究，并把"形—载常数"理论扩大提高，成功地分析了许多复合结构。可以说，中国水电和坝工技术的发展与潘家铮的奋勇开拓、辛勤耕耘是分不开的。

在他的组织、支持和指导下，一座座新的大坝和电厂出现在中国的大地上，如绰约多姿的东江双曲拱坝、黄河的龙头水库龙羊峡大坝，以及当时世界上最高的双曲拱坝——二滩大坝等。人们说，哪儿有技术上的困难，潘家铮就会出现在哪儿。

潘家铮还担任了多个国家一级学报和大量部门、地方科技刊物的编委。他经常收到各地寄来的文稿，总是一丝不苟地进行审稿、改稿、推荐、作答，这几乎占掉了他全部的业余时间。熟悉他的人都知道，潘家铮是位惜时如金的人，但为了勉励后学，他从不吝啬时间。他非常注意发掘、培养在基层奋斗的人才，鼓励和帮助他们成长。他说，看到勤奋、努力的年轻一代，就会从心底里喜欢他们。数十年来，得到潘家铮帮助和培育的青年不计其数，而其中有许多已成为水电设计科研中的骨干、水电建设中的中坚。潘家铮在古稀之年还在清华大学等学校培养博士研究生，为使更多的水电人才脱颖而出而不懈地努力着。

为了将自己多年在水电工作中的实践经验和研究探索的结果公之于世，为后来者提供借鉴，潘家铮撰写了大量的学术论文和技术专著，可谓设计浩瀚，著述丰厚。据不完全统计，潘家铮在总结工作经验的基础上，编著、撰写了21部专著，连同历年发表的近百篇学术论文，总字数在700万字以上。他的论著不尚空谈，而是从实践出发，发现问题，研究问题，解决问题，叙述深入浅出，深受广大读者，尤其是基层同志的欢迎，并成为他们手头、案边的得力工具。在"文化大革命"中，科技书籍极为匮乏，有的技术人员连夜传抄能够找到的他的著作，以此作为设计依据。有的同志说，读了潘老的著作，特别是《水工结构应力分析》丛书，仿佛上了一所自修大学。

1987年，潘家铮完成了《重力坝设计》一书的写作，这是他的代表性著作。该书全面系统地总结了重力坝设计的经验和理论，全书共125万字，从重力坝的发展史到各国的近代技术都尽量收入其中，尤其注重搜集我国科技界在这个领域的成就，包括他自己的研究成果。该书受到国内外水工界设计同行的好评，成为一本重要的参考文献和国际上较完整的论述重力坝的专著。

潘家铮是一位成就卓著的科学家，但他天生爱好文学。正如他自己说的：

"我是热爱水电事业的，但这是伟大的历史潮流把我推上这条道路的，我与水电事业是'先结婚后恋爱'的。"而他对中国文学的感情，则是热烈的"初恋"，深情不衰。所以，不论他走到哪里，总有一本他喜欢的书随侍左右，即使在"文化大革命"时期，他身处逆境，亦不忘偷得片刻自由，到上海福州路上的旧书店，花钱买回一本求之已久的绝版书或未曾见过的妙笈，偷偷阅读。若有喜怒哀乐，总要书之以文，寓之于诗。

潘家铮不善言谈，也很少看电影或参加文体活动，他最大的嗜好就是读书和写作。他在文史方面颇有造诣。早在"文化大革命"前，他在上海的故居中已搜集到近万卷的藏书，其中一半是"歪门邪道"的文史书籍，"文化大革命"中被全部送进了废品回收站，但后来他的房间里又堆满了书籍资料，稍有余暇便孜孜不倦地研读。他除写有大量的科技论文和技术专著外，还写有大量的小说、诗文，如小说《走资派尹之华》《父女之间》，科幻小说《一千年前的谋杀案》《康柯小姐的悲剧》，诗集《绿窗吟》《新安江竹枝词》《锦屏诗稿》等，力图在批判社会不正之风和激发青年振兴中华的热情上有所裨益。他还在博览众说的基础上，写成了一部《积木山房诗话》，成一家之言。他认为，自古以来中国女子的遭遇最惨，最值得同情，而中国诗词中偶尔流传下来一些作品弥足珍贵，值得搜集整理。所以，他曾发愿，要编一本完整的闺秀诗话，并已搜集了不少素材。他的自传散文集《春梦秋云录》曾得到李鹏同志的题名，政协副主席、原水利水电部部长钱正英和钱令希教授为之作序。

由于潘家铮卓越的学术成就和巨大贡献，1980年他当选为中国科学院学部委员（院士），1985年当选为中国水力发电学会副理事长、中国大坝委员会副主席（后任主席），1988年被任命为国务院学位委员会委员，1989年被授予"国家设计大师"称号，1990年当选中国水利学会副理事长和中国岩石力学与工程学会副理事长，1991年当选为中国岩石力学与工程学会理事长，1994年成为中国首批工程院院士，并担任工程院副院长之职。

潘家铮在年近古稀时，除担任众多社会职务外，还负责主持国家"八五""九五"水电方面的重大科技攻关项目，如"水电工程筑坝技术""高坝建设关键技术研究"等。他晚年时还在进行中国能源可持续发展的战略研究。

世纪之交"三峡梦"

1985 年，潘家铮被任命为水利电力部的总工程师，并于次年受命担任三峡工程论证领导小组副组长和技术总负责人。组织上的这一决定，使年近花甲的潘家铮又如醉如痴地做起了几代中国人曾经做过的"三峡梦"。

1990 年，潘家铮在三峡工地坛子岭

三峡是个诱人做梦的地方。一提起三峡，人们会马上联想到"巫山神女"，联想到苏东坡、王安石，联想到张飞庙、白帝城、孔明碑，联想到绵延百里的山水画廊……

古人梦三峡，或感三峡风景之美，或借三峡江水奔腾之壮观抒怀言志。而真正将三峡与国家兴亡联系在一起，当数民主主义革命的先驱孙中山先生，是他开创了"三峡梦"的新纪元。1918 年，第一次世界大战刚刚结束，孙中山先生就想利用西方的生产设备、技术和资金来开发三峡的水利资源，还要改善航道、开发航运。在他所著的《建国方略》《民主主义》中，对此都有明确的阐述。虽然中山先生的设想在当时是根本无法实现的，但那时就能提出这样的设想，足见其敏锐的目光和宏伟的抱负。

此后，做开发三峡资源梦的人源源不断，在这些人中还有一位是洋专家，他就是美国头号水电专家和坝工权威、垦务局的总设计师萨凡奇（John Lucian Sovage）博士。他在中国抗日烽火燃遍大江南北的 1944 年，以 65 岁的高龄，乘小木船深入长江三峡考察并编写了一份报告。报告中他主张在宜昌上游峡谷中建一座 225 米高的大坝，回水直达重庆；安装 1 050 万千瓦的水电机组，能够发挥防洪、航运、发电、给水灌溉、旅游的综合效益。萨凡奇博士当时提出的这一主张，已接近几十年后的研究结论了。

1949 年新中国成立后，构建世界第一坝的梦想得以有计划、有步骤地实施。国务院总理周恩来亲自负责这一工作，对长江、三峡的科学研究工作开始纳入国家领导人的重要议事日程。

20 世纪 50 年代后期，中国的建设走上了曲折的发展道路，三峡工程也同样受到影响，但工程的规划研究工作从未间断过。30 多年的光阴并没有白白流逝，1984 年，国务院原则上批准三峡工程的可行性研究报告并着手筹建三峡工程，梦想真要变成现实了。

从 1949 年成立有关机构从事三峡工程的地质勘测，到 1990 年党中央、国务院听取重新编制的三峡工程的可行性研究报告，前后经历了 40 多年。40 多年里，围绕三峡工程的一系列问题，从抽象到具体，从微观到宏观，从基础工作到科研尖端，从局部考虑到综合研究，从自然科学外延到社会科学，各门各类的研究课题从开始的含混、朦胧状态到最终的清楚、明朗。

1986 年，根据中共中央和国务院的文件，水利电力部成立了三峡工程重新论证领导小组，任命钱正英部长为组长，潘家铮为副组长兼技术总负责人，组织数百名专家、学者、权威人士对三峡工程进行重新论证，耗时近 40 年的三峡工程的准备工作基本完成，而围绕三峡工程的理论争鸣进入了实质性阶段，已经到了党和国家对三峡工程宏观决策的关键时刻。

作为具体负责三峡工程重新论证领导小组的副组长兼技术总负责人，潘家铮深感自己肩上担子的沉重，责任感和使命感迫使他更加勤勉、忘我地工作。

走马上任后，素以科学态度严谨著称的潘家铮，几乎读遍了所有关于三峡工程的资料，研习了几十年来志士仁人的劳动成果，并同众多的专家学者一起不辞艰辛地进行实地考察，不厌其烦地反复征求持有不同观点的专家、学者及民

潘家铮（右一）在工地上回答外国记者的提问

主人士的意见，又同大多数专家、学者一起，对不同的意见进行分析、研究、考证。重新论证是一个烦琐而艰难的过程。潘家铮和同行们在围绕三峡工程的理论领域里左冲右突、几进几出，甚至推倒重来，以寻找可靠的科学依据来剖析、解答所有的疑难问题。经过3年夜以继日的鏖战、拼搏，潘家铮和同行们最终不辱使命，完成了三峡工程的重新论证，编制出了可行性研究报告。

1990年7月6日，国务院召开三峡工程汇报会，几乎所有党和国家领导人，各民主党派负责人和有关部门、地方的领导出席了会议。国务院总理李鹏亲自听取汇报。潘家铮代表三峡工程重新论证领导小组做了题为"三峡工程重新论证的主要结构"的汇报。汇报过程中，潘家铮依据大量资料，科学地论述了兴建三峡工程的必要性、技术上的可行性和经济上的合理性。他归纳了各界人士的不同意见，得体地解答了人们的各种疑虑，深刻地阐明了三峡库区的移民问题、生态环境等问题，最后，潘家铮代表三峡工程重新论证领导小组作了以下结论：

总之，不论从国家的长远规划来看，还是从当前防洪、解决能源和交通问题的紧迫情况来看，兴建三峡工程都是必要的、急迫的。三峡工程在技术上是可行的，在经济上是合理的，移民和生态问题是可以解决的，国力是可以承担的。现在已到了认真考虑三峡工程的时候了。如果不考虑三峡工程，就无法解决长江中游日趋严重的洪水威胁，无法安排煤炭、水火电和航运规

划。经过如此长期的从宏观到微观的反复论证，可谓慎重和民主。在这个基础上做出决策，绝不是急于求成的，而是符合中央对三峡工程所采取的积极慎重的方针。至于具体开工时间可由国家根据各种条件来决定，建议在"八五"计划后期开始准备工作。

对于这个汇报，党和国家领导人是满意的，积极主张兴建三峡工程的专家学者也满意，少数持不同观点的同志、朋友和有关的民主人士也是能够理解的，因为它不仅仅是潘家铮一个人的意见，更是参加重新论证工作的绝大多数专家学者的共同心声，它是集体智慧的结晶！

此后的几年里，潘家铮除参加其他水电建设方面的工作外，大部分的时间和工作都与三峡工程的建设有关。或是参加国务院关于三峡工程建设中有关问题、项目的研究审查会议；或是南下北上，往返于大江南北的水电建设工地，为三峡工程的建设做启动前的最后的准备。

潘家铮在野外考察途中

1994 年底，这场旷日持久、长达40 多年的准备工作终于进入了尾声。12 月 4 日，国务院总理李鹏代表中共中央、国务院在长江三峡工地庄严宣布：举世瞩目的三峡工程正式开工。这个消息传遍了全国，传遍了全世界。

三峡工程是一个跨世纪的超级工程，从孙中山到毛泽东再到邓小平，从波韦尔到萨凡奇到中国学者林一山，几代政治家与中外学者均为之勾画蓝图，呕心沥血。如今，让这样一个雄阔壮美，具有防洪、发电、航运等巨大综合效益的宏伟工程巍然屹立在中华大地的梦想，终于要成为现实。昔日弥漫着神秘浪漫色彩的三峡，已在为当代中国人的具有现实主义色彩的理想敞开心扉。

历史记录下了这一天。1997 年 11 月 8 日上午 8 时 50 分，中共中央政治局常委、国务院总理李鹏来到上游围堰堤头，在听取了中国长江三峡工程开发总公司总经理陆佑楣关于大江截流合龙准备的报告后，李鹏总理宣布大江截流合龙开始，这时太阳已露出了笑脸。9时整，李鹏总理一声令下，左围堰上空的三颗绿色信号弹腾空而起，划破了宁静的天空。世界水利水电史上最大的截流工程拉开了帷幕。

此刻，机器声轰鸣，上下游围堰的11个工作面南北夹击，同时展开。世界最先进的自卸车一字排开，秩序井然地向江心推进。在石料场，一铲可铲10立方米的大铲车正加大马力，运用自如地铲着每块几吨重的石头。各种车辆排成纵队鱼贯而入，左右开弓，忙而不乱。下午3时30分，上游围堰锁江之战胜利完成。三峡工程开发总公司副总经理贺恭用对讲机向党和国家领导人报告了截流合龙成功的喜讯，参加上游左右围堰截流的葛洲坝集团公司的建设者们高兴地挥着红旗，拥抱在一起。晚上6时30分，下游围堰再一次给全国人民带来喜讯——截流合龙成功了。举世瞩目的三峡工程大江截流已胜利完成！

昼夜兼程于征途

前进路上多曲折，但潘家铮从未被吓倒过，不论是面对艰巨的设计任务还是面对残酷的政治斗争，他从没有屈服。在他的心中只有一个目标，那就是要用自己的聪明才智为祖国的水电建设事业、为中华民族的振兴贡献绵薄之力。

三峡工程截流合龙成功，整个中国都为之沸腾！那天晚上，多少家庭像过节一样，端起酒杯，为我们的祖国深深祝福！落日熔金，不失其壮美；老骥伏枥，仍扬鞭奋蹄。当时已在中国的水电建设战线上辛勤工作了四十七载的潘家铮，虽自感叹"残梦将醒、浮生已老"，但他却"快马加鞭未下鞍"，扬鞭催马，风鹏正举；纵是风霜雪雨，仍昼夜兼程于征途，"壮心未与年俱老"，其志不衰。他坚信，中国的水电建设事业一定能够攀登绝顶！他衷心地企盼能有更多的年轻人投身到水电建设这一伟大而又艰巨的事业中来！

瑰丽的焊弧

——访中国现代焊接理论奠基人、中国科学院院士
潘际銮

潘际銮 焊接工程专家。1927年12月24日生于江西九江。1948年毕业于清华大学。清华大学教授，曾任南昌大学校长。1980年当选为中国科学院学部委员（院士）。

参与创建国内高等院校中第一批焊接专业。20世纪50年代末试验成功板极电渣焊及重型锤锻模堆焊，并将其应用于生产。60年代初试验成功氩弧焊并将其应用于核反应堆制造，完成我国自己生产的第一套核反应堆焊接工程。继之研究成功我国第一台电子束焊机，并对焊接的热裂纹的机理进行了深入研究。70年代末研究电弧传感器，首次建立电弧传感器的动、静态物理数学模型，并研制成功具有特色的电弧传感器及自动跟踪系统。80年代研究成功"QH-ARC"焊接电弧控制法，首次提出用电源的多折线外特性、陡升外特性及扫描外特性控制电弧的概念，为焊接电弧的控制及焊接自动化开辟了新的途径。

我认识潘际銮是在 1989 年。当时我担任责任编辑，在中国科学院科学史学者周发勤先生的介绍下，约请潘际銮先生撰写《瑰丽的焊弧——潘际銮传》书稿。几易其稿，该书终于在 1991 年底正式出版，并于 1992 年获中宣部"五个一工程"入选作品奖。当时，潘际銮任清华大学机械工程系主任、清华大学学术委员会主任、国务院学位委员会委员、国际焊接学会副理事长。由于工作关系，我曾多次与潘先生通信，商量书稿中的有关问题。2000 年千禧龙年来临之际，我收到时任南昌大学校长的潘际銮先生从江西南昌寄来的新春贺卡，后来又收到潘际銮校长为《走近科学家》一书题词，备受感动。

潘际銮的夫人李世豫是湖南长沙人。潘际銮说，如果没有她的鼎力相助，他不可能有今天的成绩，也不可能返回江西。说起来，他俩的结识是个巧遇。1950 年，李世豫离开南下工作团，一心到北京去考大学。她在北京时，借住在一湖南同乡家，而这个湖南同乡，恰是潘际銮要好的大学同学。此时，潘际銮已经毕业留清华大学任助教，不仅有能力帮助这个一见倾心的姑娘补习，借以发展感情，而且当李世豫头两年都没有考上理想的学校时，他得以倾出并不丰满的钱囊，做其实现理想的经济后盾。

当李世豫考入北京大学化学系的时候，潘际銮正在千里冰封的哈尔滨读研究生。结婚后，承接着一个个国家重点工程任务的潘际銮，进入的是没有返程车的单行道。他没法把更多的欢乐留给妻子，也没法把哪怕再少的家务揽到自身。

2000 年"五一"节期间，我再次拨通了南昌大学校长潘先生办公室的电话，听到潘老的声音，甚为高兴。

艰难的求学时代

1927 年 11 月 24 日，潘际銮出生在九江的一个铁路职员家里。潘际銮的祖父潘文琼是个贫寒的读书人，他饱读诗书。父亲潘凤林，14 岁时考中了秀才，科举制度废止后，他进入了铁路学堂，毕业后从职员做起，后任九江站站长、南昌车辆段段长。

1934~1937 年，潘际銮先后在九江南浔铁路小学和滨兴洲小学读书，父亲尽了最大努力为孩子们创造求学机会。

小学快毕业时，抗日战争全面爆发，日本帝国主义侵略的战火给中国人民带来了深重的灾难，也改变了潘际銮童年的生活。潘家一行 5 男 5 女，由父亲和大哥带领他们坐火车去南昌，后又辗转至泰和暂时安家一年。为了不在日寇铁蹄下过亡国奴般的屈辱生活，他们又去了湖南。不幸的是，潘际銮和他的表哥得了伤寒症。潘际銮永远也忘不了全家在颠沛流离的逃亡途中的这段经历。他虚弱的身体伏在父亲宽阔的背上，几百里的路程，父亲蹒跚前进的沉重脚步，深深地印在他的心上。从父亲的身上，他懂得了什么叫毅力，什么叫乐观，什么叫奋斗。在潘际銮以后的人生道路上，无论是生活的艰难，还是工作的挫折、政治风浪的冲击，他都能正视和承受，这有他父亲的重要影响。

经过长途跋涉，潘际銮父亲带着一家子到了湖南，尔后转至广西柳州，乘汽车去了云南。1939 年，父亲在叙昆铁路站找到了工作，由于收入微薄，只好住在郊区一个少数民族百姓的家里。这是一幢十分典型的山区木板楼，上层住人，下层喂养牲口。尽管家庭生活十分困难，父亲还是尽量设法供子女上学。1939 年秋天，潘际銮和他二哥潘际炎考入昆明云瑞中学，他俩寄宿在学校里，每周末回家一次。1941 年秋，潘际銮考上了镇南县联合中学，开始进入高中学习。这所学校师资力量雄厚，要求严格，教学质量高。1943 年春，潘际銮考入公费的昆明中山中学，1944 年毕业，参加了云南全省高中毕业生统考，成绩名列第一，成了全省的"状元"。接着，他又考取了西南联合大学和云南大学。最后，他还是选择了西南联合大学。

西南联合大学是"七七"事变后，由北京大学、清华大学和南开大学内迁联合组成的，当时拥有文、法商、理、工、师范等 5 个学科共 26 个系。踏进西南联合大学校门，潘际銮的第一个深刻印象是它的清苦、朴素。西南联合大学的校舍很简陋，伙食也很差，但这丝毫没有降低学生们求知识、做学问、关心国事的热情。令潘际銮感受最深的是西南联合大学踏实严谨的学风。1945 年抗日战争胜利后，北京大学、清华大学、南开大学相继迁回。1946 年夏天，潘际銮和二哥潘际炎，带着改做的两条旧棉袍，靠学校发的一些路费，从昆明来到北平，进入清华大学。从西南联合大学到清华大学，潘际銮接触到了许多令自己难以忘怀的老师和同学，他们的学识、作风、品格无时不在影响着潘际銮。1948年夏，潘际銮的成绩在全校排名第四，毕业后留校当助教，成为著名机械工程师、教育家刘仙洲教授的助手。

1950年，潘际銮由清华大学推荐选送到哈尔滨工业大学读研究生。当时的哈尔滨工业大学被教育部定为学习苏联教学经验的重点大学，有50多位苏联专家在校任教。潘际銮的导师是国际上知名的焊接专家普洛霍洛夫博士。潘际銮没有想到，他的一生从此和焊接结下了不解之缘。在普洛霍洛夫的指导下，潘际銮利用技术将纯铝制成条状试件，对金属的日危性温度阶段内的强度、塑性、温度和变形速度等因素的关系进行了深入的实验研究，验证了某些关于金属变形和断裂的理论。对上述实验成果，他又从理论上进行了较为深入的分析和总结，初步形成了描述焊接中金属热裂纹形成和机理的物理模型，运用这一理论，就有可能在各种焊接工作中预测裂纹产生的可能性。

1955年暑假，潘际銮返回清华大学，正式组建焊接教研室，并任教研室主任。他是清华大学焊接专业的创建者，也是中国第一个焊接专业的建设者。

科技创新的年代

20世纪50年代，我国大规模的经济建设对科学技术研究提出了迫切的要求。以潘际銮为首的青年学者群体，很快就取得了全国首创的大型轧辊板极电渣焊、大型锻堆焊等成果，为国家和企业解决了许多重大的技术难题。

以后，更重大的任务提出来了，潘际銮没有在重担面前犹豫、退缩。1959年，当清华大学自主设计建造我国第一个核反应堆时，32岁的潘际銮率领一支由教师、工人、学生组成的队伍，勇敢地承担了核反应堆设备的焊接任务。他非常清楚这一技术的高难程度，如果稍有不慎就会造成核泄漏的灾难性后果。这是一个十分庞大的复杂工程：主要建筑物共有8幢，包括17种工艺系统、几百台精密仪器设备、几千套电气与机械部件的20多万米管线。为了达到防腐蚀的特殊要求，大量设备须采用铝材和不锈钢组成的焊接结构。其中，放置堆芯和高纯冷却水的铝制大水池，容积 50 立方米，深达 8 米。为了杜绝放射性水的泄漏，这个庞然大物的密封要求极为严格，不容有丝毫缺陷。这样巨大的铝制传壁容器，只能采用特殊的氩弧焊接技术。这在当时国内没有先例，国外也属罕见。

为了攻克这一技术难关，潘际銮和组内的师生们付出了大量心血，进行了严格的实验研究。智慧和汗水，最终换来了令人欣慰的成功。不久，几千米长的焊缝经 X 光检验无一气孔，足有两层楼高的铝质大池子奇迹般地诞生了。这宣告了由潘际銮改进的氩弧焊接技术走在了世界前列。

科学攀登无止境，潘际銮并没有就此止步。1963 年，他与教研组其他几位老师一道，与上海电焊机厂合作，又一次率先攻克了一项新的技术，成功研制了我国第一台真空电子束焊机。1965 年，这种名为 ZD-30 型电子束焊机获得了国家科学技术委员会、国家计划委员会、国家经济委员会授予的新产品创造二等奖。

20 世纪 90 年代初，潘际銮在焊接实验室工作

"为什么不能争取拿个一等奖？"依照潘际銮的个性和抱负，他是不摘桂冠不罢休的，他时刻想着以更大的成果奉献给党和人民。自说出这句话起，他一直在想着如何早日圆"国家一等奖"的梦，即使在"文化大革命"期间也未曾忘怀。这一刻终于到来了。1984年6月，经国家科学技术委员会发明评选委员会审查评定，潘际銮等人研究成功的新型MIG焊接电弧控制法（QH-ARC）荣获了国家发明一等奖。这正是在我国工业方面和高校系统中第一个荣获国家科技发明最高奖的项目。

梦圆时分，是令人兴奋的。可是有多少人知道，这项重大成果，是潘际銮等人经过6年的奋斗才获得的。1978年，那是百废待兴的岁月，潘际銮和他的焊接教研组根据科研总体方案，陆续上马了几个专题的实验研究。其中，开发一种新型的焊接电弧控制法被列为重点。在以后的日子里，他们不仅要攻克一个又一个科学技术上的难题，而且要为解决因经费不足导致设备条件困难而奔波。1980年10月，潘际銮凭借已有的研究基础，在日本大阪举行的国际焊接学会年会上，发表了有关焊接电弧控制法的学术论文，立即引起了反响，许多同行纷纷向他表示热烈祝贺，有的表示愿意合作研究，还有的表示对技术转让感兴趣。国际焊接学会的瑞典代表伯格博士敏锐地察觉到该项成果在技术上和经济上的价值，他的公司很快与我国签订了引进这项新技术的合同。1983年，新焊接系统的原型机在清华大学制造完成，瑞典这家公司验收了样机，表示非常满意。

经过潘际銮等人的不懈努力，焊接电弧控制法共推出三个方案，两次实现了重大突破。这项技术被认为开辟了焊接控制技术的新路，把焊接技术推向了新阶段的科研成果，具有重

1980年，潘际銮在国际焊接学会年会上做学术报告

大的理论意义和实用价值。它实现了焊接过程的自适应控制和焊接参数的自动优化。采用这种控制法，不仅可以提高焊接的质量，而且利用它就可以实现单面焊接双面成形。这样，焊接工人就可以不用长时间钻进高温的管道内部进行作业了。这项技术的优势和潜力，已经被国际焊接界所公认。这项发明，已分别在中国和美国获得了专利权。

1985 年 5 月 25 日，瑞典《每日工业报》对此作了报道："这是发展中国家贸易上的一个转折点。因为人们一般认为，这种先进技术应该是由像瑞典这样高度工业化国家研究出来，然后再出口给发展中国家的。然而，这次情况却正好相反。"这篇报道还称赞说："中国的研究人员受过最高等的教育，出类拔萃。"

潘际銮是位高产的科学家，在他的科技生涯中，还有许多开拓性的业绩。20 世纪 60 年代初，他和二哥潘际炎（铁路桥梁专家）就联手提出把焊接技术应用于建造铁路桥梁的大胆设想，并雄心勃勃地做着要在长江上修建一座焊接大桥的梦。不到几年，潘氏兄弟的这一设想在成昆铁路上变成了现实，一座座不同结构形式的栓焊桥横跨在成昆铁路上，突破了百余年铆接桥梁的历史，使我国的铁路桥梁技术居于世界前列。近 30 年后，潘氏兄弟又圆了另一个梦，一座用栓焊技术建筑的新的长江大桥，在他们的故乡九江巍然屹立。它是潘氏兄弟为中国焊接事业和铁路桥梁事业树立的又一座丰碑！

几多付出，就有几多收获，潘际銮在国际同行中的声望日隆。1989 年，潘际銮应邀参加美国焊接学会成立 70 周年庆祝活动。在学术报告会上，他以《脉冲 MIG 焊接的控制》为题做了报告，介绍了"脉冲 MIG 焊接自适应控制""以 CCD 为传感器的熔透识别""熔透闭环控制"等学术成果，再次引起了与会者的浓厚兴趣。不少同行认为，他的学术思想新颖，有的成果又属国际首创，无论在学术研究还是实践上都会产生积极的影响。

潘际銮以其高深的学术造诣和丰富的经验，赢得了国内外同行的高度评价和尊重。1980 年，他当选为中国科学院学部委员；1981 年他被推选为中国焊接学会理事长；1982 年，在第 35 届国际焊接学会上，他被推选为国际焊接学会副主席。他的事迹被收入英国和苏联联合编辑出版的国际知名人士名录。

1989 年 4 月，潘际銮（左二）代表中国机械工程学会访问美国

为表彰潘际銮的卓越成就和重大贡献，全国总工会曾授予他"全国优秀科技工作者"称号和"五一劳动奖章"。他还是北京市特级劳动模范。

对于名誉和地位，潘际銮认为，"只是奋斗的结果，但决不应是奋斗的目标"。他在科学道路上艰辛攀登数十年的实践中感受到，生命的意义在于不断地求知、创造和奉献；如果把追求的目标聚焦于功名利禄，那无异于在眼前蒙上迷雾，使自己短视，甚至扼杀学术生命。他奋力追求人生的欢乐和幸福，但他始终认为，只有当自己的创新之梦一次次得以实现，即当自己的创造发明获得成功，并为人们所承认，特别是给社会带来巨大的利益时，才会享受到人生最大的欢乐和真正的幸福。

投身高等教育改革的时代

1993 年 5 月 4 日，这是个值得江西人民欢庆的日子。经国家教育委员会批准由江西大学与江西工业大学合并而成的南昌大学正式挂牌，宣告成立。更让人庆幸的是，受聘于南昌大学的第一任校长，是大名鼎鼎的中国科学院院士、国务院学位委员会委员，还曾任清华大学学术委员会主任的潘际銮教授！

不畏浮云遮望眼，只缘桑梓报效情。多次参加过在京江西籍学部委员研讨会，多次为南昌大学的建立和发展献计献策，对江西的教育事业情有独钟的潘际銮回来了。他带着祖父、父母的骨灰回到了生他养他的故乡。当他从黄懋衡副省长手中接过南昌大学校长的大红聘书时，他明白，他肩负的是一个光荣而神圣的梦，一个4 000万江西人民想了近半个世纪的玫瑰色的梦。

面对艰难，从不畏惧；面向挑战，傲笑相迎。潘际銮办大学，要求不但要有高质量的教学，还要有高水平的科研。展望未来，潘际銮提出：面向21世纪，以改革总揽全局，定位于江西，服务于江西，建设有自己特色的南昌大学！

"百年大计，教育为本。振兴经济，人才是关键。我们的工作就是要紧紧围绕培养人才、提高人才质量这个中心而努力奋斗！"在南昌大学诞生庆典上，潘际銮代表学校党政领导发出了誓言。多年来，南昌大学围绕办学目标进行了一系列高标准、大跨度的改革，针对教学建设，潘际銮提出了以改革学风为切入口，实施以学分制、淘汰制和滚动竞争制为核心的学生"三制"改革。好差分开，区别对待；因材施教，柔性培养；有奖有罚，动态流动。按学习成绩和德育综合测评进行排名，对思想品德、学业成绩排在前10%的学生实行重奖；后10%的学生实行部分交费。获奖的自费生、委培生可以减免部分培养费；对在各学期未修满规定学分数60%的学生，要求缴纳全部培养费，并跟班试读一次，仍未修满学分数60%以上者，予以退学。在学风建设"三制"改革之初，潘际銮就立下誓言：只许成功，不能失败。为了从严治校，把江西的教育事业真正办好办实，他在征得省委、省政府领导的支持后，顶住了来自各方面的巨大压力，始终不动摇"三制"改革的初衷，在全校掀起一股空前的学习热潮，大大地推动了学生的学习积极性，校园学风为之一新。"三制"改革仅一年，学生上课出勤率就由原来的89%上升到99.4%，自习率由原来的82%一跃而至98%。校园里出现了"五增多、五减少"现象，即"上课实到率增多，晚自习人数增多，图书馆借出图书增多，阅览室满堂率增多，校园里读书声增多；舞会减少，晚会减少，谈恋爱减少，学生经商减少，违纪事件减少"。有8名三年制专科的学生因学习成绩连续两年居所在系院同年级的前10%而被升为本科。学生补考率南、北两个校区相加仅为3.4%，淘汰率为0.47%。

在严格督促学生的同时，潘际銮又开始在全校教职员工中实施以聘任制、考评制和奖惩制为中心的改革，在干部职工中实行"处级、科级干部任期目标责任制，一般干部双定双选制，职工全员聘用制"。根据学校工作的总目标和各部门的分目标来确定每位干部的任期目标，按"一二三四"法对干部进行考评，即将干部的业绩与学校中心工作联系起来考评，考评采用群众、同级与校级三级小组进行考核；考评总分分优秀、胜任、基本胜任、不胜任四档排序；每年进行一次，滚动竞争。在教师中，每学年进行一次分类分项三级量化考

潘际銮在南昌大学

评，排序分等。对优秀者奖励、低职高聘或破格晋升，对不胜任者进行教育培训、离职低聘或调离教学岗位。这样一来，极大地调动了教职员工的工作积极性，取得了显著的成效。

南昌大学的前身是江西的两所省属重点大学——江西大学与江西工业大学。两所学校相距不远，一所在南，一所在北，一所是综合大学，一所是工业大学。为了使两校真正地合并起来，成为真正意义上的南昌大学，潘际銮适时提出了院系调整和组建学科群进而组建二级学院的改革方案，建立校、院、系三级管理体制。按照理工结合、文理渗透的原则，把两校原有的一些重复设置的系科、专业合并组建，改造一批系科、专业，把学科门类按大文科、理科、工科进行设置，优势互补，整体优化。对培养目标、教学大纲、教学计划、教学内容和教学方法也做了相应的修改，并从93级新生开始不分专业、按系招生，升入高年级时再按专业方向培养。在系科专业调整正常运转一年后，潘际銮又按照"五项原则"组建学科群，朝着"规划学科群发展战略、规划博士点和规划硕士点建设、争取进入'211'工程"三个目标迈进。在学科群

基础上，潘际銮又提出连同相关的研究所（室）和科技开发产业组建相应的学院，使学校的教育资源得到合理配置，提高整体科研水平，增强联合公关能力，为学校申报博士点、硕士点创造有利条件。1996 年，南昌大学获批 1 个博士点、12 个硕士点，获批数量位居全国高校榜首。

重点大学的办学水平不仅体现在高质量的教学上，还体现在高水平的科研上。为了引导教师在科研上高追求，使南昌大学的科研工作走出封闭的小圈子，形成依托社会、服务社会的良性循环，潘际銮不辞辛劳，不顾高龄，率领各系所的科研人员走出校门，奔向社会。他们上九江、下吉安、去上饶、到新余，跑遍了江西所有的地市去寻找科技合作和开发项目，科研经费由建校时的不足 100 万元一跃超过了 3 亿元。争取了包括建设江西银行系统金融证券全省联网系统、江铃引进模具的消化吸收、江西防洪防汛计算机网络系统，吉安、鹰潭、贵溪环境治理等数百项科技合作与开发项目，直接为江西的经济和社会发展做出了巨大的贡献。南昌大学成功了。南昌大学的改革与发展，在全国全省产生了极大的反响。江泽民、李鹏、李岚清等先后多次来到江西，视察南昌大学，并为南昌大学题词，勉励南昌大学的师生为江西经济的腾飞和社会进步做出更大贡献。

看到今天生机勃勃、奋发向上的南昌大学，我们不禁想起了潘际銮——这位优秀的科学家、出色的教育专家四年前回赣时的誓言：要么不干，要干就要干好！是啊，历史证实了他的誓言。

寒风中挺立的白杨，瘦硬的枝柯直刺蓝天，这就是潘际銮的人生写照。

高 铁 时 代

潘际銮是中国焊接科学的奠基者、学术权威，被誉为"中国焊接第一人"。他一手创办了哈尔滨工业大学和清华大学的焊接专业，现在中国发展的很多大国重器项目，如航母、核电站，都与他创建的焊接专业紧密相关。他开创的高铁钢轨的焊接技术，为中国高铁的迅速崛起、发展并走向世界奠定了基础。

在很多人看来，焊接只是一种普通的劳动工种，也就是一种能够养家糊口的普通技术活而已。潘际銮坦言，他当时只是觉得焊接专业有前途，但是绝对没有想到那么重要。以前的火车时速最快只有 80 公里，达到 100 公里已经很困难了，现在京沪高铁运行时速可达 350 公里。为什么？因为以前的一根火车铁轨是 100 米长，到工地组装焊接时，两根铁轨之间会有一个接头，火车开起来总是"哐当哐当"响，速度也提不起来。高铁的轨道则与普通轨道不一样，整条轨道全部无缝焊接起来，轨道之间焊接得很光滑、平整，如北京到上海之间的高铁轨道就像两条 1 300 多公里长的无缝轨道，火车开过去非常稳，速度也就可以提起来了。

潘际銮至今仍能清楚地记得我国第一条高铁京津高铁修建时的情形。当时的铁道部对京津高铁非常重视，请他去做焊接顾问。京津高铁一共 3 800 个接头，都是用潘际銮的方法实现无缝焊接的。后来这项技术在全国推广，如今我国 2.2 万公里的高铁，共计 84 万个接头，没有一个是坏的。中国铁轨的焊接技术已被认为是世界最好的焊接技术。

科学发现纵横谈

——访北京师范大学原校长、著名数学家、中国科学院院士王梓坤

王梓坤 数学家。1929 年 4 月 30 日生于湖南零陵，籍贯江西吉安。1952 年毕业于武汉大学数学系。1958 年获苏联莫斯科大学数学力学系副博士学位。1988 年获澳大利亚麦克里大学名誉科学博士学位。1991 年当选为中国科学院学部委员（院士）。北京师范大学教授，曾任该校校长；南开大学教授；汕头大学数学研究所所长。专长概率论。

在随机过程等研究中彻底解决了生灭过程的构造问题，创造了极限过渡的概率构造方法，求出了生灭过程泛函的分布。在国际上最先研究多指标 OU 过程并求出了布朗运动与对称稳定过程的若干分布，获得马尔可夫过程的常返性、零一律等成立的条件。在国内最早研究随机泛函分析，得到广义函数空间中随机元的极限定理。创造了多种统计预报方法及供潜艇导航用的数学方法。1984 年提出"尊师重教"理念并与北京师范大学部分教授建议设立国家教师节。曾获全国科学大会奖、国家自然科学奖、国家教委科学技术进步奖等多项奖励。

　　我读大学时，看过王梓坤的著作《科学发现纵横谈》，这是一部继《哥德巴赫猜想》之后，又一部有震撼力的科普作品。那个年代的大学生，无人不知、无人不争相阅读这部名作。

　　真正开始与王梓坤接触是在 1989 年，我当时在策划大型科普丛书《新编十万个为什么》，拟请他出任编委会顾问，他欣然答应，并两次出席了编辑工作会议，发表了个人对科普读物的精辟看法。1998 年广西科学技术出版社成立 10 周年时，王梓坤还专门为出版社题词。2000 年我撰写《走近科学家》一书时，王梓坤又为此书题词。2002 年我在中共中央党校中青班学习一年，在教师节前夕，专程到北京师范大学王梓坤的寓所拜访了这位北京师范大学原校长、1984 年首次提议设立"教师节"（1985 年在全国人大通过决议）的著名学者。

2002 年 5 月，王梓坤院士夫妇与本书作者在北京师范大学乐育楼前

科 学 贡 献

王梓坤 1929 年 4 月 30 日生于湖南零陵，原籍江西吉安县。1952 年毕业于武汉大学数学系。1955 年入苏联莫斯科大学数学力学系做博士研究生，师从数学大师 AN.Kolmogorov 和 R.L.Dobrushin，1958 年获副博士学位。1988 年获澳大利亚麦克里（Macquarie）大学名誉科学博士学位。1952 年至 1984 年任南开大学讲师、教授。1984 年至 1993 年任北京师范大学教授，其间 1984 年至 1989 年任北京师范大学校长。1993 年至 1998 年任汕头大学数学研究所所长。1991 年当选为中国科学院学部委员（院士）。他还担任《中国科学》《科学通报》《数学物理学报》编委，《数学教育学报》等著名核心学术刊物主编等职。

2002 年 5 月王梓坤在北京师范大学乐育楼家中

王梓坤是一位对我国的科学和教育事业做出卓越贡献的数学家和教育家，也是我国概率论研究的先驱和主要领导者之一。在数学理论方面，他致力于马尔可夫（Markob）过程及相关领域的研究，20 世纪五六十年代研究生灭过程，首创了极限过渡的概率构造方法，彻底解决了生灭过程的构造问题，并将差分方法应用于生灭过程泛函和首达时分布的研究，得到了一系列重要成果。这些成果当时均居国际先进水平。此外，在马尔可夫过程的函历性、常返性、零一律、马丁边界等研究方面也有多项重要成果，并率先开始随机泛函分析的研究。70 年代以来，在布朗运动与位势理论方面做了大量的研究工作，求得了布朗运动与对称稳定过程末离球面的时间分布、位置分布和极大游程分布。80 年代后期以来，他带领研究集体开始对测度值马尔可夫过程（超过程）进行研究，在较短时间内使我国在该领域的研究达到了国际先进水平。在数学应用方面，提出了地震随机迁移的统计预报方法及供舰艇导航用的数学方法。他的研究成果受到国际权威学者的高度评价。

王梓坤在概率论方面著书9部，发表论文数十篇。科学出版社出版的《概率基础及其应用》（1976年）、《随机过程论》（1965年）和《生灭过程与马尔可夫链》（1980年）3部著作从学科基础到研究前沿构成完整体系，对我国概率论与随机过程的教学和研究工作起了非常重要的作用，《生灭过程与马尔可夫链》的修订本已由德国施普林格公司出版英文版。北京师范大学出版社出版的《随机过程通论》（上、下卷，1996年）于1997年获全国优秀科技图书一等奖。1999年，湖南科学技术出版社出版了他的另一部著作《马尔可夫过程和今日数学》。多年来，王梓坤为国家培养了大批教学和科研的骨干力量，指导博士研究生和博士后20余名、硕士研究生30余名。他总是充满热情地支持和鼓励年轻学者的研究，赢得了广泛的尊敬。他重视科普工作和对治学方法论的研究，在这方面出版了《科学发现纵横谈》《科海泛舟》等名著。其中，《科学发现纵横谈》对社会影响很大，1981年曾获新长征优秀科普作品奖，获中宣部、教育部、文化部、新闻出版署和团中央联合推荐的百本爱国主义教育图书之一。"希望工程"向1万所农村学校赠书，此书也在其中。王梓坤任北京师范大学校长期间，于1984年首次提出"尊师重教"理念，并与部分教授建议在全国设立"教师节"。全国人大于次年通过决议，将每年9月10日定为教师节。

王梓坤曾三次被评为天津市劳动模范（1960年、1979年和1982年），获全国科学大会奖（1978年）、国家自然科学奖（1982年）、国家教委科学技术进步奖（1985年）等多项奖励。1984年被国家人事部授予"有突出贡献的中青年专家"称号，1990年被全国科普作家协会授予"建国以来成绩突出的科普作家"称号。

西 部 教 育

谈话中，王梓坤告诉我，他 2002 年 5 月去甘肃参加几个博士生的论文答辩，顺便访问了几所高校。他发现，西部的教学条件相当艰苦，不像大城市的高校能得到多方面的支持。但那里的一些大学如兰州大学的教学水平却很高，而且是在 20 年前就有较高水平，如在物理、数学等学科中有很多优秀的成果，他很佩服他们的奋斗精神。他觉得，同样办得不错的还有西北师范大学、天水师范学院等。

王梓坤认为，对这些教学条件相对困难的学校，国家应给予更多的财政支持和政策倾斜，地方政府和各界人士也应共同来支持。首先不要轻易去西部挖人。兰州大学的骨干教师被广州、北京挖走不少，系主任一级的至少有 10 人被挖走了，这不利于西部高等院校的发展。解决的办法：首先是允许教师去其他学校兼职，使他们个人的收入可以提高一些；其次是不要在国内的高校挖来挖去，而应当去国外把留学人员收回来。在谈到正在施行的"长江学者奖励计划"的时候，王梓坤突发奇想：能否再搞个"黄河学者奖励计划"？他说，西部有好几个省区和好多高校，当务之急是留住人才。"黄河学者奖励计划"的定位就是要留住或吸引高层次人才，为西部教育事业和西部大开发做贡献。因此，倡议中的"黄河学者奖励计划"与已经施行的"长江学者奖励计划"，在目标和要求上应该有所区别，条件可以相对宽松一些，这样有利于西部教师队伍的稳定。他希望有实力、有远见的企业家关注这件事情。

在访谈中，王梓坤多次提到应扶持弱势教育的问题。他所指的弱势教育，除西部教育外，主要是指农村教育。他说，首先要消除拖欠教师工资的现象，有些地方教师的月工资才 200 多元，他们辛辛苦苦工作，从家里带米到学校，很艰苦，如果再拖欠这些人的工资，就太不应该了。他希望国家鼓励香港、澳门及海外想投资教育的人士，将钱投到西部，投到农村，而不要总投钱给那些已经很有钱的大学。其次是师范教育也需要扶持。例如，像北京师范大学这样的学校，过去是与北京大学、清华大学、中国人民大学并列的，现在情况很不一样，北京师范大学甚至比不上省里的师范院校，因为北京师范大学没有得到很好的优惠政策。

王梓坤是中国概率论研究的开拓者和主要领导者之一，他的许多科研成果在当时居国际先进水平。现在，虽然他已年逾古稀，但还担任着指导博士研究生的工作，关注着教育事业的发展。

在谈到教学改革时，王梓坤坦言，教学改革应深入到教学内容和教学方法的改革。现在学生要学的知识太多了，而到底哪些是该学的，哪些是不该学的，却少有人研究。总体说来，中国学生的学习能力要比国外学生强，但

1988 年王梓坤去澳大利亚麦克里大学接受名誉科学博士学位时与该校名誉校长（右）和校长（左）合影

创新能力也许不如美国的学生，这和我们的教育体制有关，学校要学生学的东西太多、太深、太宽。现在的学生大多数时间是放在做习题上，学过去的、旧的东西很多，对现在没有多少用处。学东西不能太乱、太杂，应提倡"少而精"，这样才有利于培养学生的创新能力。现在读完博士后就 30 岁了，而最富有创造性的年龄是 30 岁左右。

在谈到教学方法时，王梓坤说，教学方法有灌输式教学和启发式教学，两种兼有，不能轻易否定，重点是培养学生的创新能力。正常的本科生毕业是 22 岁，硕士生毕业是 25 岁，博士生毕业是 28 岁，博士后 30 多岁，而到了博士后最富有创造性的年龄已经过去了。历史上诸葛亮 26 岁出山，邓小平

26岁指挥百色起义。王梓坤不赞成目前要求博士生在校学习期间、论文答辩前就必须在权威刊物上发表多少篇论文的规定。他认为，能发表论文，应该鼓励，但不要硬性规定，否则会助长学生生拼硬凑的风气，影响论文质量。他举了国外一个名叫安德鲁·韦尔斯的科学家为例，他为了解决一个困惑世间智者358年的难题——费尔马数学难题，十几年时间一篇论文都不发表，最终取得了成功。

王梓坤还谈到，要在教育界进一步提倡艰苦奋斗、奋发图强的精神，学校一定要树立良好的校风、教风和学风，要有一定的物质鼓励，但要以精神鼓励为主。他严厉抨击了学术上的浮躁之风，还说这有客观的源头和政策上的误导，如评审博士生导师的条件主要看你有多少论文发表、多少专著出版，评奖的条件也是一样。

家 庭 生 活

王梓坤教授桃李满天下，他的家庭也十分美满幸福。他的夫人谭得玲是北京师范大学外文系的俄罗斯文学教授，1952年留学莫斯科。谭得玲说她读的第一本外国小说是《钢铁是怎样炼成的》，小说的情节和作者的经历让她十分感动。为了追求进步，她开始学习俄语，没想到自己的一生都和俄语及苏联文学联系在了一起。那一年，带着周恩来总理在中南海怀仁堂为他们送行时的殷切期望，谭得玲和她的同学们踏上了苏联辽阔的土地。那段时期，正是中苏关系的"蜜月期"，谭得玲和她的同学真实地感受到了当地人民的朴实与热情好客。苏共二十大期间，刘少奇主席还到了苏联，接见了包括谭得玲在内的中国留学生……说到这里，谭得玲很激动。在莫斯科大学期间，谭得玲结识了很多新朋友，其中她一生最重要的"朋友"王梓坤，也是当时在苏联留学期间认识的。王梓坤是学数学的留学生，比谭得玲大几岁，两人相识于一次中国留学生组织的活动中，在远离故乡的异国，他们相互关照，关系越走越近，回国后不久便结为夫妇。谭得玲的父亲谭丕模是我国著名的文学史家和教育家，1936年他与曹靖华、齐燕铭组织成立北京作家协会，

1946 年以后曾在广西桂林师范学院任院长。1958 年 10 月 18 日，谭丕模随中国文化代表团出访，与著名作家郑振铎一起因飞机失事不幸遇难。王梓坤的两个孩子现在都在美国，一个在洛杉矶从事数学研究，另一个在底特律从事计算机开发。

1955 年，王梓坤与谭得玲在莫斯科留学期间合影

王梓坤在 73 岁高龄时仍在国内几所高校带博士研究生。生活十分有规律，每天坚持做第二套广播体操，喜欢听京剧，爱去书店买新书。

拜访结束时，王梓坤夫妇十分热情地送我下楼，并在校园里合影留念。

中国"卫星之父"

——访"两弹一星"功勋奖章获得者、中国科学院院士孙家栋

孙家栋 火箭和卫星总体技术专家。原籍辽宁复县，1929年4月8日生于辽宁盖县。1958年毕业于苏联茹科夫斯基空军工程学院飞机设计专业。1985年当选为国际宇航科学院院士。中国航天工业总公司研究员、高级科技顾问。曾任国防部第五研究院一分院总体设计部副主任、中国空间技术研究院院长及总体设计部主任、第七机械工业部总工程师、航天部科技委副主任、航天工业部副部长、航空航天部副部长级科技委主任。1991年当选为中国科学院学部委员（院士）。

长期从事运载火箭、人造卫星研制工作。从事中国第一枚自行设计的中近程导弹与中远程导弹的总体设计工作，任总体主任设计师；参加领导了第一颗人造卫星、返回式遥感卫星的研制与发射；担任多种型号卫星的技术总负责人和总设计师；负责绕月工程大系统的技术决策、指挥和协调，任总设计师。1985年获2项国家科学技术进步特等奖，1999年获"两弹一星"功勋奖章，2009年获得国家最高科学技术奖。

第一次听说孙家栋院士，是在 1998 年冬。当时，我在北京中关村采访"863"高科技计划倡议者、中国科学院院士、"两弹一星"功勋奖章获奖者杨嘉墀。1965 年，杨嘉墀参与了中国科学院"关于发展我国人造卫星工作的规划方案"的论证工作，多次组织院内外单位进行技术论证，并参与了最后文件的起草工作。在中央专门委员会原则批准后，杨嘉墀作为总体组的成员参与了我国第一颗人造卫星"东方红一号"的总体方案论证。在谈及"东方红一号"卫星时，杨嘉墀院士向我介绍了孙家栋的科学贡献和事迹。

1999 年，孙家栋荣获"两弹一星"功勋奖章，是获奖者相对年龄较小的院士，他的名字又一跃入我的脑际中。2001 年，河北少年儿童出版社社长送给我《两弹一星功勋科学家》丛书《孙家栋》卷，作者以优美的文笔描写了孙家栋的科学生涯和杰出的贡献。我认真的阅读完后，深受感动。

2009 年，孙家栋正式接受广西壮族自治区人民政府聘请，出任桂林电子科技大学的名誉校长，在促进学校"申博"工作、提升学校电子信息科研水平、设置北斗技术方面的专业，全面提升桂林电子科技大学学科建设能力和科研水平，为西部大开发提供智力支持和知识保障，实现新的办学跨越亦具有重要的推动作用。

我真正与孙家栋近距离接触有两次。第一次是在 2010 年 11 月 20 日桂林电子科技大学建校 50 周年庆典大会期间。孙家栋院士应邀前来参加庆典活动并在主席台就座，我应邀参加了庆典。大会结束后，我走到容光焕发的孙家栋院士身边，邀请他同我合影，他欣然同意。在一起从会场

2010 年 11 月，孙家栋院士与作者在桂林电子科技大学校庆

走回住地的路上，我们进行了比较长时间的交谈。孙家栋谈到有关中国探月工程、运载火箭与卫星技术方面的话题。作为桂林电子科技大学名誉校长，孙家栋当天与8 000多名师生见面时，深情勉励同学们要刻苦学习、立志报国，为建设创新型国家贡献青春与才智。孙家栋欣然为桂林电子科技大学题词："弘扬特色，科学发展，建设高水平大学！"孙家栋受聘担任桂林电子科技大学名誉校长以来，一直对桂林电子科技大学的学科建设与人才培养十分关心。他带来了由"嫦娥一号"探月器采集的数据制作的"月球仪"，亲手交给桂林电子科技大学的领导。孙家栋向同学们讲述了在我国航天事业起步阶段他亲历过的一些事情，语重心长地对桂林电子科技大学的学子说："我国航天事业能取得今天的瞩目成绩，离不开科技和人才的支撑。你们赶上了科学发展的好时代，要倍加珍惜，为国家顺利实现'十二五'规划目标做出自己应有的贡献。"

第二次近距离接触孙家栋院士是在2011年12月。当时我应邀到桂林电子科技大学讲课，恰好孙家栋也到学校指导工作。中午吃饭时，我正好坐在孙家栋旁边，又一次近距离地与他交谈。孙家栋为人亲和，知识渊博，治学严谨，颇具大家风范。孙家栋还应邀给我亲笔题词。在座的领导风趣地说，今天收获最大的人是黄健，他拿到了孙家栋院士的真迹，很有纪念意义。

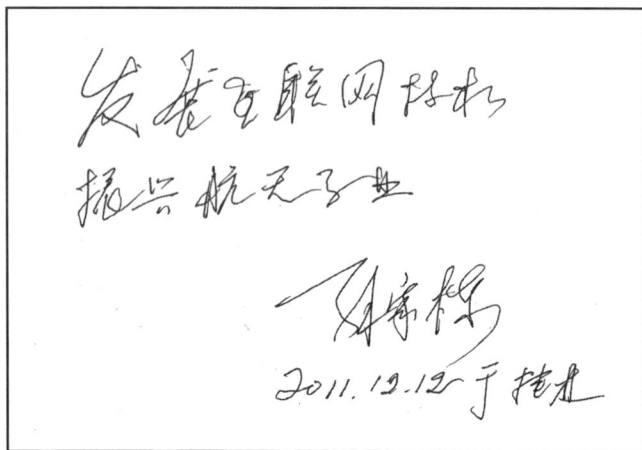

发展互联网技术
振兴航天事业

2011.12.12于桂林

孙家栋题词

2009年，孙家栋获国家最高科学技术奖殊荣。国家最高科学技术奖是中国5个国家科学技术奖中最高等级奖项，每年评审一次，每次授予不超过两名科技成就卓著、社会贡献巨大的个人，由国家主席亲自签署、颁发荣誉证书和高额奖金。2017年2月，孙家栋院士入选中央电视台"感动中国2016年度人物"。

在播出现场，主持人念到孙家栋颁奖词："少年勤学，青年担纲，你是国家的栋梁。导弹、卫星，嫦娥、北斗，满天星斗璀璨，写下你的传奇。年过古稀未伏枥，犹向苍穹寄深情。""感动中国人物颁奖盛典"被誉为"中国人的年度精神史诗"，入选者应该具备为推动社会进步、时代发展做出杰出贡献，获得重大荣誉并引起社会广泛关注；在各行各业具有杰出贡献或重大表现，国家级重大项目主要贡献者。孙家栋院士是我国航天事业 60 余年发展的一个缩影，是我国航天事业 60 余年发展的里程碑式人物。看完中央电视台播出感动中国人物颁奖盛典后心潮澎湃，久久不能平静，连夜提笔，写下这篇文章。

少 年 勤 学

1929 年 4 月，孙家栋生于辽宁瓦房店市。1935 年，孙家栋开始上学。他和母亲一样，也是左撇子。老师说要用右手写字，孙家栋说什么都不干，于是他不被学校接受，两周以后退学。一年以后，孙家栋已经学会熟练地使用右手。到营口上学后，他已经可以"左右开弓"打乒乓球，并且各科成绩优异。

1948 年，孙家栋考入哈尔滨工业大学预科班专修俄文，当时他最大的愿望是成为一名土木建筑系的学生，将来可以去修建桥梁。偏偏在这时，哈尔滨工业大学增设汽车专业，对年轻的孙家栋来说，汽车带着一种神秘色彩，似乎比修建桥梁更神气，于是他转入了汽车系。

如果按这种轨迹，孙家栋可能终生不会与航天打交道。没想到，一碗红烧肉改变了他的人生。1950 年元宵节，按照往常的惯例，孙家栋午饭后都要回哈尔滨的姐姐家。但那晚全校聚餐，每位学生都分得一碗红烧肉，这是孙家栋最喜欢吃的。于是，他决定吃完红烧肉再走。就在晚饭时，学校领导在食堂宣布空军来招人，现场报名，当场确定人选，两小时后入选者将乘坐前往北京的列车。孙家栋回忆说，包括他在内，所有青年学生无不满腔热情，踊跃报名。他是预科班中为数不多的共青团员，因而幸运中选。当晚，他就登上了列车，前往中国人民解放军空军第四航空学校报到，成为一名穿蓝色军装的军人。许多年以后，孙家栋与部属谈起这件事时，还不无感慨地说："世间之事就是这么玄，仿佛是那碗红烧肉改变了我的一生啊！"

1951 年，孙家栋凭优异成绩获取公派苏联留学的资格，和另外 29 名军人被派往苏联茹科夫斯基工程学院飞机发动机专业学习。入学后，他的学习成绩一直名列前茅。一年后，在学院大门最显眼的"状元榜"上出现了孙家栋的照片。这个学院有一个传统：考试全部获得 5 分的同学，照片要挂在学院大门最显眼的地方，一学年后如果能继续保持，便把照片往上挪，越往上人数越少，照片也越大，毕业时如果能在其上保留一张大照片，便可获得一枚印有斯大林头像的金质奖章。1958 年毕业时，孙家栋以优异的成绩带着这样一枚珍贵的斯大林金质奖章回到了中国，这在当时的中国留学生中屈指可数。

青 年 担 纲

学了 7 年的飞机发动机专业，回国后，孙家栋本以为会和飞机打一辈子交道，没想到连飞机的影子都没见着，就被分配到国防部第五研究院一分院从事导弹研制工作，参与研制东风系列导弹，其原因很简单：服从国家需要。孙家栋从 1960 年就开始担任导弹型号总体主任设计师。在国防部第五研究院工作的日子里，他为东风系列中近程导弹的成功研制立下了汗马功劳。

1967 年，党中央把发射人造卫星的工作提上议事日程。"中国人要有自己的人造卫星，不能像鸡蛋那么大！"这是以毛泽东为首的中央领导人最想看到的。当年夏天，中央组建中国空间技术研究院，由科学家钱学森任院长。钱学森很早就知道了踏实能干的孙家栋，也听说过他在苏联学习时的先进事迹。很快，由钱学森点将，聂荣臻元帅批准，调孙家栋到新组建的国防部第五研究院出任卫星总体设计部负责人。就在孙家栋埋头图纸中进行导弹设计的时候，接到了任命通知。同样的原因——服从国家需要，孙家栋与 9 年前回国时服从国家需要从事导弹事业一样，放弃了已经熟悉并建树颇丰的导弹领域，转而担起卫星研制的重任，从此与卫星结下了不解之缘。这一年他才 37 岁。

当时，苏联、美国、法国已经成功发射了人造卫星，日本也在加快准备研制的进程，孙家栋身上的压力可想而知。1967 年 12 月，孙家栋主持了中国"第一星"技术方案的重新论证工作，确定"第一星"是试验卫星，命名为"东方红一号"。在要资料没资料、要经验没经验、要专家没专家的窘境下，为了确保核心任务顺利完成，孙家栋紧紧抓住"上得去，抓得住，听得见，看得着"这四个要求，凡与此无关的技术试验，全部取消。针对如何尽快组建卫星总体设计部、如何按工程的研制规律一步步往下走和各系统怎样连接起来、连接起来后又怎样做试验等一个个难题，他决定从组建队伍抓起。然而，"文化大革命"中，派别林立，发射卫星又是人人都想参与的大事。对于年轻的孙家栋来说，选人时稍微处理不当，很容易"引火烧身"。自己被"上纲上线"事小，影响卫星研制工作事大。但在钱学森的鼓励下，他横下心，抛开顾虑，一切以搞卫星需要为标准。经过详细考察，他从不同专业角度和技术特长出发，最终选定了戚发轫等18人，这就是中国卫星发展史上有名的"十八勇士"。"十八勇士"的加入，使卫星总体设计部如虎添翼。孙家栋又根据实际情况，大胆地对原来的卫星方案进行了简化。孙家栋回忆说："这种简化是把一辆汽车变成了平板车。"他说服一些老专家，去掉了原设计方案中的卫星探测功能，打算先用最短的时间实现卫星上天，在此基础上，再发射有功能的卫星。攻克重重难关后，卫星初样在1969年10月基本告成。1970年4月24日，中国第一颗人造卫星"东方红一号"在"长征一号"运载火箭的巨大轰鸣声中，从戈壁大漠腾空而起，使中国成为世界上第5个能够发射人造卫星的国家。为此，钱学森曾对别人说："看来，把孙家栋找来还是对的，他的确敢干事，会干事。""东方红一号"卫星发射成功，奏响了中国人向太空迈进的序曲。卫星上的全部元器件、设备、材料以及许多理论和技术

孙家栋在控制室观察卫星发射情况

难关的攻克，都是中国自己的产品和成果，它是中华民族智慧和精神的结晶。

国 家 栋 梁

"东方红一号"发射成功后，孙家栋就与卫星结下了不解之缘。从"东方红"卫星开始，中国航天事业的每一次大发展，几乎都有孙家栋的功绩。他的传奇人生与我国航天发展史上的多个"第一"密切相连：第一颗人造卫星、第一颗科学实验卫星"实践一号"、第一颗返回式卫星、第一颗同步试验通信卫星、第一颗静止轨道气象卫星、第一颗资源探测卫星、第一颗大容量通信卫星、第一颗探月卫星"嫦娥一号"、第一颗导航卫星"北斗"……他被业界公认为中国的"卫星之父"。在他领导下所发射的卫星，几乎占到中国航天飞行器总数的三分之一；他亲历、见证、参加、领导了中国航天从起步到目前为止的全部过程；阅读他的一生，就如同阅读中国航天事业发展的历史。

每一颗卫星升空，都记载着孙家栋的一个传奇故事。这些故事，都将永远载入中国的航空史册。比如，1974 年 11 月 5 日 11 时，我国第一颗返回式遥感卫星进入发射倒计时，离最后的点火口令只剩几十秒。然而，这时的卫星却没有收到"成功转内电"的信号，这意味着火箭将带着一颗不能正常供电、毫无用途的铁疙瘩升入太空。如果按正常程序逐级上报并撤销发射命令，时间根本来不及。千钧一发之际，只听见孙家栋一声大喊："停止发射！"发射程序戛然而止，孙家栋却由于神经高度紧张而昏厥了。

几十年来，不论是担任卫星系统总设计师、工程大系统总设计师，还是担任航天部总工程师、副部长，乃至中国火箭进入国际市场谈判代表团团长，孙家栋一路屡建功勋。

他是我国人造卫星技术和深空探测技术的开创者之一，为中国突破卫星基本技术、卫星返回技术、地球静止轨道卫星发射和定点技术、导航卫星组网技术和深空探测基本技术做出了重大贡献；为创建和发展我国人造卫星总体技术、卫星航天工程管理技术和深空探测技术做出了系统的、创造性的贡献。

他是我国卫星导航系统的开创者之一，担任我国北斗一代和二代卫星导航系统工程总设计师，十余年主攻该领域，做了多项重要决策，主持解决了多项重大工程技术问题。短短十余年，中国的北斗导航系统实现从无到有，并实现产业化。北斗一代卫星导航系统实现了三颗卫星组网应用，北斗二代卫星导航系统正在部署中。

他是我国月球探测的主要倡导者和工程领导者之一，提出了2020年前中国月球探测工程分三个阶段的实施方案，明确了中国月球探测的发展方向、目标和路线图。他担任月球探测一期工程的总设计师，确定了工程目标和工程总体方案，对工程各大系统的技术途径做出重要决策，主持解决了多项关键技术问题。"嫦娥一号"月球探测卫星成功发射，在一年工作寿命内实现了全部工程目标与科学研究目标，并实现可控撞月。我国月球探测一期工程获得圆满成功。

钱学森评论孙家栋是"在中国航天事业发展历程中成长起来的优秀科学家，也是中国航天事业的见证人。自第一颗人造卫星首战告捷起，到绕月探测工程的圆满成功，孙家栋几十年来为中国航天的发展做出了突出贡献，共和国不会忘记，人民不会忘记"。

50年弹指一挥间。当谈起中国航天的发展历程时，孙家栋无限感慨地说："这是'自力更生、艰苦奋斗、大力协同、无私奉献、严谨务实、勇于攀登'的航天传统精神的具体体现，是完全依靠中国人自己的努力使中国成为世界航天大国的生动写照。"

孙家栋院士在2009年度国家科学技术奖励仪式上

矢志不渝强国梦

——记中国"两弹一星"功臣、赝矢量流部分守恒
定理奠基人、中国科学院院士周光召

周光召 理论物理、粒子物理学家。1929 年 5 月生于湖南长沙。1951 年毕业于清华大学，1954 年北京大学研究生毕业。1980 年当选为中国科学院学部委员（院士）。先后当选为美国等 12 个国家和地区的科学院外籍院士。中国科学院研究员。曾任中国科学技术协会主席，中国科学院理论物理研究所所长，中国科学院副院长、院长、学部主席团执行主席，全国人大常委会副委员长等。

主要从事高能物理、核武器理论等方面的研究并取得突出成就。在中国第一颗原子弹、第一颗氢弹和战略核武器的研究设计方面做了大量重要工作，为中国物理学研究、国防科技和科学事业的发展做出了突出贡献。严格证明了电荷共轭宇称（CP）破坏的一个重要定理，最先提出粒子螺旋度的相对论性，并于 1960 年简明地推导出赝矢量流部分守恒定理（PCAC），成为国际公认的 PCAC 奠基者之一。1982 年获国家自然科学奖一等奖。1989 年、2000 年先后获国家自然科学奖二等奖。1994 年获求是基金杰出科学家奖。1999 年被国家授予"两弹一星"功勋奖章。

1988 年对于中国人民来说是一个十分值得纪念的年份，这一年是党中央召开全国科学大会十周年，也是改革开放之后"科学界的第十个春天"，是邓小平以伟大的气魄和胆识，明确提出"科学技术是第一生产力"这一马克思主义重要观点、肯定我国"知识分子已经是工人阶级自己的一部分"论述发表十周年，是中国科学技术事业由弱到强、由衰到兴，取得伟大成就和进入崭新发展阶段的十年。

1988 年的秋天，对于我来说，也是终生难以忘却的。这一年在北京，我见到了久负盛名的世界著名科学家、中国科学院院长周光召。当时，我在广西科学技术出版社负责《当代中华科学英才》丛书和《少年科学文库》等共计 150 多册大型科学人物和科学普及系列读物的筹划组稿、定稿和审稿工作，这是一项十分有意义、有价值的工作。如何组建丛书编委会和顾问班子的问题至关重要，于是我找到了新华社资深记者顾迈南，希望她介绍我认识时任中国科学院院长周光召。顾老师立即给周光召院长写了一封信，让我直接去中国科学院联系。记得在 1988 年冬天，气温骤降到零下 12 摄氏度，天空飘着洁白的鹅毛大雪，北京一片银装素裹。我乘车来到位于三里河路的中国科学院大楼，在这座雄伟、庄严的科学殿堂里受到了办公厅主任李云

1991 年 1 月，周光召（左）与作者在北京合影

玲女士的热情接待。她把顾迈南的信函、出版社的组稿计划和拟请周光召院长担任丛书顾问并作序的计划报告给了周光召。随后，在院长办公室里，我第一次见到了这位隐姓埋名近20年、为中国"两弹一星"做出突出贡献的杰出科学家。周院长办公室十分的整洁，书架上整齐地摆着繁多的中外图书资料，办公桌上放3部电话，铃声不时响起，院长工作十分繁忙。周院长丝毫没有架子，十分谦虚、厚道、和善，给人一种踏实、严谨、认真的感觉。透过眼镜，可以看到他那闪烁着深邃智慧光芒的眼睛。他的衣着很朴素，一套深蓝色已有一些年头的国服——中山装，这体现了我国科学界知识分子内涵严谨、外表庄重。

1990年2月，我收到了中国科学院办公厅李云玲主任转来的周院长为《当代中华科学英才》丛书亲笔撰写的序言，周院长在序言中饱含热情地写道："新中国成立以来，在中国共产党和人民政府的培养下，我国成长起一批优秀的科学家。他们在科学的园地里辛勤耕耘，在很多科学领域里卓有建树，

1991年1月，周光召（右七）、卢嘉锡（右五）、吴阶平（右二）、钱三强（右四）、钱临照（右三）等出席《当代中华科学英才》丛书出版座谈会

得到了国内外同行专家的公认，并获得了各种重大的国际国内科学奖，为祖国赢得了荣誉，为中华民族增添新的光辉。他们不愧是当代中华科学英才……"

1991年1月31日是最令我难以忘怀的日子，这天北京天气十分寒冷，尽管温度在零下10多摄氏度，但周光召院长以及许多著名科学家，如钱三强、卢嘉锡、吴阶平、钱临照、朱丽兰、梁栋林、陈能宽、曾庆存、王选等，不顾严寒，从中关村驱车来到北京民族文化宫参加《当代中华科学英才》丛书出版座谈会。座谈会上大家畅所欲言。周院长在座谈会上充满激情地说："这套丛书以新中国成立以后成长起来的杰出科学家为典型，以世界科学发展和我国'四个现代化'建设为背景，来描述他们各自的杰出贡献、学术成就、治学经验、成长道路，熔思想性、科学性、民族性、史料性于一炉。该丛书既是进行爱国主义教育的好教材，又是我国科学史的重要组成部分……"说实在的，和那么多伟大的科学家在一起，是我从孩提时代起就有的愿望，这天终于目睹了他们的风采和魅力，还能亲耳聆听他们精彩的演说，这真是我人生最大的幸福。1992年，该丛书获中共中央宣传部精神文明建设首届"五个一工程"入选作品奖和第六届中国图书奖一等奖。

1992年，广西科学技术出版社和光明日报社、科技日报社联合举办"跨世纪的中国科技"征文活动，周光召院长欣然应邀担任了征文评委会主任，活动结束之后结集出版了《跨世纪的中国科技》一书，由周光召任主编、钱三强作序、贝时璋题写书名，共有30多位院士和100多位科学家参加了征文活动。此书获第三届桂版优秀图书一等奖。

1998年5月，时值广西科学技术出版社成立十周年，我接到周光召的秘书戴明华从北京打来的电话。他告诉我，时任全国人大常委会副委员长、中国科学技术协会主席的周光召院士，应我社之约请，在百忙之中，欣然挥墨为我社题写了"普及科技，服务大众"的书法作品直接寄给我。这是对科技出版工作者的极大鼓舞和鞭策。

1999年9月18日，在隆重庆祝中华人民共和国成立五十周年前夕，党中央、国务院、中央军委决定，对当年为研制"两弹一星"做出突出贡献的23位科技专家予以表彰，他们是钱学森、钱三强、朱光亚、周光召……亿万人民通过电视机观看现场直播，看到这些人们熟悉而又令人尊敬的名字，读着这一行行滚烫的文字，看到江总书记给"两弹一星"的功臣授奖，每一位国人无不为之动容，深切地感受到中国人民站起来了，中华民族已经屹立在世界的东方，这是中国共产党和中国科学家用热血谱写的科学春秋。

弹指一挥间，十几年过去了，掩卷沉思，每当回忆起周光召对中国科技事业的贡献，尤其是对科技出版工作的关怀，都令我十分感动，最终驱使我一定要撰写一篇介绍周光召生平事迹和贡献的文章，以表达对这位伟大科学家的崇敬之情。

求学进取　　成果显赫

1929 年 5 月 12 日，周光召出生在湖南长沙一个知识分子家庭。父亲周凤九曾任湖南大学教授、国家公路总局局长。新中国成立后，他作为有影响的专家和中国农工民主党的成员，被邀请担任第一届全国政协委员，随后又被任命为中央人民政府交通部技术委员会主任。母亲陶振昭是一位善良、温和的家庭主妇，终日为全家辛勤操劳。周光召小时候，父亲长年在外修路，父子待在一起的时间不多，但父亲对待工作严肃认真的态度，给周光召留下了深刻的印象。周光召从小受到父亲的影响，对揭示大自然的奥秘产生了浓厚的兴趣。周光召学习成绩在班上一直名列前茅，深得老师的喜爱和同学们的尊重。1937 年抗日战争全面爆发，全家随父亲迁移，经贵州来到四川。父亲前往西昌修川滇公路，周光召则留在重庆，于 1941 年进入重庆南开中学住读。家庭的熏陶和老师的教育不断开阔他的视野，养成了他独立思考和踏实进取的精神。周光召在南开中学学习了将近五年，中学老师特别是数学老师唐秀颖先生的教诲使他终生难忘。唐先生的启发式教学，独辟蹊径地解开一个又一个数学难题，不仅使他特别喜爱数学课，还锻炼了他的逻辑思维能力。

1946 年初，周光召回到长沙，同年秋季考入清华大学先修班。一年后，他以优异的成绩转入清华大学物理系。1951 年 7 月毕业并成为该系研究生。

周光召在旧社会目睹和亲身经历"三座大山"的压迫后,深感国民党政府的腐败无能,更加坚定了对共产主义的理想和信念。1952 年 6 月,周光召加入中国共产党。大学期间,王竹溪先生严谨的学风,叶企孙先生对理论深入细致的分析,都给周光召很深的影响。1952 年秋,他转入北京大学研究院,师从著名理论物理学家彭桓武教授,进行基本粒子物理的研究。彭先生看问题深刻,解决问题机智灵活,对学生循循善诱、关怀备至,并有极强的爱国心和事业心。周光召能得到这样的老师的教诲可谓极为幸运。1954 年 7 月,周光召以优良的成绩通过了研究生的论文答辩。8 月,周光召走上工作岗位,在北京大学物理系任讲师。

1957 年 1 月,周光召被选派赴苏联莫斯科杜布纳联合原子核研究所从事高能物理和粒子物理等方面的基础研究工作,任中级研究员,直到 1961 年 1 月回国。在此期间,他在基本粒子反应、对称性质及弱相互作用等研究方面发表了 30 多篇论文,两次获得联合原子核研究所的科研奖金。尚未步入而立之年,周光召在学术领域已硕果累累。这一时期,周光召的学术成就可以归纳为五个方面:

一是他严格证明了电荷共轭宇称(CP)破坏的一个重要定理,即在电荷共轭宇称时间(CPT)联合反演不变的情况下,尽管粒子和反粒子的衰变总宽度相同,但时间(T)反演不守恒,它们到不同过程的衰变分宽度仍可以不相同。

二是他在 1960 年简明地推导出赝矢量流部分守恒定理(PCAC),这是他在强子物理的研究中获得的出色成果,对弱相互作用理论起了重大推进作用,因此世界公认他是 PCAC 的奠基人之一。

三是为了适应分析高能散射振幅的概念和当时的雷吉(Regge)理论的需要,他第一次引入相对论螺旋散射振幅的概念和相应的数学描述。他在苏联杜布纳联合原子核研究所工作期间,曾在学术讨论会上提出了与苏联教授关于"相对性粒子自旋问题研究结果"相反的意见,引起了激烈的争论。然而周光召并没有向权威妥协,他用了整整 3 个月时间,一步一步地严谨证明了自己的观点,并将研究结果写成《相对性粒子在反应过程中自旋的表示》,发表在《理论与实验物理》杂志上。过了些时间,美国科学家在研究中也得到相似的结果。这就是著名的"相对性粒子螺旋态"理论提出的经过。

四是他最先提出用漏失质量方法寻找共振态和用核吸收方法探测弱相互作用中弱磁效应等实验的建设。

五是他用色散关系理论对非常重要的光合反应做了大量理论研究工作。

此外，周光召还在粒子物理各种现象性的理论分析方面做了大量工作，以致当时国外人士称赞"周光召的工作震动了杜布纳"。

参加"两弹一星"研制

1961 年，中苏关系已破裂，周光召在苏联杜布纳联合原子核研究所去留的问题很现实地摆在了他面前。恰在此时，著名物理学家钱三强先生赴苏，与周光召进行了一次长谈，就我国如何发展核武器谈了自己的观点。中国为什么要搞原子弹？毛泽东指出，"原子弹，没有那个东西，人家说你不算数""在今天的世界上，我们要不受人欺侮，就得有这个东西"。这次谈话对周光召的影响很大，他认识到新中国发展核武器以加强国防建设的紧迫性和重要性。周光召决定回国，投身到"两弹一星"的研制中去。

1961 年 2 月，周光召归国从事"两弹一星"研制工作。1961 年 5 月，他被调入第二机械工业部第九研究院任理论部第一副主任，从事有关核应用的理论研究。

回国后不久，周光召聆听了周总理在核工业部的一次大会上做的报告。周总理语重心长地讲了中国自己制造原子弹的重大意义。周光召深切地感受到一名科研工作者的重任。中国有 100 多年屈辱的历史，所以中国人对主权、独立的意识非常强烈。新中国成立以后，中国又面临着西方的封锁，如何维护中国的独立、主权是中国人普遍关注的问题。周光召这一代人刚从那个黑暗的时期过来，亲身经历过列强瓜分中国的痛苦，所以他想使中国尽快富裕、强盛，这也是全民族的共识。这一代人都有一个信念，那就是一定要靠中国人自己的力量，造出"两弹一星"。

从 1961 年开始，周光召转到核武器的理论研究工作上来，积极参加并领导了我国核武器的理论研究工作，为我国第一颗原子弹、第一颗氢弹的研制成功，我国战略核武器的设计、定型，以及此后核武器的预研和其他一系列科学试验都做出了重大贡献，并因此于1964年和彭桓武、邓稼先等8位同志共同荣获国家自然科学奖一等奖。

在第一颗原子弹的设计过程中，因受到当时世界各国都对原子弹理论高度保密的制约，设计曾经一度陷入了困境。当时唯一可供参考的内部资料是苏联总顾问向我国部长介绍情况的一份口授的且极其简要的记录。由于这份资料上的个别错误数据，在当时引起了一场激烈的争论。一些坚决相信苏联专家的科技人员认为资料上的记载是正确的，我们之所以在理论上算不出那一数值是因为我们"不懂"。周光召以他特有的敏锐和智慧，做了一个"最大功"的计算，从而结束了这场争论，让大家确信算不出的原因是由于资料的误记。为了扭转在"大跃进"后普遍存在科研热情高而科学性不够的情况，周光召从建立严格的科研程序，培训科研人员，提高研究工作的系统性、严密性入手，做了大量的组织工作，为核武器理论设计工作的健康发展奠定了坚实的基础。

在此后的10多年中，周光召对核武器理论各个领域的研究工作都显示出很高的造诣和很强的指导能力。他参与并领导开展了爆炸物理、辐射流体力学、高温高压物理、二维流体力学、中子物理等多个领域的研究工作，取得了许多具有实际价值的重要成果，这些成果为弄清核武器内部的运动规律，为核武器的理论设计奠定了基础。

1999年，在举国上下欢庆建国50周年前夕，周光召在回忆起"两弹一星"的研制工作时深情地说，大协作和科学精神是"两弹一星"成功的关键，"两弹一星"是全国大协作的成果。我们知道，要奋斗就会有牺牲。在战争年代如此，在经济建设的发展过程中也需要有人挺身而出，牺牲个人的利益，为民族大业默默奉献。当时研制"两弹一星"，必须将全国各个领域的优秀科学家集中起来。对这些科学家所在的单位来说科研要受到影响，会造成一定的损失，因为当时各单位人才都是稀缺的；对个人来说，也会影响到自己的科研进度，影响实验，有的人可能还会影响实验的突破。但是他们都义无反顾地去了科研基地而将单位或自己的科研课题停下来。不仅中国科学院的许多研究所参与了"两弹一星"的研制，全国的许多大学和科研单位也都参加了这项工作。

核武器基地是武器设计、定型、生产、试验的主阵地，但是许多部件都是在全国的其他企业生产后组装起来的。铀矿的勘探、开采和极为困难的铀的浓缩，以及常规炸药的爆炸过程都是研究的重点课题。爆炸是一个快速的过程，需要有每秒能拍百万张照片的相机来记录，这样的照相机中国当时还没有，西安光学精密机械研究所承担了研制的任务。真正去做核试验的时候问题就更多了，如试验场地谁去准备；试验过程中要测量很多的数据，包括试验爆炸有多大的威力，它产生了些什么现象，它的破坏力怎样，这些数据的收集都要有大量人员去做。所以"两弹一星"的成功，实际上是全国大协作的结果。

那时能达到这样一种大协作的状态与有一个统一的指挥密切相关。在那种环境中工作，没有人会太重视个人的成果，因为这是多人协作的结果，而且每个人负责一个方面，每一个方面、每一个部件都不能出问题。每个人都是兢兢业业、忠于职守，所以你会觉得你就是这些人中的一员。谈到这里，周光召十分谦虚地说，他只是其中的一员，自己没有什么特别的地方。

周光召回忆说："'两弹一星'研制的开始阶段，条件是很艰苦的，但是国家尽量照顾我们。三年困难时期，周总理要求各部部长保证我们西北研究基地的粮食供应。我们从青海湖里打来一些鱼，叶剑英元帅专门从军队里调来一些黄豆给我们改善生活。1961年以后生活条件才有所好转。"

他还清楚地记得一件令他十分感动的事。由于工作条件恶劣和过分劳累，周光召病倒了。聂荣臻元帅听到了这个消息，派人送来一篮水果。这不仅是聂荣臻元帅对他个人的关怀，也是对所有科研人员的关怀，怎能不令人感动呢？

周光召说，中国人终于成功了。回顾"两弹一星"的研制过程，我们相信有着优良传统的中国科学家和聪明、勤劳的全中国人民，一定能够发达、富强，中华民族一定能屹立于世界民族之林。

遨游粒子物理微观世界

1976 年以后，周光召暂将他的工作转入粒子物理理论的研究。他组织领导了许多中青年科研工作者对相互作用统一、CP 破坏、非线性 σ 模型、有效拉氏量理论、超对称性破缺、量子场论的大范围拓扑性质及其与反常的联系等方面做了许多很有意义的研究工作，其中许多研究成果（如关于量子场论的大范围拓扑性质及其与反常的联系）引起国内外学者的普遍重视。在凝聚态物理方面，他领导的小组发展了非平衡态统一理论中的数学形式——闭路格林函数方法，并把所发展的方法，尝试运用到激光、等离子体、临界力学、随机淬火系统等方面，不仅得到有效的具体结果，而且显示出这种方法的优越性，发展了前人提出的方法，处理了物理方面的很多理论问题，引起了国内外学术界的重视。1987 年，他以"量子场论大范围性质"的研究获中国科学院重大科技成果奖一等奖。

1979 年，他先后任国防部第九研究院理论研究所的副所长、所长，第二机械工业部九局总工程师。

1979 年 8 月，周光召重返理论物理研究领域，任中国科学院理论物理研究所研究员。他在基本粒子和统计物理等方面均做出了突出的贡献。1980 年 9 月，周光召应邀去美国弗吉尼亚大学和加州大学任客座教授，受到美国物

周光召（中）和他的研究生在一起

理界的热烈欢迎，他被国外同行视为中国理论物理学界的代表人物。著名高能物理学家、美国物理学会主席马夏克教授为欢迎周光召的到访，专门为他在弗吉尼亚理工学院举行了以弱相互作用为题的学术会议，许多国际知名物理学家前去参加了会议。美国物理学界这样隆重地接待一名外国科学家是少

见的，尤其对中国的科学家可以说是第一次。与会期间，许多科学家在讲话中表达了发展中美科学合作的强烈愿望。

1980 年，周光召当选为中国科学院学部委员（院士）。1981 年 9 月，周光召赴西欧原子核研究中心任研究员。其实早在 20 世纪 60 年代，周光召就已经是该中心邀请的第一位中国物理学家。

1982 年 9 月，周光召回国，先后任中国科学院理论研究所副所长、所长。1984 年 4 月 8 日，周光召任中国科学院副院长。1985 年底，他兼任清华大学理学院院长。

主持中国科学院工作

1987 年 1 月 22 日，周光召任中国科学院院长、党组书记。1988 年 10 月，兼任国务院学位委员会副主任委员。1992 年 4 月，周光召当选为中国科学院学部主席团执行主席。

自 1982 年中国共产党第十二次全国代表大会起，周光召先后被选为中央候补委员和中央委员。

周光召担任中国科学院院长后，表现出了非凡的管理才能，他把治院方针概括为："奉行开拓精神，在中国科学院形成民主、团结、融洽、活泼的学术气氛，为科学家们创造一个身心舒畅的工作环境。"他认为"学术民主和自由争鸣是繁荣科学的唯一途径"，在中国科学院"决不允许用行政手段干涉学术自由""科学研究中不存在先验的'框框'""真理的获得只有通过百家争鸣、百花齐放才能达到"的思想指导下，为中国科学院形成浓厚的学术气氛、出成果和出人才奠定了良好的基础。他为推进科技体制改革，做了若干项重大的工作。第一，在科研与生产的结合方面，他继续坚持了原有的"面向"和"依靠"的办院方向，即科学技术必须面向经济建设，经济建设必须依靠科学技术，并进一步提出了"把主要科技力量动员和组织用到为国民经济服务的主战场上，同时保持一支精干力量进行基础研究和高技术创新"的方针。根据这个方针和科学院的实际情况，他组织制定了对科技力量的科学配置方案，对基础、应用、开发三类工作按不同的激励机制分类管理实施。这一方针的贯彻，使中国科学院围绕国家攻关任务，组成了许多与企业紧密联合的研究与发展中心或中试基地，在科学院形成了若干个能合作、善攻坚的队伍，让科技的发展与国民经济的发展紧密结合起来，为形成科技与经济相互促进的良性循环建立了新的机制。第二，在科研成果如何转化为生产力的问题上，他创造性地提出了中国科学院要实行"一院两种运行机制"的办院方针，旨在既要有一批引入了"开放、流动、联合"的竞争机制的具有国际水平的研究所，还要形成一批在国际上有影响的、其产品有国际竞争能力的、技术密集型的外向型企业和公司。这一方针的推行，使中国科学院在打破僵化的、自我封闭的旧体制中，向前迈进了决定性的一步。在他的主持下，中国科学院的基础研究领域，已建立了 100 多个开放实验室、研究所和野外台站；在技术开发领域已陆续成立了 400 多家各种类型的科技开发公司和经济实体，其中与国外企业联合的有 50 多家，既增强了科技发展自身的活力，又有效地实现了科研成果向生产力的迅速转化。第三，在科研和教学的结合与培养人才方面，他针对我国长期存在科研与教育脱节、部门所有制的观念限制了学术思想的交流、造成了研究课题的重复以及人、财、物的浪费等不适应经济发展需要的不良状况，会同有关高校领导联合给中央写信，积极倡导中国科学院的科研工作与高等学校之间的联合，使中国科学院与北京大学、清华大学逐步建立了若干个联合实验室，为加速改变科研机构与高校分离的体制做了不少创造性的工作。

担任中国科学技术协会主席

1996 年 5 月，周光召担任中国科学技术协会主席。在此期间，周光召以邓小平同志关于倡导科学的论述为指导，充分发挥协会作为党和政府联系科技工作者的桥梁和纽带作用，反映科技工作者的呼声和建议，维护科学工作者的合法权益，努力为科技工作者服务，并建设"科技工作者之家"，调动和发挥科技工作者的积极性、主动性和创造性，完成江总书记提出的"团结

周光召（右）、周培源（左）与著名物理学家丁肇中（中）在一起

广大科技工作者献身于科教兴国的伟大事业"这项光荣的根本任务，在学术交流、科学普及和国际民间科技交流与合作等工作中发挥了重要的不可替代的作用。

周光召还就国家科技创新体系、中国科学技术的发展趋势与战略、重大科技创新产业的外部条件、现代科学技术发展的历史启迪等重大问题提出了独到的见解。他指出，21世纪初叶，是中华民族以坚定的步伐走向世界，屹立于世界民族之林的关键时期。中华民族的复兴要求科技先行，要求涌现出有世界领先水平的重大科技创新。我国当前迫切要求解决的问题是科技和经济的紧密结合，将科技创新成果迅速有效地转化为现实生产力。同时，我国的进一步发展，也需要更多更好的自主知识产权，需要振奋民族的自信心，实现以弱胜强、后来居上。因此，需要在中国的大地上出现重大的科学发现。

当时，中国正处于经济起飞的前夕，处于实现国家现代化的关键时期，社会对科技已有巨大的需求。这种需求，正如恩格斯所说，将比十所大学更有力地推动科学的发展。

现在，是一个需要在中国大地上出现伟大科学家、也一定能出现伟大科学家的时代，是有使命感和责任心的中国青年科学家建功立业的大好时机。只要充分发挥我们的智慧和主观能动性，选好发展战略的领头人，团结协作，艰苦奋斗，做到以弱胜强，后来居上是完全可能的。

1998年3月，周光召当选为全国人大常委会副委员长。

2000年10月，已是深秋的北京，处处呈现出五彩斑斓的景象，这是北京最美丽的季节。23日上午，我在中国科学院办公大楼里再次见到了办公厅主任李云玲女士，此时的办公大楼已修葺一新，更加庄严、雄伟和巍然。在这座神圣的科学殿堂里，我们一起回忆了当年周光召院长、钱三强院士对科技出版工作的支持和关怀，李主任还介绍我认识科学院学部联合办公室的负责同志，希望我能多接触、多了解一些院士，多宣传科学家，以弘扬科学精神和传播科学知识。

在人类即将跨入 21 世纪的最后一个秋天的一个晚上，我决心要写这篇文章。在写作的过程中，我参阅了大量的文献资料，心情一直激动不已。当画上最后一个句号时，已是凌晨 2 点 30 分，但我仍没有倦意，我仍在沉思，眼前浮现的是伟大的科学人物，是他们的科学精神、科学思想、科学方法和科学成就，这些珍贵财富是人类历史发展的直接推动力。

最后，我引用路甬祥院士的一段震撼人心的十分精彩的话作为本文的结语："请历史记住他们！请读者记住他们！记住那些为中国第一颗原子弹的诞生、第一枚导弹的成功发射、第一颗人造卫星的上天立下不朽功勋的科学家、指挥家以及他们所代表的全体科技工作者和管理工作者。"

中华神医

——访世界"断肢再植之父"、中国科学院院士
陈中伟

陈中伟 医学家。浙江杭州人。1954
年毕业于上海第二医学院。1980年当选为
中国科学院学部委员（院士）。1985年当
选为发展中国家科学院院士。曾任复旦大
学（原上海医科大学）中山医院骨科主任、
教授。2004年3月23日逝世。

1963年首次为全断右手施行再植手术
成功，开创再植外科，被国际医学界誉为
断肢再植奠基人。将显微外科技术用于再植和移植手术，使断手
指再植成功率由50%提高到90%。1973年为1例前臂屈肌严重缺
血性挛缩患者施行带血神经游离胸大肌移位再植手术成功。1977
年成功地进行吻合血管游离腓骨移植手术治疗先天性胫骨假关节
及其他原因造成长段骨缺损，还先后成功地进行了复合皮瓣移植
和游离第二足趾再造拇指手术。1997年首创用移植足趾再造手指
控造的电子假手。

还是小学生的时候，我就在《中国少年报》上看到了陈中伟断手再植成功的新闻。在我幼小的心灵中，断手再植是不可想象的事，而陈中伟竟然创造出了这样的奇迹，霎时，陈中伟高大的形象便深深烙印在我的脑海里，我真想亲眼一睹这位创造奇迹的医生的风采。我为中国是华佗的故乡感到自豪，更为断手再植的"新华佗"感到骄傲。

长大后，几经辗转，我到了广西科学技术出版社工作。1990年，我社组织编纂《当代中华科学英才》丛书，选择了高科技、"两弹一星"、基础理论、计算机、农业、工业和医学等方面的科学精英，编写他们的传记，而医学方面的精英，我们第一个就选中了陈中伟。这首先因为他是断肢再植之父，另外，陈中伟也是我国改革开放后第一批荣获院士称号的医学家。有机会组织编写陈中伟的传记，我感到非常荣幸，尤其是在书稿定稿时看到陈中伟亲自改定的笔迹，我心中更是充满了激情，儿时就想一睹陈中伟风采的愿望变得更加强烈了。

2000年9月，我终于实现了儿时的愿望。当时我到上海参加一个全国性会议，通过上海《文汇报》高级记者倪平打电话给陈中伟。正巧陈中伟刚从美国回来，而第二天又要飞往广州到广州军区南方医院参加两位断肢再植患者的鉴定和学术研讨会。我和倪平赶紧抓住陈中伟的这一空隙，于9月19日晚到陈中伟的公寓拜访他。

初见年过七旬的陈中伟，感觉到他更像一位50岁出头的人，神采奕奕，满面红光，平易谦和。他和夫人尹惠珠对我这位来自祖国南疆边陲的客人非常热情，拿出了珍贵的水果招待我。环顾会客室，墙上一幅引人注目的照片映入我的眼帘——敬爱的周总理紧握着陈中伟的手，眼里流露出信任、鼓励的目光。陈中伟给我介绍，那是他断肢再植成功时受到周总理接见的珍贵留影，并叙述了当时难忘的情景。我伫立在照片前，凝视着照片，陷入了沉思：陈中伟对周总理是多么怀念、崇敬，周总理是多么关心、重视、爱护知识分子……

陈中伟和夫人很高兴地坐在沙发上和我们聊天，对我社出版他的传记表示了感激之情。在谈到当今医学界断肢再植技术的最新发展动态时，陈中伟

2000 年 9 月，陈中伟夫妇和作者在一起

把 1999 年在美国洛杉矶由美国医学会授予他水晶制成的奖牌拿出来给我们看。奖牌上用英文写着：授予世界具有里程碑式的杰出医生——陈中伟教授。陈中伟抚摸着奖牌对我们说，这既是为国争了光，也是对他的鞭策。他还要继续医学显微外科的研究，培养更多的外科专业人才。

我们在一起侃侃而谈，不知不觉过了一个多小时。会客室的窗外，高大的法国梧桐树叶在秋风中婆娑摇曳，沙沙作响；远处，鳞次栉比的高楼上霓虹灯光透过树叶映射在窗玻璃上，放射出五彩斑斓的光芒。多美丽的上海秋月夜啊！她让人感到了东方上海的崛起。望着这美丽的霓虹灯光，听着陈中伟夫妇爽朗的谈笑声，一个恰切的比喻从我脑海中跳出：上海是东方的明珠，陈中伟是上海的明珠。

到了告辞的时候了。陈中伟送了一本他亲笔题名的书给我，并与夫人一起同我们合影留念，然后依依不舍地送我们到电梯口，嘱咐我今后到上海一定要告诉他。

一夜之谈，让我亲身感受到了陈中伟人格的魅力，我的思路，也随着他走过的足迹荡漾开来……

从小立志

1929 年 10 月 1 日，陈中伟出生在浙江宁波鄞县的一个医生家庭。父亲是一家卫生院的院长，母亲是药剂师，姐姐、姐夫中有四人是医务人员。"近山知鸟音，靠水识鱼性"，陈中伟自幼就受到医学的熏陶，并对医学产生了浓厚的兴趣。

童年时代，陈中伟就喜欢钻进化验室，在显微镜下饶有兴味地观察虫卵、细菌，甚至脓、血、痰液。

就读于上海同德医学院（1952年与圣约翰大学医院、震旦大学医院合并为上海第二医学院）时，许多学生对于解剖尸体都觉得恶心、恐怖，而陈中伟却对解剖学很感兴趣，因此老师喜欢叫他去做解剖助手。这样，通常学生在学习期间平均解剖的尸体不到半具，而陈中伟却完整地解剖了十几具。坚实的解剖学知识基础，不仅对陈中伟日后成就事业大有裨益，而且就在当时，他的解剖学知识就得到了实际应用。有一次，一位青年医生做手术，陈中伟是助手。这位医生熟读医书，颇有才干，但在手术过程中，却因找不到某根神经的确切部位而心慌意乱。这时，还是学生的陈中伟很有礼貌地给他指出了该神经的确切位置，使手术得以顺利进行。

陈中伟之所以喜欢上医学，除了耳濡目染，少儿时代目睹当地传染病流行，一些人过早被病魔夺去生命的悲剧，也促使他从小立下治病救人的志向。

创 造 奇 迹

1954年，陈中伟毕业于上海第二医学院，被分配到上海市第六人民医院任骨科住院医师。之后又师从著名骨科专家叶衍庆教授，进修骨科两年，骨科业务水平得到迅速提高。

有一次，陈中伟到汇明手电筒厂深入生活，询问哪位是老师傅，当听到回答是"手指残缺的是老师傅"时，他为之一怔。他和老师傅交谈时，老师傅对他说："陈医生，我这只手要是不残缺，还可以为国家创造更多的财富。"

老师傅的话深深震撼着陈中伟的心，使他下决心要闯再接断手、断指的难关。他扎扎实实地在动物身上做神经、血管、肌腱、骨骼的再植试验，记下了种种数据、种种变化。试验，失败，再试验，再失败，再试验，直至成功。在成功后有些不甚满意之处，他又一次次地改进。

机遇总是垂青勤奋的人。1963年1月2日，陈中伟创造奇迹的机遇来了。

这一天的清晨，上海机床钢模工厂青年职工王存柏因操作不慎，右手腕关节以上一寸处被冲床完全切断，患者和他的断手被送到上海第六人民医院急诊室。

主治医师陈中伟赶到了。

按照常规，对断肢、断手做截肢处理是清创、缝合、止血，防止感染。各医院历来是这么做的，国外也是这么做的。

然而，世界上偏偏有"然而"二字，使得中国医学史翻开了崭新的一页。

陪同来医院的同志恳求医生把断手接上。

"要是医生能把断手、断指接上多好哩！"陈中伟耳边又响起了下厂劳动时工人老师傅的话语。儿时拯救患者生命的志向、长期的科学实验积累，使他毅然决然地说："接，接上去。"就是这一句简单的话，让陈中伟做了一台史无前例的手术。

医院党支部副书记王智金立即请来了善接血管的外科副主任钱允庆医生。陈中伟和钱允庆通力合作，经过4个多小时艰苦细致的操作，对王存柏全断的血管、神经、肌腱、骨骼进行了对接缝合，并用切开右手背上皮肤的方法使断手闯过了肿胀关，终于使世界上首例断手再植获得成功。当时美国也有断手再植成功的报道，但有一只手指坏死！

1963年7月，我国向世界公布了这一医学上的伟大奇迹。卫生部召开了断肢再植授奖大会，给陈中伟等断肢再植小组成员颁发奖状，并记大功。8月7日，周总理接见了陈中伟等断肢再植小组成员，勉励他们"再接再厉"。

同年9月，在意大利罗马举行的第20届国际外科会议上，我国代表报告了断肢再植的成功经验，国际医学界同行纷纷表示祝贺，称"这是一个圆满成功的例子"。

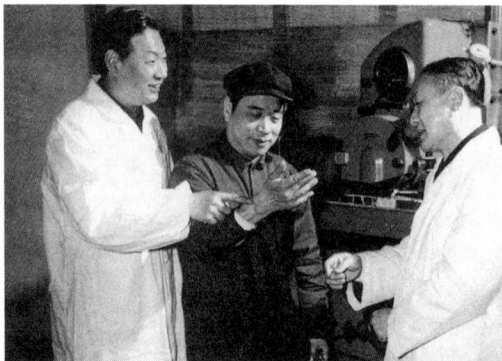

1963年，陈中伟（左一）在我国成功完成了世界上第一例断手再植手术

"断肢再植之父"

陈中伟曾写过一篇《"吃桑叶"和"吐丝"》的文章，谈到了蚕吃桑叶吐丝的哲理，认为从"桑叶"到"丝"之间，并不是简单的输入和输出，而是一种质的飞跃。他以蚕为喻，指出学者如果停止"吃叶吐丝"，就意味着学术生命的终结。

"春蚕到死丝方尽"，陈中伟以此诗句为座右铭，激励自己在医学道路上不断探索，不断前进。

继王存柏之后，有一位纺织女工的断臂待接。陈中伟用第一例的方法实施手术，结果患者术后的手肿胀导致肢体坏死，手术失败了。

这个失败促使陈中伟在实践中反复探索再植手术后肢体肿胀这一棘手的问题。他认真分析了第一例和第二例手术，从动脉和静脉存在压力差异的原理中找到了方法，即每接通一根动脉必须接好相应流量的静脉，以保证血液回流通畅，从而使手术后肢体肿胀状况得到改善，不必切开皮肤用渗血来消除肿胀了。

吃一堑，长一智。随后，陈中伟遇到的几个病例，用上述的方法进行治疗均获成功。陈中伟和上海第六人民医院骨科的同事们一起，接活了大量断肢，在国际会议上他被同行誉为"断肢再植之父"。

锐 意 进 取

当荣誉和鲜花纷至沓来时，陈中伟并没有陶醉其中，而是像蚕吃桑叶吐丝那样，不断创造、更新……

他把目光对准了肢体的冷藏和高压舱供氧等先进技术，为接活断离时间较长的肢体探索出可贵的经验。

他把目光对准了显微外科的应用技术研究。基于对大白鼠、兔子等小动物身上接微细血管的实验和相关基础理论的研究，他与同事们在显微镜下不断练习接微细血管，使断指的存活率由50%提高到92%，让我国医学在这一领域中长期处于国际领先地位。他的开拓性工作，使显微外科技术得到很大的发展，对我国显微外科跻身国际先进行列做出了突出贡献。1985 年 5 月，在巴黎召开的第八届国际显微重建外科学会上，陈中伟当选为该学会主席。

他把目光对准了段截与再植的研究。近百年来，对肢体恶性肿瘤的治疗通常是在发病早期施行高位截肢。这种方法虽能切除肿瘤，但患者却因失去整个肢体而严重残疾。断肢再植的启示，使陈中伟萌发了打破常规，切除患恶性肿瘤的那段肢体，把完好的肢体再植上去，让肢体保存下来的思路。他将这一思路用于患肩胛软骨恶性肿瘤的 14 岁男孩吴志谦身上，获得成功，开了段截再植的先河。

1985 年 5 月，陈中伟在第八届国际显微重建外科学会大会上致开幕词

他把目光对准了大块游离肌肉的移植。有一名患者前臂屈肌发生缺血性坏死，手腕状如鸡爪，几乎丧失手的功能。陈中伟用犬的股直肌作为实验模型，进行游离肌肉移植的实验研究，摸索到肌肉移植的成败关键。他设法用胸大肌移植来治疗前臂缺血性挛缩，把坏死结疤的前臂屈肌切除，用患者自身胸大肌移植，调整肌肉的张力使之适合，又经血管、神经的缝接，使之存活并使移植后的肌肉能收缩自如。手术的成功，创造了大块游离肌肉移植的范例。

他把目光对准了人体十二块肌肉的研究。他主持撰写的人体《十二块肌肉显微解剖的研究》获卫生部科技进步奖；他把目光对准了游离腓骨移植，被治愈的"先天性胫骨假关节"患者及家属称他为"神医""当代华佗"，美国治疗此类疾病的权威鲍埃德称陈中伟的移植是"国际上最有效的方法"；他把目光对准了拇指再造，把失去手拇指患者的大脚趾的皮肤甲瓣与二脚趾的骨头、肌腱一起拼合移植于手上，再造一个手拇指，再将二脚趾的皮肤甲瓣移植于大脚趾，这种以损失次要功能而达到保留主要功能的巧妙组合嫁接手术于 1980 年获得成功；他把目光对准了坏死肌骨头的再生，把带血管蒂的髂骨移植在坏死的肌骨头部位，使肌骨头重新得到血液供应，开拓了显微外科的又一领域；他把目光对准了再植体功能恢复的标准，定出了简便实用的鉴定再植后肢体功能恢复的 4 个等级评判标准，现已被国际上大多数从事再植外科手术的医生所采用。

他把目光对准了……

一个又一个医学上的难题，对于陈中伟来说，无疑是一个又一个极具诱惑的挑战。他沉醉于应战中，一步一个脚印地赢得了胜利。

获 得 殊 荣

陈中伟卓有成效的工作得到了党和人民的肯定。

祖国没有忘记他。1980 年，他当选为中国科学院生物学部学部委员（院士）；1985 年，上海市卫生局受卫生部委托表彰 10 位取得重大科技成果的中年医学科学家，他是其中之一。

国际显微外科学会主席陈中伟向泰荣力教授授予证书

世界没有忘记他。1983 年，他应邀到美国做卡柴琴纪念演讲。卡柴琴是美国现代颌面外科的创始人。纽约医学中心整形重建外科学院设立的卡柴琴基金会，每年邀请一位在国际上享有盛名的，并在整形外科上有卓越成就的教授做纪念演讲，进行学术交流，这已逐渐变成一种制度，形成一种影响，能被邀做卡柴琴的纪念演讲者，标志着其在学术上享有崇高的地位。学院为历届演讲者均建一铜牌做永久性纪念，同时授予其为该学院客座教授。该纪念演讲以往 21 届均由西方外科方面的权威主讲，而这一届，却第一次由中国人登上讲台，这不仅是陈中伟的殊荣，也是整个东方的殊荣，更是中国的殊荣。陈中伟主讲的题目是"显微外科——在中国的 20 年经验"，他还成功地进行了吻合血管的腓骨移植手术示范。主办者 Mo Carthy 院长根据与会者的反应，评价"本届讲学活动是非常成功的，是我们本年度工作的高峰"。

提 携 新 秀

登上医学高峰的陈中伟深谙"一花独放不是春，万紫千红春满园"的哲理，为了普及和推广断肢再植和显微外科技术，他倾注了大量的心血。自 1965 年以来，他每年主办一期全国性的骨科显微外科、断肢再植学习班或学术交流活动。年复一年，经他传授指点的进修医生约 450 人，经他培训的约 1 500 人，受训学员遍及全国各教学医院和基层、厂矿医院，真可谓桃李满天下。他还长途跋涉到青海、甘肃等地办的显微外科学习短训班讲学，做手术示范。

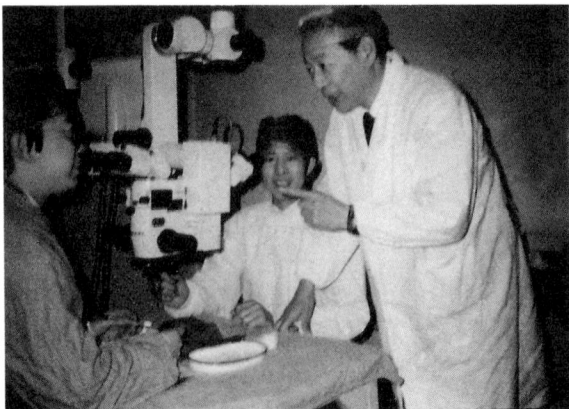

1998 年，陈中伟（右一）在上海医科大学附属中山医院指导进修医生

如今，全国显微外科断肢（指）再植治疗的普及已在大中城市形成网络，患者一般也都能就地治疗了。经陈中伟指导过的许多学员已成为出类拔萃的医生。

陈中伟在显微外科、断肢（指）再植上的杰出成就，也吸引了数百批国外同行前来参观学习。为此，陈中伟举办了国外医师短训班，先后接纳了来自美国、加拿大、德国、澳大利亚、坦桑尼亚、埃及、科威特、伊拉克、希腊、芬兰、摩洛哥、日本等国家的进修医师，促进了国际医学交流。

1979年以来，陈中伟经常出国讲学，他是美国哈佛大学和加州大学、瑞士苏黎世大学医学院、澳大利亚皇家外科学会的客座教授。陈中伟多年来为不少发展中国家培养了一批显微外科人才，并到一些发展中国家讲学，为其科学发展做出了贡献，1986年被选为发展中国家科学院院士。

陈中伟所信奉的格言是："机会对有准备的脑子有特别的亲和力，平时不断努力才能对人民有所作为。"几十年来，在繁忙的医疗、科研、教学和各种国内外学术活动中，他就是这么扎扎实实走了过来，为临床医疗和科学研究贡献出了自己全部的才智。

从他的身上，我感受到了中国科学家在国际上的地位得到大幅提高，这是中华民族的骄傲。将来，中国因有陈中伟这样的科学家不断涌现，中国的断肢再植研究将有更大的发展，毛主席说的"中国应当对于人类有较大的贡献"的期盼已经变成事实。

点燃绿色革命之火

——记世界"杂交水稻之父"、中国工程院院士
袁隆平

袁隆平 作物育种专家。1930 年 9 月 7 日出生，祖籍江西德安。1953 年毕业于西南农学院。1964 年开始研究杂交水稻，1973 年实现三系配套，1974 年育成第一个杂交水稻强优组合南优 2 号，1975 年研制成功杂交水稻制种技术，从而为大面积推广杂交水稻奠定了基础。1985 年提出杂交水稻育种的战略设想，为杂交水稻的进一步发展指明了方向。1987 年任国家"863"计划两系杂交稻专题的责任专家，1995 年研制成功两系杂交水稻，1997 年提出超级杂交稻育种技术路线，2000 年实现了农业部制定的中国超级稻育种的第一期目标，2004 年提前一年实现了超级稻第二期目标。先后获得"国家特等发明奖""首届最高科学技术奖"等多项国内奖项和联合国"科学奖""沃尔夫奖""世界粮食奖"等 11 项国际大奖。出版中、英文专著 6 部，发表论文 60 余篇。

1995 年当选为中国工程院院士。

初闻袁隆平

20世纪80年代，我在广西农业大学工作，当时正值国家开发海南岛，还未建立海南省。时任广西农业大学农学系主任的张先程副教授，应聘到海南大学任副校长，主管科研和教学工作。临行前，我到张先程家，问及他海南的优势，张老师说，海南是我国的国家级水稻栽培基地，20世纪70年代，湖南的袁隆平在海南研究杂交水稻，发现了"野败"，为杂交水稻三系配套打开了突破口，在海南搞水稻研究，有得天独厚的自然条件和科研条件。1988年，我到广西科学技术出版社工作后，就开始关注袁隆平先生的事情。1989年，时任湖南科学技术出版社农业编辑室主任的熊穆阁先生送我一部由他编辑的袁隆平学术著作《杂交水稻育种栽培学》，该书荣获首届国家图书奖，现已成为现代科技学术著作的经典之作，并已翻译成了英文对外出版发行。熊先生说，如有机会再到长沙，就一同去拜访这位"杂交水稻之父"。同年，我在北京组织编写《当代中华科学英才》丛书之一的《杂交水稻之父——袁隆平传》，与中国科学院周发勤教授在确定首批入选现代科学家时，我与编辑部的同志直接担任了这部书的组稿、审稿工作，我社于1990年正式出版《杂交水稻之父——袁隆平传》，时任中国科学院院长周光召为这本书撰写了序言，1991年1月，在北京召开了出版座谈会，钱三强、周光召、金善宝、钱临照等

作者向袁隆平院士赠《走近科学家》一书

科学家出席。该书获中央宣传部首届"五个一工程奖"和第六届中国图书奖一等奖。

1999 年新中国成立 50 周年前夕，正当大江南北的农民沉浸在丰收的喜悦中，举国上下一片欢腾之时，在古城长沙的马坡岭农业高科技园国家杂交水稻研究中心，中国工程院院士、中心主任袁隆平向新闻界披露，两年内，由他主持研究的"超级杂交水稻"计划将有重大突破。

这样一位举世瞩目的科学家是怎么成长起来的？是如何走向国际大舞台的？这些问题一直都是为世人所关注的。

20 世纪 60 年代，在地球的东方一个文明古国的广阔土地上，爆发了震撼世界的第二次"绿色革命"。在这场"绿色革命"中，袁隆平摘下了"绿色王国"中"杂交水稻"这颗瑰丽的绿宝石。然而，袁隆平并不是从天而降的科学大圣，而是一位名不见经传的教师。他从湘西偏远荒凉的黔阳安江农校校园里走来。因他在杂交水稻研究领域的杰出成就，国际同行誉之为"杂交水稻之父"。有人甚至将他的杂交水稻发明誉为中国继火药、指南针、造纸术、印刷术之后的第五大发明。袁隆平因此获得了迄今为止独一无二的"国家特等发明奖"，并获联合国粮农组织颁发的拯救饥饿奖等 8 项顶尖级国际大奖。1998 年，一家权威的知识产权评估机构认定"袁隆平"这个名字的无形资产品牌价值高达 1 000 多亿元。

在中国这样一个有 14 亿人口的大国，在耕地面积不断缩小的情况下，能用占全世界 7% 的耕地，养活占全世界约 18% 的人口，而且人民还能够丰衣足食，在很大程度上归功于袁隆平。近年来，袁隆平院士及其创新团队先后实现了中国超级稻百亩连片平均亩产 700 公斤、800 公斤、900 公斤、1 000 公斤的四期育种目标之后，于 2015 年开展超级杂交稻超高产攻关研究，并于 2017 年 10 月，在河北省的百亩超级稻攻关试验田创下了亩产超 1 049 公斤的世界纪录。水稻产量从亩产 500 多公斤增长到 1 000 多公斤是世界性的难题，世界上有成千上万的科学家在孜孜不倦地奋斗，这被人们誉为又一次新的"绿色革命"。而这场"绿色革命"的旗手，自幼到成名却走过了一条艰辛而曲折的道路。

苦难的少年

1930年9月7日，袁隆平出生在北京（平）协和医院。袁隆平的父亲袁兴烈，当时任平汉铁路局秘书。1937年7月7日，卢沟桥事变发生，袁隆平一家和全国千千万万个家庭一样，向后方逃难。1938年底，8岁的袁隆平随父母一家七口从汉口动身，逆江而上至湖南。逃难途中，历尽艰难，时刻担心敌机轰炸，饥饿和死亡在威胁着全家。1938年冬抵达宜昌，这年的除夕，全家挤在北风呼啸的木船上。1939年春在滚滚的长江上经过长途颠簸之后，到达重庆。仲夏的一天上午，袁隆平和弟弟来到重庆朝天门的坝滩上，只见沙滩上摆满了几百具被敌机炸得血肉模糊的尸体。面对国难日益深重、人民家破人亡的种种情景，每一个具有爱国心的中国人，无不痛心疾首，满腔义愤。袁隆平和20世纪30年代出生的许多人一样，儿童时受尽了磨难。在动荡年代这些残酷而痛苦的现实面前，使他学到了许多和平年代学不到的知识，袁隆平逐渐成熟起来。看到严酷的现实，使袁隆平从小就立志，长大要做一个使中国富强，不再受外国列强欺侮的人。

求 学 时 期

1942年秋季，袁隆平从重庆市龙门浩中心小学毕业，进入复兴中学。学校的规模大了，老师同学多了，所开设的课程也增多了，增加了代数、几何和物理，这一切都使袁隆平感到十分的新奇，他的视野一下子开阔了很多。袁隆平在学习中最大的特点是喜欢思考，善于提问，刨根问底，尤其是在学习基本原理时。他不仅学业成绩十分优异，而且兴趣广泛，求知欲强，学到了很多书本上没有的知识。1946年，袁隆平随父亲回到汉口，并在汉口博学中学读高中，后又因父亲工作变动搬到南京，进入中央大学附属中学读书，并学完了高中的全部课程。高中毕业，报考大学成为袁隆平一家十分关心的焦点问题。袁隆平有他自己独到的见解，一是赴重庆求学，因为重庆的文化积淀对他有强烈的吸引力；二是要研究农学，他对大自然尤其是植物生长规律有极大的兴趣。这样，袁隆平报考了重庆相辉学院的农学系。1949 年 8 月，袁隆平来到了重庆北碚夏坝相辉学院。尽管学生来自于北京、上海、南京等地，但这些青年学生却有一个共同的目标，那就是科学救国。

1950 年 11 月，全国高等院校院系调整，建立了西南农业大学，夏坝相辉学院农学系并入西南农业大学。大学 4 年的学习生活，使袁隆平张开了智慧的翅膀，在知识的太空中翱翔。袁隆平的英语和俄语基础十分扎实，在图书馆，他阅读了国内外各种学术杂志和著作，开始接触当时世界上著名的生物学家如米丘林、李森科、孟德尔、摩尔根等不同的学术观点和科学思想。通过阅读大量的学术资料，开阔了视野，增长了知识，袁隆平对研究生物学领域一些重大问题的兴趣日益增加。

走 向 社 会

1953 年夏天，袁隆平从西南农业大学毕业，他和所在班的 30 多名同学一样愉快地服从分配。袁隆平被分配到湖南省西部山区雪峰山麓的黔阳安江农校教书。从重庆出发，行程 2 000 多公里，袁隆平风尘仆仆地来到当年唐代诗人王昌龄曾经在此当县令，时称为"醉别江楼橘柚香"的黔阳县，开始了他新的社会生活，从事了 19 个春秋的教学生涯。

第一学期，因缺少俄语教师，袁隆平被分配到文史教研室教俄语，他把教俄语看成多次学习的好机会。第二年，他又被调到遗传育种教研组，讲授植物学、作物栽培、遗传育种等基础课和专业课。在此期间，他深入地研究了植物生物学、遗传学。

在 20 世纪 50 年代向苏联学习时，教育体制、教学内容全盘照抄苏联的，生物学中主要向学生讲授米丘林、李森科的遗传学说。他按照其理论进行无性杂交、环境影响、营养教养等方面的试验，如把月光花嫁接在红薯上，西红柿嫁接在马铃薯上，西瓜嫁接在南瓜上，谋求经济性状优良的无性杂种，但都未能获得成功。60 年代，他从阅读外文杂志中获悉，欧美学派的孟德尔、摩尔根创立的染色体、基因遗传学，对良种繁育有重大指导作用。他开始大

1989 年 11 月，袁隆平与他 20 世纪 50 年代的学生们在一起

胆地向学生传授染色体、基因学说，讲杂种优势利用在作物育种中的广阔前景，同时开始向水稻的杂种优势利用方向探索，一边从事教学，一边从事科研工作。

光阴荏苒，袁隆平大学毕业一晃就几年了，已成为大龄青年的他仍然是孑然一身。同事和朋友们纷纷热心地给袁隆平张罗对象。但是，总是介绍一个吹一个，姑娘们对袁隆平敬而远之。有一次，一位男同事陪袁隆平去相亲，袁隆平与女方见面后，女方没有相中袁隆平，反而相中了介绍人，让人啼笑皆非。为什么呢？因为年轻时的袁隆平生活不太讲究，他不仅衣着朴素，而且不修边幅，衬衣穿脏了，把衣领翻个边又继续穿；上课时找不到黑板刷子他就用衣袖擦黑板，所以他穿的衣服总是脏兮兮的。

正因为袁隆平有这些特点，那些以貌取人的姑娘们见了袁隆平总是敬而远之。此后，朋友和同事们又给他介绍了好几个对象，也都没有结果。

正当袁隆平为婚姻问题而苦恼的时候，爱神却悄无声息地向他走来。

1956 年，袁隆平被派到邻近一所中学去代课，一位慧眼识珠的年轻女教师为袁隆平的才华和抱负所倾倒，他们很快就坠入爱河。多次受挫的袁隆平终于找到了知音，令他感动不已。那位女教师不仅才貌出众，而且心地善良宽厚，对袁隆平体贴入微。他们经常在一起切磋教案，促膝谈心。花前月下，沅水河畔，留下了许多相知相爱的欢声笑语。在长达 3 年的热恋中，他们都把爱情毫无保留地献给了对方。袁隆平陶醉在爱河里。

同事和朋友们都为袁隆平感到高兴，都催他趁热打铁，快点结婚。

不料，一场意想不到的政治运动打断了他的好梦。在"反右"斗争中，袁隆平由于平时不太关心政治，又说了一些不合时宜的话，安江农校出现了批判袁隆平的大字报，他险些被划为"中右"。

消息传开，学校领导找那位女教师谈话了，"要爱情还是要进步"？在强大的政治压力面前，这位姑娘也终于退却了。30 岁的袁隆平顷刻陷入了失恋的痛苦之中。

经过这次打击，袁隆平对爱情和婚姻有点心灰意冷了，但他很快就让自己从痛苦中解脱出来，把全部的精力投入到教学和科研中去。1960 年 7 月，一次偶然的机会，他在一块实验田里发现了一株天然杂交稻，便萌生了要搞杂交水稻研究的大胆设想。当时杂交水稻研究属于世界性难题。因为传统理论认为，水稻为自花授粉植物，没有杂交优势。袁隆平立志要攻克这道世界难题。

一心扑在教学和科研事业上的袁隆平，终于感动了一位贤淑的姑娘，这就是后来成为他妻子的邓则。

邓则本来是袁隆平的学生，1957 年从安江农校毕业之后，分配在黔阳县农业局当技术员，由于特殊的家庭原因，致使邓则到 25 岁还没有结婚。经老师和同学牵线，本来就对袁隆平满怀敬意的邓则满口答应了。他们没有过多的花前月下，也没有置办任何结婚物品，两个相爱恨晚的大龄青年，利用邓则来安江农校参加职工运动会的机会（邓则是业余篮球运动员），仅用 50 元钱的喜糖举行了一场很简朴的婚礼。结婚时，袁隆平 33 岁，邓则 25 岁。

绿色革命

　　1960年，袁隆平从《参考消息》上看到一条新闻：英、美遗传学家克里克和沃森根据孟德尔、摩尔根学说，已于1953年研制出遗传物质的分子结构模型，使遗传学研究进入分子水平，此项研究获得了诺贝尔奖。遗传学不仅在理论上取得重大突破，在实践上也广泛应用于种植杂交高粱、杂交玉米、无籽西瓜等。这些事实表明，孟德尔、摩尔根的遗传学对作物育种有着非常重要的意义。如果说20世纪50年代，袁隆平是米丘林、李森科学说的虔诚信徒，那么60年代，他已完全转变成为孟德尔、摩尔根遗传学说的忠实宣传者和自觉实践者。袁隆平下决心发挥自己的聪明才智，用学过的专业知识，尽快培育出亩产过400公斤、500公斤的水稻新品种，让粮食产量大幅增长，用农业科学技术战胜饥饿。

　　1960年7月，下课之后，袁隆平匆匆来到校园外的早稻试验田，他那敏锐的目光，停留在一蔸"鹤立鸡群"的水稻植株上。他仔细数了数穗数和粒数，足有10余穗，每穗有壮谷160~170粒，比其他稻穗要多。对孟德尔、摩尔根遗传学有了较深研究的袁隆平，对这一无意的发现兴奋异常，他来不及多想，立即进行研究，从理论上进一步论证了"鹤立鸡群"水稻植株是地地道道的天然杂交稻。且杂交稻存在明显的优势，他由此预见，搞杂交水稻研究，有十分光明的前景，并开始了研究杂交水稻的探索之路。

　　袁隆平设想了利用水稻雄性不育性，通过培育不育系、保持系三系配套方法，来代替人工去雄杂交，生产杂交种子的路子，并在中国科学院出版的《科学通报》1966年第4

袁隆平与助手尹华奇在田间观察

期上发表了《水稻的雄性不孕性》一文。由于发表了这篇对杂交水稻而言具有划时代意义的文章，在动荡环境中，袁隆平的杂交水稻研究受到了国家科学技术委员会和湖南省有关部门的"特殊保护"。

1968年，为了加快育种的步伐，袁隆平把杂交水稻科研的战线向南延长到云南和海南岛。每年10月，当寒风席卷洞庭湖畔时，他带领助手到南国育种。在那里，他们经历了地震的考验，经受了酷热的煎熬。烈日下，他们带上干粮来到田间，常常在水田中一泡就是几小时，顾不上中暑的危险，耐心地观察，忘我地工作，渴了，就坐在田埂上喝几口水，饿了，啃几口馒头……1970年的一天，他们在海南岛上一片沼泽地的小池塘边发现了雄性败育的野生水稻——"野败"，为杂交水稻科研打开了突破口，成为杂交水稻材料探索中的一个重要转折。1973年第一个具有较强优势的杂交组合"南优2号"获得了成功。

袁隆平（左）和助手在田间观察

杂交水稻在实践中立刻展现了它的增产效应，单产一般比常规稻增产20%左右。1975年，全国多点示范杂交水稻5 600多亩，1976年迅速扩大到 208 万亩，并在全国范围开始大面积应用于生产。目前，全国杂交水稻年种植面积超过了 2 亿亩，占水稻总种植面积的 51%，而产量约占水稻总产的 60%。

为把理想变为现实，袁隆平又继续奋斗了 12 个春秋，1977 年，他在《中国农业科学》上发表了《杂交水稻培养的实践和理论》。这篇重要的论文，认真总结了他 10 多年来杂交水稻育种的丰富实践经验，从理论和实践的结合上，深刻阐述了杂交水稻育种中的几个重大的实践和理论问题，同时，再一次预言杂交水稻"具有广阔的发展前途，蕴藏着巨大的增产潜力"。这篇论文的发表，对杂交水稻的进一步发展，扩大三系杂交水稻的成果，起着巨大的推动作用。

先驱科学家

杂交水稻的成功带来了巨大效益，为解决中国的粮食需求问题发挥了极其重要的作用。因此，这项成果于 1981 年获得了"国家特等发明奖"。1981 年 6 月 6 日，国家科委、国家农委在北京联合隆重召开籼型杂交水稻特别发明奖授奖大会。党和国家领导人王震、方毅、万里出席授奖大会，并先后在会上讲话，国务院副总理方毅说："籼型杂交水稻的培育成功，丰富了水稻遗传育种的理论和实践，在国际上遥遥领先，为中国争得了荣誉。

1981 年，袁隆平获第一个"国家特等发明奖"

美国、日本、印度、意大利、苏联等十几个国家的科学家，开展杂交水稻的研究已有十几年的历史，但都还处在实验阶段，而我们是走在前面了。"著名科学家周培源、金善宝、钱学森参加了大会。这是中华人民共和国成立以来第一次授予"国家特等发明奖"的大会。6月7日，《人民日报》头版头条报道了这一消息，当天还同时发表了题为"争当攀登科学技术高峰的勇士"的社论。

杂交水稻受到了全世界的关注，袁隆平作为世界上第一位成功利用水稻杂种优势的科学家，先后获得了联合国知识产权组织授予的"杰出发明家"金质奖、联合国教科文组织"科学奖"、英国让克基金会"让克奖"、美国费因斯特基金会"拯救世界饥饿奖"、何梁何利基金奖、联合国粮农组织"粮食安全保障奖"、日本"日经亚洲大奖"、日本"越光国际水稻奖"等荣誉，并被授予作物杂种优势利用世界"先驱科学家"称号。

走 向 世 界

1979年4月，在菲律宾椰林热雨中的国际水稻研究所，召开了一次重要的水稻科研会议，共有来自20多个国家的200多名科学家参加了会议。中国的袁隆平因在杂交水稻研究方面有突出贡献，是被应邀在会上宣读论文的科学家之一。

1980年5月，袁隆平应邀到美国洛杉矶加利福尼亚州立大学农业实验站讲学。

1986年4月，袁隆平在意大利米兰出席"利用无融合生殖进行作物改良的潜力"讨论会。

1986年10月，袁隆平参加了在湖南长沙召开的世界首届杂交水稻国际学术会议，来自美国、日本、菲律宾、比利时、意大利、英国等20多个国家的著名专家共200多人出席了会议。

1986 年，袁隆平接受国际杂交水稻研究所赠匾

新 的 起 点

　　成功与光环并没有使这位科学家止步。1986 年，他站在更高的起点上，提出杂交水稻的育种战略，将杂交水稻的育种从选育方法上分为三系法、两系法和一系法三个发展阶段，即育种程序朝着由繁至简而效率越来越高的方向发展。从杂种优势水平的利用上分为品种间、亚种间和远缘杂种优势的利用三个发展阶段，即优势利用朝着越来越强的方向发展。根据这一设想，杂交水稻每进入一个新阶段都是一次新突破，都将把水稻产量推向一个更高的水平。

　　1987 年，国家"863"计划将两系法杂交水稻研究立为专题，袁隆平挂帅成立了两系法杂交水稻研究协作组。

1995 年 8 月，在湖南怀化召开的"863"计划两系法杂交水稻现场会上，袁隆平郑重宣布：我国历经 9 年的两系法杂交水稻研究已取得突破性进展，可以在生产上大面积推广。

正如袁隆平在育种战略中所设想的，两系法杂交稻确实表现出更好的增产效果，普遍比同期的三系法杂交稻每公顷增产 750~1 500 公斤，且米质有了较大的提高。2000 年，在生产示范中，全国已累计种植两系法杂交水稻 1 800 余万亩，比 1996 年扩大近 5 倍。后来，国家"863"计划已将培矮 64S 系列组合作为两系法杂交水稻先锋组合加大力度在全国推广。

据说在湖南农民中流传着这样的顺口溜："吃饭靠'两平'，一靠搞责任制的邓小平，二靠培养出杂交稻的袁隆平。"这是一靠改革、二靠科学的形象说法。

再 攀 高 峰

1998 年 8 月，袁隆平向朱镕基总理打了一个报告，请求支援。他要向新的目标、新的高峰——选育超级杂交水稻发起冲击！

这是一个世界级难题。在当时，培育超高产水稻品种一直是国内外水稻研究的重点、难点和热点。日本率先在 1980 年制订了水稻超高育种计划，目标是 15 年内育成比原有品种增产 50%的超高产品种，这项计划至今尚未实现。1989 年国际水稻研究所提出培育"超级稻"，目标是到 2000 年育成单产潜力比当时纯系品种高 20%～25%的品种，但因技术原因已宣布推迟 5 年完成。

超级杂交水稻课题是由袁隆平在 1997 年正式提出来的。

2000 年，袁隆平的超级杂交稻已获得小面积试种成功，亩产达到 800 公斤。朱镕基总理闻讯后非常高兴，立即从总理基金中划拨 1 000 万元，予以支持，并请人转告袁隆平："国务院将全力支持他的研究。"在湖南杂交水稻研究中心大厅内，有一幅袁隆平的亲笔题词：发展杂交水稻，造福世界人民。为了让杂交水稻造福人类，袁隆平立下心愿，要让杂交水稻走向世界。正如他所说的，杂交水稻这一科研成果不仅属于中国，也属于世界。衷心希望这项成果不但能增强我国依靠自己的力量解决吃饭问题的能力，同时也为解决人类仍然面临的饥饿问题做出更大的贡献。

十几年前，国外曾有人公开撰文说，到21世纪20年代，中国人口将达到16亿，那时，谁来养活中国？谁来拯救由此引发的全球性粮食短缺和动荡危机？

当时，袁隆平就站了起来，他挥动着长满茧的双手向全世界宣布："中国完全能解决自己的吃饭问题，中国还能帮助世界人民解决吃饭问题！"

中国大地有一半的水稻面积种上了由这位科学家培育出来的杂交水稻，产量占全国水稻总产量的60%，水稻平均亩产从1950年的140公斤提高到了1998年的450公斤。1975~1998年因此累计增产粮食3.5亿吨，相当于每年解决了3 500万人的吃饭问题。

目前，世界上有20多个国家和地区正在研究杂交水稻，联合国粮农组织也把在全球范围内推广杂交水稻技术作为该组织的一项战略计划。受联合国粮农组织之聘，袁隆平担当首席顾问，多次赴印度、越南、缅甸、孟加拉国等国家指导杂交水稻育种和繁殖制种技术。同时，还为这些国家培训杂交水稻技术骨干。1981~1998年，湖南杂交水稻研究中心共举办了12期国际杂交水稻培训班，培训了来自20个国家的200多名科技人员。

杂交水稻在解决世界的饥饿问题上正日益显示出强大的生命力。正如美国著名的农业经济学家唐·帕尔伯格所说的："随着农业科学的发展，饥饿的威胁在退出。袁（隆平）正引导我们走向一个营养充足的世界。"

由于袁隆平对科学事业做出的突出贡献，党和政府给予他许多荣誉。他先后被推选为全国人大代表、全国先进科研工作者、全国劳动模范、湖南省政协副主席、全国政协常委、中国工程院院士、全国杂交水稻专家顾问组组长。袁隆平没有在荣誉和鲜花面前陶醉，他仍然潜心于他的杂交水稻研究，仍在孜孜不倦地献身于科学。

最后，我用袁隆平的一件往事和一句寓意深刻的话作为本文的结语：

20世纪70年代初期，在杂交水稻处于攻关阶段，每逢春节，袁隆平都坚

袁隆平与外国学者在田间

持在海南岛育种基地。1974年新春佳节，袁隆平的夫人邓则赶到广东出席生物防治会议，趁此机会顺道到海南看望丈夫。大年初一那天，袁隆平带着妻子来到三亚的天涯海角。只见茫茫的大海上，一只只海鸥张开强劲的翅膀，搏击狂风巨浪，向前奋飞。袁隆平触景生情，对身旁的妻子说："我们过去只不过是洞庭湖边的麻雀，现在却要做太平洋上的海鸥了！"

现在，袁隆平那句富于激情和诗意的话已经变成了现实，袁隆平和杂交水稻，展开腾飞的翅膀，飞过黄海、东海、渤海和南海，横跨太平洋、大西洋和印度洋，从中国飞向全世界。

物理学的十一月革命

—— 记诺贝尔物理学奖获得者、中国科学院
外籍院士丁肇中

丁肇中 物理学家。美国国籍。生于美国密歇根州安阿伯镇。祖籍中国山东日照。1959年获美国密西根大学物理学学士和数学学士学位，1962年获该校物理学博士学位。1969年至今任美国麻省理工学院物理学教授。1977年被选为麻省理工学院第一位 Thomas Dudley Cabot Institute 教授。1982年至今在欧洲核子研究中心的正负电子对撞机 LEP 上领导 L3 实验。美国国家科学院院士（1977年），美国艺术和科学院院士（1975年），苏联科学院外籍院士和巴基斯坦科学院外籍院士，台湾研究院院士。曾获诺贝尔物理学奖（1976年）、美国政府 Lawrence 奖（1976年）、意大利政府 DeGasperi 科学奖（1988年）等。

丁肇中教授长期从事高能物理实验，精确检验量子电动力学、量子色动力学和电弱统一理论，寻找新粒子和新的物理现象，取得了一系列重大成果。1965年发现反氘核。1974年发现第4种夸克的束缚态——J粒子，因此获1976年诺贝尔物理学奖。1979年发现胶子喷注。1982年确定中微子种类的数目只有三代。1994年起领导 AMS 组实验，在空间寻找反物质和暗物质。1994年当选为中国科学院外籍院士。

在我的编辑生涯之中，有一件事是终生难忘的。那是 1988 年的冬天，在新华社总编室，中国著名科技报道记者顾迈南女士对我说，我给你介绍认识三位著名物理学家——钱三强、周光召、丁肇中，你可以去采访和组稿。她给我写了亲笔信并留下了三位科学巨匠的联系电话，为我日后采访丁肇中提供了便利。初见著名物理学家、诺贝尔物理学奖获得者丁肇中，我便被他所吸引：这位美籍华裔物理学大师目光炯炯，身材魁梧，极富个人魅力，在世界科学界享有崇高声誉。听他演讲，让人感到理性而又不乏幽默。随着对他了解的逐渐加深，我不禁为他的爱国情怀及献身科学的精神所感动。

在撰写关于丁肇中稿件的过程中，2000 年夏天，在中国科学院高能物理研究所，我采访中国科学院院士唐孝威时，他说，1978 年他作为中国选派的第一批物理学家，参加了丁肇中在欧洲的马克·杰实验组，在实验过程中，提出了重大修改意见，被丁肇中采纳。1990 年之后，他又参加了丁肇中领导的人类探索宇宙的计划，由美国和中国共同研制阿尔法磁谱仪 –01 号（AMS-01）进行太空粒子物理研究。有感于唐孝威的科学生涯，我在 2000 年写了他的一篇传记文章——《筚路蓝缕赤子心》。时隔多年，再写诺贝尔物理学奖获得者丁肇中教授。

生 于 异 乡

1936 年 1 月 27 日，一个男孩在美国密歇根州安阿伯大学医院里降生了。他便是继李政道、杨振宁之后第三位获得诺贝尔奖的华裔科学家丁肇中。

丁肇中祖籍山东日照。他的外祖父王以成早年留学日本，学习土木建筑专业，受革命思想影响，加入同盟会。1911 年武昌起义后，王以成积极组织革命武装参加反对清朝统治的战斗。在一次战斗中不幸被俘，他坚贞不屈，拒不投降，被敌人惨无人道地砍成数块。王以成牺牲后留下女儿王隽英。

丁肇中的父亲丁观海自少年时代起就很有自立精神，13 岁便离开故乡只身一人到青岛求学。在上海光华大学读书的时候，丁观海和同在该校学习教育心理学的王隽英一见钟情，相爱并订婚。两人志同道合，在读书求学、信念、人生的追求等方面都很有见地和抱负。

1934 年，丁观海从上海交通大学毕业后，到美国密歇根大学学习土木工程，随后王隽英也到了美国，攻读教育心理学。后来，两人分别获得硕士学位。在异国他乡，他们结为伉俪。正当他们学业有成、准备回国的时候，王隽英怀孕了，似乎要提早临产。丁观海夫妇本想让第一个孩子出生在祖国，因担心在归国途中分娩，只好修改计划。他们决定丁观海先走，王隽英分娩后再回国。

后来，丁肇中曾这样谈到自己的身世："我提早出世，由于这个意外，我成为美国公民，这个突发的小插曲却也影响了我的一生。"

丁肇中在美国诞生后刚满 2 个月就随母亲回到中国。

母亲王隽英是丁肇中最爱戴的人，1960 年病逝于美国，临终前留下遗言："爱祖国，爱科学，双爱双荣。"

颠沛童年

丁肇中回国不久，1937 年 7 月 7 日，便爆发了卢沟桥事变，他的童年是在抗日战争的兵荒马乱中度过的。

抗日战争时期，中国许多著名大学为了避开战火，纷纷迁到了四川、云南和贵州。丁肇中的父母都是爱国知识分子，他们不愿意留在敌占区为日本侵略者效力，于是，辗转逃难走遍了大半个中国，幼年的丁肇中随其父母开始了动荡不安的流亡生活。他曾随着父母过黄河，越长江，从日照到南京投靠亲友，后又用了 3 个月的时间逆长江而上来到重庆。那些非同寻常的日子，在丁肇中的心灵里也留下了难以抹去的阴影。他回忆说："我两三岁时，从长江到重庆，坐在小木船上，住在山洞里。山洞是有钱人凿的，在江边上。有一天晚上，我母亲到重庆去了，那时父亲在重庆。外婆说，忽然有几十个强盗破门而入，翻箱倒柜地找东西，什么也没有找到。临走，有个强盗还朝我的枕头开了一枪。"

在缺医少药的重庆，丁肇中差点被病魔夺走生命，但他还是一次次从死神的威胁下逃脱出来。病愈后，他进了磁器口小学读书。上学是人生一个新的开端，但对丁肇中来说却是好景不长，他只上了几天便不敢去上学了。当时中国的空军力量薄弱，尽管重庆是大后方，仍然受到日本空军的轰炸和扫射，经常发生小孩上学和放学时被炸死或被倒塌房屋砸死的事故。丁肇中的父母实在不放心，便决定不让丁肇中上学了，在家中由母亲亲自教课，家成了他的学校。

在重庆，由于父母从事教育工作，家中经常来访的客人不是大学教授就是大学生，他们来自全国各地，了解日本侵略者在各地的暴行和中国人民在抗日战场上英勇斗争的情况。每当客人来访，丁肇中总是在旁边听父母与客人谈话，久而久之，这些谈话就成了丁肇中接受爱国主义教育的课堂。这些生动的教材是在当时的学校里学不到的。

与丁观海交往的朋友和同事中有很多人是有真才实学的学者，他们来访时经常与丁观海讨论各种自然科学方面的问题和研究治学的方法。天长日久，耳濡目染，丁肇中从中似乎也悟出点什么道理来。他在获得诺贝尔物理学奖后写的自传中，曾专门提及这一段往事："由于战争的原因，我直到12岁才接受传统教育。然而，我的父母一直在大学任教，因此使我有机会接触到许多经常来访的有才智的学者。也许由于这个早期的影响，我一直有从事研究的愿望。"

读 书 生 涯

1948年春，丁肇中举家迁往台湾，那时丁肇中已经12岁了。到台湾以后，丁肇中先是在台中市读小学六年级。全家搬到台北以后，丁肇中考进了成功中学。翌年，转入建国中学，直到高中毕业。

在中学，丁肇中受到良好的教育。许多年以后，回忆少年时代在台湾的经历，他说："我通过考试进入了台北最好的高中。这个学校是按照学生的能力和水平编班的，我被编到了最好的班级。尤其是这个学校在几何、中国历史、英文和化学学科方面有很出色的教师。在我念高中的时候，我最感兴趣的是中国历史，其次是化学和物理。但我很快意识到，在历史学中去寻求真理，比在自然科学中寻求真理要困难得多。也许是由于我 12 岁以前没有机会受到学校教育的缘故，我对中国文学、英文和其他诸如此类的课程，

丁肇中与王淦昌

感到极大的困难。自然我不是这些学科中最优秀的学生，然而我记得在物理和化学的学习中，我花费了大量的时间，对这些课程有了比较深入的理解，也许比其他的学生更深入一些。"

在中学时代，丁肇中就展现了一个科学家为了追求真理而勇往直前、锲而不舍的精神。丁肇中非常爱惜时间，他总是把一天的时间安排得有条不紊。每到晚上，他便和几个要好的同学一起去附近的师范大学图书馆看书，那里有很好的学习氛围，又很安静，直到图书馆关门后才回家。这样日复一日地勤学不辍，丁肇中在班级中成绩一直首屈一指。

丁肇中由于成绩优异，被保送进台南市的成功大学。对自己未来充满美好憧憬的丁肇中得知这一消息后，非但没有欣喜若狂，反而闷闷不乐，认为自己被保送进入的是二流的大学。一向上进心极强的他，决定参加大学的联合考试，不要保送，还决心考个"状元"回来。

经过一番紧张的考试，结果，状元没考中，却依然考取了成功大学机械工程系。这对丁肇中来说，无疑是一个不小的打击。但是丁肇中从祖辈那里传下来的性格就是不怕失败，他很快就把情绪调整过来了，因为他有更远大的目标。

在大学读书期间，丁肇中对物理产生了浓厚的兴趣，而对自己所学的机械工程则缺乏热情。正当他准备改学物理时，一个偶然的机会，他开始了新的生活。他的父亲丁观海在美国留学时的师长和挚友布朗教授到丁肇中家做

客，谈话之余丁肇中的母亲向布朗提出请他帮助丁肇中赴美留学。这本是一句半开玩笑的话，布朗教授却认真地办起来了。几个月后，丁肇中便乘飞机来到了美国底特律，这一天是 1956 年 9 月 6 日。

丁肇中的家庭生活并不富裕，他到美国时只带了 100 美元。他首先要解决的是生活问题，但他的最终目的是要在学术上有所建树。两全其美的办法就是努力学习，争取得到奖学金，早日获得学位。

在大学里，他废寝忘食，埋头苦读，图书馆—实验室—食堂—宿舍是他生活的轨迹。尽管美国大学里课余生活丰富多彩，却很少在其中看到丁肇中的身影。经过 3 年的努力，他获得了数学及物理学两个学位。2 年之后，他又荣获了物理学博士学位。

丁肇中到美国，5 年的时间就走完了大学和博士研究生的道路，而在美国一般人则需要花 10 年的时间。从 1956 年丁肇中赴美学习至今，他始终不忘祖国，童年时所受的教育永远铭记在他的心中。

诺 贝 尔 奖

丁肇中因发现构成物质的第 4 种基本粒子——J 粒子，获得 1976 年诺贝尔物理学奖。颁奖仪式上，丁肇中用一口流利的中文慷慨陈词，这也是诺贝尔奖设立 76 年来，首次用中文发表的获奖演说。那一刻，他成为全球华人的骄傲。在大学读书期间，丁肇中就非常喜欢数学和理论物理，每次考试他都取得很高的分数。可大学毕业后，他并没有选择理论物理专业，而是选择了实验物理，因为他坚信"实验是物理学的基础"。

丁肇中曾师从吴健雄和杨振宁，又到欧洲核子研究中心，在柯可尼手下工作，这些经历使他的实验技能有了长足的发展。他曾这样谈到自己的这次欧洲之行："在获得了物理学博士学位以后，许多学校和科研部门向我提供了各种职位，一些职位附有优厚的薪金，另一些职位则有比较重要的地位。而我选择了一个可以使我进一步从事研究的工作，那就是在瑞士日内瓦的欧洲核子研究中心。同其他职位相比，它只有 1/3 的薪金，并且任职时间只有一年，但我还是选择了这个职位，因为我渴望能够和欧洲核子研究中心的盖塞普·柯可尼教授一起工作。他是一个有非凡能力的物理学家，在选择物理学研究课题方面具有特别敏锐的洞察力。他能够以一种清晰和简明的方式阐述复杂的问题。"丁肇中在欧洲核子研究中心仅仅工作了一年就从讲师提升为助理教授。

一年后，丁肇中又从西西里大学匆匆回到美国哥伦比亚大学。在哥伦比亚大学工作的第二年，他得知有好几个很有名的物理学家用实验发现了有违反量子电动力学的事实的消息。丁肇中曾对量子电动力学理论的完美性及其有关的实验技术的复杂性有深刻的印象，他一直认为任何科学理论都应该经得起实验的检验，因此他决定重复做实验。哥伦比亚大学老资格的同事们，特别是莱德曼教授（后来是美国费米国家实验室的负责人），都对他完成这个实验的能力表示怀疑，因为在这个领域里他没有经验并且缺乏物质支持。不过，莱德曼教授还是友好地允许丁肇中用两年的时间去实现他的想法。结果，丁肇中领导一个小组在德国国家电子加速器中心进行实验，仅用 8 个月就完成了这个实验，并且验证了量子电动力学的正确性。

1976 年 12 月，丁肇中在瑞典接受诺贝尔物理学奖

丁肇中与夫人苏姗、柏格博士及陈敏教授合影

　　这个实验是丁肇中和他的同事们迈向诺贝尔物理学奖的第一块基石。从此，年轻的物理学家丁肇中的名字伴随着科学史上重大谬误的纠正，迅速传遍了欧美物理学界。

　　然而，丁肇中丝毫没有感到满足。在美国东海岸著名的布鲁克海文国家实验室里，丁肇中进行了异常艰苦的工作。其难度之大，丁肇中曾做过一个生动的比喻，他说："像波士顿这样的城市，在雨季的时候，每秒钟也许会降下 100 亿个雨滴，假定其中的一滴雨，有不同的颜色，而我们又非找到那一滴雨不可……"

　　这就是寻找 J 粒子的实验。

　　1972 年，当丁肇中向布鲁克海文国家实验室提出寻找新粒子的计划时，由于这一实验花钱多、难度大，所以他的计划受到各方面的批评和责难。

　　"即使丁肇中的实验能够搞起来，也没有什么价值。在丁肇中计划实验能量区域内，新的长寿命的重粒子是根本不存在的，这是一般教科书上的常识。"一位著名的物理学家曾这样断言。

对于来自各方面的责难，丁肇中毫不示弱。他对那些权威们说："先生，这不是不懂常识的问题，而是要靠事实来回答的问题。什么叫常识？常识就是不经证明而常常引用的知识。普通人不可以不懂常识，但是过分迷信常识的科学家，往往就会错过一些重大的发现。"

丁肇中坚信自己的预见，决心向常识挑战。他再三告诉自己的实验组成员："不要管反对意见是多么不可一世，决不要放弃自己的科学观点，要毫不胆怯地迎接挑战，要始终坚持对自己科学观点的探求。"

事实证明丁肇中的观点是对的。

1974年，他们利用布鲁克海文国家实验室的质子加速器发现了一个质量约为质子质量3倍的长寿命中性粒子。在公开发表这个发现时，丁肇中把这个新粒子取名为J粒子，"J"和丁的字形相近，寓意这是中国人发现的粒子。与此同时，美国人里希特也发现了这种粒子，并取名为ψ粒子。后来人们就把这种粒子叫作J/ψ粒子。

J/ψ粒子具有奇特的性质，其寿命值比预料值大5 000倍，这表明它有新的内部结构，不能用当时已知的3种夸克来解释，需要引进第4种夸克来解释。J/ψ粒子的发现大大推动了粒子物理学的发展，为此丁肇中和里希特共同获得了1976年诺贝尔物理学奖。这个发现时间也被人们称为"物理学的十一月革命"，它使粒子物理领域和亚原子世界的理论观点发生了不可逆转的变革。

故 国 情 深

身在大洋彼岸的丁肇中，心中常常惦记着中国的亲友和故乡，他忘不了在中国度过的青少年时代。

按照惯例，在诺贝尔奖授奖仪式上，获奖者要用本国语言发表演讲。丁肇中是美籍华裔，因此，在授奖典礼上，他必须用美国语言——英语发表演讲，以前的美籍华裔诺贝尔奖获得者都没有打破这一惯例。

但丁肇中认为自己是炎黄子孙，只不过是在美国的土地上出生而已。于是，他向瑞典皇家科学院请求：在授奖仪式的即席演讲中，先用中文讲，后用英文复述。

当时的美国政府得知此事后，曾竭力阻挠。但丁肇中坚持己见的性格促使他据理力争，终于获准。

1976 年 12 月 10 日下午 4 时许，在瑞典首都斯德哥尔摩音乐厅内，隆重的颁奖典礼开始了。丁肇中跟其他诺贝尔奖获得者一道，在受奖席上就座。

当诺贝尔奖基金会主席简要地介绍了丁肇中的贡献后，在庄重、悦耳的王室音乐中，丁肇中英姿勃发地走到当年伦琴、爱因斯坦、居里夫人等许多科学巨匠曾经站立过的讲台上，用流利的中文讲道：

国王、王后陛下，皇族们，各位朋友：

得到诺贝尔奖，是一个科学家最大的荣誉。我是在旧中国长大的，因此，想借这个机会向发展中国家的青年们强调实验工作的重要性。

中国有句古话"劳心者治人，劳力者治于人"，这种落后的思想，对发展中国家的青年们有很大的害处。由于这种思想，很多发展中国家的学生都倾向于理论的研究，而避免实验工作。

事实上，自然科学理论不能离开实验的基础，特别是物理学更是从实验中产生的。

我希望由于我这次得奖，能够唤起发展中国家的学生们的兴趣，从而注意实验工作的重要性。

诺贝尔奖授奖大厅里回荡着丁肇中那浑厚的声音，他是自诺贝尔奖 1901 年创立以来，在 500 多位获奖人中，继李政道后又一个用中文在这里发表演讲的科学家。

J 粒子把丁肇中带上了荣誉的顶峰，但丁肇中丝毫没有沉醉在已有的成就里，年复一年，他以锲而不舍的精神从一座高峰迈向另一座高峰，攻克了一个又一个的科学堡垒。谈起为什么如此无止境地探求时，丁肇中说："我常常意识到我的能力是相当有限的，只有刻苦地工作，我才有可能在这个特殊的领域里取得优异成绩和做出贡献。"

丁肇中的研究工作以实验粒子物理、量子电动力学及光与物质相互作用为中心，所取得的成就是举世瞩目的。为此他获得了多个国家的科学院院士称号、多种奖章和多所大学的名誉博士学位。

这位少小就离开了中国的世界著名物理学家，在各种场合里，都不时地流露出对祖国的深情厚谊。他说过："中国是一个在科学发展方面具有悠久历史和有过深远影响的国家。我相信随着社会稳定，对科学事业的不断鼓励和支持，在未来的年代里，中国必将会对科学做出许多重大的贡献。"

1975 年 11 月 7 日，丁肇中再一次回到了阔别多年的中国。此后，为了父母之邦的振兴，他不时地放下手中紧张的科研工作，回国培养人才。

为了促进中国科学技术的发展，丁肇中热心培养中国高能物理学人才，经常选拔中国青年科学工作者去他所领导的实验组工作。现在，在北京正负电子对撞机上做物理实验的科技人员，大多数都在丁肇中领导的实验组工作和学习过，这对促进中国年轻的高能物理学研究是至关重要的。他是中国科学院首批外籍院士，获 1996 年度中国国际科学技术合作奖。在多次来中国讲学和访问期间，他希望年轻人要为中国科学技术的进步贡献力量，并反复地强调实验工作的重要性。

情 系 科 普

改革开放以来，有许多诺贝尔奖获得者来中国讲学，在国内引起了强烈反响。《北京日报》曾生动地报道了诺贝尔物理学奖获得者丁肇中在北京做科普报告的情景：

诺贝尔物理学奖得主丁肇中教授专程来京做前沿物理科普报告，他只用一小时就解释了宇宙的奥秘……还

丁肇中在办公室

未开讲，丁教授的西装上已被挂满多家电视台、电台的袖珍话筒。只能容纳700人的国际会议中心会场座无虚席，连楼上参观台都站满了人。但这位统领20多个国家的600多名科学家探寻宇宙奥秘的科学巨匠，却丝毫没有在普通听众前故弄玄虚。他开讲的第一句话是"我不是领导，面前不需要这么多话筒"，第二句则是"我的工作是花钱最多、经济效益最低的工作"，引来观众一片笑声。

"也许宇宙中还存在一个由反物质组成的北京市科协呢！"介绍反物质时，丁教授幽默地对身边的北京市科协主席陈佳洱说。他说，正如电子有正负之分一样，物质也应有正负两种。但它们组成的世界是什么样的呢？国际科学家正在寻找这个奇妙的世界。他目前的工作正是将一个巨型超导磁谱仪送到国际空间站，希望在遥远的宇宙找到反物质的踪迹。

宇宙组成远比普通人想象的深奥。丁教授说，除了反物质，宇宙中还有一种肉眼看不到的物质，它占物质总量的90%，科学家称之为暗物质。但这只是科学家的理论推断，都正在寻找证据……

经过30多年的研究，科学家们已发现了宇宙中的基本粒子。"结论就在我这张纸上。"当丁教授拿出一张幻灯胶片时，马上吸引了在场所有人的目光。结论是关于名叫轻子、夸克的最基本粒子的大小和性质的数据。这些基本粒子的特点是没有体积。

科学家是如何发现这个奇妙的微观世界的呢？丁教授介绍，这一切都要模拟宇宙初始状态。科学家可以用正负电子对撞来模拟宇宙在初始的第一千亿亿分之一秒时的情况。当正负电子高能量相撞时，产生的高温相当于太阳表面温度的4 000亿倍。也就是从那一刻起，宇宙中的各种基本粒子产生了，科学家能据此推断物质世界的组成。但这个研究需要运用投资巨大的设备，丁肇中教授领导的科研队伍目前就在一个周长27公里的世界最大的电子对撞机上做实验。

从丁肇中教授身上，人们看到获奖的大科学家很善于与公众交流。其实，许多获奖者都是这样的，这是他们身上的一个显著的共性。

寻 根 之 旅

"科学是没有国界的，而科学家总属于他自己的祖国。"2005 年 6 月 18 日，蜚声中外的物理学大师丁肇中携妻带子回到故乡山东日照寻根祭祖，实现了一个海外游子多年的夙愿。

在故乡涛雒镇南门里，面对上千名久久迎候的父老乡亲，丁肇中难以掩饰激动的心情。种德堂西厢房是丁肇中父亲丁观海和母亲王隽英曾经住过的屋子，参观完西厢房，大家邀请丁肇中题字留念，丁肇中请妻子苏姗先题。

苏姗会意一笑，这位金发碧眼的美国女士坐到古色古香的八仙桌前，在白纸上用英文深情地写道："今天对丁氏家族来说，是一个特殊的日子：树高千尺，叶落归根。苏姗。2005 年 6 月 18 日。"丁肇中从夫人手里接过笔，让儿子克里斯托弗·丁签上自己的名字，最后，在题字下面，又一笔一画地签上了自己的名字：丁肇中。

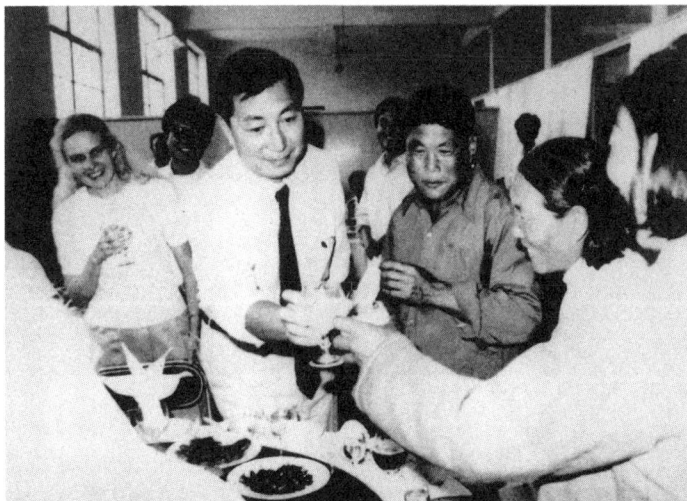

丁肇中与夫人苏姗在故乡山东日照与乡亲共进晚餐

丁氏家族是日照的名门望族，祖上屡出进士、举人，书香浓郁。丁肇中的祖父丁履巽肄业于上海复旦大学，父亲丁观海早年就读于国立青岛大学，是一位土木工程学家。

跟随父亲回乡的克里斯托弗·丁是丁肇中的儿子，这位 19 岁、身材高大的小伙子正在父亲的母校——美国密西根大学念二年级。爷爷丁观海专为心爱的孙子起了一个中文名字：丁明童。老人还为丁肇中的另外两个女儿分别起了中文名字，叫丁明美、丁明隽。

丁明童对父辈家乡的一切充满了好奇。每到一处，丁肇中都不厌其烦地用英语向儿子解说。他告诉儿子："美国人喜欢去欧洲，那是去找他们的祖先；而你来中国，也是找自己的祖先。"在丁肇中心里，他是多么渴望儿子和他一样了解和热爱自己的故国家乡！

伫立在祖父丁履巽的墓前，丁肇中表情沉重的脸上有了一丝宽慰。1985 年，少小离家的丁肇中首次回到阔别 40 多年的家乡探亲。2002 年 6 月 14 日，丁肇中在第二次回乡祭扫祖墓后说："真应该带儿子回来，让他看看，让他知道他的根在这里。"如今，鬓毛已衰的丁肇中终于带着儿子回来了。整理好花圈上的挽联，丁肇中牵着夫人苏姗的手，凝视着儿子，缓缓地用英语说："Your root is here（你的根在这儿）。"黑色的墓碑上镌刻着丁肇中亲拟的碑文：怀念我的祖父，一位鼓励家人为世界做贡献的人。

丁肇中与他的两个女儿

短暂的故乡之旅即将结束时，丁明童感慨地说："这一次我回到了父亲和爷爷的家乡，参观了故居，了解了几代人在这儿生活的情景，这将是我一生中最难忘的经历。"

2005 年 6 月 20 日，丁肇中抵达青岛，开始他在山东"寻根之旅"的最后一站行程。

丁肇中来到他父亲的母校——中国海洋大学（原国立青岛大学）演讲，并接受中国海洋大学授予的客座教授称号。

丁肇中跟青岛有一段特殊的缘分——他的父亲丁观海作为国立青岛大学（山东大学的前身）的毕业生，在青岛学习、任教过很长一段时间，并和2005年初去世的曾呈奎院士是同事。因此丁肇中小时候也曾在青岛上过一年多的小学。

帮 助 中 国

丁肇中对中国高能物理的发展一直十分关心。从1975年开始，他每年都要回国访问、讲学，30年来从未间断。获得诺贝尔物理学奖后的第二年夏天，他带着妻子和两个女儿一起回国，受到了邓小平的接见。邓小平对丁肇中说，中国发展高能物理急需培养一批实验人才。"我选100人参加你的实验组，如何？"丁肇中赶忙回答："科研和练兵不一样，最好是人少一些，但素质一定要好。"邓小平说："那就派20人。"丁肇中笑着说："我们实验组总共才20人。"双方最后商定中国每年派10人参加。

丁肇中与中国物理学家赵忠尧、王竹溪、钱三强在一起

1978 年 1 月，丁肇中亲自到德国汉堡火车站迎接第一批中国物理学家加入马克·杰实验组，这也是中国首次与西方开展大型科学合作。这批中国物理学家大多是从低能物理转过来的"新兵"，对高能物理尚未入门，英语也不过关，更别说使用计算机分析数据了，一切都得从头学起。

为了帮助中国物理学家克服困难，丁肇中将他们与外国科学家混编在一起，让两个女儿放弃休息时间教他们学英语。他还现身说法，以自己发现 J 粒子的经过鼓励大家："我做了 10 年矢量介子实验，才从上百亿个粒子中找到了一个 J 粒子，这就好像在北京下了一场倾盆大雨，我从无数雨点中辨认出一个带颜色的雨点那样困难，不允许有丝毫松懈和马虎。"

在丁肇中身边工作，中国科学家每天要做十几个小时的实验，没有午休，没有周末，连走路、吃饭也在思考。不到半年，他们基本闯过语言关；两三个月后，学会独立使用计算机分析数据，并能对实验提出自己的独特见解。在实验过程中，中国科学家唐孝威提出一个重大改进意见，被丁肇中采纳，次年，通过实验证明了胶子的存在，这一成果轰动了整个物理学界。丁肇中对著名科学家钱三强说："我个人的印象是，中国物理学家是勤奋的，富有创造力的，他们在实验的各个方面都做出了重要贡献。要是没有中国物理学家的努力，我们的工作不可能做得像现在这样好。"在丁肇中的具体指导下，1988 年 10 月，一座大型高能加速器——正负电子对撞机在北京西北郊建成。他告诫莘莘学子："实验证明了的，理论推翻不了；理论研究不被实验证明就成立不了。要为国家做贡献，不要忽视实验的重要性。"

2003 年 10 月 16 日凌晨，中国第一艘载人飞船在太空航行 21 小时后顺利着陆。"我在中国长大，所以今天对我来说是美妙的一天。"当天下午，丁肇中在北京人民大会堂应邀做学术报告时说，"中国发射载人飞船并成功回收，说明中国能够做到她所愿意做的任何事情。我向中国航天事业取得的杰出成就表示祝贺！"这一充满感情的开场白赢得了在场 500 多名中外科学家的热烈掌声。

在获得诺贝尔物理学奖 40 年后，丁肇中至今仍奋战在国际高能物理实验第一线，领导全球 16 个国家和地区的 500 多名科学家、1 000 多名工程技术人员，争分夺秒地加紧阿尔法磁谱仪（AMS）的研制工作。丁肇中说，在

AMS-01 号的研制过程中，中国科学家承担了核心部件——永磁体系统的设计和制造。正在研制中的 AMS-02，则将它的主体永磁铁更换为超导磁铁，中国科学家继续参与其中一部分工作。

在研制 AMS-02 项目阶段，丁肇中几乎每个月都要来中国。参与项目的除中国科学院外，东南大学是第一所加盟的中国院校，紧接着上海交通大学也加入进来，随后又新添了山东大学、中山大学两所院校。确保探测器在太空中正常运行的热控制系统被丁肇中称为"非常重要的部分"，他将这一重任交与中山大学年轻的许宁生团队承担。丁肇中说："我选择院校不一定看谁名气大，最重要的是看它对实验是否真有兴趣。"AMS 项目投资高达 8.47 亿美元。丁肇中常自嘲"花钱最多、经济效益最低的人"。但他又指出，这些基础研究工作是出于人类对自然界和宇宙的好奇心，首先并不是出于经济利益的考虑。他认为，基础研究是新技术和工业发展的原动力，应该得到有力支持。

造 福 人 类

自世界第一架飞机试飞成功以来，人类探索宇宙的历史至今已走过 114 年。十几年前，一个雄心勃勃的计划酝酿而成：把磁谱仪放入太空进行粒子物理研究！提出这一设想的丁肇中，是开天辟地第一人。在他的领导下，中美等国共同研制出粒子探测器 AMS-01。1998 年 6 月 2 日，美国东部时间 18 时 06 分，美国"发现"号航天飞机搭载重达 3 吨的宇宙探测器 AMS，随着一声轰鸣从美国肯尼迪航天中心升入太空，从而揭开了人类进入太空探寻宇宙之谜的序幕。

大爆炸学说认为，宇宙大约由 150 亿年前的一次大爆炸产生。随后，宇宙不断地膨胀和冷却，形成了人类居住的地球。根据粒子理论，大爆炸应该产生相同数量的物质及反物质。物质组成了我们的世界，那么反物质在哪里？天文学家把宇宙中用光方法看不到的物质称为暗物质，暗物质在宇宙中约占 90%，它究竟以何种形式存在？

AMS 是用来寻找太空中的反物质和暗物质的粒子探测装置，它的核心部件永磁体是由中国科学院研制的，磁谱仪上的部分电子设备由中国台湾科学家设计制造。来自美国、中国、法国等 10 多个国家的科学家参加了这个空间科学实验项目，丁肇中担任该研究项目的总负责人。这对全世界的华人华侨而言无疑具有特殊意义。

航天飞机发射当天，发射中心气温高达 35 摄氏度，接近发射的极限温度 37.2 摄氏度，但发射依然比预定时间提前 4 分钟开始。当地时间 18 时 6 分，助推火箭顺利点火。在略微转过一个角度之后，"发现号"航天飞机搭载的 AMS 在太空中运行了 10 天，证实检测仪器的性能良好并获得了初步的物理数据。2002 年，航天飞机把这个粒子探测器送到由美国等国研制的阿尔法空间站，运行 3~5 年。丁肇中说，在这段时间里，将有上百亿个质子穿过探测器。只要 AMS 能发现一个反氦核，将可推断宇宙中存在反星系；若发现一个反碳核，就可推断有反星球存在，这将是人类认识宇宙的又一次飞跃。

AMS 升空进行科学探测，成为 1998 年世界十大科技新闻之一。丁肇中和他的同事们正在为进一步揭开物质世界未知的奥秘不懈地探索着。

丁肇中说："认识物质世界，发现大自然的奥妙，这种科学上的探索将是超越年龄、时代和国界限制的，它是人类共同智慧的结晶。这种探索能够也终将造福于人类！"

丁肇中对科学的热爱近乎痴狂。他每天要埋头实验室十几个小时，有时候甚至接连三四天不睡觉。他说："我完全靠工作来激发充沛的精力，工作就是我的兴趣，兴趣使我不会疲倦。""丁教授坐飞机是'买月票'。"丁肇中的合作者说。为了同散布在世界各地的 AMS 研究机构保持密切联系，丁肇中每月要在瑞士和美国之间往返 2~3 次，中途还要飞往中国和其他国家。一般人乘飞机睡不好觉，丁肇中正相反，乘飞机是最好的休息，常常见他一下飞机，就精力充沛地直奔实验室工作。"在科学领域，只有第一名，没有第二名。最重要的是不为名、不为利，坚持做自己认为最重要的事情。"丁肇中还强调，"为拿诺贝尔奖工作是非常危险的"，"从事科研要耐得住寂寞，更要有吃苦精神"。

点亮汉字激光照排灯塔

——记中国科学院院士、中国工程院院士、电子
计算机汉字激光照排的创始人王选

王　选　计算机专家。江苏无锡人。1958 年毕业于北京大学数学系。1991 当选为中国科学院学部委员（院士）。1994 年选聘为中国工程院院士，北京大学教授、计算机研究所所长、文字信息处理技术国家重点实验室主任。1975 年以前，从事计算机逻辑设计、体系结构和高级语言编译系统等方面的研究。1975 年开始主持华光和方正型计算机激光汉字编排系统的研制，该编排系统用于书刊、报纸等出版物的编排。针对汉字字数多、印刷用汉字字体多、精密照排要求分辨率很高所带来的技术困难，发明了高分辨率字形的高倍率信息压缩和高速复原方法，并在华光Ⅳ型和方正 91 型、93 型上设计了专用超大规模集成电路实现复原算法，显著改善系统的性能价格比。领导研制的华光和方正系统在中国报社和出版社、印刷厂逐渐普及，为新闻出版全过程的计算机化奠定了基础，同时销往香港、澳门、台湾，并出口美国、马来西亚等国家。获 2001 年度国家最高科学技术奖。

2006 年 2 月 13 日，我从南宁去北京开会，中午 12 时到达北京机场。当我乘车行驶到中关村时，手机收到新华网的新闻短信：中国科学院院士、中国工程院院士、北京大学教授王选今日 11 时许在北京病逝。这一突如其来的消息让我感到十分震惊。到达宾馆以后，我立即给王选老师的学生——北大方正集团春元公司总经理丁绍莲打电话，询问有关情况和吊唁王选的地点及遗体告别时间等安排。在北京大学读书的女儿还告诉我，在北京大学百年讲堂设有王选的灵堂供人们悼念和瞻仰。这一天的北京天阴沉沉的，北京大学的未名湖仍结着厚厚的冰，路边是一片白茫茫的雪，整个北京沉浸在一片阴郁的寒冷之中。夜里，北京的室外温度很低，达零下 10 摄氏度。我绕着北京大学的未名湖、红四楼、图书馆、博雅塔走了整整一圈，望着星空，再看着北京师范大学东门外中关村大街上雄伟的方正大厦，一阵对王选的怀念之情涌上心头。来到北京大学百年讲堂，已经是深夜 12 时多了。我进入大厅，看到高 10 米、长 30 米的黑色挽幛立在讲堂大厅的正中，30 多个工作人员在设计人员的指挥下，正在紧张地为王选搭建一个巨大的灵堂。14 日下午，我写了一封"深切怀念王选老师"的唁电，通过电子邮件发给王选老师的秘书丛中笑并转王选的夫人陈堃銶老师。

2 月 15 日上午 10 时，我来到北京大学百年讲堂的王选灵堂吊唁王选。王选的彩色照片挂在灵堂正上方，黑色的挽幛上悬挂着"沉重悼念王选院士"的巨型横幅，吊唁大厅摆满了路甬祥、周光召、陈佳洱、许智宏等科学家以及教育部、中国科学院、中国科学技术协会、北京大学、清华大学等单位送的花圈。在低沉的哀乐中，社会各界人士和北京大学师生列队缓缓走过王选的遗像之前，默哀、鞠躬。一位白发苍苍的老教授抑制不住心中的悲伤，一面抽泣流泪一面在留言簿上写下留言：一代字师仙逝，两院院士魄存。悲痛弥漫着整个大厅。在百年讲堂外，不少北京大学青年学子在接受新闻记者采访时纷纷表示，要学习王选老师的科学品质和治学精神，努力学习，勤奋工作。

我在王选的遗像前默哀、鞠躬，并在留言簿上写下了表达缅怀之情的一段文字：

　　　　王选老师是中国电子计算机汉字激光照排之父，现代中国的毕

北京大学方正集团办公楼王选办公室

昇，国家最高科学技术奖获得者。从 20 世纪 70 年代开始，您领导并主持研发的电子计算机汉字激光照排系统获得成功，使中国报刊图书的编辑出版告别了"铅与火"，迈入了"光与电"的时代，为解放生产力，提高数字化编辑出版水平，弘扬中华民族优秀文化做出了极其卓越的贡献。您永远活在每一个中国人的心中，并每时每刻都在陪伴着人们！您点亮了熔化铅字的灯塔，开启了汉字印刷的新时代，让汉字在信息时代重新流光溢彩，您将中国人"自主创新"四个大字刻在了民族复兴的里程碑上。

编辑之友　平凡伟大

我永远不会忘记，作为《王选传》一书的责任编辑，我有幸认识王选。从 20 世纪 80 年代开始，我与王选的往来书信有 10 多封，并多次在北京和南宁当面聆听王选的教诲，每次都获益匪浅，令我记忆犹新。

我永远不会忘记，1992年《王选传》获中共中央宣传部精神文明建设首届"五个一工程"入选作品图书奖时，在中国科学院和教育部举办的出版座谈会上，王选代表当代科学家的精彩发言，至今仍激励着莘莘学子。

我永远不会忘记，1993年11月，王选应广西壮族自治区党委和政府的邀请到南宁讲学。我接到王选的电话，让我陪同他出席在广西南宁明园饭店举行的晚宴。其间，我们聊起了很多往事，至今仍历历在目。

我永远不会忘记，1996年12月，我到北京大学参观，王选百忙之中在计算机研究所接待我并与我亲切交谈，中午还指派北大方正集团的蒋必金副总裁专门陪同我吃饭。

1993年11月，王选院士（左）与作者在广西南宁明园饭店留影

我永远不会忘记，在2000年，我的科学报告文学集《走近科学家》即将付梓，我给王选写信，请他提供题词和照片，半个月之后就收到了王选的题词和很多珍贵的照片，他甚至还委托秘书丛中笑从北京专门打来电话。王选为《走近科学家》一书的题词是："献身科学就没有权利再像普通人那样活法，必然会失掉常人所能享受的不少乐趣，也会得到常人享受不到的很多乐趣。"这是王选人生的座右铭，也是一位伟大科学家的至理名言。

我永远不会忘记，2002年春节，我又一次收到王选寄来的新春贺卡，他亲笔在上面写着："黄健先生：谢谢你的关心，祝新年进步！"这张贺卡至今我仍珍藏着。

这一切，都成了永远的历史，永远的回忆，永远的珍藏，永远的勉励。

几天来，我看到成千上万的人怀着感激和不舍的心情，来到设在北京大学百年讲堂的王选灵堂，送别这位"中国现代印刷之父""当代毕昇"。人们感激王选，如果没有他领导发明的汉字激光照排技术，今天的文化传播就不会这样的方便快捷，而知识的获取也许会艰难得多。在北京大学王选灵堂，我还看到了很多重要媒体如经济日报、解放军报、新华社、中国青年报、新民文汇联合报业集团、广州日报、羊城晚报、黑龙江晚报、宁波日报、深圳日报、西安日报和一些印刷机构发来的唁电及送来的花圈。

2月15日下午，我收到王选的秘书丛中笑发来的电子邮件，说已收到我发送的唁电，并通知我到方正集团领取讣告，因为要凭讣告才能参加王选院士的遗体告别仪式。16日中午，我正在北京国谊宾馆开会，接到北大方正集团的通知，说王选院士的遗体告别仪式于19日上午9时整在北京八宝山革命公墓举行，请我于上午8时在北京大学百年讲堂乘专车前往北京八宝山革命公墓。18日晚上，北大方正集团春元公司总经理丁绍莲给我来了电话，告知王选院士的遗体告别仪式于第二天上午9时在北京八宝山革命公墓举行，他已领取了车证和两份讣告，同我一道前往北京八宝山革命公墓为王选送行。

绢花洁白　苍松无语

2月19日上午，我在北京大学西门等候丁绍莲一同前往北京八宝山。北京八宝山革命公墓是一个神圣而光荣的地方，从很小的时候起，我就从广播、报纸和电视上听到和看到过很多领袖和名人在这里举行告别或追思仪式。8时整，我们乘车路经蓝靛厂、五棵松、玉泉山到达北京八宝山革命公墓，一路上有很多警察在站岗，北京人说这叫一级警卫，说明有中央领导要上八宝山。在北京八宝山革命公墓告别大厅前的停车场上，很多挂了证件的车辆在警察指挥下，依次停泊在指定位置上。告别大厅外的黑色挽幛上悬挂着"沉痛悼念王选同志"的白色大字，左右两边是一个大蓝底配上的黄色大花。这是我第一次到八宝山参加这么有影响人士的遗体告别仪式。

来向王选告别的人们神色凝重，身穿黑色外衣，胸佩小白花，左臂戴着

2006 年 2 月，在北京八宝山革命公墓，党和国家领导人和社会各界为王选送行

黑纱，列队六人一排缓缓走向大厅。这队伍从告别大厅往外有几百米长，一直伸向八宝山革命公墓远处的园林道上。

公墓礼堂内庄严肃穆，哀乐低回。王选面容安详，戴着他往日喜欢的那副眼镜，静静地躺在鲜花丛中，身上覆盖着鲜红的中华人民共和国国旗。一个个花圈，一副副挽联，寄托着人们无尽的哀思。正厅上方遗像上的王选，面容温和，神情坚定。王选夫人陈教授送的花圈摆在正中央。

大厅右侧分别摆放着胡锦涛、江泽民、吴邦国、温家宝、贾庆林、曾庆红等党和国家领导人送的花圈。左侧摆放着中共中央、全国人大、国务院、全国政协送的花圈。中央各部委办和其他中央领导送的花圈分别摆放在两侧。

告别者和王选的家属一一握手，表示哀悼。王选的夫人陈堃銶教授是王选在北京大学的同学，已经 70 岁了。她和王选的弟弟、侄女等家属一起，自始至终都坚强地站立在王选的遗体旁边，和几千名向王选告别的人一一握手，感动了每一个为王选送别的人。在告别的人群中，有机关干部、科技人员和新闻出版工作者，还有很多大学生。他们都感叹王选走得太早了、太突然了、太可惜了，中国失去了一位当代优秀的科学家，一名享誉海内外的学者，一位由中国自己培养出来的计算机专家。在我身边的一位中国科学院的研究员说，王选对科学精益求精，对工作太严格，他太累了，这是累出来的病啊。

在告别人群中，我碰到了中央党校同学、中国科学院党组副书记方新夫妇和他们在北京航空航天大学读大四的儿子，还碰到了中国大百科出版社社长田胜利和新闻出版总署印刷复制司副司长李琛。他们都是怀着对王选的人格魅力、科学精神和杰出成就的崇敬自发地来向王选作最后告别的。数千人在这里默默地伫立着，共同送别这位为社会、为国家、为全人类文明进步做出卓越贡献的杰出科学家。虽然王选已逝世，但他留下了足以泽被后世的成果，留下了很多感人至深的事迹和催人泪下的故事。

20 世纪 80 年代，王选在位于北京大学旧图书馆的计算机研究所

告别"铅与火"　迈入"光与电"

20 世纪 80 年代，人们都有过买书难的经历。那个年代，出版社出版一本书可能要花上几年的时间。原因就在于印刷厂仍在使用沿袭了上百年的铅字印刷工艺，仍是以火熔铅，以铅铸字，以铅字排版，以版印刷。有关资料统计，当时铸字耗用的铅合金达 20 万吨，铜模 200 万副，时值人民币 60 亿元。一个捡字工人工作一天相当于走 14 公里，每隔一段时间就要排一次铅毒。铅字出版印刷效率极低，一般图书从发稿到出书要在出版社压上一年左右的时间，有的要拖两三年，众多的科技书刊、杂志、学术论文积压未能出版，等到发行时已经成了旧书。报刊的数量品种也十分贫乏，落后的排版印刷技术已经严重地影响了我国文化的传播和科学技术的发展。

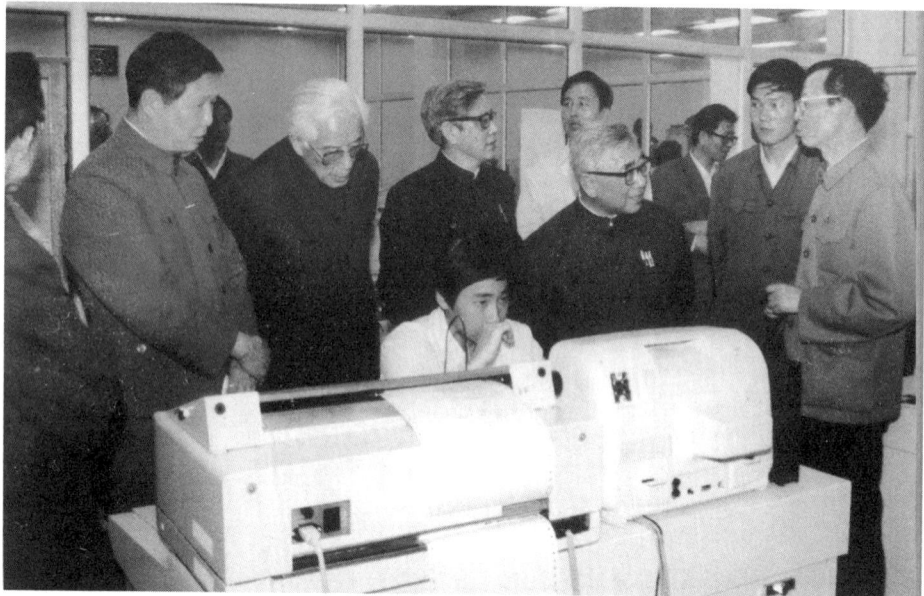

1985 年，王选（右一）在北京新华社印刷厂向周培源（左三）、卢嘉锡（右三）、黄辛白（左二）等介绍华光Ⅱ型系统运行情况

　　而在当时，西方国家已经率先结束了活字印刷时代，采用电子照排技术进行印刷。正是看到了我国与西方在印刷技术上的巨大差距，当时还是北京大学一个默默无闻的助教，且因为身患重病长期休假的王选，主动请缨担负起研制汉字激光照排技术的重任。

　　20 世纪初，国外出现了一种利用照相原理来代替铅活字的排版技术——"西文打字机"加"照相机"。20 世纪 70 年代，国外印刷业发展到了激光照排机第四代，而中国印刷业却还停留在汉字的"铅与火"时代。

　　1974 年，电子工业部等五单位发起汉字信息处理技术的研究，被列入国家重点科研项目"748 工程"。北京大学数学系讲师、王选的夫人陈堃銶得知这个信息，立即告诉在家养病的王选，听到消息的王选再也躺不住了。当时，国内已有 5 家院校和科研单位申报承担汉字精密照排系统任务，王选决定参加这场竞争，"因为它的难度和价值吸引了我"。

　　汉字字形信息量太大，是中文信息处理系统最大的难题。要把汉字信息存储进计算机，就要把汉字变成点阵来表示。一个 5 号的正文字，至少需要

100×100点阵，大号字体甚至需要1 000×1 000以上点阵。汉字的常用字在3 000个以上，印刷用的汉字达2万多个，加上每个字各有50多种不同风格的字体和50多种大小不一的字号，如果都用点阵来表示，信息量高达上千亿字节。那些日子，王选满脑的汉字横竖弯钩，连做梦也尽是笔画。终于，他想出了用数学方法计算汉字轮廓曲率，经过几个月的工作，他让庞大的汉字字模减少至原来的2‰，扫清了研制汉字精密照排系统的最大障碍。

王选几乎放弃所有的节假日，努力使自己的方案完善并具体化，一步步解决高倍率汉字压缩和高速不失真还原汉字轮廓等难题。电子工业部"748工程"办公室得知王选的方案后，组织专家进行了全面考核。1976年6月，王选的方案完成了模拟实验，获得了一致好评。同年9月，"748工程"中的汉字精密照排系统研制任务，正式下达给王选所在的北京大学。

当时，英国蒙纳公司凭借着雄厚资金和先进技术，也正在加紧研制汉字激光照排机，想率先占领中国市场。面对双重压力，王选加快了自己的工作进度，带领一群年轻人夜以继日地勤奋工作。1979年7月27日，汉字精密照排系统的第一台样机调试完毕。大家围在样机旁，紧张地注视着，机房里只有敲击计算机键盘发出的嗒嗒声。一会儿，从激光照排机上输出了一张8开报纸的胶片，王选既兴奋又紧张地接下这张可以直接印刷的胶片。1980年，支持这套系统的电脑软件，包括具有编辑、校对功能的软件也先后研制成功，并排印出第一本样书《伍毫之剑》。

1 000多年前，毕昇发明了活字印刷术，用泥做了些小字模来印刷，但在中国并未得到推广应用。400年后，德国法兰克福的谷登堡发展了活字印刷技术，用来大规模印刷《圣经》和其他图书。有学者认为正是活字印刷术的发明，推动了文化

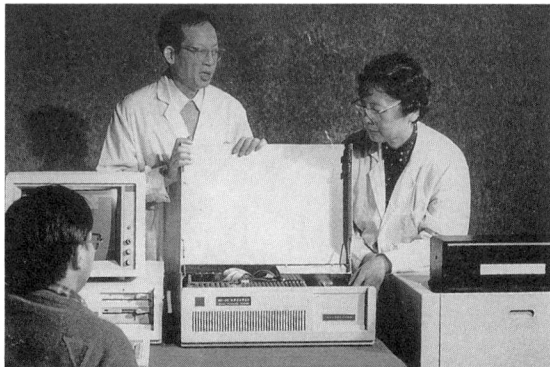

1988年11月，王选与吕之敏讨论华光Ⅳ型系统的技术问题

的发展，才有文艺复兴和工业革命。

毕昇的活字印刷术之所以在中国被束之高阁，除封建制度和生产力落后等原因外，还有一个重要原因是中国汉字数量庞大，这也是中文印刷业自动化的困难所在。西方的文字只有 20 多个字母，加上各种大小的字体，印刷字模也不过 100 多个；而汉字有 5 万多个，1 个字就需要 1 个字模，还有各种字体和大小不一的字号。

王选的贡献突破了汉字激光照排技术，更重要的是，这个技术的普及有效地保护和传承了中华文化。

1984 年底，在一个论证中国的汉字精密照排系统是否需要引进的我国专家论证会上，除了新华社的一位技术人员以外，其余的专家都认为必须引进。就连对北京大学一贯相当支持的电子工业部资深专家也说，北京大学的系统是落后的，必须要引进国外的系统来促进自己的发展。但王选的信心一直没有动摇，他坚信自己设计思想的先进性，坚信只要改善硬件设备、提高系统的可靠性，完全可以在竞争中取胜。1989 年底，来华研制和销售照排系统的英国蒙纳公司、美国王安公司先后放弃竞争，退出了中国市场。

王选和他的同事又研究起了实用的激光照排机。在山东潍坊计算机公司的支持下，寓意为"中华之光"的华光电子排版系统生产出来了。1985 年，新华社第一次采用华光机排出了《新闻日刊》；1986 年，《经济日报》在华光机的支持下，成为全世界第一家采用屏幕组版、激光照排的中文日报，并于 1987 年出版了国内第一张激光照排、整版输出的中文报纸。

在王选的努力下，汉字激光照排技术占领了国内报业 99% 和书刊（黑白）出版业 90% 的市场，方正日文和韩文出版系统早在 2001 年就已经开始进入日本、韩国市场，汉字出版系统后来也打入了欧美市场，占领了 80% 的海外华文报业市场，创造了巨大的经济效益和社会效益。有 95 位中国工程院院士和中国科学院院士参与推荐和评选、2001 年底揭晓的"20 世纪我国重大工程技术成就"榜单中，"汉字信息处理与印刷革命"排在第二位，与另外 24 项成就一起作为20 世纪我国重大工程技术成就的代表被载入史册。25 项"20 世纪我国重大工程技术成就"是"两弹一星"、汉字信息处理与印刷革命、石油、农作物增产技术、传染病防治、电气化、大江大河治理和开发、铁路、船舶、钢铁、计划生育、电信工程、地质勘探与资源开发、畜禽水产养殖技术、广播与电视、计算机、公路、机械化、航空、无机化工、外科诊疗、稀有金属和先进材料的开发应用、城市化、轻工和纺织、采煤工程。

1995 年 11 月，王选荣获联合国教科文组织科学奖

王选曾荣获第 14 届日内瓦国际发明展金奖、国家科技进步奖一等奖、首届毕昇奖、国家重大技术装备研制特等奖、联合国教科文组织科学奖、2001 年度国家最高科学技术奖等科技大奖。

王选曾经说："我对国家的前途充满信心，21 世纪中叶的中国必将成为世界强国。我能够在有生之年为此做了一点贡献，已死而无憾了。"话语中充满了对生命的坦然，对祖国的热爱，对国家未来的信心，字字掷地有声。但在王选的心里，还真的有点遗憾。他说："我的一生中有 10 个梦想，5 个已经成为现实，另外 5 个需要我与年轻人共同实现。"他的 10 个梦想都与自己为之奋斗数十载的事业息息相关。前 5 个——"发展激光照排系统，告别铅与火；发展基于页面描述语言的远程传版，告别报纸传真机；发展开放式彩色桌面出版系统，告别传统的电子分色机；发展新闻采编和资料检索系统，告别纸和笔；开拓海外华文报业市场"已经梦想成真，还有 5 个也正在变成现实。但他遗憾的是，自己没有亲手将这些梦想都变成现实。为此，他把殷切期望全都寄托在年轻人的身上。

假如没有王选发明的精密汉字激光照排系统，以及后来的电子出版系统的研究开发，我国的出版行业不但要花费巨资购买国外的技术和设备，还要被迫让出巨大的市场以换取高端技术，中国书报刊出版技术和应用水平也不可能像今天那样处于世界的前列。

北京大学信息学院教授董士海说："王选做了一项对国家非常非常非常重要的贡献！"

王选走了，在令人痛惜的同时，他的离去也给我们带来了巨大的心灵震撼，这种震撼来自于一种执着的创新精神。

北大方正　半生苦累

王选是北大方正的创始人。说起公司名字的由来，知情者说是源自《汉书·晁错传》里的一段话："察身而不敢诬，奉法令不容私，尽力不敢矜，遭患难不避死，见贤不居其上，受禄不过其量，不以亡能居尊显之位。自行若此，可谓方正之士矣。"不论是按古人观点还是以现代标准，不论是从卓越成就还是高尚人品，不论是"当代毕昇"还是"方正之士"，王选都实至名归！王选虽然离我们远去了，但他生前不追名逐利，一心为人类做贡献的言行，值得人们敬仰、思索和学习。

王选"半生苦累"，给人们留下了许多感人肺腑、发人深省的名言。这些名言，只有王选才能说得如此真实，也只有王选才能做得这般完美。王选不仅说到做到，而且做的比说的更加完美。许多熟悉王选的人都说："他心中总是考虑别人，唯独没有自己。"仅以住房为例，王选曾住过北京大学佟府园丙八号，在只有11平方米的平房里，一住就是十几年。1988年6月，王选搬到北京大学承泽园101楼206室，建筑面积正好70平方米。到了1998年，开始分配北京大学蓝旗营每套145平方米的院

王选在办公室工作

士楼。但王选始终不愿搬入院士楼。北京大学的申丹教授对此大惑不解，禁不住探问个中原因。王选回答说："我已退居二线，住这个房子就行了。若有可能，应尽量改善在一线工作的年轻人的居住条件，现在都是在靠他们出成果。"直至离世，王选在北京大学的住房还是那套只有 70 平方米的承泽园 101 楼 206 室。2000 年前后，王选家里还铺着地板革胶。而当时，北京大学许多普通教师家里都铺上了木地板。

王选在 1997 年说："我觉得世界上有些事情非常可悲又可笑。当我 26 岁在最前沿，处于第一个创造高峰的时候，没有人承认。我现在到了这个年龄，61 岁，创造高峰已经过去，55 岁以上就没什么创造了，反而从 1992 年开始连续三年每年增加一个院士头衔。""在我贡献越来越少的时候，名气忽然大了。所以要保持一个良好的心态，认识到自己是一个非常普通的人，而且正处在犯错误的危险年龄上，这在历史上不乏先例。"王选认为："计算机这类新兴学科，年轻人具有明显的优势，我们应该重点支持尚未成名的、有才华、有潜力的小人物。""为他们创造平等、和谐、有利于他们发展的好环境。"王选 55 岁时，建议"国家的重大项目、'863'计划、学术带头人年龄要小于或等于 55 岁"。

王选在上海南洋模范中学读书期间正值新中国成立初期，班上第一个入团的王选经常参加各种社会活动。从小学五年级被选为班长直到大学毕业，王选当了 12 年学生干部。王选说，当学生干部要懂得团结人，为别人考虑，为别人服务。长期的学生干部经历，提高了王选的组织能力和表达能力，他认为，只有把个人融入集体，才能体现完整的自我价值。这是一个人能够做出成绩的不可缺少的素质，尤其是学术带头人必备的素质。以致后来招研究生和为方正招人时，王选也很看重他们是否曾经当过学生干部。

王选曾写过一篇文章，主题是"最可怕的是错过一个时代"。他说，在人类历史上还没有一项技术像互联网那样，在那么短的时间内影响如此多的人。而网络出版正是继电子出版之后出版业所面对的划时代的技术革命。他曾在许多场合饱含热情地说："我的一生有 10 个梦想，有些梦想是由我自己提出来并亲自带领我的同事们去实现的；有些梦想是由今天的年轻一代提出

2005 年，王选在中国 eBook 产业年会上讲话

并正在亲身实践的，特别是 eBook 这一新事业、新梦想，年轻一代已经做出可喜的成绩……"网络出版是继电子出版之后出版业所面对的划时代的技术革命。进入网络出版时代的出版社，能在出版发行纸书的同时在网络上出版发行电子书，通过网络让更多的读者享受到阅读的乐趣。

谦逊风范　一生心安

王选"一生心安"，他不仅给我们留下了独步天下的科研成果，而且给我们留下了弥足珍贵的精神财富。因此，王选被称为北大方正集团的精神领袖、中关村的精神领袖，也被称为计算机界的精神领袖、科学界的精神领袖。张海棠和宋均营在《王选印象：中关村精神领袖的自谦》一文中指出："王选的谦逊是出了名的，或许从他自谦的话语中，我们会更多地认识到他'精神领袖'的风范。"

爱因斯坦在悼念居里夫人时说过这样的话："一个人对于时代和历史进

程的意义，在其道德品质方面，也许比单纯的才智成就方面更为重要。"

《左传》有言："太上立德，其次立功，其次立言。"这"三立"，王选院士都做到了：立德，他一辈子做好人，有益于社会，有益于他人；立功，他发明的汉字激光照排技术曾占领国内报业 99% 和书刊（黑白）出版业 90%的市场，以及 80% 的海外华文报业市场；立言，他对人生的深刻见解，对青年的谆谆教诲，意味深长，发人深省。如今，斯人已逝，但功业长在，精神长存，永远值得人们怀念和效法。

"名人是过时的人。"王选无疑是个大名人，但他从不以名人自居，不摆名人架子，低调处世，过普通人的生活。不仅如此，他还十分警惕"名人"头衔带来的负效应，时时检点自己。当有人恭喜他说："我在电视上看到你了。"他幽默地回答说："你什么时候看到一个真正有才能、正在创高峰的科学家频繁在电视上露脸？上电视说明我的科学生涯快要结束了，一个处在创造高峰期的科学家是没有时间频繁上电视露脸的。"

2003 年 12 月，王选在办公室与小学生交谈

2006 年 2 月，全国人大常委会副委员长、中国科学技术协会主席、九三学社中央主席韩启德在学习王选同志座谈会上指出："大家都知道，1995 年王选同志当选九三学社中央副主席，是准备接吴阶平的班，这也是众望所归。但是后来他生了重病，他与吴老等极力推荐我，最终由我担起了重任。开始我真的是心里没底，但是王选同志多次鼓励我，勉励我。他说：'你一定能做好。'有的会议他没有参加，但是他将我的讲话稿拿去看，很认真地阅读，并且多次专门来鼓励我，肯定地表示我讲得不错。2003 年 3 月，他担任全国政协副主席，我担任全国人大常委会副委员长。我记得非常清楚，那天我们在政协大会九三学社界别驻地开常委会，会前，他把我拉到一旁，对我说：'有一件事情我要跟你沟通一下，现在我们都担任了国家领导人的职务，据我所知，我们出去的时候，都要布置警力，包括交通。以后我们要遵守时间，如果我们晚一点，就会给整个系统造成很多麻烦，所以我们说好的时间就一定不要轻易改变。'3 年过去了，但在参加每一次活动时，我都会想到王选同志的叮嘱，并按照他的话去做。王选同志就是这样细心，他甚至考虑到每一个细节。因为他不是考虑自己，而是考虑到社会，考虑到别人，也是考虑到我们九三学社的形象。"

王选与全国人大常委会副委员长、中国科协主席、中国科学院院士、北京大学教授韩启德在九三学社中央主席会议上

2006 年 3 月 5 日，是第 7 个"中国青年志愿者服务日"。当天，北京

大学青年志愿者协会携手全校师生组织了"追忆王选先生，祝福陈堃銶老师"的祝福语征集活动。同学们纷纷在卡片上写下了对王选的怀念和对陈堃銶老师的真心祝愿，并贴在精心准备的相册中。最后，青年志愿者协会将这本祝福册和同学们亲手制作的千纸鹤一起送给陈老师，带去了广大同学们的心意。

敬爱的陈老师：

早春阳光下，我们仰望天空，为您和先生祈祷……我们，用无数纸鹤祝福您，用深深景仰怀念先生，用一生奋斗追随先生永垂的精神。祝您幸福！

——中国语言文学系 05 级学生

2006 年 4 月，中共中央宣传部、中共中央统战部、教育部发出通知，号召向王选同志学习，并成立了王选先进事迹宣讲团进行全国巡回宣讲。2006 年 5 月 17 日，王选同志先进事迹报告会在北京人民大会堂举行。报告会前，中共中央政治局常委、全国政协主席贾庆林亲切会见了报告团全体成员，转达了胡锦涛总书记的诚挚的问候。2006 年 6 月 5 日，胡锦涛在中国科学院第

2006 年 10 月，作者（中）与王选秘书丛中笑（右）和北京大学学生（左）在王选办公室

十三次大会、中国工程院第八次大会上指出，前不久过世的王选院士，是我国院士的杰出代表。他献身科学，敢为人先，提携后学，甘为人梯，为我国广大知识分子树立了光辉的榜样。

2006 年 10 月 17 日下午，应王选同志的秘书丛中笑的邀请，我和在北京大学读大三的女儿到方正集团王选的办公室访问并参观王选纪念室的筹备处，我们认真地观看了王选生前工作和科研的地方，翻阅了他使用过的书籍和文献资料。那面鲜艳的五星红旗仍然悬挂在办公室里，王选与江泽民的合影以及他的工作照片依然在办公室里静静摆放。初秋的夕阳从窗外透过幔帘照到办公桌上，仿佛是王选点燃的汉字激光照排的一缕亮光。我们坐在王选办公室的沙发上，缅怀王选为实现国家知识创新和技术创新的伟大功绩，展望 21 世纪数字出版的前景，憧憬中国 eBook 产业的发展趋势。我们坚信中国新闻出版事业在多媒体技术的推动下，一定会更加繁荣和辉煌。

北京大学计算机科学技术研究所

INSTITUTE OF COMPUTER SCIENCE AND TECHNOLOGY, PEKING UNIVERSITY

2006 年 7 月，王选的夫人陈堃銶送给作者《王选文集》（修订版）

地址：北京市海淀区中关村电子街北段（北京大学印刷大楼四层）Tel. 2501952　FAX. 2545219

2006 年 7 月，王选的夫人陈堃銶给作者的亲笔信

20世纪80年代，中国告别了"铅与火"，迎来"光与电"的汉字激光照排时代。如果没有王选，现代中国新闻出版的多媒体形态，尤其是纸介媒体也许还在黑暗中摸索。王选带领中国一个行业和领域实现了民族崛起，王选是世界的骄傲！中国人的骄傲！

人间永存您的微笑与平和，天堂永留您的盛典与花园！

王选老师！您一路走好！

大器晚成谱华章

——访中国工程院院士、中国工程设计大师、
"中国馆之父"何镜堂

何镜堂 建筑学家。1938 年 4 月 2 日生于广东东莞。1965 年华南工学院建筑学研究生毕业。现任华南理工大学建筑学院院长，建筑设计研究院院长，教授、博士生导师、总建筑师。兼任国家教育建筑专家委员会主任，亚热带建筑科学国家重点实验室学术委员会主任。1999 年当选为中国工程院院士。

何镜堂创立"两观三性"建筑论，坚持中国特色创作道路和产学研三结合发展模式，主持设计了一大批在国内外有较大影响的作品，先后获国家级和省部级优秀设计一等奖、二等奖 100 多项，在《建筑学报》发表学术论文 52 篇，已培养博士 70 多名。

他尤擅长文化、博览建筑和校园规划设计，主持设计了 2010 年上海世博会中国馆、侵华日军南京大屠杀遇难同胞纪念馆扩建工程、天津博物馆等一批精品工程。1994 年获"中国工程设计大师"称号。自 2001 年以来，先后获得首届"梁思成建筑奖""十佳具行业影响力人物大奖""国际设计艺术终身成就奖""光华工程科技奖""广东省科技突出贡献奖"。

他，是上海世博会中国馆的总设计者；

他，是南京大屠杀纪念馆的总设计者；

他，是鸦片战争海战博物馆的总设计者；

……

他，就是我国建筑事业的泰斗人物之一，中国工程院院士、中国工程设计大师，被誉为"中国馆之父""校园建筑设计掌门人"的何镜堂。

2012年7月，我应邀到华南理工大学新闻传播学院做题为

作者与何镜堂院士在探讨学术问题

"互联网时代的文化与传播"的演讲，期间，因我的著作《情系科学家》拟在华南理工大学出版社编辑出版，遂前往该出版社，见到了总编辑潘宜玲和《华南理工大学学报》编辑部的主编周莉华。她们建议我去采访一下中国工程院院士、华南理工大学建筑学院院长、建筑设计研究院院长、博士研究生导师、岭南建筑界的旗帜性人物何镜堂，并把有关采访内容收录进《情系科学家》一书，对此，我欣然答应。

在潘宜玲、周莉华二人的帮助和约请下，2012年7月19日上午9时，我前往华南理工大学建筑设计研究院拜访何镜堂教授。何镜堂教授站在大门迎接我的到来。只见他双目炯炯有神，走起路来健步如飞。在他的会客厅，我们从人生成长到学习经历，从出国拍摄建筑到中国文化遗产，从中国城市发展到国外建筑的保护，从上海世界博览会中国馆到南京大屠杀纪念馆……不知不觉中，我们竟聊了3个多小时。临走时，何镜堂教授送了我3本他的著作。

人 生 之 旅

何镜堂出生于广东东莞。小时候，何镜堂最喜欢的事莫过于背上干粮和画板跟着哥哥去野外写生。家乡那玲珑的小桥、潺潺的溪流、郁郁葱葱的树木构成一道道逶迤的岭南风光。在绘画中，他体会到无穷的乐趣。听说建筑师是半个艺术家、半个科学家，这令他非常向往，并于日后报考了华南工学院建筑系。用他自己的话说："从那时起，我就与建筑结下了不解之缘。我爱这个专业，特别爱。"

缘于对技术与艺术相结合的建筑专业的浓厚兴趣，何镜堂大学毕业时又报考了研究生，师从岭南建筑大师夏昌世教授，成为华南理工大学第一批正式报考的研究生。他把对建筑专业的热情全部倾注在刻苦学习上，速写本从不离手，无论走到哪里，都会抓住空闲认真练笔。一个小例子将他的好学与勤奋表现得淋漓尽致：1964 年，他到北京为毕业论文搜集资料时，找到一份很切题的英文资料，便决定全文抄录。宾馆里没有桌子，他就靠在床边，花了整整 3 天把一本 58 页的英文资料全部抄了下来。

1965 年研究生毕业时，何镜堂 27 岁，正是英俊青年，意气风发。"海阔凭鱼跃，天高任鸟飞"，经过多年的潜心深造，他早已准备好了一双飞翔的翅膀，期待着振翅远飏，在高天阔地里施展自己的才智。可"文化大革命"不期而至，被分配到湖北省建筑设计院的他，转眼开始了插队落户的生涯。但他没有怨天尤人，而是常常偷偷看一些建筑理论的书，并悄悄买来 4 分钱一张的白纸，深夜独自在房间里练习画设计图。至今他仍感激那段艰难岁月，没有厚积就没有薄发。

1973 年，何镜堂调到北京轻工业部设计院工作。1976 年"文化大革命"结束后，国家提出了有关研究生归队的政策要求。不久，广东率先实行改革开放，开始建设经济特区。参观过深圳之后，何镜堂被改革开放最前沿生机勃勃、热火朝天的建设氛围深深感染，他发现这是一个非常难得的机遇。1983 年，征得夫人李绮霞的同意后，他们举家南迁，回到了广州，回到了母校华南工学院。那一年，他已 45 岁。人们常说"三十而立"，何镜堂说"我要五十而立", 他相信自己, 相信未来。

何镜堂刚刚回到母校, 还没安顿下来, 院长陈开庆就告诉他, 深圳科学馆要举行设计竞赛, 这是一个很有影响的工程项目, 但时间只剩下短短的 3 个星期, 不知他能否参加。当时托运的行李还未到, 全家都住在潮湿闷热、多蚊虫的招待所里, 何镜堂马上与夫人商量参加设计竞赛的事。李绮霞是一位有着多年工作经验的设计师, 她毅然支持丈夫迎接回归后的第一个挑战。经过近 20 个日夜的奋战, 何镜堂和夫人全力以赴, 把十几年来的热情, 以及当时学习的国外先进理念全用到了设计之中。方案送到深圳, 市政府研究后当晚就决定采用。何镜堂建筑事业的头炮由此打响了! 从此, 他的建筑事业经由漫长逼仄的通道, 进入豁亮的厅堂。

"我这个人, 人生关键的每一步, 都有计划, 有定位。"从这个项目开始, 何镜堂给自己定了一个目标: 任何一个重要设计, 都要做专题设计, 都要出精品, 都要写学术论文, 并在中国最好的建筑杂志上发表。不久, 深圳科学馆的项目论文在《建筑学报》发表, 这是何镜堂的第一篇科学论文。从此一发不可收, 他凭借着自己的坚持、勤奋和卓识, 走出了一条将设计、研究、建筑三者相结合的道路。

从 1989 年开始, 何镜堂被学校任命为建筑设计研究院副院长兼总建筑师, 1992 年任院长, 1994 年被建设部授予"中国工程设计大师"的荣誉称号。1999 年, 何镜堂成为中国工程院院士, 迎来了人生的第三次转折。那个时候, 何镜堂虽已年届花甲, 但他的身影依然活跃在全国各大设计招标现场, 仍然活跃在建筑施工现场。

东 方 之 冠

世界博览会, 又称"国际博览会""万国博览会", 简称世博会、世博、万博, 是一项由主办国政府委托有关部门举办的有较大影响和悠久历史的国际性博览活动。场馆设计历来是世博会的重头戏, 每一届世博会的主办国都希望通过建筑来展示本国当时文化与科技的最高成果, 并希望这种永久性建筑能够代表自己国家的形象。如伦敦的水晶宫、巴黎的埃菲尔铁塔、布鲁塞尔的原子球馆、西雅图的太空针塔……一个又一个传世建筑，为世博会主办国赢得了无数荣耀与自豪。黄浦江畔 2010 年的上海世博会，是中国政府主办的全球盛会。作为上海世博会"一轴四馆"的永久建筑之一，中国国家馆无疑是上海世博会向世界递出的一张"国家名片"。

2007 年 4 月 25 日，上海向全球华人设计师发出邀请，希望为中国馆征集评选出一个能够体现"城市发展中的中华智慧"，并且体现中国传统文化内涵的设计方案。何镜堂出席了那天的新闻发布会。其实，当时何镜堂内心深处一直有个遗憾：改革开放 30 年以来，我国许多重要场馆，特别是像奥运会国家体育馆这样的大型建筑，都是由外国人设计的。因此，他不愿放弃世博会展示中国建筑师才华和智慧的机会。这时的何镜堂已年近七旬，本该静下来享受晚年的天伦之乐，但他却决定披挂上阵，角逐世博中国馆设计。

最初，何镜堂与他的团队提交了 3 个初步方案：一是"东方之冠"，二是"江南园林"，三是"万事如意"。有道是好事多磨，何镜堂团队日夜苦战 2 个月后，将这 3 个设计方案送到上海世博会组委会参加初选，结果在参加角逐的 344 个方案中，3 个方案均名落孙山，连前 20 名都没有入围。万幸的是，后来评委们对初选出的前 20 个方案都不满意，干脆将所有的参赛方案重新复审了一

上海世博会中国馆

遍。正是这次复审，让"东方之冠"脱颖而出，入选最终的 8 个入围方案。

2007 年 9 月，"东方之冠"的设计方案通过评审组严格评审，最终成为竞赛方案第一名。何镜堂中标并担纲总设计师主持了 2010 年上海世博会中国馆的设计工作，为自己的职业生涯添上了浓墨重彩的一笔。

中国馆必须是中国设计的！而中国 5 000 年的历史文化源远流长，博大精深，究竟用什么才能既表现中国的历史特色同时又具有时代特征呢？——中国红！何镜堂抓住了三点：体现城市发展中的中华智慧、体现中华文化的包容性和民族特色、体现当今中国的气质与气度。他和团队拿出的方案是一个令人惊艳的大红色。在黄浦江边眺望世博会中国馆，人们可以看到，国家馆居中升起，层叠出挑，形成"东方之冠"的主体造型；而地区馆则水平展开，形成华冠庇护之下层次丰富的立体公共活动空间，并以基座平台的舒展形态映衬国家馆。国家馆整体以大气的建筑造型整合丰富多元的中国元素，传承经纬网格的传统建造文化；地区馆建筑外壁镌刻叠篆文字，传达中华人文历史地理信息。整个中国馆成功诠释了中国文化的时代精神，展示了盛世中华的形象，成为凝练中华文明的丰碑，引领了中国建筑文化发展的方向，在全社会取得重大而广泛的影响。

对于国家馆的外形，有人说酷似中国古代的斗拱，也有人说像一顶官帽；何镜堂本人则认为它像一个粮仓，寓意"天下粮仓，富庶百姓"。

杰 出 成 就

何镜堂长期奋斗在建筑设计领域，是岭南建筑学派的旗帜性人物，主要从事建筑设计实践及其理论工作，设计出大量具有国际影响力的优秀作品，引领着当前中国建筑设计的发展方向。

过去，建筑界对岭南建筑的研究工作，比较偏重于传统的探索及岭南园林的研究；随着国家改革开放以及新的建筑类型、新的功能的出现和新材料、新技术的运用，对建筑设计提出了新的要求。何镜堂在继承岭南建筑传统的同时，着重研究岭南新建筑的创作，通过一批项目的创作实践，深入研究建

海战博物馆

筑的地域性、文化性、时代性，探索建筑与环境、造型与功能、现代建筑与传统文化的协调、沟通和统一，形成"岭南特色""综合性""实践性"等三个显著特点。他的主要学术成果和杰出成就有四个方面。

第一，创造性地提出"两观三性"的建筑理论体系，具有重要的理论学术价值和实践指导意义。"两观"指整体观、可持续发展观，"三性"指地域性、文化性、时代性。其中，地域性是建筑赖以生存的根基，文化性决定建筑的内涵和品位，时代性体现建筑的精神和发展，彼此相辅相成，不可分割。"两观三性"是一个整体的概念，该理论成功指导了华南理工大学设计团队在国内不同地区的建筑创作和规划设计实践，屡获佳绩，在建筑界得到广泛认可。以该理论为基础，何镜堂发表学术论文 55 篇，出版专著 5 部。

第二，何镜堂作为卓有影响的建筑大师，在设计实践领域取得突出成果，主持设计了一批具有国际影响的国家级标志建筑。由他先后主持和负责设计的重大或复杂的工程有 200 多项，获国家、部委及省级以上优秀设计奖 80 多项，其中获国家级金奖 2 项、银奖 3 项、铜奖 4 项。在中国建筑学会新中国成立 60 周年创作大奖评选中，何镜堂主持的作品有 13 项获奖，成为中华人民共和国成立以来获奖最多的建筑师。2001 年，何镜堂获得了中国建筑师的最高荣誉——首届"梁思成建筑奖"。

第三，何镜堂作为当代岭南建筑学界的旗帜性人物，为广东省主持设计了一大批具有突出社会影响的重要公共建筑，包括珠江新城西塔、广州国际会议展览中心、大都会广场及市长大厦、广东奥林匹克体育中心、佛山世纪莲体育中心、佛山电力大厦等，对广东省的建设和建筑科技的发展做出了重要贡献。

第四，何镜堂长期致力当代大学校园规划与设计的研究，其成果达到国际先进水平。在全国超过 100 所校园规划设计竞赛中中标，包括广州大学城（校区组团二）、浙江大学、武汉大学、中国矿业大学、北京航空航天大学、华中科技大学、重庆大学、国防科技大学、上海大学等著名院校。许多校园已建成并获国家级和省部级优秀设计奖。

为 师 之 乐

何镜堂重视自己"以身为范"的楷模作用，同时也不断汲取新知识、新理念，给学生尽可能丰富和新颖的专业教育。他认为，对建筑师的培养，包括德和能两方面。他重视培养学生正确的思维方法，视之为最根本的基本功。他引导每个学生在从事创作的同时认真思考"我们是怎样从事建筑创作的"；每个项目，从开始定位、中间取舍，到最后构思成形是怎样的思维过程。他让学生和他一起投入到建筑设计创作中，在实践中感受建筑创作的真谛。

1996 年，华南理工大学设立了建筑设计专业的博士点，何镜堂成为建筑设计理论专业的首批博士研究生导师。他开始招收和培养博士研究生，重点研究民用建筑创作，特别是岭南地区新建筑创作，发挥产学研三结合的优势，走建筑设计与培养学生相结合的道路。

在何镜堂看来，集中培养人才与不断地出成果，这两个方面是不矛盾的。自从当上博士研究生导师后，何镜堂就一边培养博士、硕士研究生，一边搞建筑创作，把研究生的教学与出高质量的设计成果紧密结合起来，亲力亲为，不断组织多个创作团队，形成良好的创作环境。他还善于把技术骨干技术全面、有较丰富设计实践经验的优势与年轻技术人员思路宽、思维活跃、精力充沛的优势密切结合，起到取长补短和既出成果又培养人才的作用。正是在这种不断创新的氛围中，创作团队创作了一批在全国有影响的项目，在设计竞赛中屡屡获奖，如东莞城楼文化中心、沈阳九一八纪念馆及顺德职业学院、佛山大学、东莞城市中心住宅区等。

"大学生有共性的一面，同时不同专业也有各自的特点。"每年新生入学，何镜堂的第一句致辞便是："要做设计，首先要学会做人。"他认为，现在是人才之争、教育之争的时代，社会要求大学培养的是开拓型、复合型、创新型的人才。而具体到建筑学，人才培养方式又在共性的基础上有着自己的专业特点。"建筑是文化的载体，要给人以熏陶，要求知识面广，社会、经济、文化、技术……方方面面都会影响设计师。面对各种因素的影响，作为设计师就要培养建筑哲理，知道先抓什么，后抓什么，怎么定位。"

在教学中，何镜堂十分强调对学生创新精神的培养，视之为最可贵的专业素质。何镜堂的硕士研究生黄沛宁说："何教授总是给我们很多机会去大胆创新，然后再一起讨论。对于学生的创意，他总是十分重视。他认为学生的每个创意都有理由，不能断然否定，应启发他们去探讨是否合理。"

与学生讨论的时候，何镜堂有一句口头禅："这是我的想法，并不局限你们，你们可以放开想。"他警惕着不让自己成为"拦截"创新思维的"堤坝"。在他的团队，学生可以畅所欲言，甚至可以推翻导师的意见。正因为他成功营造了这种"头脑风暴环境"，学生们的创造性思维才不断被激发。

何镜堂认为，建筑设计师是兼备艺术家、工程师素质的综合性人才，要善于从各种矛盾中抓住主要矛盾，还要善于抓住矛盾的主要方面。"没有一个建筑是100分的，即使是大师的作品，因为每个人的经历、文化底蕴、心境不同，所以看法也会不同。建筑和纯科学不同，不是简单的1加1等于2，所以要培养学生的思维能力，分析问题、解决问题的能力。"在进行大学校园的建筑设计时，由于南方和北方不同，水边和山边不同，何镜堂要求学生拿到设计项目后不要先忙于设计，而是首先找准定位，每个项目都要先理解，再找出有共性的东西。通过长期的教学实践，何镜堂确立了独具一格的建筑观——"两观三性"，即整体观、建筑的可持续发展观，地域性、文化性、时代性。"这种观念是通过多年的团队创作总结出来的，现在我们也用这样的理念指导学生。"

在何镜堂看来，建筑是以人为本的学问，学建筑要先学做人，再学做事。现代建筑设计涉及面很广，工作量大，工种齐全。从构思到设计完成，从可行性研究到项目建成使用，这中间需要大量人力，绝非一人可以独揽的，需要集体的智慧和力量，群策群力，才能创作出一个高水平的作品。因此，何镜堂特别注重培养学生的合作精神，强调团队作战。每当面对新的项目，他都会安排两个有经验的教师和两三个青年学生组成一组，第一次课，先分析建筑的共性，再分析个性，找答案；第二次课，每个人都拿出自己的设计方案，分别放开来讲，让大家充分交流、讨论，最后发展成自己的思想成果；第三次课，再把修正过的方案不受任何束缚地拿出来讨论，并根据大家讨论的情况归纳出两三种组合；第四次课，按照组合的小组意见继续深化方案，予以个别指导；到了第五次课，老师定下项目设计基调，进行最后的设计细化。这样的教学方法培养了学生良性竞争、作风严谨和吃苦耐劳的精神。而何镜堂及其工作团队，也成为国内最团结、最成熟、最活跃的一个设计集体，形成了一个具有特色、充满活力的创作平台和一个具有较高知名度和影响力的设计品牌。他们勇于挑战，敢于创新，用实践作品打破国外大师的垄断，坚持走中华建筑科技繁荣之路。

何镜堂教授和学生在一起

何镜堂在教书育人方面也取得了丰硕成果：他领衔的"建筑设计初步"课程被评为 2007 年度国家精品课程；建筑设计系列课程教学团队获 2008 年国家级教学团队荣誉称号；建筑学专业获得教育部第三批高等学校特色专业等。截至 2012 年，他培养了博士后 5 名，博士研究生 50 名，硕士研究生 44 名，其中 9 名获得全国青年建筑师奖，有的已晋升教授、院长、总建筑师，成为广东省乃至全国建筑设计和教育领域的骨干力量。他本人曾获"全国劳动模范"和"全国模范教师"称号，是优秀教师的杰出代表。

如今，何镜堂仍勤奋工作在教学、科研、生产第一线，以他活跃的学术思想和开拓创新的精神，带领研究团队积极地投入到当代建筑理论创作和实践中，为提升我国建筑设计行业的水平，弘扬中国建筑文化做出新贡献。

从技术员、建筑师、高能建筑师、教授、全国工程设计大师到中国工程院院士，何镜堂一步一个脚印，一步一个跨越，一步一次攀登。由何镜堂主持设计的一幢幢造型别致，形态、神韵各异的高楼大厦，就是他以自己的聪明才智，竭诚敬业和别具匠心的创作激情，谱写出来的新篇章。

春天的回眸

——访著名数学家、中国科学院院士杨乐

杨　乐　数学家。1939 年 11 月生于江苏南通。1962 年毕业于北京大学，1966 年中国科学院数学研究所研究生毕业。1980 年当选为中国科学院学部委员（院士）。中国科学院数学与系统科学研究院研究员，曾任中国科学院数学与系统科学研究院院长，中国科学院数学研究所所长，中国数学会理事长。

　　杨乐主要从事复分析研究。对整函数与亚纯函数亏值与波莱尔方向间的联系做了深入研究，与张广厚合作最先发现并建立了这两个基本概念之间的具体联系。对亚纯函数奇异方向进行了深入研究，引进了新的奇异方向并对奇异方向的分布给出了完备的解答。对全纯与亚纯函数族的正规性问题进行了系统研究，建立了正规性与不动点以及正规性与微分多项式取值间的联系。引进亏函数的概念，证明了有穷下级亚纯函数的亏函数至多是可数的。与英国海曼教授合作解决了著名数学家立特沃德的一个猜想。对整函数及其导数的总亏量与亏值数目做出了精确估计。曾获 1982 年国家自然科学奖二等奖、1997 年陈嘉庚数理科学奖等。

初 见 杨 乐

1988 年 8 月，我在广西科学技术出版社工作。这一年，为组织《当代中华科学英才》丛书的编纂工作，我曾经专程到北京中国科学院数学研究所拜访过著名科学家、中国科学院院士杨乐。当年发生的事，仍历历在目，记忆犹新。那是我第一次见到杨乐，当时正值全国科学大会召开十周年之际。杨乐在北京中关村宽敞明亮、充满书卷气的寓所里接待了我。杨乐院士热情而又谦虚，十分健谈。他严谨、灵活、清晰的思维和逻辑性强的谈话以及高大潇洒的形象，都给我留下了极为深刻的印象。当时，杨乐很支持广西科学技术出版社出版这套歌颂新中国杰出科学家的丛书，并表示在适当的时候，以传主身份加入丛书科学家行列。杨乐当时兴奋地回忆了 1978 年，那是一代中国知识分子生与死、荣与辱、喜与愁的分界线，多少人间的苦难从那时结束，多少华丽的乐章从那时奏响！这一切都源于邓小平同志提出的"知识分子已经是工人阶级自己的一部分"。1978 年，中国科学院数学研究所的多少杰出科学家的名字一时传遍

杨乐在北京中关村寓所与作者亲切交谈

中华大地，成为家喻户晓的"科星"。华罗庚、陈景润、杨乐、张广厚等一夜间成为青少年心中的楷模。我第一次听说杨乐的名字是在 1978 年，当时我还是大学一年级的学生，得知他与张广厚在研究函数值分布论方面达到了国际公认的一流水平，十分崇敬他。

杨乐，一个中国人非常熟悉的名字，一位杰出的科学家，中国科学院院士，中国科学院数学与系统科学研究院研究员，曾任中国科学院数学与系统科学研究院院长。1939 年 11 月出生于江苏南通。1956~1962 年在北京大学数学力学系（六年制）学习。1962 年毕业后考入中国科学院数学研究所，成为著名数学家熊庆来教授的研究生。1966 年研究生毕业，留所工作至今。他于 1979 年晋升为研究员。1980 年当选为中国科学院学部委员（院士）。他还担任中国数学学会理事长，全国科协常委。他从事复分析的研究工作 30 余年，曾获国家自然科学奖、国家图书奖等奖项。

杨乐从 1964 年开始，特别是 1973 年以来，陆续发表论文共 60 多篇，出版专著 3 部。在亚纯函数的方值数与 Bore/ 方向数目的研究，亚纯函数的亏函数、辐角分布论、正规族导函数总亏量的估计与 Mues 猜想等方面取得了一系列重要的研究成果。

陈景润与王元（右一）、杨乐（右二）、张广厚（右三）在一起讨论数学问题

杨乐的研究工作得到国内外学术界的高度评价。1976年美国纯粹与应用数学代表团访华时听取了杨乐和张广厚合作的研究工作的报告后，团长S.Maclan等人指出这是国际上该领域的最佳成果之一。随后正式出版的书面报告完整地引述了他们的几条定理，说这些定理"既新颖又深刻"，与陈景润在哥德巴赫猜想方面的研究都是纯粹数学方面的"第一流工作"。1980年3月，为欢迎杨乐与张广厚访美，在普渡大学（Purdue University）举行了一次国际函数论会议，国际上约100位学者在那里参加了4天的学术报告会。D. Drasin与A. Weitsman在会议的筹备报告中还写道："杨乐、张广厚在北京领导着一个成果丰硕、欣欣向荣的学派。"

杨乐曾应邀赴美国、苏联、英国、德国、日本、瑞典、瑞士、芬兰、以色列、新西兰等国家约50所著名大学做学术演讲，并受到热烈赞扬。他还多次应邀出席国际学术会议做主要报告与邀请报告。例如，1978年他在苏黎世出席国际复分析会议时做的学术报告，得到R. Nevanlinna、L. Ahlfors与Hayman等权威学者的高度评价。在有100余位高水平学者参加的1987年伦敦国际函数论会议上，杨乐被推举担任了第一天大会的主席。杨乐的学术论文与专著为国内外同行广泛引用，许多国内外学者都推广他的成果，发展其方法，继续他的研究工作。

第二次见到杨乐是1991年。当时，广西科学技术出版社出版了周光召任编委会主任、杨乐任编委会委员的《跨世纪的中国科技》一书，并与《光明日报》《科技日报》联合在北京召开出版座谈会，杨乐到会与作者、编辑座谈，并发表了讲话。他谈及了一件令人难忘的事：1978年3月17日，全国科学大会前一天，北京八宝山革命公墓破天荒地为两位科学家举行骨灰安放仪式，他们是中国科学院地球物理研究所所长赵九章和著名数学家、杨乐院士的导师熊庆来。作为科学家，他们在"文化大革命"中受到的屈辱是空前的。在"四人帮"横行的日子里，赵九章被诬陷迫害致死，熊庆来身患重病仍惨遭折磨去世。1978年，党和国家为他们平反的决心也是空前的。自那以后，崇尚科学、尊重知识在全国蔚然成风，知识分子终于从黑色的地狱升上了蔚蓝色的天空。

人们不会忘记，全国科学大会前后，一批健在的科学家的感人事迹被广为传颂，记述 8 位科学家的报告文学或长篇报道跃上了《人民日报》，他们是地质学家李四光，生物学家童第周，数学家陈景润、杨乐、张广厚，气象学家竺可桢，理论热物理学家周培源，工程物理学家吴仲华。

杨乐，作为新中国直接培养成长起来的著名数学家，他的科学生涯和贡献随着共和国的诞生而起步，他的科学理想依托于社会主义的土壤而实现。

1992 年，杨乐出席《跨世纪的中国科技》首发式并讲话

光辉的数学理想

杨乐，1939 年 11 月 10 日生于江苏南通，父亲杨敬渊曾任南通通明电气公司副经理，母亲名叫周静娟。杨乐于 1950~1956 年在江苏南通中学读书。从小聪慧过人，学习成绩优异的他从初中二年级起就迷上了数学。数学中的很多定理是以外国数学家的名字命名的，他不禁思考，难道中国人就不能为现代数学发展做贡献吗？他立志要为中国人命名的定理出现在未来的数学书上而奋斗。杨乐学习刻苦，在中学的后 5 年里，做题简直成了杨乐学生时代最重要的生活内容，他做了 1 万多道数学题，因而受到学校和共青团南通市委的表扬。杨乐的光辉理想，是要把中国人的名字载入数学史册。所以，每解一道题，都是他为实现理想、为攀登数学高峰而准备的阶梯。

1956 年秋，不满 17 岁的杨乐考入北京大学数学力学系。在大学三年级时的一次讨论会上，杨乐在谈到完变函数论第三章的一个经典定理时说："我可以给出一个比书上更简单的证明。"数学家庄圻泰教授吃惊了，这可能吗？这是苏联著名数学家那汤松的经典之作，是标准的教科书啊！年轻的杨乐做到了，他居然能给它更简单的证明。1962 年杨乐以优异的成绩毕业，同年考入中国科学院数学研究所，成为著名数学家熊庆来的研究生。刚入学 3 个月，杨乐就写了一篇论文，不久后在《数学通报》上发表。此举令数学研究所的同志惊叹不已，引起了他们对这名年轻学生的关注。

勇攀科学高峰

杨乐善于独立思考，而独立思考是建立在他的刻苦学习和扎实的基础之上的。对一些经典著作，他反复学习研究。有些数学著作十分精练，往往在定理证明中省略了许多步骤，而杨乐从不放过它们，对每一个步骤都一步一步补齐。有时一篇文章只有几十页，他补证的篇幅却比原文还要多。正是在这些"笨功夫"里，磨炼出了真本领。在研究值分布论时，他用了一年多时间，查阅了国外数百篇资料，对其中有参考价值的文章反复钻研，领悟其实质。在熊庆来的指导下，杨乐迅速走向函数值分布论的研究前沿。他写出了论文《亚纯函数及函数组合的重值》，发表在《数学学报》1964 年第 3 期上。1965 年，他与张广厚对全纯函数正规族做出了很有意义的工作，成功地解决了著名数学家海曼（W. K. Hayman）提出的一个问题，得到国际上同行的重视。

1967 年，杨乐与黄且圆结婚。黄且圆也是数学工作者，研究领域为数理逻辑。他们后来有了一对双胞胎女儿。

理想之花盛开

"文化大革命"中，科研工作受到严重的干扰和破坏，但杨乐坚持研究，不断进取，奋斗十年，终于在 20 世纪 70 年代中期，与张广厚合作，在函数值分布论领域取得了为国内外数学界瞩目的成就。杨乐从 1964 年开始，特别是 70 年代中期以后，陆续发表论文约 60 篇（其中约 15 篇与张广厚合作），在值分布论方面取得了多项具有世界水平的独创性成果，为这一历史悠久、优美精深的科学领域注入了新的活力。

杨乐与张广厚合作的"亚纯函数亏值数与波莱尔方向数"的研究，两个看似完全不同的概念，彼此不存在什么联系，但他们第一次揭示了在这两个基本概念之间存在着明确的、紧密的联系，并对这种联系给出了定量的表述。杨乐、张广厚的成果是突破性的，为值分布研究提出了新的方向。

对于一般的亚纯函数，杨乐首先引进、研究了亏函数，并从建立亏函数的总展布关系入手，回答了以往人们未能回答的问题。杨乐关于亏函数的研究在 20 世纪 80 年代引起了国际上一些著名函数论专家，如弗兰克（G. Frank）、斯坦梅茨（N. Steinmetz）等的关注，最终使受到数学家们普遍关注的"奈望林纳猜想"得以解决。

他与张广厚合作，用构造性方法完整地解决了亚纯函数奇异方向的分布规律。杨乐对奇异方向的研究还联系到导数与重值，对于整函数同时涉及导数与重值的波莱尔方向的存在性获得重要研究结果。此外，杨乐首先提出了相应于一个皮卡（Picard）型定理与正规定则，常有一个奇异方向的思想，从而引进了一些新的奇异方向。

杨乐对于全纯函数与亚纯函数的正规族理论也有很大发展。

英国数学大师李特伍德（J. Littlewood）于 1930 年提出了一个猜想，历时半个多世纪悬而未决。杨乐与海曼合作研究"角域内全纯函数的增长与取值"宣告了"李特伍德猜想"的解决。

后来，杨乐对于亚纯函数导数总亏量的估计又给出了当时国际上最好的结论。他的专著《值分布论及其新研究》总结了 30 多年国内外值分布论研究的最新进展与成果，大多数内容首次被写入书中，成为该领域的权威性文献。

杨乐与张广厚合作进行的研究，继承发扬了我国老一辈数学家的优良传统，融会了传统的法国函数论学派的经典成果，又吸收了美国、英国等国家

1993 年，杨乐在香港国际复分析会议上做学术报告

现代函数论研究的一些优点，创造性地提出和解决了一些新问题，形成了自己的风格和研究特色。他们的工作，在国内外数学界产生了广泛影响。

国内老一辈数学家熊庆来、华罗庚、苏步青、吴文俊、庄圻泰等都曾对杨乐和张广厚的工作给予高度评价。1977 年 2 月，《人民日报》等新闻媒介以"杨乐、张广厚在函数论研究中取得重要成果"为题宣传和报道了他们的成就。1982 年，杨乐与张广厚一起荣获国家自然科学奖二等奖。

杨乐不仅在科学研究上有卓越的成果，而且在科学研究的组织工作及社会活动方面也显示出非凡的才能。在他与著名数学家王元的共同倡导下，中国科学院数学研究所自 1985 年起成为我国首批能接待访问学者的、面向国际的开放型研究机构。作为数学所所长，杨乐注重坚持以基础数学为主、兼顾其他学科的办所方向，关心人才培养，促进学术交流，使研究所的工作沿着健康的轨道稳步前进，并取得了一批高水平的成果；作为中国数学会常务理事，他曾多次参与商谈中国数学会加入国际数学联盟事宜，为中国数学会1986 年正式成为国际数学联盟成员做了先导性工作；作为全国青联副主席，他曾多次率领中国青年代表团出访印度、日本、埃及、叙利亚、阿曼、阿联酋等国家；1985年在广岛世界青年首脑会议上还被推举为大会副主席。通过这些科学组织工作与社会活动，杨乐为发展我国的数学事业，提高我国的国际地位，加强与各国数学家和青年数学工作者的友好往来做出了有益的贡献。

科学的春天

我第三次见到杨乐是1998年全国科学大会召开20周年之际。1978年召开的全国科学大会是中国科技发展史上的里程碑，邓小平同志在开幕式上的讲话，把长期以来禁锢着我国科技界的两大桎梏彻底砸碎了。我国科技事业的发展从此走上了康庄大道，千百万的知识分子从此摆脱了长期架在他们肩上的精神枷锁。

杨乐十分兴奋而又激动地说："20年前，我有幸参加了由邓小平同志主持召开的全国科学大会，聆听了他的'科学技术是生产力'与'知识分子已经是工人阶级自己的一部分'的著名讲话。在那前后，我也参加了科技界拨乱反正的许多重大事件，当时就有一些体会。经过20年的历程，我们对邓小平同志关于科技、教育、知识、人才的一系列论述有了更加深切的认识。这些论述是邓小平理论的重要组成部分，在改革开放的新时代里发挥了巨大的指导作用。

"回想'文化大革命'时期，中国的科技事业与知识分子蒙受了空前的灾难。科学研究工作几乎被迫中断，全国所有的自然科学与工程技术期刊全部停刊了，大批知识分子受到迫害。1972年，周总理亲自关心与过问了中国科学院的工作，才使研究工作稍有恢复。然而'四人帮'仍然时时干扰、破坏，尤其是在所谓'反击右倾翻案风'的运动中，认真工作的科研人员受到了新一轮的冲击与批斗。

"'四人帮'被一举粉碎以后，科技与教育这两个重灾区的灾情依然存在，人们被搅乱的思想仍有待反正。中国科学院的广大科技人员由于邓小平同志1974~1975年主持国务院工作时，抓紧全国整顿，有气魄、有才能，情况出现了明显的好转；由他派遣到中国科学院工作的胡耀邦等同志，对科研工作与科技人员十分关心与支持，一方面拟订了著名的'汇报提纲'，一方面帮助基层与科技人员解决紧迫的具体问题。同时，我们对邓小平同志在长期革命战争年代里建立的功勋，尤其是逐鹿中原与进军大西南的赫赫战功，以及二十世纪五六十年代作为党的总书记与国务院副总理所发挥的重大作用有所认识。因而，大家殷切期望与强烈要求邓小平同志复出主持中央工作。

"记得1977年夏天，中央会议决定邓小平同志复出，中国科学院曾举行隆重的庆祝大会。我就在大会上慷慨陈词：在半个多世纪里，邓小平同志南征北战，呕心沥血，为全党和全国人民建立了丰功伟绩，现在中央恢复他的职务，我们一千个赞成、一万个拥护。当时，全礼堂一千多人热烈鼓掌，因为这一段话反映了广大科技人员与全国人民的心声，他们对科学春天的来临渴盼得太久了。

"在邓小平同志的支持与关怀下，恢复了科技与教育战线上的专业技术职称评定以及正常的晋升制度，1977年10月初，陈景润、张广厚与我均被破格晋升，并在《人民日报》上做了报道。在那之前，已经在哥德巴赫猜想上取得了突破性进展的陈景润依然停留在'文化大革命'前助理研究员的位置上，我和张广厚虽然已在《中国科学》等期刊上发表了10余篇质量较好的论文，依然也是实习研究员。同时，国家开始实行对有突出贡献的专家给予特殊津贴的制度。在最初享受特殊津贴的几个人里就有陈景润、张广厚和我，我们的生活待遇有了较大的改善。

"在'文化大革命'期间，一些学有专长的老专家和教授，受到的冲击最大。他们被批斗、凌辱，称之为'反动学阀'，有的被关进'牛棚'，有的甚至受迫害致死。1977年初，方毅同志受中央委派来中国科学院工作后，曾主持了一个大型座谈会，吴有训、严济慈和我被指定做重点发言。我在发言里提到，我们在研究工作中取得一点成绩，一个重要原因是过去在导师熊庆来教授的指导下，基础打得扎实，能把握研究领域的主流，较快地走向研究前沿。方毅同志充分肯定了这一点，指出老专家在研究工作与培养人才方面功不可没，提出应大力宣扬'尊师重道'。在全国科学大会召开前夕，中国科学院特地为在'文化大革命'中遭受迫害逝世的著名科学家熊庆来、赵九章、张宗燧等教授平反昭雪，举行了骨灰安放仪式。

"1977年秋天还隆重举行了制订全国自然科学学科发展规划的会议。全国各学科有造诣的专家会聚一堂，共同商讨，制定规划，在'文化大革命'中完全被撤销的全国科协开始了重新组建的工作，并恢复活动。1977年，全国科协邀请邹承鲁先生与我在首都剧场对科技人员做学术演讲，这应该是科协恢复时所组织的早期学术活动之一。

"1978年3月18~31日隆重举行的全国科学大会，则是在全国科技人员与广大知识分子中拨乱反正，号召大家投身到'四个现代化'热潮中去的总动员。无论是科研战线上的学者、大学教授，还是工程技术界的专家，都欢欣鼓舞，聚会在人民大会堂，聆听邓小平同志的报告，感受到科学春天到来的欢悦，在我们的住地友谊宾馆举行小组讨论时，许多老专家热泪盈眶，纷纷提出并欢呼这是'第二次解放'！

"在全国科学大会以后，我国科学技术领域贯彻改革、开放的方针，开展了国际学术交流活动。在'文化大革命'中，学者赴国外参加学术会议或从事访问研究，几乎是不可能的。记得1975年，英国皇家学会会员、函数论专家海曼教授邀请我赴英访问，在当时的情况下根本不可能予以考虑。粉碎'四人帮'后，情况逐步改变。1977年底，瑞士学者邀请我与张广厚出席次年春天在苏黎世举行的国际学术会议，中国科学院为此向中央打了报告，方毅同志做了一段长的批示，全体政治局委员的圈阅，决定了这次出访。这一方面说明当时国家对学术交流已给予重视，尤其是使我与张广厚受到了极大的鼓励与鞭策。但是这种情况也说明了当时国际学术交流是十分罕见的。而在全国科学大会与党的十一届三中全会后，国家派出了数以万计的访问学者与攻读学位的青年学生。他们在国外访问、进修、深造，许多人回国后成为各条战线、各个学科的骨干与学术带头人。

"全国科学大会以后，中国科学院开始恢复学部的活动与建设，1980年秋天，各学部增选了280余位新学部委员（院士），给学部增添了新的血液。我当时作为最年轻的当选人，还没满41岁。次年5月学部举行大会，这是'文化大革命'后第一次学部的盛会。开会前，邓小平同志和其他领导同志亲切会见了大会主席团的成员，胡克实副院长汇报了增选后学部的情况，当汇报到新学部委员的年龄结构时，邓小平同志特别插话问：'有50岁以下的没有？'当时的学部委员里，50岁以下的有十几位，邓小平同志又进一步问：'有40岁以下的没有？'胡克实同志说我是最年轻的，当时已超过了41岁，我在场听了这些对话，深深感到邓小平同志对青年学者的殷切期望。

"全国科学大会已过去了整整20年，在这20年里，知识分子的积极性和作用都得到了空前的发挥，科技战线捷报频传，祖国有了巨大进步。这些都充分说明了邓小平同志在全国科学大会上讲话的英明与正确，显示了他的远见卓识。在这20年里，人世沧桑，当时参加大会和我在同一组的有些老科学家，如严济慈、华罗庚、钱三强等已经辞世，甚至当年仅40多岁的陈景润、张广厚也不幸早逝。一年前，敬爱的邓小平同志也离开了我们。我们决心坚定不移地沿着邓小平同志开辟的航线，以老一辈专家、学者为榜样，献身祖国的科技事业，迎接新世纪与知识经济时代的来临。"

聆听了杨乐院士的回忆，我深深感到，1978年前召开的全国科学大会，邓小平同志提出的"科学技术是第一生产力"和"知识分子已经是工人阶级自己的一部分"这两个具有伟大意义的论断，使中国的知识分子义无反顾地投入到了科学春天的怀抱。科学的春天里的每一个故事，都记录下了邓小平同志关于知识分子思想开始解放后的每一次进步，每一分耕耘。邓小平同志给科技界带来的春天，可谓春光永驻、百花争艳。科学界春天的到来，更昭示着辉煌的未来。回顾科学春天里春光明媚、百花盛开的情景，我们更加能体会到没有邓小平同志，就没有今天中国科学的辉煌。

3月的北京，窗外春光融融，我忽发奇想：人们不能仅仅陶醉在"科技春天的花园里"，而要更多地想想科技的夏天、秋天和冬天。春天以生为本，夏天则当以力为治，秋天方能落实为果，冬天则可再思来年。这样思考和研究，才能有可持续发展的高瞻远瞩，继续沿着全国科学大会指明的方向，贯彻好"科教兴国"的一体化方针。

燕园骄子

——访北京大学原校长、中国科学院院士许智宏

许智宏 植物生理学家。1942 年 10 月 14 日出生，江苏无锡人。1965 年毕业于北京大学生物系。1969 年中国科学院上海植物生理研究所研究生毕业。1995 年当选为发展中国家科学院院士。1997 年当选为中国科学院院士。1999 年 11 月至 2008 年 11 月任北京大学校长。中国科学院副院长、上海植物生理研究所研究员、上海生命科学研究中心主任。

许智宏长期从事植物组织培养和培养细胞的遗传操作的研究。首次由大豆、花生、毛白杨等 15 种重要作物和林木的原生质体培养获得再生植株；在生长素作用的研究中，首次揭示了生长素的极性运输在胚胎发育和叶片两侧对称生长中的作用；利用花药培养证实花药中存在促进雄核发育的物质；利用转基因植物进而揭示了花药绒毡层中的 IAA 代谢在花粉胚中的重要作用。

第一次听说许智宏是在 1999 年，时任广西壮族自治区党委副书记马庆生对我说，1980 年他在英国英纳斯研究所留学时的同学、中国科学院副院长兼上海植物生理所所长的许智宏调任北京大学校长。此后，我经常看到报纸和其他媒体上报道许智宏关于教育和科学方面的言论。2004 年，美国普林斯顿大学校长访问北京大学，在中央电视台《让世界了解你》的节目中，许智宏和北京大学学生面对面与普林斯顿大学校长进行对话。中央电视台实况转播，我的女儿作为北京大学的学生，有幸参加了这次对话，并和许智宏校长合影，通过电子邮件从北京发回了照片。从此，我更关注这位北京大学校长。

许智宏在中央电视台与美国普林斯顿大学校长在《让世界了解你》栏目实况转播对话后与参加对话的北京大学学生合影

2005 年 11 月 30 日的《广西日报》第一版和各大新闻媒体报道：由广西壮族自治区政协主办的第三次广西壮族自治区政协"同心讲座"，将于 12 月 4 日在广西大学礼堂举行，邀请北京大学校长许智宏做题为"一流大学与人才培养"的演讲，并与广西部分高校师生进行现场互动交流。

2005 年 12 月 3 日晚，初冬的南宁有些寒冷。21 时 30 分，许智宏从广州飞抵南宁吴圩国际机场，许智宏的老同学、广西壮族自治区政协主席马庆生和广西大学校长唐纪良等在机场迎接。身穿壮族传统服装的女青年向许智宏献上鲜花。许智宏满面红光，精神饱满，带着上海口音与迎接他的领导一一致谢握手。这是我第一次见

2005 年 12 月，许智宏和作者在广西南宁

到儒雅睿智、和蔼可亲的北京大学校长、中国科学院院士许智宏。

2005 年 12 月 4 日，冷空气影响下的南宁寒气逼人，不过，北京大学校长许智宏"明星"般的活动却为南国带来一股"热风"。

许智宏以"一流大学与人才培养"为题在广西大学礼堂发表演讲，内容涉及中国高等教育的现状和北京大学的发展战略。

北京大学校长的魅力引来几所高校众多师生的追捧。整个演讲现场座无虚席，礼堂的部分通道和几个入口也被闻讯赶来的大学生挤满。演讲中，一头白发的许智宏显得非常儒雅，讲话中虽夹带一些方言，但举手投足彬彬有礼，尽显中国最高学府掌舵人的风范。

作为五四新文化运动的策源地、中国最早传播马克思主义和民主科学思想的发祥地及中国共产党早期的活动基地，北京大学为中华民族的振兴和解放、国家的建设和发展、社会的文明和进步，做出了不可替代的贡献，起到了重要的先锋作用。北京大学是中国第一所国立综合性大学，拥有全国高校

中最多的"两院"院士、最多的国家重点实验室和重点学科。世界上第一例人工牛胰岛素的合成和世界上直径最小的单壁碳纳米管在这里产生。在 2005 年《泰晤士报》全球大学评比排名中，北京大学位居第 15 位。

学 术 成 就

许智宏，1942 年出生于江苏无锡。1965 年毕业于北京大学生物系植物学专业，随后考上中国科学院上海植物生理研究所研究生，毕业后留在该所工作。1992 年 10 月至 2003 年 2 月任中国科学院副院长，1995 年当选为发展中国家科学院院士，1997 年 10 月当选为中国科学院院士。1999 年 11 月至 2008 年 11 月任北京大学校长。许智宏还担任国际植物组织培养和生物技术协会主席，联合国教科文组织人与生物圈中国国家委员会主席。许智宏教授长期从事植物发育生物学、植物细胞培养及其遗传工程的研究，曾获中国科学院自然科学一等奖、国家自然科学三等奖等奖项。先后获香港大学荣誉教授，英国 De Montfort 大学和诺丁汉大学、日本早稻田大学、加拿大麦吉尔大学和蒙特利尔大学等荣誉博士学位。作为一名科学家，除了拥有严谨的科学态度外，他还拥有作为一名一流大学校长的出色口才。他常常说："科学技术是一把双刃剑。在新技术带来巨大的经济利益和个人名声时，面对种种诱惑，科学家要有良知，其所作所为要以人类利益优先为原则，并有责任告知政府和公众新技术所带来的风险和危害。"

说来有些令人难以置信，堂堂的北京大学校长，著名的生物学家，少年时代竟曾经向往在田埂上开拖拉机。谈起中学时期的这段往事，许智宏说，其实当时想法也很简单，觉得在田埂上开拖拉机也挺浪漫的。可他没想到，正是这个浪漫的想法，影响了他一生的选择。许智宏在中学时期，读了大量的课外书籍。这时，一位影响他终生的人走进了他的视野，这就是苏联著名植物学家米丘林。米丘林在果树培育方面做出了杰出贡献，毕生培育出的果树新品种有 300 多种。许智宏阅读了大量米丘林的著作。他说，他当时很敬佩那些农业专家，包括园林学家。他向往以后从事和米丘林一样的工作，甚

2006 年 6 月，华盛顿大学校长在北京大学与许智宏合影

至幻想着有一天能在田埂上开着拖拉机，"视察"他的农庄和园林。1961 年，填报高考志愿时，许智宏毫不犹豫地将北京大学生物系作为他的第一志愿，并将中国农业大学园林系作为第二志愿。他立志要在生物方面干出一番成就来！

许智宏有丰富的国内外的学习经历：1959 年 9 月至 1965 年 6 月，在北京大学生物系植物学专业读本科。1965 年 9 月至 1969 年，在中国科学院上海植物生理研究所读研究生。1979 年 8 月至 1980 年 9 月，在英国 John Innes 研究所应用遗传学系当访问学者。1980 年 9 月至 1981 年 10 月，在英国诺丁汉大学植物学系当访问学者。

许智宏还有在国内外科研院所和一流大学的工作经历：1966 年任上海植物生理研究所激素室研究生、课题组长，1970 年 2 月至 1973 年 3 月任上海植物生理研究所细胞生理室课题组长，1981 年 9 月任上海植物生理研究所细胞生理室课题组组长，1983 年 12 月至 1988 年 10 月任上海植物生理研究所副研究员、副所长，1988 年 11 月至 1991 年 2 月任上海植物生理研究所研究员、副所长兼植物分子遗传国家重点实验室主任（1988 年至 1996 年），1989 年至 1992 年每年有 3 个月在国立新加坡大学分子和细胞生物学研究所当访问教授，1991 年 2 月任上海植物生理研究所研究员、所长，1992 年 10 月至 2003 年 2 月任中国科学院副院长，1999 年 11 月至 2008 年 11 月任中国科学院副院

2003年春节,许智宏(中)在上海看望著名遗传学家谈家桢(左一)院士

长兼北京大学校长。

许智宏的主要著作:《经济植物组织培养》,罗士韦、许智宏主编,科学出版社 1988 年出版;《植物基因工程》,田波、许智宏、叶寅主编,山东科技出版社 1996 年出版;《植物原生质体培养及遗传转化》,许智宏、卫志明主编,上海科技出版社 1997 年出版;《植物发育的分子机理》,许智宏、刘春明主编,科学出版社 1998 年出版;《植物生物技术》,许智宏主编,上海科技出版社 1998 年出版。

北 大 校 长

1999 年,北京大学正处于一种极其微妙的境地。刚度过百年诞辰的北京大学,其辉煌历史和光荣传统一直为世人所推崇。然而这所令莘莘学子向往的著名大学,在校大学生的心理波动和精神状况一度备受社会关注。

1999 年 11 月 14 日,新任北京大学校长的许智宏站在发表就职演说的讲台上,心情十分激动。"没想到,在毕业 34 年后,会以校长的身份重返母校。"他充满信心地说,"北京大学将会创造出新的百年辉煌。"他胸有成竹地谈到,将把加强科技和教育的结合作为突破口,对北京大学进行新的改革。许智宏在接任北京大学校长的同时还兼任中国科学院副院长。他明确表示，将利用这一职务上的优势，加强中国科学院和北京大学的合作。中国科学院院长同时兼任北京大学校长曾有先例，著名科学家周培源即是一例。回顾人生的发展历程，许智宏意识到是母校老师的辛勤培育对他产生了极为深刻的影响。因此，学校人事制度的改革也成为他首要考虑的问题。

让人始料不及的是，温文尔雅的许智宏刚一上任，就掀起了北京大学的改革狂潮。

北京大学历史上有过六次变革。其中以蔡元培的改革影响最为深远，他的"仿世界各大学通例，循思想自由原则，取兼容并包主义"办学方针，对北京大学影响至深，很多人把它当成改革标尺来度量许智宏在 2003 年刮起的北京大学改革飓风。身为北京大学的校友，许智宏深深地感到，北京大学注重学生德、智、体、美全面发展的优良传统应该光大和发扬。"大学不仅仅是灌输知识的地方，它也是培养学生高尚品德，塑造健全人格的所在。"许智宏充满激情地对北京大学师生表示："要让北京大学的学生无论走到天涯

在 2006 年新年晚会上，许智宏与北京大学学生在百年讲堂高歌《朋友》

海角都有一颗中国心。"

从性情看，许智宏属于温和的人，他说话的速度很慢，有着温软的南方口音。他出生于无锡，受南方的水土泽被，看上去儒雅而平和。就思维特质来说，许智宏认为自己更具科学家的严谨和理性。他1959~1965年在北京大学生物系读本科，专业是植物学，至今都怀念身穿白大褂在实验室工作的情景。如果不是到北京大学出任校长，他本可以重回上海从事科研工作，与在上海的家人团聚。但是1999年11月13日，在过完57岁生日之后，时任中国科学院副院长的许智宏重返母校，受命担任北京大学第28任校长，他的名字与严复、蔡元培、蒋梦麟、马寅初、周培源等历任校长排在一起。许智宏自述当北京大学校长的感受："作为北京大学的人，能在退出工作岗位前服务母校，心里十分高兴，也希望能给北京大学做些贡献。但是北京大学这么大，当校长这么忙，像个家长，要管的面这么宽，出了任何事情，书记校长都是第一责任人，责任重大。难怪有的兄弟大学的校长跟我开玩笑说'人家正要逃出火海，你怎么反而要跳进来呢？'"如此的重责，也许是促使许智宏强调"稳妥"的原因之一。他说："'休克疗法'没有生命力，中国普遍的改革经验说明了这一点。"中外著名大学校长中，最令许智宏佩服的还是大刀阔斧的改革教育家、北京大学原校长蔡元培。许智宏说："蔡校长的确伟大，在那种情况下，管好北京大学真不简单，实际上那时也有相当一批教授是很差劲的，但他来北京大学后能够大刀阔斧地改革，引进当时国外很多先进的办学理念，引进一大批有新思想和真学问的教授，使得北京大学面貌一新。他有很多创新，比如招收女学生，蔡校长是第一人，此后北京大学才有女学生；再如我们现在提倡综合素质教育，实际上蔡校长早就提倡德、智、体、美全面发展。他很超前，但他自己并不满意，因为他办学的理念受到当时许多方面的制约。但是他的理念和措施，为以后北京大学的发展奠定了很好的基础。"2003年11月许智宏在"北京大学耶鲁大学日"上说："我认为，北京大学未来的校长应该来自文科。"许智宏是针对中国青年报记者对耶鲁大学校长理查德·莱温的提问"不少世界一流大学校长是经济学家出身，经济学家担任校长的优势何在"有感而发的。他以美国为例：美国许多大学校长都是学法律出身，而中国的大学校长基本上出自理工科。许智宏就是理科出身的。分析其中原因，许智宏认为，这与中国的科教兴国战略有很大关系。在这种战略熏陶下，从事理工类工作的人士更有机会走上政府的领导岗位。而此前，他们多数是大中型企业的领导人。近几年，随着经济主体地位的确定和法制体系的逐渐健全，来自文科领域的毕业生逐步走上领导岗位，其中不乏许多北京大学校友。许智宏认为，文理出身各有所长，无论谁担任校长，都希望培养优秀人才。与耶鲁大学一样，北京大学的培养目标有两个：一是培养领袖人物，二是鼓励学生更好地为社会服务。值得一提的是，很多人把领袖人物理解为政治家。而在北京大学看来，每个领域都有自己的领袖人物，其中也包括出色的政治家。

2005 年 12 月 4 日，在"同心讲座"上，许智宏激动地说："6 年前我上任时有过心理准备，但没想到当北京大学校长这么困难，社会上许多人都在关注北京大学。"许智宏回忆，他上任的第一天，即收到法院的传票；第二天，一个学生杀了自己的同学然后跳楼……北京大学就是社会的一个缩影。

说到北京大学山鹰登山队出事，许智宏更为激动："出事的时候，有人责备北京大学不该组织这些冒险的社团。北京大学的学生向来自主，有各种社团，校长不能干涉。事实是，这几年参加北京大学登山队的同学并没有减少。"许智宏说，现在中华民族缺的就是一种冒险的精神，许多学校培养出来的学生都是一个模式的。

关于高校定位，许智宏认为："作为一个学校，自己要清楚自己的位置，每个大学都应该有自己的个性，根据自己所处的位置，确定自己的发展趋势，明确要培养怎样的学生。"

或许很多人认为学校定位越高，表示学校办得越好。许智宏不认同这样的看法。他说，现在很多高校并不清楚自己的定位，盲目追求一个模式，建成地方重点大学后，又想建成综合性大学，一味追求高标准。说到大学的定位，许校长举了一个例子，江苏常州一些高校的基本定位是培养大专生，浙江一带是有名的服装生产地，这些大专生毕业后能找到很好的工作，他认为这些高校的做法非常正确。

一个学校如何确定自己的定位其实不难，关键是根据自己的学科、师资情况，以及国家人才需要的方面来定位。如果定位不对，培养出来的学生就会找不到工作。许智宏建议不要把每个大学都办成一个面孔。

一 流 大 学

2003 年 11 月，美国耶鲁大学校长理查德·莱温一行 13 人访问北京大学，并参加"北京大学耶鲁大学日"系列活动。许智宏与莱温校长分别就中美高等教育的有关问题发表了各自的看法。

关于世界一流大学，许智宏说："我们一直在讲建设世界一流大学。什么是世界一流大学？我看过很多资料，但没有找到一个确切的定义。可是，公认的世界一流大学是存在的，比如耶鲁大学、哈佛大学、牛津大学、剑桥大学、莫斯科大学……这些大学为国家、为人类做出了贡献，这些大学中的学者们为知识积累、世界进步做出了贡献，有一大批杰出的学者和科研成果，对科技、经济等方面的发展都有极大的影响；同时，还产生了许多新的思想和观念，对社会发展和人类文明有很大的影响。这些大学培养了一大批人，这就是世界一流大学。我认为中国目前还没有一所真正意义上的世界一流大学。"

许智宏还说："耶鲁大学度过了建校 300 周年的纪念日。300 年中，耶鲁大学得到了很大的发展。今天的耶鲁大学已成为世界知名的学府。在校的 11 000 多名学生来自全美 50 个州和世界上 110 多个国家，2 000 名有丰富文化背景的教师都在各自的学术领域发挥着带头作用。耶鲁大学培养了很多领袖级的人物。从今天上溯，美国的 6 位总统中有 4 位是耶鲁大学毕业生。另外，先后有 533 名耶鲁大学的毕业生在美国国会任职，55 位内阁秘书和 18 位高级法院大法官具有耶鲁大学学位。耶鲁大学的公共服务已拓展到全球，韩国、墨西哥、德国都有耶鲁大学的毕业生担任总统或总理。同样，在北大学人中，季羡林、侯仁之、王选、周光召、李政道等先生都是典范。他们的学识、人品都非常好。他们在科研过程中，总是不断地面对失败，但是他们非常坚定，在失败中感受生活的乐趣，终于取得了非凡的成就。"

许智宏又说："创建世界一流大学是个漫长的过程。北京大学已经制订了一个计划，估计要用 17 年的时间，分两个阶段，达到世界一流大学的目标。但 17 年后能否达到目标，受到很多内部、外部因素的制约。这一点，大家心中都很清楚。现在这个改革的目的，就是为了使北

许智宏在北京大学向时任美国国务卿赖斯赠送礼品

京大学更有竞争力，更能吸引优秀的教师，更能吸引全国最好的学生，使他们受到最好的教育，对社会做出更多的贡献。北京大学的目标是瞄准国际一流水准。但是，我们不能用一种功利主义的眼光来办大学，因为学术的发展、人的成长都不是一年两年的事。如果说这几年已给了你一笔钱了，就要求你这个大学一下子变成世界一流大学，这不可能。我们要的是对一个大学的稳定的支持，而不是像有些人说的已经给了你这么多钱了，怎么还没有一流啊？那就不应该支持了。那样，中国永远都不会出现世界一流大学。"

2004 年 9 月，作为北京大学历史上第 28 任校长，许智宏谈及创建世界一流大学，这是北京大学在相当长一段时期内发展的战略目标，也是全体北大人梦寐以求的共同理想。对此，北京大学《创建世界一流大学规划》中明确提出分两步走的战略设想，从 1999 年到 2005 年为第一阶段，从 2006 年到 2015 年为第二阶段，2015 年北京大学争取进入世界一流大学的行列。许智宏认为，北京大学创建世界一流大学有八个方面的优势：北京大学有着悠久的历史，在中国近现代史、中国教育史上有着重要的地位；北京大学名师云集，有着一流的师资力量，人事制度改革将进一步推动教师队伍建设的发展；北京大学学科齐全，正朝着综合性大学协调发展；北京大学是无数年轻的优秀学子最为向往的地方，吸引着全国最优秀的生源；北京大学经过近几年的努力，

办学条件、公共设施体系得到提高和完善；北京大学为社会进步和国家富强做出了重要贡献，百年来为国家和社会培养了大批优秀人才；北京大学注重科技转化为生产力，产学研结合，整体科研水平高；北京大学是一所国际性综合大学，有着良好的国际合作和交流。

谈起北京大学的未来，许智宏豪情满怀：承载着百年辉煌和传统，有着29 617名各类在校学生的北京大学已经发展成为一所拥有自然科学、技术科学、人文科学、医药科学等多种学科的新型综合性研究型大学，现有199个博士点、221个硕士点、100个本科专业，以及覆盖139个专业的博士后流动站，北京大学拥有的教授、博士生导师、中国科学院院士及国家重点学科和国家重点实验室的数量均居全国高校之首，其基础学科的整体实力处于国内领先水平，为建设世界一流大学提供了可能。学校正以学术队伍建设为核心推进学科建设；以交叉学科为重点提升创新能力；通过机制创新营造良好的学术环境；全面规划，重点突破，实现跨越式发展。

许智宏代表北京大学授予诺贝尔奖获得者路易斯·伊格纳罗名誉教授

北京大学学校产业2004年度产值达到245亿元，1998年以来签署各类技术合同额10亿多元。学校积极推动产学研合作项目，科技成果转化率不断增加。在2005年第五届国家级教学成果奖评选中，北京大学获得国家级教学成果奖24项，其中一等奖6项，二等奖18项，获得一等奖、二等奖及获奖总数均居全国高校首位。

2005年11月15日，许智宏首次就英国《泰晤士报》大学排行榜一事对媒体做出正面回应。他表示，北京大学离世界最好的大学还有很大距离，对于《泰晤士报》大学排行榜将北京大学排亚洲第 1 位、世界第 15 位的结果，许智宏称，每个排行榜都有自己的作用。对于这样的排行，这位似乎应感到"骄傲"的校长让学校低调处理。他说："作为学校自己必须清楚自己真正是个什么位置，北京大学离作为世界上最好的大学还有很大距离。"许智宏说，大学排行榜由来已久，既让人爱又让人恨。过分关注不行，不关注也难。明白的校长并不会介意这件事。他坦言作为北京大学校长，他个人对此就并不太介意。许智宏强调，对于中国的大批大学来说，要达到世界一流和先进水平还任重道远。他呼吁，建设世界一流大学，除了大学自身的努力外，也要全社会的理解和支持，希望更多的人了解真实的北京大学，包括其现实问题和困境。

教 育 公 平

不同省份高考录取分数线高低不一，东、西部教育水平差距持续拉大……教育公平问题近期在各大媒体引起热议。让不同地区的学生平等地享有受教育的权利，这不仅是社会关注的热点问题，更是构建和谐社会的题中应有之义。那么教育公平应该体现在哪些方面，如何才能实现教育公平？许智宏有如下见解。

首先是基础教育的公平。"中国教育发展的地区不平衡既有社会经济的原因，也有历史的原因。因此，公民享有相对公平的受教育权利，当务之急是使所有适龄儿童和青少年都能接受九年义务教育，以确保基础教育的质量。然后再考虑普及高中和中等职业教育。随着我国高等教育进入大众化阶段，使更多的人能够接受高等教育。"许智宏说。教育公平应首先体现在基础教育上，只有缩小各地区在基础教育质量方面的差距，才能谈到更高层面的教育公平，其中的关键是要将九年义务教育真正落到实处，切实改变西部边远省份及经济落后地区基础教育落后的面貌。为此，许智宏建议：第一，政府要增加对西部地区教育的支持和投入，特别加强对偏远地区基础教育的投入，逐渐缩小东、西部地区基础教育间的巨大差距，确保经济落后地区和边远省份的同龄人能有同等的机会接受教育，而且提高当地的教育水平也有助于公民素质的提高，最终有利于整个地区经济社会的发展。第二，各级政府必须采取有力的措施来加强西部地区的师资力量，国家应该采取优惠政策，进一步为西部吸引人才、留住人才创造条件。许智宏说，现在东、西部师资队伍的水平差距在拉大，要提高教育质量必须有一批优秀的教师。当前国家鼓励大学生到西部挂职锻炼，不仅能支持当地的教育发展，也能磨炼和锻炼青年人的意志，国家应该进一步鼓励大学生到祖国最需要的地方去创业。同时，也应有切实的措施帮助现有的教师提高教育水平。

其次高教公平要兼顾地区差异。"在当前，高考仍然是全国高等院校录取学生的主要途径，但至少对于全国的重点大学来说，肯定不能简单地只根据考生的考分排队来录取，还必须兼顾到地区的差异。我们必须确保全国各地的学生都有机会到北京大学读书。"许智宏说。公平并不意味着全国要按考分"一刀切"，还必须考虑到不同地区教育水平的高低、考生数量的多少等，比如在全国统考中，沿海地区一些省份650分以上的学生有一大批，如果完全按考分来定的话，那么西部省份能考进北京大学的学生可能就寥寥无几。"作为全国的重点大学，北京大学不仅要确保西部地区各省份每年都有学生到北京大学读书，而且在新疆、青海等边远省份，招生的名额占当地应届毕业生考生的比例实际上还超过沿海地区，给予了一定的倾斜。从这个意义上讲，我们保证了机会的相对公平。"

许智宏说北京大学学校本部每年在北京招生的数量大概稳定在学生总数的15%左右，主要是因为大学所在地政府对大学的发展提供了很大支持，因此政策上有所倾斜也是合理的，而且这个比例与全国其他重点大学相比是较低的。许智宏也提到，研究型大学除了教育之外，还承担着大量的科技、社会经济发展和国防方面的研究任务，源源不断地吸收综合素质最优秀的学生，是确保大学高水平的研究工作以及不断提高教育水平的必要条件之一。

对于招生平等问题，许智宏说："因为教育水平的差异大，要实现全国平等很难做到。我们要确保全国每个省份都有学生能到北京大学读书，而不能顾虑其教育水平如何。但是，我们也要挑选各省份最优秀的学生到北京大学。"

许智宏还说："很多研究生就不是名牌大学出来的。中国科学院的院士甚至有好几个都没有上过大学。今天的年轻人应该比较理性地看待人的成长，道路是很多的，没必要一定要进北大、进清华才能成才。希望我们的学生能够理性地选择自己的位置。"

科 学 道 德

优良的科学道德与学风是科学精神和科学文化的重要内涵，科学道德建设是先进文化建设必不可少的基本环节。良好的科学道德与学风不仅是科学活动的内在规定和支撑，还是宝贵的科技投入得到合理有效利用的前提，是科学事业的社会信誉和公共形象的保证。

科学道德与学风问题是国际科技界普遍存在的常规性问题，道德委员会认为，科学道德与学风问题是一个十分复杂的问题，它渗透于科学教育、科学研究、成果发表、评价任用、经费管理等过程之中。导致不良科学道德与学风问题的主观原因是对名利的不当追求，既与

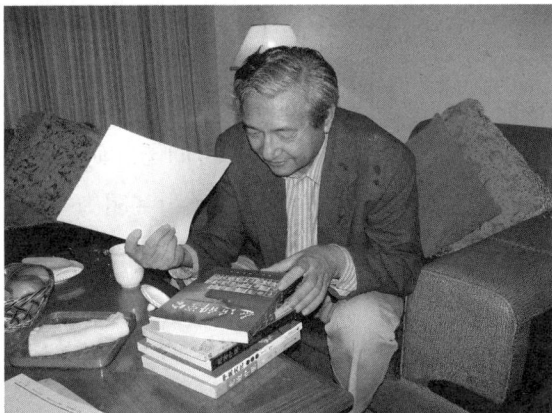

许智宏院士在阅读作者的著作《走近科学家》

体制相关，又有科研人员自身的因素。客观原因包括巨大利益的诱惑和日益加剧的学术竞争压力；其根本性的危害在于干扰科学共同体成员的相互信任、颠覆科技界崇高的社会信誉、影响科学活动的效率、导致科技资源的巨大浪费等。这必须通过长期细致的制度化科学道德建设才有可能得到根本性的扭转。而端正科学道德与学风的关键在于根据先进文化建设的要求树立正确的科学文化导向，提高科研人员及管理人员的道德素质，加强科学文化建设，确立正确的科研目的和动机，把追求真理、热爱国家和奉献社会与自我价值

的实现统一起来，使科学精神和诚信原则等正确的科学价值导向成为科研人员和管理人员的道德追求，牢固树立为"科教兴国"、建立小康社会宏伟目标和实现中华民族复兴大业而努力探索、勇攀科学高峰的远大理想。中国科学院院士群体应该是推进这一伟大进程的中坚力量，是科学道德典范，而院士制度的不断完善，也成为时代发展的必然要求。

国 际 交 流

　　2000年4月22日，许智宏在美国华盛顿举办的美国大学协会百年年会上发言时提到，新的五年计划期间，中国高校在校本科生总数将达到1 600万人，在校研究生总数将达到60万人。中国高等教育的改革和发展将对加快全球化进程创造一个经济繁荣、文化多样、社会民主和更加开放的中国做出贡献。美国大学协会成立于1900年，由美国顶尖的研究型大学组成，当时仅有61名成员。从1999年4月到2000年4月，该协会举行了一系列庆祝协会成立百年的学术活动。此次举行的国际研讨会开幕式暨首场会议的主题是"全球化、经济发展和文化个性：动力和阻力"。在会上受邀发言的嘉宾只有3位，他们是美国哈佛大学艺术和科学名誉院长亨利·罗索夫斯基、智利大学校长路易斯·里维罗斯和中国北京大学校长许智宏。许智宏在发言中介绍，北京大学当时有人文、社会科学、理学、信息与工程学和医学5个学部，学校在职教职员工16 073人，各类在校学生29 617名，其中包括外国留学生1 300余名。

　　2002年8月28日，摩洛哥王国驻华大使米蒙·迈赫迪在使馆授予许智宏摩洛哥王国阿拉维托王朝皇家荣誉勋章，以表彰他为中摩两国文化关系发展所做的贡献。在勋章授予仪式上，迈赫

许智宏（右）参加国际会议

迪说，摩洛哥希望进一步加强同中国在教育领域的合作，期盼包括北京大学在内的中国高校为摩洛哥培养出更多的人才。许智宏表示，今后北京大学将继续加强同摩洛哥和广大非洲国家的文化教育交流。

2005年1月29日至2月5日，许智宏带领约30人的北京大学学生艺术团在美国斯坦福大学、耶鲁大学等5所名校进行7场演出。这是中美高等教育交流史上最大的一次学生交流活动。1月31日，许智宏在马里兰大学发表专题演讲。他介绍说，中国政府制定了发展高等教育的长期规划，北京大学更是为了促进中美两国学生的交流尽量提供机会。

许智宏说："北京大学每年派很多学生到美国来短期学习，美国的学生也有很多在我们大学的校园里，他们可以彼此了解。因为美国毕竟是世界上的一个教育大国，美国的高等教育在全世界占有非常重要的地位。"中国在美国设立的第一所教美国人中文的孔子学院就设在马里兰大学。马里兰大学校长莫特表示，愿意更多地招收中国学生，中美之间的交流越多，发现双方的共同点就越多。

纳米时代与中国纳米历程

——访中国科学院院长、中国科学院院士
白春礼

白春礼 化学家和纳米科技专家。1953年9月生，辽宁人。现任中国科学院院长，党组书记，学部主席团执行主席，发展中国家科学院院长。

白春礼先后从事高分子催化剂的结构与物性、有机化合物晶体结构的X射线衍射、分子力学和导电高聚物的EXAFS等研究。20世纪80年代中期开始从事纳米科技的重要领域——扫描隧道显微学的研究。研制成功扫描探针显微镜（SPM）系列。在纳米结构、分子纳米技术方面进行了较系统的工作。在德国Springer出版公司和科学出版社等出版多部中、英文著作。曾获国际化工协会授予的国际奖章、国家科技进步奖二等奖、中国科学院科技进步奖一等奖等。

2002 年 4 月 17 日那天，中共中央党校大礼堂座无虚席，全校师生、员工共 2 000 多人齐聚大礼堂，听取中央党校省部班学员、中国科学院常务副院长、中国国家纳米科技首席专家白春礼院士讲授当代世界科技专题讲座——纳米科学与技术。白春礼用最简洁的语言、最直观的计算机图表、最形象的比喻，对纳米科技做了深入浅出的介绍。他的演讲十分精彩，引起了中央党校的高级干部学员极大的关注和兴趣。

这年我在中央党校学习。4 月 17 日晚，我前往中央党校省部进修班学员楼专门拜访了白春礼院士，他十分热情地接待了我。当时，白春礼正忙着给《人民日报》副总编辑、散文学家梁衡的新著写序。白春礼送给我他的一部新著——《纳米科技现在与未来》，这部由四川教育出版社出版的专著

白春礼在国家科学教育领导小组举办的科技知识讲座上做题为"纳米科技及其发展前景"的学术报告

深入浅出、图文并茂地介绍了纳米科技的发展历程。

2002 年五一国际劳动节，我和女儿到中关村白春礼的寓所拜访，翻阅了白春礼科学活动的大量照片和证书，还和他在北京理工大学上学的儿子进行了谈话。

2005 年 7 月，白春礼应广西壮族自治区党委的邀请，给自治区厅级领导干部做了一场题为"时代前沿知识"的讲座，让我再次见到白春礼。更为珍贵的是，与他一起共进午餐时，白春礼应邀为《追寻科学家》一书作序，使我深受感动。

2002 年 5 月，白春礼院士与作者在中共中央党校

作为中共中央党校 2002 年的同学，我曾经多次和白春礼院士在校园的林荫大道上散步，后来还多次到他宿舍和家里做客长谈，因此对白春礼院士和他从事的中国纳米科技研究有了深入的了解，特撰此文做粗略介绍。

纳 米 时 代

纳米科技是在 20 世纪 80 年代末、90 年代初才逐步发展起来的具有前沿性、交叉性的新兴学科，目前已成为广泛关注的研究热点。纳米技术是继信息技术和生物技术之后，又一深刻影响社会经济发展的重大技术。纳米科技的发展，不仅可以使科学家在纳米尺度上发现新现象、新规律，建立新理论，而且还将带来一场工业革命，成为 21 世纪经济增长的新动力。纳米技术所带来的不仅仅是科技和经济上的革命，它将彻底代替微米时代的文明，把一种全新的文明——纳米文明展现在人类面前。微米时代的技术只是缩小了世界的距离，而纳米时代的技术不仅有利于自然界的发展，更重要的是有利于人与自然界和谐共存。

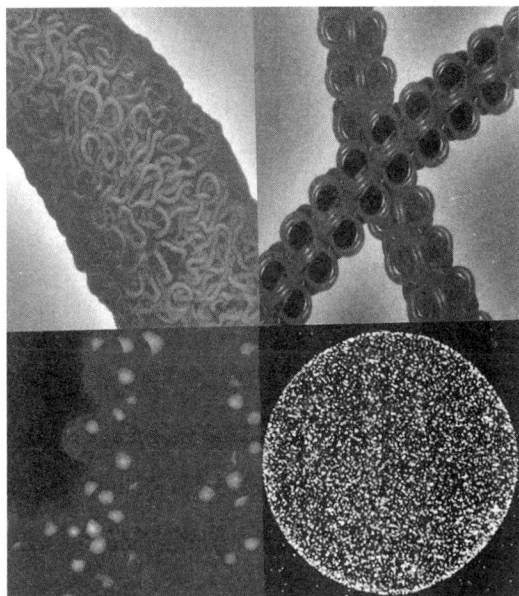

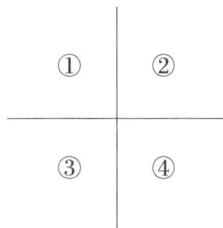

① 10^{-6} 米（1 000 纳米）可看到染色体中聚集的染色质

② 10^{-7} 米（100 纳米）可分辨染色质的两部分

③ 10^{-9} 米（1 纳米）可分辨 DNA 的分子结构

④ 10^{-10} 米（0.1 纳米）可看到电子云笼罩下的原子轮廓

纳米是 1 米的十亿分之一，1 毫米的百万分之一。纳米科技是指在纳米尺度上研究物质（包括原子、分子的操纵）的特性和相互作用，以及利用这些特性的多学科交叉的科学技术。最早提出纳米尺度上科学和技术问题的是著名物理学家、诺贝尔奖获得者理查德·费曼。1959 年他在一次著名的演讲中提出，如果人类能够在原子和分子的尺度上来加工材料、制备装置，我们将有许多激动人心的新发现。20 世纪 80 年代初，科学家在苏黎世发明了费曼所期望的纳米科技研究的重要仪器——扫描隧道显微镜。

显微镜、原子力显微镜等微观表征和操纵技术，对纳米科技的发展起到了积极的促进作用。

1999 年起，美国政府决定把纳米科技研究列入 21 世纪前 10 年的十一个关键领域；2002 年美国评选十大科技的第一项就是"纳米技术"。在支持纳米产业方面，西欧以及日本的步子走在了美国的前面。1997 年西欧在发展纳米技术上投入 1.28 亿美元，日本仅通商产业省一个部就出资 1.85 亿美元。中国政府对纳米技术也予以足够的重视，在 1991 年 11 月召开的纳米科技发展战略学术研讨会上，制定了纳米科技发展战略的对策。中国的纳米科技已取得重大进展，用白春礼等研制的 STM 进行石墨表面刻蚀，刻出线宽为 10 纳米的"中国"字符。中国在这个领域已取得非凡的成就，其中纳米化学的研究与发展尤其引人注目。目前，中国已经建立了纳米材料和技术的生产线 7 条，纳米复合材料、塑料、橡胶和纤维改性、纳米功能涂层材料的设计和应用、纳米材料在能源和环保的应用开发正在中国兴起。

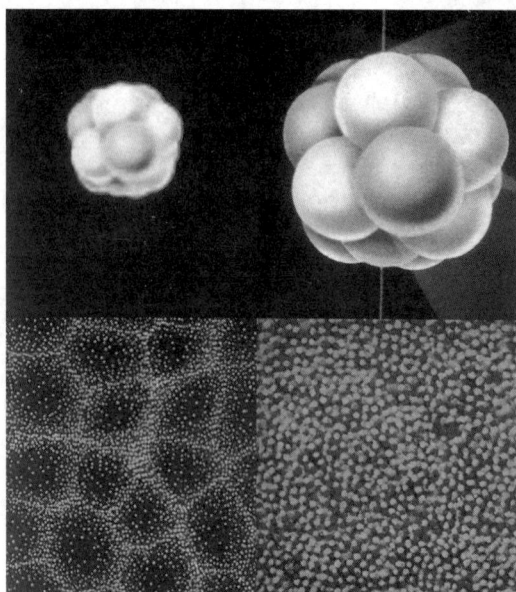

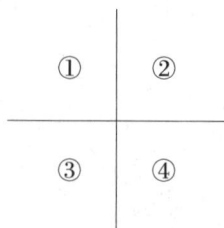

①	②
③	④

① 10^{-13} 米（100 飞米）可以从整体上分辨出原子核

② 10^{-14} 米（10 飞米）可看清原子核中的质子和中子

③ 10^{-15} 米（1 飞米）可分辨出组成质子和中子的夸克

④ 10^{-16} 米（0.1 飞米）进一步看清夸克

学 习 生 涯

1953 年秋，白春礼出生在辽宁丹东一个普通的满族家庭。其父亲是个儒雅而正直的知识分子，中华人民共和国成立前曾在公立小学当过教员。闲空时，他常翻着一本本泛黄的诗集，细致而又生动地为白春礼讲解诗中的含义、诗人崇高的气节和远大的抱负。童年时期的白春礼由于长期受家庭的熏陶，最爱背诵古诗词，最崇拜伟大的诗人，他的理想是长大后成为一名作家。

然而在白春礼少年的时候，有一天他发现了一个令他终生难忘的有趣现象：在碎酒瓶底下压着一只蚂蚁，当拿开酒瓶时，蚂蚁小到看不清了；把酒瓶底重新放置在蚂蚁上方，蚂蚁又变大了，甚至可以清晰地看见蚂蚁腿上细细的绒毛。少年时代观察到的放大原理成为白春礼一次难忘的科学启蒙，正是经历了这次偶然的事件，令他对科学产生了浓厚的兴趣。

时光隧道飞快地延伸。1988年4月，白春礼从美国加利福尼亚理工学院回国后的半年，《人民日报》发表了一条新闻：

一台由微机控制的高分辨率扫描隧道显微镜在中国科学院化学所研制成功，这台由副研究员白春礼带领的研究组研制成的显微镜，主要技术指标达到目前国际上实验室研制仪器的最高水平。

这一年，白春礼刚好35岁，正值科学发现和科学创造的最佳年龄。

作为出生在新中国、长在红旗下，经历过"文化大革命"和上山下乡等艰苦磨难的人，白春礼是怎样通过崎岖的道路一步一步迈入科学殿堂的？白春礼深沉地告诉我，1966年，"文化大革命"开始，刚巧这时他升中学，4年中，只学了初中文化知识，便高中毕业。在这个特定的年代，有求学愿望却没有求学机会的白春礼，在毛主席"上山下乡"的伟大号召下，同千千万万的青年学生一道，加入了"上山下乡"的行列。他毫不犹豫地来到了离家千里的戈壁滩上，成了内蒙古生产建设兵团的一名军垦战士。在生产建设兵团的日子艰苦而简单，枯燥而辛劳，日复一日，年复一年，过了一天又一天。

在漫长的戈壁滩劳动的日子里，白春礼认真地思考生命的意义。苏联作家奥斯特洛夫斯基在《钢铁是怎样炼成的》中的一句名言，成了他生活的座右铭："人最宝贵的东西是生命。生命对于我们只有一次。一个人的生命应当这样度过：当他回首往事的时候，他不因虚度年华而悔恨，不因碌碌无为而羞愧——这样，在临死的时候，他能够说：'我整个的生命和全部精力，都已献给世界上最壮丽的事业——为人类的解放而斗争。'"

在生产建设兵团，白春礼是一名优秀的卡车司机，还兼任文书一职。他在辛劳工作之余，悄悄地捡起了哥哥留给他的旧课本，就着黑夜中昏黄的灯光，在冰雪寒风中，学完了初中、高中的全部课程。

白春礼在做实验

1974 年，一晃眼白春礼已在内蒙古生产建设兵团干了 4 年。这年，经过全连战士 3 轮不记名投票评选并参加文化考试，白春礼作为"有实践经验的工农兵学员"成为北京大学的学生，走进令他神往的高等学府。这一年，他才 21 岁。在那个特殊的年代，白春礼仍然是班上最年轻的学生。

1978 年 1 月，25 岁的白春礼从北京大学毕业被分配到中国科学院长春应用化学研究所工作，从此开始了他在中国科学院的科研生涯。在毕业分配之际，白春礼思绪万千，他回忆起当时的情景时深沉地说："那时的中国科学院正处于'文化大革命'带来的低谷时期，许多科学家正受压迫，但是中国科学院连同这些著名科学家的名字一起，在我的心目中依然占据着崇高的地位……"

1978 年春，中共中央召开了全国科学大会，科学的春风吹拂着祖国的大地，我国开始恢复全国高考和研究生全国统考。作为"文化大革命"期间入学的工农兵学员，白春礼深深感到自己从事科研工作理论功底尚浅，但在同龄大学毕业生中，他占有年轻的优势，因此决定报考研究生以期进一步深造。这时白春礼心情很是复杂，他说："那会儿我对究竟是报考北京大学还是中国科学院化学研究所曾有过犹豫，但少年时代对中国科学院的景仰，还是让我选择了中国科学院化学研究所。"

1978 年 9 月，白春礼顺利地考入中国科学院化学研究所。3 年后，他又成了中国科学院的博士研究生。整整 10 个春秋，白春礼每日与科学资料和实验数据相伴，这为他日后的科学成就打下了牢固的基础。

美 国 深 造

1985 年 9 月，受中国科学院化学研究所的选派，白春礼远渡重洋来到美

国加州理工学院。他带着
祖国人民对他的期望，怀
着远大的科学抱负，走进
了风景如画、玫瑰盛开的
校园，来到了他久慕的钱
学森、周培源等科学家前
辈早年生活、学习、工作
过的著名学府，他心中油
然而生一种似曾相识的温
馨之感。来到加州理工学

白春礼在美国考察时留影

院不久，白春礼就以他的天赋及勤奋，赢得了曾任美国总统科技办公室副主任的白尔德·斯楚维勒教授的赏识。在他的力荐下，白春礼进入了美国喷气推进实验室，这是由美国航天航空局与加州理工学院共管的著名实验室。当年，钱学森曾在此创下了辉煌的业绩。在钱学森冲破美国政府重重阻挠于 1956 年回到祖国后，美国政府曾一度不允许中国人进入该实验室。白春礼以其实力成为这块领地上的第二个中国人。

白春礼最初从事的研究课题是扩展 X 投射线精细结构谱，不久，他发现白尔德教授正在从事一项叫作扫描隧道显微镜（Scanning Tunneling Microscope，STM）的研究工作。通过细致分析，白春礼意识到这是表面科学领域革命性的技术，如同广义相对论之于核科学。他深知 STM 的研究在中国尚属空白。白春礼向白尔德教授提出参加 STM 研究的请求。在对他的实力进行评估之后，有关方面很快批准了他的申请，于是他成为跻身于这一领域的第一个中国人。

在 1987 年召开的第二届 STM 国际大会上，白春礼与美国同行合作的《2-H 二硫化物的 STM 研究》被列为大会报告，他编制的 STM 软件被美国海军实验室采用。在加州理工学院，白春礼是青年学者中的佼佼者，人们确信，他走上了一条成功之路。

回 到 祖 国

1987 年，白春礼做出了一项具有重要战略科学意义的决定：离开美国回祖国，在中国发展 STM。回忆起这个重要的抉择时，他深情地说道："对从事 STM 是在国外留下还是归国做出抉择时，我想如果不是对生我养我的土地的眷恋，不是对中国科学院化学研究所精心培养我的一种报答，我的选择不会这样的轻松。在国外工作期间，国内的研究所经常与我保持联系。中国科学院的领导到美国访问时，也到加州理工学院与我们座谈，鼓励我们在国外尽可能多地掌握科技前沿知识，并欢迎我们回国服务。这些看似平常的东西，对一个海外学子来说分量其实是非常重的。"友情、美元、绿卡，这些都没能留住白春礼归家的脚步。他把在异国他乡辛辛苦苦挣来的美元全变成了 STM 的研制资料、关键元器件。抱着科学的理想，怀着对祖国满腔赤诚，白春礼于 1987 年 10 月 30 日回到了祖国。

回到祖国后，在当时中国的情形下，一切困难都在白春礼的预想中。当时的中国科学院化学研究所在负债几百万元的状况下，仍挤出了 12 万元给白春礼的课题组。从零开始，举步维艰。一个偶然的机会，白春礼参加了中国科学院院长周光召组织的一次科研体制改革座谈会。白春礼向周院长汇报了工作进展情况以及经费极为紧张的实际状况。周光召敏锐地意识到 STM 是一项对中国科技具有深远意义的事业。于是，他当即对白春礼说："你马上写份报告给我！"不到 1 个月，30 万元的院长特别基金拨到了白春礼的课题组。

1988 年 4 月 12 日，中国第一台计算机控制的 STM 研制成功。随后，AFM（原子力显微镜）研制成功；低温 STM 研制成功；超高真空 STM 研制成功；BEEM（弹道电子发射显微镜）的研制已通过国家鉴定，达到国际先进水平……白春礼用 STM 在世界上首次观察到 DNA 三链特殊结构，并研究了 DNA 三螺旋结构，为国外科学界所注意，多次应邀在国际会议上做报告。

1995 年 8 月，第七届 STM 国际会议首次在中国召开，400 多位 STM 专家云集北京。时任中共中央总书记、国家主席江泽民会见了部分中外科学家，并表示对中国的 STM 从一片空白迅速崛起居世界前沿感到十分欣慰。中国的

STM 研究取得了骄人的成绩，这个成果凝聚着白春礼的汗水和心血，他的成就赢得了社会的认可：白春礼先后获得了全国首届青年化学奖、中国科学院青年科学家奖、中国青年科学家奖，并被评为国家有突出贡献的中青年专家、全国先进工作者、中国十大杰出青年……

1993 年，白春礼成为 STM 国际顾问委员会委员，是这一国际学术组织中唯一的中国代表。

1996 年，白春礼被正式任命为中国科学院副院长。

情 系 纳 米

无论是在中共中央党校校园，还是在中国科学院，或是在中国的知识界，人们一说到纳米，就会与白春礼联系在一起。我作为中共中央党校中青班的学员，有幸与白春礼院士多次长谈请教，又是他的同龄人，有很多共同语言，所以 2002 年五一国际劳动节那天，我偕同女儿去白春礼家做客，让她认识大科学家，从小培养科学情结。白春礼对我说，在纳米科技这一前沿学科领域，

2002 年五一国际劳动节，作者在白春礼（中）家中拜访

中国人能欣喜地看到，中国的纳米科技研究与国外几乎同时起步，在某些方面还有微弱优势。从核心期刊发表论文数看，中国纳米科技论文总数位居世界前列。而在研究领域也取得了重要进展，成功制备出超长、定向生长碳纳米管的阵列，使中国在该方面达到了国际领先水平。

1995年，白春礼出版了他关于纳米科技的第一部专著《纳米科学与技术》；2000年12月14日，白春礼在国务院科技知识讲座上做了题为"纳米科技及其发展前景"的报告；2001年7月，白春礼出版了他的又一部专著《纳米科技现在与未来》；2001年，白春礼以国家纳米科技指导协调委员会首席专家的身份参与制定了《国家纳米科技发展纲要》。

2001年10月4日，国际化学工业协会授予白春礼2001年度"国际奖章"，以表彰他在纳米科学领域的杰出贡献和为国际科学技术交流与合作所发挥的领袖作用。白春礼是继中国化学家侯德榜因发明工业制碱法于1943年获荣誉会员奖之后第二位获此奖项的中国科学家。他的获奖，既是对其个人学术成就和贡献的褒奖，也反映了中国科技事业的发展得到了国际学术界的肯定。

2001年10月4日，白春礼在英国伦敦获"国际奖章"

世纪遥望

2002 年五一国际劳动节，我在白春礼家里做客时，看到了他家里摆满了各种荣誉奖章和荣誉证书，江泽民、朱镕基、胡锦涛等国家领导人亲切接见他的照片醒目地立放在他的书房里，客厅前方有一幅美丽的风景油画，书架上摆满了文学、历史、科学等中外名著。从家中摆设可以看出白春礼的不平凡经历、科学志向和生活情操。白春礼对我说："诺贝尔物理学奖获得者、扫描隧道显微镜的发明人海·罗雷尔 1993 年曾给江泽民总书记写信，信中深刻地论述了纳米科技对人类未来发展所具有的现实意义。"海·罗雷尔在这封信中说："许多人认为纳米科技仅仅是遥远的未来基础科学的事情，而没有什么实际意义。但我确信纳米科技现在已具有与 150 年前微米科技相同的希望和重要意义。150 年前，微米成为新的精度标准，并成为工业革命的技术基础，最早和最好学会并使用微米技术的国家都在工业发展中占据了巨大的优势。同样，未来的技术将属于那些明智地接受纳米作为新标准，并首先学习和使用它的国家。我们应当记住，微米技术曾同样被认为对使用牛耕地的农民无关紧要，的确，微米与牛和耕犁毫无关系，但它却改变了耕作方式，带来了拖拉机。"

离开白春礼的家，我走在中关村大街上，看到 5 月的北京繁花似锦、绿草如茵、立交轻轨、电子屏幕，海龙电子大厦、硅谷电脑城、北大太平洋电脑城等高科技大楼临街拔地而起，"地球村"已变成现实。我心中暗想：人类将再一次倾倒于自己亲手创造的奇迹，并被自己亲自发起的革命震惊——就像哥伦布穿越茫茫的海洋，第

1997 年，白春礼在香港理工大学做学术报告

一次踏上神奇的美洲大陆；像人类第一次自由地飞翔在无垠的天空到达月球；像爱因斯坦经过漫长的思考，洞悉了宇宙的神秘；像人类第一次听到宇航员来自月球的辉煌宣言——纳米科技将一次次打开了人类梦想的天空。

"两院"院士是建设世界科技强国的中流砥柱
（后记）

在中国共产党第十九次全国代表大会召开前夕，怀着激动的心情，看完国家新闻出版广电总局迎接党的十九大精品出版选题《院士之路》全书排版清样。面对多年来执着追求和辛勤耕耘的收获，我心潮涌动，思绪纷纷，许多感受难以忘怀。

科学家是一个散发着迷人光辉的字眼。新闻记者采访、媒体宣传报道科学家青少年时代的生活、成长道路以及生活形象，描绘科学家的杰出贡献、突出成就、人格魅力，揭示科学家的思想底蕴和精神世界，探索科学家的成功之路，展现科学巨人的风范，根本目的就是为了向公众传播科学思想，普及科学方法，弘扬科学精神，理解科学价值，从而激发广大青少年和社会公众爱科学、学科学，了解科学和科学家，培养他们的科学素养。

当今世界是一个科学技术飞速发展的时代。科学技术已经成为经济发展和社会前进的首要推动力，成为现代社会文明的象征，正在深刻地改变着人类社会经济发展和人们的社会生活方式。随着科学技术与经济、科学技术与教育的结合，科学技术正向现实生产力转化，科学理念、科学思维、科学精神在人们思想观念和学习与生活方式中的不断渗透，使我们生存的这个世界与科学技术的联系越来越紧密。

中国正面临着机遇和挑战。从宏观上分析判断，新科技革命和产业革命，将引发产业技术和组织的深刻变革，为发展中国家赶超跨越发达国家提供了战略机遇。习近平总书记指出，认识新常态、适应新常态、引领新常态，是当前和今后一段时期内我国经济发展的大逻辑。

新常态有三个基本特征。一是从高速增长向中高速增长转变。2004~2011年，我国国内生产总值增速在 9.2%~14.2%，2012 年之后下降至 7%~8%，未来预计将在 7% 左右运行，因为保持 7% 的增速也能保障适度的就业和经济发展速度。二是经济发展方式转变和经济结构深度调整。消费对经济增长的贡献会超过投资，服务业增加值占比超过第二产业，高新技术产业增速要高于工业的平均增速。三是经济发展动力从传统增长点转向新的增长点，从要素驱动、投资驱动转向创新驱动。我国经济正在向形态更高级、分工更复杂、结构更合理的阶段演化。这是从经济发展层面上分析创新驱动发展战略。

从我国科技发展态势分析，随着经济的快速发展，我国经济总量已经居世界第二位，科技创新能力和水平大幅提升，在世界科技版图中占有重要的一席。2010 年后我国成为世界上第一大制造国，在 500 多种主要的工业产品中，有 220 多种产品产量居全球第一位。我国在国际高水平科技期刊上发表论文总数居世界第二位，引用总数居世界第五位，材料、物理学、化学等一批学科整体水平居世界前列。申请的专利数量也大幅增加，2013 年中国 PCT国际专利申请量居世界第三位。形成一批具有国际竞争力的产业，如高铁、移动通信、工程机械、风电、光伏等；涌现出一批创新型的龙头企业，如华为、腾讯、百度、联想、中兴等。深圳成为世界信息通信技术国际专利申请数量最多的城市，华为、中兴跻身全球国际专利申请数量最多的五大企业行列。

我国产业发展面临的主要机遇。第一，中国还是发展中国家，市场广阔、人口众多，经济增长潜力大，产业发展的空间回旋余地很大。第二，中国将在更深层次参与国际分工，有更多机会集聚全球的资源、人才、资金和信息。第三，世界新技术革命和产业变革也为中国加快培育和发展新兴产业、改造提升传统产业、构建面向未来的现代产业体系带来了机遇。第四，国际金融危机之后，西方不少企业陷入资金短缺的困境，增加了中国对外投资的能力，为企业海外并购提供了机遇。

中国产业发展面临的问题与主要挑战。我国创新能力、核心竞争力弱，总体处于国际分工的中低端，一些重点领域还处于跟踪模仿为主的阶段，一些关键核心技术仍然受制于人。做好创新驱动发展战略的顶层设计，要着眼于世界新科技革命和产业变革可能发生重大突破的领域和方向，要着眼于我国经济社会可持续发展和实现中华民族伟大复兴"中国梦"的战略需求，要着眼于我国创新发展存在的瓶颈和突出的问题来做好顶层设计。要坚定不移走中国特色自主创新道路，坚持以自主创新为核心的全面创新，加快推进国家创新体系和创新型国家建设，打通从人才强、科技强到产业强、经济强、国家强的通道，打造国际竞争新优势。

30年的新闻传播工作的生涯，加上以诚相待的编辑作风，使我在从事编辑工作的同时，又从事科学史的学习和对"两院"院士的研究，先后在期刊上发表了对"两院"院士访谈的专栏文章；先后主持编辑了《中华科学英才》丛书、《中国少数民族科技史》丛书、《十大科学家》丛书、《漫话科学史》丛书、《国家重点建设工程》丛书、《十大科学工程》丛书以及《走近科学家》、《追寻科学家》、《情系科学家》等著作。我认为应该让社会公众了解我们的科学家，但要写好科学家也不太容易，一是他们很忙，很难约到采访时间，除非凑他们的时间；二是他们研究的工作太深奥，采访后写出的文章一定要深入浅出，使科学家的工作为公众所理解。其实在科学家身上显出人生的高度和厚度，只要用心去挖掘他们的内心世界，写出的东西就一定能吸引读者。

在编辑出版这些图书的过程中，我有幸结识了一批一流的中国科学家，并与他们中的许多人结成了忘年交，保持着通信并经常往来。我从这些科学家身上获得了做好新闻出版工作的力量、信心、勇气和智慧，他们的科学思想、科学方法和科学精神时刻在鼓舞和激励着我，他们动人心弦、激人奋进的爱国情怀、拼搏力量、奉献精神，一直深深地吸引、感动着我。

2000年，我出版了《走近科学家》一书，并获得国家新闻出版总署颁发的第七届全国优秀青年读物一等奖；2003年，出版了《掠燕湖札记》；2006年，出版了《追寻科学家》，获得共青团中央颁发的第九届共青团精神文明建设"五个一工程"优秀文化作品奖和广西壮族自治区人民政府颁发的广西壮族自治区第十次社会科学优秀成果奖。为撰写这些著作，我先后采访了70多位"两院"院士。

每一次采访，每一次创作，都是智慧与情感的完全投入。每一次面对"两院"院士，都是在看他们的人生和历史，体味他们人生的心境情调，在敬佩与感慨中，体会他们讲述的历史故事和正在发生的科学事件，看到了社会与国家的发展足迹。每一次当散发着油墨清香的样稿摆在我面前，科学家的音容笑貌就好像活生生地出现在我眼前。我仿佛来到了罗布泊的荒漠，参加原子弹、氢弹的试验和导弹的试射；仿佛看到了长眠在中国武器试验基地墓地的无数官兵；仿佛随着他们来到西昌卫星发射中心，参与人造卫星的发射工作；仿佛在手术室的无影灯下，做着创造奇迹的断肢再植手术；仿佛坐在电子计算机前，研究汉字激光照排系统软件；仿佛坐在科学考察船上，遥望着举世闻名的三峡工程；仿佛飞到海南岛，在水田里寻找"野败"、研究水稻杂交生长情况；仿佛骑着骆驼，穿行一望无际的戈壁沙漠到新疆考察综合自然资源……科学家们为之奋斗一生的事业，科学家们的成功，使我们中华民族几代人苦苦追求的强国梦逐步变成现实，使中华民族屹立于世界民族之林；科学家们的治学经验、为人之道、道德风尚，影响了一代又一代知识分子；科学家们谦虚、朴实、自然的生活作风，实事求是、一丝不苟的科学态度和思想情操，本身就是一部部活生生的教科书，教我们如何对待学习和工作，如何为人和生活……

在写作过程中，科学家们的许多材料、事迹，常让我热泪盈眶，这些科学家淡泊名利、厌恶腐败、超然物外的人生境界和特有的人格魅力及献身精神，让我的灵魂受到一次次的净化和升华。他们曾经的峥嵘与蹉跎、激扬与沉寂、荣辱与悲欢，他们对工作、对人生的追求，他们的知识观念、精神中所有的这一切，都如同涓涓细流，融入了《院士之路》，也融入了我的生活、心灵和回忆。他们的贡献实在是太伟大了，但是，他们的生活又实在太清贫了，现实中的科学家简直太平凡了。

在当今世界的各类人群中，科学家是最应受到尊敬的人群之一。他们的力量最大，能改变人们的观念，改变生产和生活方式，改变整个社会面貌；他们的奉献精神最强，是他们把知识和智慧酿造成甘霖，洒向全世界，造福全人类；他们的思想境界最高，对自然规律的刻苦探索和深邃了解，是他们毕生的追求。今天，我们每一个人无不在享用着科学带来的恩惠，我们没有理由不去歌颂科学家的功德，没有理由不使科学家成为我们和我们的后代所崇敬和学习的榜样，没有理由不引导我们和我们后代去追寻科学家的足迹，发扬他们的精神。

2016 年 5 月，习近平总书记在全国科技创新大会、"两院"院士大会、中国科协第九次全国代表大会上指出，我国现代化建设的目标是，到中国共产党成立 100 年时建成惠及十几亿人口的更高水平的小康社会，到中华人民共和国成立 100 年时基本实现现代化，建成富强民主文明和谐的社会主义现代化国家。党中央今年颁布的《国家创新驱动发展战略纲要》明确规定我国科技事业发展的目标，到 2020 年时使我国进入创新型国家行列，到 2030 年时使我国进入创新型国家前列，到中华人民共和国成立 100 年时使我国成为世界科技强国。

纵观人类发展历史，创新始终是一个国家、一个民族发展的重要力量，也始终是推动人类社会进步的重要力量。不创新不行，创新慢了也不行。如果我们不识变、不应变、不求变，就可能陷入战略被动，错失发展机遇，甚至错过整整一个时代。实施创新驱动发展战略，是应对发展环境变化、把握发展自主权、提高核心竞争力的必然选择，是加快转变经济发展方式、破解经济发展深层次矛盾和问题的必然选择，是更好引领我国经济发展新常态、保持我国经济持续健康发展的必然选择。

科学技术具有世界性、时代性，发展科学技术必须具有全球视野、把握时代脉搏。当今世界，新一轮科技革命蓄势待发，一些重大颠覆性技术创新正在创造新产业、新业态，信息技术、生物技术、制造技术、新材料技术、新能源技术广泛渗透到几乎所有领域中，带动了以绿色、智能、泛在为特征的群体性重大技术变革，大数据、云计算、移动互联网等新一代信息技术同机器人和智能制造技术相互融合的步伐加快，我国要成为世界科技强国，成为世界主要科学中心和创新高地，必须拥有一批世界一流的科研机构、研究型大学和创新型企业，这样才能够保障持续涌现一批重大原创性科学成果。

党的十八届五中全会提出，要在重大创新领域组建一批国家实验室。这是一项对我国科技创新具有战略意义的举措。要以国家实验室建设为抓手，强化国家战略科技力量，在明确国家目标和紧迫战略需求的重大领域，在有望引领未来发展的战略制高点，以重大科技任务攻关和国家大型科技基础设施为主线，依托最有优势的创新单元，整合全国创新资源，建立目标导向、绩效管理、协同攻关、开放共享的新型运行机制，建设集突破型、引领型、平台型于一体的国家实验室。这样的国家实验室，应该成为攻坚克难、引领发展的战略科技力量，同其他各类科研机构、大学、企业研发机构形成功能互补、良性互动的协同创新新格局。

经过改革开放30多年的努力，我国经济总量已经位居世界第二。同时，我国经济发展不少领域大而不强、大而不优。新形势下，长期以来主要依靠资源、资本、劳动力等要素投入支撑经济增长和规模扩张的方式已不可持续，我国经济发展正面临着动力转换、方式转变、结构调整的繁重任务。现在，我国低成本资源和要素投入形成的驱动力明显减弱，需要依靠更多更好的科技创新为经济发展注入新动力。

习近平总书记在党的十九大报告中指出："加强应用基础研究，拓展实施国家重大科技项目，突出关键共性技术、前沿引领技术、现代工程技术、颠覆性技术创新，为建设科技强国、质量强国、航天强国、网络强国、交通强国、数字中国、智慧社会提供有力支撑。加强国家创新体系建设，强化战略科技力量。""培养造就一大批具有国际水平的战略科技人才、科技领军人才、青年科技人才和高水平创新团队。"

"两院"院士是国家的财富、人民的骄傲、民族的光荣，为建成创新型国家、建成世界科技强国，院士的责任、使命重大。我们要宣传好、传播好科学精神，讲好院士的感人故事，为实现中华民族伟大复兴的"中国梦"而提供强大的科学精神和科学力量。

我力图用《院士之路》的情感铺陈点染科学家的生命，使这些短暂的生命获得永恒；用文字突破学科的藩篱，使冰冷的科学世界春意融融；用想象跨越历史的边界，使时间和空间凝结于片刻的史境；用赤诚的心面对祖国的昨天、今天、明天，使民族饱经风霜的记忆与科学数千年的发展历程在未来的世界中互动和交融……

我在与这些科学家接触的过程中，尤其是在写作中，得到了许多"两院"院士的帮助和支持，他们还为我的写作提供了珍贵的照片、大量的资料和参考文献，对本书的出版表示良好的祝愿和殷切的勉励。科学家们的饱墨赠言、多次审稿、衷心祝愿，都令我终生难忘。没有科学家们的鼎力相助，本书不可能付梓。借此，我向科学家们表示深深的敬意。

　　我深深地感谢中国科学院院长白春礼院士、北京大学原校长许智宏院士，他们在百忙之中给《院士之路》惠赐序言。

　　我深深地感谢中国科学院、中国工程院、科学技术部、中国科学技术协会、中国农业科学院、人民日报社、光明日报社、新华社、国防科工委、航天工业总公司、北京大学、清华大学、北京师范大学、中国科技大学、中国农业大学、复旦大学、武汉大学等一批单位的领导和同志在本书的撰写过程中给予的通力合作和支持。

　　我深深地感谢广西科学技术出版社社长卢培钊、总编辑陈勇辉、副总编辑黄敏娴，编辑室主任方振发，特约编辑韦林枚，他们为本书的出版倾注了大量的心血，对出版宣传科学家事迹的著作表示出极大的挚诚和热情。由于他们的支持、帮助和鼓励，终于使《院士之路》在全面建设科技强国的号角吹响之时得以面世。

　　谨以此书献给中国共产党第十九次全国代表大会，献给占据我心中崇敬地位的伟大科学家，献给在中华人民共和国科学技术发展与军事国防建设历史上立下不可磨灭功绩的中国科学院院士、中国工程院院士和"两院"外籍院士，献给祖国未来的可靠的接班人和合格的建设者——广大青少年朋友！

黄伟

2017 年 12 月 22 日写于南宁